Wilhelm Burkamp
Wirklichkeit und Sinn

Die objektive Gewordenheit des Sinns in der sinnfreien Wirklichkeit

Burkamp, Wilhelm: Wirklichkeit und Sinn –
Die objektive Gewordenheit des Sinns in der sinnfreien
Wirklichkeit
Hamburg, SEVERUS Verlag 2010.
Nachdruck der Originalausgabe, Berlin 1938.

ISBN: 978-3-942382-24-3
Druck: SEVERUS Verlag, Hamburg, 2010

Bibliografische Information der Deutschen Nationalbibliothek:
Die Deutsche Nationalbibliothek verzeichnet diese Publikation in der
Deutschen Nationalbibliografie; detaillierte bibliografische Daten sind
im Internet über http://dnb.d-nb.de abrufbar.

© **SEVERUS Verlag**
http://www.severus-verlag.de, Hamburg 2010
Printed in Germany
Alle Rechte vorbehalten.

Der SEVERUS Verlag übernimmt keine juristische Verantwortung
oder irgendeine Haftung für evtl. fehlerhafte Angaben und deren
Folgen.

Inhaltsverzeichnis

I. Band

Vorwort 13

1. PROBLEM

1.1. Die vier Demütigungen des Menschen. 1—6 . 19
1.2. Geltung und Sinn. 7—13 23
1.3. Erkenntnis a priori 26
    1.31. Eigenart und Gebiete der Erkenntnis a priori. 14—24 26
    1.32. Drei moderne Fundierungsversuche: Der phänomenologische, der logisch-kritizistische und der werttheoretische Versuch. 25—34 33
1.4. Nachlassen des Interesses am Apriorismus. Cassirer, Scheler, Hartmann, Heidegger, Lebensphilosophie. 35—41 43
1.5. Der subjektive und der objektive Ausgangspunkt der Philosophie. Schelling. 42—48 . . 48

2. KOSMOS

2.1. Die Welt als Kosmos einander übergeordneter Ganzheiten 52
    2.11. Die Weltordnung. 49—50 52
    2.12. Ganzheitsstufung unterhalb der Lebensstufe. 51—63 54
    2.13. Der doppelte Hiatus zum Lebendigen und zum Seelischen. 64—76 64
    2.14. Die Einbettung der zwei Hiatus in das kosmische Ganze der Welt. 77—87. 72
2.2. Kosmos des Lebens 80
    2.21. Überlegenheit der dauerdienlicher organisierten Ganzheit und das Problem ihres Auftretens. 88—91 . . 80
    2.22. Suchorganisationen des Lebens. 92—94 82
    2.23. Der Vererbungs- und Mutationsapparat als Suchorganisation. 95—106 83
    2.24. Lösung des Problems der Entstehung komplizierter Dauerdienlichkeit. 107—110 93
    2.25. Diskussion der Argumente gegen die biozönotisch-selektionistische Lösung des biologischen Problems komplizierter und werdender Dauerdienlichkeit . 100
        2.251. Sachliche Gründe gegen sie. Johannsens reine Linien. Raum- und Zeitangst. 111—118 . . 100
        2.252. Maschinenbau-Einstellung. 119—122 . . . 106
        2.253. Erkenntnistheoretisch übertriebener Kausalismus. 123—125 111
        2.254. Lamarckismus. 126—136 113
        2.255. Vitalismus. 137—140 121

Inhaltsverzeichnis

	Seite
2.236. Die Verkennung der Eigenart der biozönotischen Selektion und der Holismus. 141—149.	124
2.237. Weltanschauliche und zeitbedingte Gründe gegen die biozönotische Selektion. 150—154.	131
2.26. Individualität in biologischer Hinsicht. 155—166.	134
2.3. **Des Kosmos der Seele vorläufige Untersuchung**	144
2.31. Die Seele im Körper. 167—172.	144
2.32. Psychologische Grundrichtungen. Die aus gegebenen Elementen konstruierende, die behavioristische, die geistesphänomenologische (Brentano, Lipps), die geisteswissenschaftlich-verstehende (Dilthey) und die Gestaltpsychologie. 173—185.	148
2.33. Methode meines Aufbaus des psychischen Kosmos. 186—188	158
2.34. Topologische Ganzheit psychischer Gestalten. 189—193	161
2.35. Vorstufen des Lernens im labilen Verhalten. 194—198.	166
2.36. Echtes Lernen. 199—205	170
2.37. Der (einfache und komplexe) Akt als dynamisches Moment. 206—217	173
2.38. Die komplexe psychische Prozeßgestalt.	184
2.381. Die Mittelfunktionen. 218—228.	184
2.382. Die Prozeßganzheit. 229—233.	192
2.383. Hypothesis und Bildfunktion. 234—237.	195
2.39. Der abstrakte Akt. 238—252.	198
2.4. **Der Kosmos des individuellen Geistes und die Vollständigkeit des Kosmos der Seele. Das Ich und seine Gegenstände.**	208
2.41. Das Ich.	208
2.411. Aporie des Ich. 253—256.	208
2.412. Der Ichinhalt als waches Geltungssystem. 257—259	212
2.413. Anomalien des Ich u. des Ichbewußtseins. 260—266	214
2.414. Das eigentliche Ich. 267—275.	219
2.415. Teleologie und Aporien des Ich. 276—278.	223
2.416. Die Entwicklung der individuellen Persönlichkeit. 279—284.	227
2.417. Realität und Idealität des Ich. 285—289.	233
2.42. Die Gegenstände des Ich. 290—297.	237
2.43. Die Ichzentriertheit des psychischen Gegenstands. 298—306	244
2.44. Sinn des Bewußtseins. 307—315.	250
2.45. Das Afunktionale im Bewußtsein. 316—320.	260
2.46. Das Unbewußte. 321—327.	264
2.47. Schlußbemerkungen über das Psychische. 328—334.	267
2.5. **Der soziale Kosmos und der objektive Geist**	273
2.51. Die Sozialtriebe. 335—344.	273
2.52. Der objektive Geist. 345—351.	280
2.53. Die überindividuellen Ganzheiten Rasse, Volk, objektiver Geist, Staat. 352—358	287
2.54. Kultur- und Völkergeschichte.	293
2.541. Aufstieg der Kultur. 359—363.	293
2.542. Verfall und Zusammenbruch von Kulturen und Völkern. 364—367.	296

Inhaltsverzeichnis

		Seite
2.543.	Rhythmik der Kultur. 368—371	299
2.544.	Moderne Entwicklung der Kultur. 372—378	303
2.6. Überschau des Kosmischen		308
2.61.	Überschau. 379—381	308
2.62.	Geschichte vom umfassendsten Standpunkt. 382—385	310
2.63.	Labilität und Labilitätseinengung. 386—388	313
2.64.	Letzte Bemerkung zu dem Hiatus in den Wirklichkeitsstufungen. 389—393	316
Literatur		320

Motto:

Meae certe ita cohaerent inter se, ut nullus annulus salva catena avelli possit. (Leibniz an des Bosses, 2. 10. 1708.)

Hoc est quod ego voco sophisma divisionis nonnullis familiare in eludendis aliorum argumentis. (Leibniz-Handschriften. Abt. IV, Vol. III. 5 e. Bl. 14.)

VORWORT

A. Diese Arbeit war mein Ziel seit Beginn meines Philosophiestudiums. Ich kann fast behaupten, daß ich speziell ihretwegen die Philosophie mir zur Lebensaufgabe gemacht habe und das Schicksal des von der Kröte gebannten Tausendfüßlers auf mich genommen habe: Aus dem in der Nacht leuchtenden Spiel seiner tausend Füße wurde er durch die Frage, wie er dieses Spiel denn anstelle, zum Nachdenken gebracht, und er konnte fortan nur noch Stück für Stück überlegend sich ungeschickt bewegen. Freilich will ich schon hier hinzufügen, daß dies individuelle Opfer guten Sinn hat (§ 1113ff.).

In langer Forschung hat sich der Inhalt selbstverständlich in diesen dreißig Jahren vertieft. Die Vorarbeiten mußten länger währen, als ich in jugendlicher Begeisterung erwartete. Eine Arbeit wie diese schreibt man nur einmal im Leben. Meine bisherigen philosophischen Arbeiten waren Teilstudien für sie. Das betrifft nicht nur die Wahl der Fächer, deren Studium ich für ganz besonders wichtig hielt, es betrifft auch mein langes Ringen um die Abmessung des guten Rechts des Realismus, des Empirismus, des Pragmatismus, des Idealismus auch in der radikalsten Prägung eines Fichte. Das betrifft meine literarischen Arbeiten über die Kausalität des psychischen Prozesses, über die Struktur der Ganzheiten, über die Struktur und den Sinn der Logik (vgl. Lit.-Verz.), schließlich selbst meine noch ausstehende Leibniz-Arbeit. Dieses vorliegende Werk wird auch zeigen, daß keine Planlosigkeit in meinen bisherigen, so verschiedene Gebiete behandelnden wissenschaftlichen Arbeiten war, daß aber der Plan weit oberhalb jeder einzelnen lag.

Im Januar 1933 unterbrach ich die Arbeit an meinem Leibniz-Werk, die sich noch auf Jahre erstrecken muß, um dies Werk zu schreiben, dessen Materialien hinreichend vollständig gesammelt, dessen Probleme mir bestmöglich geklärt schienen. Ich glaube, jetzt meinem Lebensalter und dem Ergebnis meiner Studien nach das Recht zu haben, eine solche umfassende Philosophie zu veröffentlichen. Ich finde es aber in der Rückschau auf meine Studien auch richtig, daß ich mich durch keine Ungeduld, keine egoistischen Vorteile, keinen „Autorkützel" zu einer voreiligen Ausarbeitung und damit einer Festlegung habe verleiten lassen.

Es war nicht Unwahrhaftigkeit, wenn ich es vermied, in meinen früheren Veröffentlichungen und selbst in Diskussionen engster Kreise in den ernstesten Wertfragen ausführlich Stellung zu nehmen. Es war, wie ich ehrlich sagen kann, nicht die Feigheit dem gegenüber, daß diese Stellungnahme mir immer Zorn und Haß der „Guten und Gerechten" eintragen mußte. Ich wollte die Offenheit des Blicks in der so verwickelten Problematik nicht durch voreilige öffentliche Festlegung trüben.

B. Abwarten der Reife und Ringen um die Reife war nötig, weil es sich hier um das richtige System der ganzen Philosophie handeln soll, soweit es uns noch so wissens- und kulturarmen Menschen möglich ist. Ich schwankte lange, ob ich dies Werk nicht nach einem bekannten Muster einfach „Philosophie" nennen müsse. Das einheitliche System zu geben, ist das selbstverständliche Ziel dessen, der sich zum Philosophen berufen fühlt, denn darin besteht gerade der Sinn der Philosophie (§ 925): Es gilt immer wieder, das Stückwerk der Wissenschafts- und Kulturarbeit zu einer klar bewußten Einheit zusammenzuschweißen. Von einer unbewußten, vagen, gegen Wunschtrug schlecht gehüteten und deshalb in sich widerspruchsvollen Einheit wird die Kulturarbeit immer schon geleitet. Es gilt, richtig zusammenzuschweißen, die Richtigkeit gemessen nicht an einem transzendenten Ideal, durch dessen bequeme Bejahtheit man sich die Verantwortung vor der Menschenzukunft erleichtert, sondern gemessen an dem, was unsere Selbstbesinnung uns als unser Tiefstes und Letzt-zu-Wertendes zeigt, und was immer noch ganz empirisch-menschlich und so sehr unserer gewohnheitsgebundenen Schau entglitten ist.

Es gilt, die Einheit im Sinne von Leibniz zu geben. Es gilt, alle einseitigen, blickengen Versuche, das Ganze unter *einem*

Gesichtspunkte betrachten zu wollen, zu sichten, ihr relatives Recht richtig zu bestimmen oder sie ablehnend abzuurteilen. Diese Aufgabe wäre vermessen, wenn sie nicht notwendig erfüllt werden müßte.

Man suche dies Werk weniger nach neuen Gedanken im einzelnen, nach den „Aperçus" zu bewerten. Sein Verdienst soll die Gewissenhaftigkeit sein, jedes sinnvolle Moment der Kultur zu seinem vollen Recht, aber auch nur zu ihm kommen zu lassen. Dies Werk ist deshalb nur aus dem Ganzen zu werten. Es erfordert Rückschau und Vorschau auf vorausgehende und erst kommende Teile, die alle notgedrungen für sich selbst noch einseitige Aspekte sind. Namentlich die Anfänge des ersten und zweiten Teils (Problem und Kosmos) sind als Einfallsbreschen in das Ganze, die sich erst aus dem Ganzen rechtfertigen werden, zu werten.

C. Die Kardinaltugend für den Philosophen ist die Wahrhaftigkeit, nach Nietzsches Ausdruck: die intellektuelle Redlichkeit. Es ist zunächst selbstverständlich, daß er jeden Wunschtrug und Angsttrug abweist (§ 459ff.), ferner, daß er nicht nach einer bestechenden Schauseite seines Systems strebt, daß er die natürliche Nüchternheit der Wahrheit nicht übertüncht.

Es gehört aber auch dazu, daß er sich nicht durch die Marktgängigkeit der Meinungen, den Consensus gentium, in seiner Entscheidung beeinflussen läßt: er soll nur bescheiden erwarten, daß doch wohl irgendein gutes Recht zu suchen sein müsse, wo viele Treffliche und ganze Geschlechter die Wahrheit sahen.

Ich habe behutsam von allen Cliquen besonderer philosophischer Richtung Abstand gehalten, auch wenn ich ihr relatives gutes Recht schätzte. Ich sah es als zu schwer an, im Rahmen einer solchen engeren Gemeinschaft das gute Recht der anderen draußen peinlich richtig einzuschätzen. Philosophencliquen sind einseitig zentriert, sind widerborstig nach außen: davon leben sie. Ich wäre unter den blicktrübenden Widersetzlichkeiten doch ein Außenseiter in ihnen geblieben und zog die Einsamkeit vor.

Ich habe auch immer Distanz gewahrt gegenüber den Persönlichkeiten, mit denen ich bald zufällig, bald in freier Absicht, von ihnen zu lernen, in persönliche Berührung kam, auch wenn ich die größte Verehrung für fie hegte. Sie waren meistens nicht freisinnig genug, eine solche Distanz zu schätzen, aber ich nahm den Schaden auf mich.

Ich habe mich bemüht, den gordischen Knoten des Richtigen nicht leichtfertig mit einem Prinzip zu zerhauen, sondern redlich zu lösen. Ich gebe vor allem keine „befriedigende Weltanschauung" dort, wo die Lösung so schwer ist, daß man absehbarerweise keine Entlarvung als Wunschtrug zu gewärtigen hat.

D. Ich habe mich bestrebt, die dianoetische Redlichkeit so gründlich wie Nietzsche und den Respekt vor jeder sinnhaft richtigen Perspektive der Gegenstände so gründlich wie Leibniz zu wahren. Jedem der beiden ging in der Ausgeprägtheit der eigenen Tugend die Tugend des anderen allzu sehr ab. Aber der Respekt vor der Vielseitigkeit der Perspektiven soll gewiß keine schwächlichen gegenseitigen Konzessionen zur Folge haben. Das gründliche Zuendedenken ist auch Aufgabe der Philosophie. Gerade von Leibniz können wir lernen, daß jede der vielen sinnvollen Perspektiven in ganzer Radikalität von sich aus die anderen verstehen läßt (§ 910ff., 924).

Es soll, um das Wichtigste als Beispiel zu geben, mit der wohlerkannten völligen Eingeordnetheit unseres Ich mit allen seinen subjektiv verankerten „Apriorität en" als ein Bestandstück in die empirische Wirklichkeit das gute Recht des Ich, absolut und rein nach eigenen Prinzipien über alles, selbst über die Anerkennung des Daseins einer Wirklichkeit, zu entscheiden, vereinigt werden: das Dasein und das Wesen des Ich ist sehr wohl aus dem so ganz ungeistigen Sein der tragenden „niederen" Wirklichkeit zu begreifen (Teil 2.4), unsere eigene Einordnung in diese Wirklichkeit aber auch sehr wohl aus den freien Sinnbestimmungen des Ich selber zu verstehen (§ 432ff.). Es ist also vor allem die scheinbar so unversöhnliche Gegensätzlichkeit von Wirklichkeitsbedingtheit alles Sinns (Positivismus) und Sinnbegründetheit selbst aller Wirklichkeit (Idealismus im extremen Sinne Fichtes), beide in aller Radikalität durchgeführt, richtig zu lösen. Diese Aporie und diese Lösung haben als Hauptthema diesem Werk den Namen gegeben.

E. Ich weiß, daß auch der Philosoph, und der erst recht, nur ein armer irrender Mensch ist, der nach bestem Wissen und Gewissen von seiner niedrigen Menschlichkeit aus das Richtige zu treffen meint. Ich weiß aber auch, daß er dies Wagnis tapfer und gründlich eingehen muß, obwohl *er* gerade, wenn er nicht angesichts unserer menschlichen Not in gehaltlosen allgemeinen Phrasen stecken bleibt, des Irrens und der Verwerflichkeit gewärtig sein muß.

Ich bitte die zünftigen Philosophen zu entschuldigen, daß ich, namentlich im 2. Teil, manches ausführlich bringen mußte, was als philosophisch ganz irrelevant angesehene empirische Fachkenntnis sie gar nicht interessiert. Ich bitte umgekehrt, die Fachleute, namentlich die biologischen, um Entschuldigung, daß ich in weitläufigen Beschreibungen und Umschreibungen für den Laien bringen mußte, was sie in knappen Fachausdrücken weniger schwerfällig darzustellen lieben, oder was ihnen zu elementar zum Darstellen ist.

Ich bitte alle um Entschuldigung, die ich im Empfindlichsten, ihrer Weltanschauung oder ihren schwer errungenen Überzeugungen kränken mußte, besonders da ich als irrender Mensch nicht sicher sein kann, ob ich sie mit Recht angegriffen habe.

Ich bitte alle um Entschuldigung, die in *einer* Weisheit oder in *einer* Methode das Heil der Wissenschaft oder gar der Kultur und der Menschheit sehen. Ich denke da z. B. an die Gestaltspsychologen, an die logistisch arbeitenden Positivisten, die neukantianischen Idealisten. Daß ich das, was sie für das Herz der Wissenschaft oder der Kultur halten, für eine Perspektive sehr bescheidener relativer Berechtigung halte, wird sie als vermeinte Geringschätzung noch mehr kränken als die Gegnerschaft.

Rostock, Februar 1938.

Wilhelm Burkamp.

ERSTER TEIL
PROBLEM

1.1. Die vier Demütigungen des Menschen

1. Wir haben am Ursprung des individuellen Bewußtseins etwas gefühlsmäßig Unartikuliertes anzunehmen. In den anstrebenden und abwehrenden Reaktionen wird das Ich sich seiner selbst bewußt. Im Unartikulierten wird etwas dem Ich Fremdes bewußt, und aus ihm entwickelt sich nach und nach die immer kompliziertere und gefügtere Gestalt der „Welt".

2. In diese ganz und gar instinktive Entwicklungsperiode fällt schon die erste einer Reihe von demütigenden Erkenntnissen des Ich in Beziehung zur Welt. Daß es sich um eine demütigende Erkenntnis handelt, kann das Ich selbstverständlich erst in der Reife des Bewußtseins beurteilen. Das Ich weiß sich in seinem Schicksal abhängig von der Welt. Die Welt bedroht und beglückt das Ich. Die Angst beschleunigt die Gewinnung der Überzeugung, daß selbst sein Dasein, das ihm instinktiv noch heftiger als sein Glück und Leid zum Quell der Wertung wird, von den Dingen der Welt schwer bedroht ist. Es erfährt, daß dieses Dasein nach einer ungefähr bemessenen Zeit notwendig der Welt zum Opfer fallen muß. Das Ich erfährt freilich auch das helle Glück, daß es die Welt wollend und handelnd mit verändern kann, sie in beträchtlichem Maße so machen kann, wie es sie haben will. Aber dies dient denn doch nicht eigentlich zu einer erhöhten Selbstwertung des Ich gegenüber der Welt, denn es erfährt zugleich, daß sein Wirken sich nach denselben Gesetzen vollzieht, wie das Wirken von vielem in der Welt. Als Ursache und als Bewirktes muß es sich als ein Stück der Welt erkennen. Und wie klein und schwach ist dies Stück! Diese Einordnung in die Welt ist instinktiv, urwüchsig im Menschen verankert.

Daß diese Erkenntnis dem Menschen eine Demütigung ist, sehen wir aus seinem inbrünstigen Bestreben, sie so weit wie möglich wieder rückgängig zu machen. Er sucht eine Weltauffassung, nach der er doch der Welt eigentlicher Wert ist. Er als Individuum kann es zwar vor allen gleichartigen oder gar offenbar höher zu schätzenden Individuen nicht sein. Er will es auch im Mitgefühl mit seinen Mitmenschen gar nicht sein. Aber die Menschheit als eigentlicher Wert der ganzen Welt, ihr ewiges Heil, im Falle der Unwürdigkeit ihre Unseligkeit als objektiver und wahrhaftiger Sinn der ganzen Welt, das befriedigt ihn. Diese befriedigende Weltanschauung finden wir am reinsten und wirkungsvollsten ausgeprägt bei Augustin: Das ganze Drama des Werdens und Vergehens der Welt, in dem alles, was in der Welt überhaupt geschieht, seinen Sinn hat, findet sein Ziel und seinen Abschluß in der ewigen Seligkeit der Guten und der Qual der Verdammten. Dafür wird der Tod des Individuums, ohnehin schon der schmerzlichste Anstoß für den Menschen, als nicht endgültig, als künftig wieder rückgängig zu erwarten, angesehen.

3. Erst andere Demütigungen, die sich im Laufe der Geschichte vollziehen, machen dies nicht mehr glaubhaft. Die Erde, der Sitz der Menschheit war selbstverständlich zunächst die gewichtige Mittelpartie der Welt. Alles andere war ein Drumherum. Eine dem Augenschein widersprechende andere Auffassung des Aristarch von Samos schon im 3. Jahrhundert v. Chr. wurde abgelehnt. Aber Kopernikus wiederholte sie, und am Anfang des 17. Jahrhunderts wurden die Gründe für sie so zwingend, daß die Menschen vergebens sich ihr zu verschließen suchten. Nun wurde die Erde ein kleines Teilchen des Sonnensystems, und mit der Erweiterung der Kenntnisse ist sie in immer winzigerer Eingeordnetheit zu einem Stäubchen im Weltall herabgesunken. Eine Zertrümmerung dieser Erde mit Vernichtung alles Lebenden darauf wäre unter kosmischem Gesichtspunkt noch nicht einmal als Katastrophe zu bezeichnen, und das Leben des Menschen auf der Erde sollte ein wesentlicher Teil des Weltgeschehens sein?

Vom Gesichtspunkt der Demütigung des Menschen aus kann man von vier solchen kopernikanischen Wendungen sprechen. Zwei haben wir erwähnt, zwei weitere folgen nach.

Was der anthropozentrischen objektiven Wertauffassung nach der Wendung des Kopernikus ein Dasein im Bewußtsein des Menschen erhalten hat, war folgende Erwägung: Das alles sind ja nur räumliche und rein quantitativ dynamische Erwägungen. Werden wir nicht immer wieder gewahr, daß im kleinsten Punkte das Entscheidende sich abspielen kann, daß die minimalste Kraft die gewaltigsten Geschehnisse auslösen kann, und daß am abgelegensten Ort das Entscheidende geschieht? Nehmen wir also die Wendung des Kopernikus nicht zu gewichtig.

4. Nun wurde der Mensch zu einer dritten kopernikanischen Wendung in der zweiten Hälfte des 19. Jahrhunderts gezwungen. Die Menschheit ist in das Entwicklungssystem der Organismen eingegliedert. Nach denselben Gesetzen hat sich diese Entwicklung mindestens vom einzelligen Lebewesen an vollzogen. Nach kosmischen Maßen nimmt diese ganze Entwicklung, und nun gar erst das Werden speziell der Menschheit, eine winzige Zeitspanne ein. Die nächsten Verwandten unter den anderen Organismen sind — scheußlich, aber wahr — die Affen, die ihm eine lächerliche Karikatur seiner selbst zu sein scheinen. Mit den Schlangen, Regenwürmern, Einzelligen, Pflanzen ist er, buchstäblich genommen, verwandt. Sie sind seine Urgroßvettern. Es ist eine Vetternschaft durch viele Millionen von Generationen rückwärts und wieder vorwärts hindurch, aber doch gewiß eine Vetternschaft.

Aber der Mensch braucht noch nicht seine prinzipielle Erhabenheit über die Welt notwendig preiszugeben. Der scharfsinnige und gutgesinnte Aristoteles hatte die Auffassung, daß etwas von einer überindividuellen Vernunft, die die ganze **Natur beherrscht, der** νοῦς ποιητικός, von außen, θύραθεν in diesen individuell gewordenen und wieder vergehenden Menschen eintritt und nach dem Tode wieder austritt und sich mit der allgemeinen überindividuellen Vernunft zurückverbindet. Nun, das würde den Menschen gewiß nicht befriedigen und ist in dieser Form von kirchlicher Stelle immer verworfen. Das Gespenst eines klapperdürren, nackten Geistes ohne emotionale und überhaupt seelische Qualität ist ja gewiß nicht unser ganzes Ich. Also Ewigkeit unserer ganzen Seele, in allen ihren Teilen unabhängig von der biologischen

Gewordenheit des Menschen? Ist Seele etwas vom Leibe und von der biologischen Gesetzlichkeit Trennbares?

5. Die vierte kopernikanische Wendung ist dem Wesen nach eigentlich nur ein Teil der dritten, betrifft aber nun gerade dies Reservat gegenüber der biologisch gesetzlichen Gewordenheit. Die menschliche Seele ist phylogenetisch geworden aus recht primitiven Funktions-Regulationen des Organismus. Dieser Weg läßt sich in seinen primitiven Stufen klar verfolgen, wird allerdings auf den höheren Stufen, auf denen wir auch in Tieren von Bewußtsein zu reden Anlaß haben, zu kompliziert und undurchsichtig, um genetisch verfolgbar zu sein, läßt sich aber durch eine Funktionsanalyse des Bewußtseins sehr wohl begreiflich machen. Das ist gar vielen Lesern sicher befremdlich. Ich muß zur Begründung dieser Behauptung auf den Teil 2.3 dieses Buches hinweisen. Diese Entwicklung ist durch biologische Gesetze bedingt und ganz besonders durch das allgemeine Gesetz der Selbstbehauptungsdienlichkeit der Organisation biologischer Organismen. Auch was unser Wille und unser Fühlen zu unseren edelsten Werten und Tendenzen macht — etwa der Altruismus und der Gemeinschaftswert —, ist mitsamt dem Fühlen und Wollen selbst aus diesem Gesetz geboren (vgl. § 164). Hier wird nun wirklich die innerste Zitadelle eines Bewußtseins der objektiven Unabhängigkeit des Menschen, das heißt jetzt allerdings nur noch der menschlichen Seele, vor der Natur in demütiger Selbsterkenntnis als unhaltbar erkannt.

6. Aber warum klammert der Mensch sich so verzweifelt an diese Meinung der Unabhängigkeit? Das hat allerdings sehr starke Motive der Selbstgefälligkeit und des feigen Sichverschließens vor der Tatsächlichkeit. Das hat aber auch bessere Motive, die wir jetzt in den nächsten Teilen 1.2 bis 1.3 ins Licht unserer Betrachtung ziehen wollen.

Tatsächlich hat sich in diesem vierten Punkte die Menschheit so erfolgreich der Einsicht in die völlige Eingegliedertheit in die Natur widersetzt, daß sie im allgemeinen aus dem Weltbild verdrängt wird. Philosophen mit größtenteils nur fachlich philosophischem Gefolge glauben sogar, eine absolut widerstandsfähige Burg gegen die Natureingliederung zu haben.

1.2. Geltung und Sinn

7. Gänzlich heterogen steht diesen Gedankengängen nun ein anderes Gedankensystem gegenüber. Hermann Lotze und der sogenannte werttheoretische Idealismus, „die Südwestdeutschen" (Windelband, Rickert, Lask) haben ihm die reinste und überzeugendste Gestalt gegeben. Wir halten uns in erster Linie an diese Meister der Philosophie.

Meine Handlungen haben einen Sinn, wenn ich sie wirklich als meine Handlungen anerkenne. Bewegen sich drei Billardkugeln auf dem grünen Tuch, so folgen sie einer generellen determinierenden Regel: das ist kein „Sinn" in hier gemeinter Bedeutung des Wortes, wenn es außer Beziehung zum Sinn gebenden menschlichen Bewußtsein des Billardspielers betrachtet wird. *Sinn* tritt in faßbarster Weise als Bestimmtheit durch menschliches Wertdenken auf. Das menschliche Ich besitzt ein verwickeltes System von Werten mit vielen Wertmodifikationen, an dessen Durcharbeitung es dauernd arbeitet. „Ich" passe es allen millionenfach verschiedenen Gestaltungen und Gesetzmäßigkeiten der Welt, mit denen mein Werten rechnen muß, klug an, und dadurch entsteht erst die ganze Verwickeltheit des Wertesystems. Aber ihren Ursprung hat gerade die Werthaftigkeit des Ganzen im Ich selber. Ich entscheide von mir aus die Werthaftigkeit. Selbst fremden Sinn, Sinn etwa in den Artefakten, die ich zufällig finde, „verstehe" ich nur, wenn mein Ich aus sich heraus den Wertcharakter lebendig weiß, den ich da draußen gestaltet finde, obwohl ich ihn jetzt in mir eben nur „verstehe", aber nicht zur Gültigkeit für mich kommen lasse. Ich habe so sehr verschiedene Wertgebiete, z. B. ästhetische, ethische, ökonomische Werte, die wohl in Zwist miteinander geraten können. Aber ich weiß mich als Herr meines Handelns und entscheide, obwohl ich über das einheitliche Maß meines Wertens so heterogener Werte nicht ganz im klaren bin. Ich glaube, es muß eine widerspruchslose Einheit aller Urbezogenheit des Wertens auf mein Ich geben. Vom Zwiespalt bei der äußeren Verwirklichung rede ich hier nicht. Leider hat noch kein Philosoph diese Einheit überzeugend gefunden. Aber das tut unseren Erwägungen keinen Abbruch.

8. *Ich* entscheide. Was ist dieses „Ich"? Blicken wir da

nicht in ein Unermeßliches ganz anderer Art, in eine neue Dimension neben den Mannigfaltigkeiten der drei Dimensionen des Raums und der Dimension der Zeit? „Der Seele Grenzen kannst du nicht ausfinden, und ob du jede Straße abschrittest, so tiefen Grund hat sie", sagt schon Heraklit. Heraklits Meinung bei diesem Wort mag zweifelhaft sein; *wir* meinen nicht den tatsächlichen Inhalt unseres Bewußtseins, — der ist gar nicht so sehr groß, — wir meinen die Werttiefe unseres Ich. Das Ich ist aber wesentlich wertschöpferischer Art. Wir sind, wie Lotze es einmal ausdrückt, „tätige Kraft von der Substanz des Guten".

Das Ich gibt sich selbst in seiner individuellen Entwicklung erst eine feste Gestalt. Das Ich wird erst durch sich selbst. Wie kann man das begreifen? Lassen wir hier noch die Diskussion beiseite und begnügen uns mit der Feststellung der erklärungsbedürftigen Sachlage.

Das Ich gestaltet auch die seelenlose und die unlebendige Welt. Die ganze Welt wird so voll Gestaltungen durch ichzentrierte Individuen. So wird das Leblose zum Gegenstand der Kulturwissenschaft. „Kulturwissenschaft" heißt gedankliche Verständlichkeit von einem Ich aus. Der Wellenschlag des Meeres und die Lagerungsweise der Kieselsteine an seinem Strande sind dagegen ohne jede Spur kultureller Determiniertheit.

9. Lotze hat als den entscheidenden Grundbegriff dieses unmittelbar ichentsprungenen Wertereiches den des Geltens bestimmt. Er ist für alle werttheoretische Denkweise fundamental geblieben. Das Ich läßt Werte und davon abhängig Güter der Außenwelt gehorsam einem Gebote aus seinem eigenen Innern *gelten*. Windelband hat für diesen Gehorsam gegenüber einem innern Gebot den Grundbegriff der *Norm* in den Vordergrund gerückt und aller Naturgesetzlichkeit gegenübergestellt [Präludien, II, S. 59ff.].

10. Das Ich glaubt sich als freien Ursprung der Welt der Normen und Geltungen. Könnte das nicht eine Selbsttäuschung sein? Bedarf das nicht empirischer Untersuchung? Aber lassen wir hier noch die verfängliche Frage der „Freiheit des Willens".

Finden wir nicht offenbar Sinn und Werthaftigkeit in der Natur, ohne den Menschen oder andere kulturschaffende

Lebewesen als Urheber vermuten zu dürfen? Ist nicht auch ein niederes Tier und eine Pflanze ein kompliziertes und wertgemäß, sinnbedingt konstituiertes System? Lassen wir hier auch dieses Problem noch beiseite.

11. Aber eins ist zunächst von entscheidender Bedeutung: Daß wir in Wahrhaftigkeit, in unverbrüchlich gewollter Treue die Wirklichkeit „erkennen" wollen, ist selbst werthaft und ist dem Reich unserer Werte eingegliedert. Wir haben allerdings so etwas wie einen Erkenntnisinstinkt. Im ersten Lebensjahre ist das Kind schon gierig, seine Umgebung und deren Gesetzlichkeit kennen zu lernen, und zwar ohne sich einer Werthaftigkeit dieses Handelns bewußt zu sein. Unsere Triebe sind ja auch sonst so, daß sie instinktive Vorarbeit leisten, bis unser wertendes Ich diese Vorarbeit von seinem Werten aus als richtig anerkennt und nun sanktioniert, allerdings mitunter auch korrigiert oder gar verwirft. Erst wenn das Ich die Herrschaft über den Instinkt führt, haben wir eigentlich ein Erkennen. Die Stoiker waren, soweit wir wissen, die ersten, die das Erkennen seinem Prozeßcharakter nach als ein Geltenlassen oder Verwerfen auffaßten und nun konsequent nach einem Kriterium dieser Entscheidung suchten. Das wäre aber doch ein Kriterium des von sich aus entscheidenden Ich. Was sich als Beeindrucktheit, als Bild der Welt geben will, die Mannigfaltigkeit von „Wahrnehmungen", erkennen wir nicht als die reine Wirklichkeit vorbehaltlos an. Es ist möglicherweise, zum Teil wirklich, Sinnestäuschung. Das denkende Ich behält sich die Korrektur vor, und es führt sie bis zu so sinnenfremder Gestaltung der Weltstruktur fort, wie sie schon heute im Weltbild unserer theoretischen Physik vorliegt. In der Tat, das Kriterium der Wahrheit kann nur ein Kriterium eines Geltens bestimmter Art sein. Trotz eines Wahrheitsinstinkts muß diese Norm als eine gewollte gegen Anfechtungen aller Art aus theoretisch unberechtigten Wertansprüchen verteidigt und in ihrer Eigenart sorgfältig kultiviert werden. Sehr wohl überlegt ist das Gelten als Wahrheit von Lotze als instruktivstes Beispiel für das Gelten überhaupt gewählt. Einzig Werte können aber gelten, was man freilich nur einsieht, wenn man diese Begriffe „Werte" und „Geltung" gründlich präzisiert [Rickert, System S. 122].

12. Der Einwand des Gegners dieser Argumentation liegt

auf der Hand: Haben wir denn etwas anderes zu wollen als schlichte Treue gegenüber dem zu erkennenden Gegenstand? Ist nicht *das* die Wahrhaftigkeit? Sind nicht die schlimmsten Verderber der Wahrhaftigkeit der Wunschtrug, die „Bedürfnisse des Gemüts"? Was bedeutet die Gültigkeitsabgrenzung hier anderes als die Abwehr subjektiver Täuschungen? Was bedeutet das Gültigsetzen und Verwerfen im Erkenntnisakt anderes als unser subjektives Verfahren, das für die Wahrheit selber nicht in Betracht zu kommen hat?

13. Aber so berechtigt uns letzten Endes auch das Motiv, das in dieser Argumentation steckt, sein wird (Teil 5), gänzlich der Subjektivität des Ich überantwortet wird zunächst die Erkenntnis einer unabweislich sich aufdrängenden Gültigkeit a priori. Wir bejahen notwendige Formen für alle Wirklichkeit; Wirklichkeit ist uns nur das, was in diesen Formen steht. Es handelt sich um gültige „Vorurteile" für die Erkenntnis von Wirklichem, d. h. Urteile, die unabhängig von der Erfahrung der Welt gültig sind. Wir sehen befremdlicherweise, daß „das Bewußtsein gerade von den konkreten Gegenständen absieht und sich gleichsam in sich selbst zurückzieht, um in dieser Zurückgezogenheit nichtsdestoweniger das „wahre Wesen" eben jener äußeren Gegenstände zu erfahren" [Nicolai Hartmann, Erkenntnis S. 367]. Dadurch wird die Struktur der Wirklichkeit selber in neuer rätselhafter Weise in das subjektive Normensystem hineingezogen. Dies gilt es jetzt zu studieren.

1.3. Erkenntnis a priori

1.31. Eigenart und Gebiete der Erkenntnis a priori.

14. Eine Erkenntnis a priori ist eine ihrem Gültigkeitsgrunde nach von der Erfahrung, der Wahrnehmung der Welt und unseres zeitlich der Welt eingegliederten Seelenzustandes unabhängige Erkenntnis. Die Priorität ist keine zeitliche im Werden der Erkenntnis im individuellen Bewußtsein. Mit der Erfahrung hebt alle unsere Erkenntnis zeitlich an, aber darum entspringt noch nicht alles Gültige, selbst nicht in unseren Erfahrungserkenntnissen, aus der Erfahrung, der Wahrnehmung.

15. Sieben Seiten eines Erkenntnisgegenstandes a priori will ich aufführen: 1. Ein Erkenntniszusammenhang a priori ist als gültig zu begründen, ohne daß er sich auf Erfahrung, Wahrnehmung zu berufen braucht. 2. Da wir von etwas, was zeitlich in der Welt ist, nur durch einen Wahrnehmungsakt Kenntnis haben können, so ist das a priori Erkannte „transmundan", jenseits aller Weltgebundenheit. 3. Ein Erkenntniszusammenhang a priori hat trotz aller Unabhängigkeit von der tatsächlichen Welt und der Wahrnehmung der zeitlichen Zustände unseres Bewußtseins eine Beziehung zu menschlichem Bewußtsein und muß sich im menschlichen Bewußtsein erkennen lassen. 4. Ein Erkenntniszusammenhang a priori ist gültig für die empirischen, nur durch Wahrnehmung feststellbaren Zusammenhänge der „Wirklichkeit". Die Wirklichkeit hat sich der Wahrheit a priori zu fügen. Dem Zusammenhang a priori ist eine Beziehbarkeit auf Wirklichkeit eigentümlich. 5. Ein Erkenntniszusammenhang a priori ist allgemeingültig und notwendig sowohl an sich wie auch in der Bezogenheit auf jedes Vorkommnis in der Wirklichkeit, das den im Wesen des Zusammenhangs a priori liegenden Beziehbarkeiten auf Wirklichkeit entspricht. Weil er sich auf die unbegrenzt wiederholbaren Fälle der Erfahrung bezieht, ist er in dieser Hinsicht etwas generell Geltendes. Was aus der Geltung in allen bekannten Erfahrungsfällen und dem Fehlen von Gegenerfahrungen seine generelle Gültigkeit bezieht, krankt logisch an der prinzipiellen Unvollkommenheit aller induktiven Verallgemeinerung: Was in auch noch so vielen Fällen der Wahrnehmung sich gezeigt hat, kann in einem weiteren Fall sich möglicherweise doch als unzutreffend herausstellen. Erkenntnis a priori als unabhängig von den erfahrenen Fällen braucht nicht diesem Abbruch an absoluter Gewißheit unterworfen zu sein. Warum ihm nun Apodiktizität, absolute Notwendigkeit und Allgemeingültigkeit, Gültigkeit für jedes vernünftige Bewußtsein positiv zukommt, wird von den verschiedenen Aprioristen-Schulen verschieden aufgefaßt. 6. Das Bewußtsein, auf das aller a priori gültiger Zusammenhang zurückzubeziehen ist, ist das „Bewußtsein überhaupt", das Ich der Bezogenheit ist das „transzendentale Ich". Es handelt sich um ein Bewußtsein, ein Ich, das selbst eine Notwendigkeit a priori ist und in der Weise der Erkennt-

nis a priori eingesehen wird. Es ist also nicht das empirische, zeitlich gebundene Bewußtsein und Ich, wie wir es empirisch in allen Menschen erfahren. Andernfalls wäre alle Erkenntnis a priori ja doch wieder der Unzulänglichkeit alles Empirischen unterworfen. 7. Ein nicht von allen Aprioristen anerkanntes Moment: Alle Objektivität a priori verdankt einer Aktivität des Ich seine Gültigkeit. Extrem ausgedrückt: sie wird durch das (transzendentale!) Ich erst geschaffen.

16. Die Zusammenhänge a priori sind nun sehr verschiedener Art und zu verschiedener Zeit der europäischen Kulturmenschheit als a priori geltend bewußt geworden. a) Wir fangen mit der Art an, die sich von jeher als die instruktivste für den Zweifler an möglicher Erkenntnis a priori erwiesen hat, mit der Apriorität der Mathematik. Daß „$7 + 5 = 12$" gilt, ist uns aus der geistigen Vergegenwärtigung dieses Zusammenhangs notwendig und allgemeingültig. Es ist uns lächerlich, zu meinen, es könnte eine Kollektion von wirklichen Gegenständen nicht diesem Satz entsprechend sein, und fast ebenso lächerlich ist es uns, zu meinen, diese Überzeugung beruhe der Geltung nach auf einer empirischen Anlage oder einer unwiderstehlich gewordenen, durch viele Erfahrung gestärkten Gewohnheit unseres Bewußtseins. Die Pythagoräer haben uns als die Entdecker dieser Apriorität zu gelten. Sie ist in einem der ältesten Fragmente dieser Schule ausgesprochen, das einem Philolaos etwa zur Zeit des Peloponnesischen Krieges zugeschrieben wird: „...denn die Natur der Zahl ist Kenntnis spendend, führend und lehrend für jeglichen in jeglichem Ding, das ihm zweifelhaft oder unbekannt ist. Denn nichts von den Dingen wäre irgendwem klar, weder in ihrem Verhältnisse zu sich noch zu andern, wenn die Zahl nicht wäre und ihr Wesen... der Natur des Unbegrenzten und Unsinnigen und Unvernünftigen ist Lug und Neid eigen. Lug aber bläst nie in die Zahl hinein. Denn der Lug ist der Natur unversöhnlicher Feind, die Wahrheit aber dem Geschlechte der Zahl von Hause aus angeboren" (Diels: Philoloas-Fragment 11).

Die notwendige Beziehung zum Bewußtsein ist hier freilich noch nicht zu entnehmen. Aber der weitschauendste Mathematiker Gauß und der bahnbrechendste Philosoph der Zahl

Dedekind stimmen darin überein, daß sie die Zahl als freie Schöpfung des menschlichen Geistes auffassen.

17. Die Geometrie wurde von den Pythagoräern als inferior gegenüber der Zahlenerkenntnis angesehen, der Raum sollte der Zahl unterworfen sein. Gesetzmäßige Figuren sind durch Zahlen bestimmt, wie z. B. *ein* pythagoräisches rechtwinkliges Dreieck ausgezeichnet durch die Zahlen 3, 4 und 5 der drei Seiten bestimmt ist. Es wurde deshalb als eine schmutzige Seite an der Natur angesehen, daß das gleichschenklige rechtwinklige Dreieck, das doch gewiß ein gesetzmäßiges ist, kein Verhältnis in (ganzen) Zahlen zwischen Katheten und Hypotenuse hat. Die Inferiorität der Geometrie als eines Empirischen wurde von Gauß (Brief an Bessel vom 9. 4 1830) wieder behauptet und spielt eine wichtige Rolle in der gegenwärtigen Philosophie der Mathematik (§ 789f.).

Anschaulich veranlagten Menschen liegt aber gerade die Geometrie viel näher. Platon wählte gerade sie besonders gern als Beispiel der Erkenntnis a priori. Auch für Kant spielte gerade die Geometrie die erste entscheidende Rolle für *seine* Auffassung der Apriorität. Aus der Gültigkeit a priori ihrer Axiome, die sich durch Logik nicht erweisen läßt, entnimmt er, daß hier ein subjektives und doch objektiv gültiges Gesetz der Anschauung äußerer, d. h. nichtseelischer Wirklichkeit vorliegt. Ist die Geometrie der Raumanschauung zugeordnet, so müßte vielleicht die Arithmetik als Gesetz a priori der Zeitanschauung zugeordnet sein? Aber Kant widersteht dieser Lockung seiner Vorliebe für architektonische Symmetrie des Systems. Die Zahl wird ganz anderen Wesens als der Gegenstand der Geometrie. Sie wird zur rein gedanklichen Synthesis. Gewissenhafte Beachtung des Wesens a priori im vorliegenden Falle entscheidet bei Kant. In der Tat wird die Einsicht in das Wesen der Arithmetik und der Geometrie sie weit auseinander bringen, und doch behält die ursprüngliche Auffassung recht, sie gemeinsam als Gegenstand der Mathematik zu behandeln (§ 692f.) Wir brechen hier ab.

18. b) Formale Logik ist noch früher als Mathematik in einer Philosophenschule als a priori erkannt und sogar als die einzige aprioristische und deshalb einzig verläßliche Wissenschaft hingestellt, und zwar zuerst vom tiefsinnigen Parme-

nides kurz nach 500 v. Chr.: „Wohlan, so will ich denn verkünden, welche Wege der Forschung allein denkbar sind: Der eine Weg, daß das Seiende ist, und daß es unmöglich nicht sein kann, das ist der Weg der Überzeugung (denn er folgt der Wahrheit), der andere aber, daß es nicht ist und daß dies Nichtsein notwendig sei, dieser Pfad ist gänzlich unerforschbar." „Das Sein und das Denken (desselben) ist dasselbe." „Doch von *dem* Wege der Forschung halte dein Denken fern, und laß dich nicht durch die vielerfahrene Gewohnheit auf *den* Weg zwingen, den ziellosen Blick, das schallvolle Gehör und die Zunge walten zu lassen; aber mit dem Verstand entscheide die viel umstrittene Untersuchung, von der ich redete." (Diels, aus Fragm. 4, 5 und 1.) Hier werden die nackten Sätze der Identität und des Widerspruchs in ontologischer (nicht gnoseologischer) Form, d. h. angewandt auf den bloßen nackten Begriff des Seins als die einzig notwendige und deshalb verläßliche Wahrheit hingestellt. Im Denken, das heißt doch wohl im denkenden Ich, ist diese einzig zuverlässige Wahrheit und Gegenständlichkeit restlos beschlossen, und alle empirische Wahrnehmung ist minderwertig. Parmenides ist so hypnotisiert vom Transmundanen der Apriorität, daß er jede Anwendung auf Weltgegenstände für trügerisch und belanglos hält. Selbst ein Vieles, wie es im Zahlenwesen vorliegt, wird als eigentliche Erkenntnis negiert. Diese denkerische Selbstzucht ist eine erstaunliche unter den anschauungsfreudigen Griechen, und gar in dieser frühen Zeit ohne lange Tradition im abstrakten Denken. In seinem Entdeckerjubel entwirft Parmenides nun ein Meisterstück an geistiger Lebendigkeit in der Beschreibung dieses an sich so logisch dürren Befundes (Fragm. 8). Wir lassen als reine Logik nun auch in dieser Bedeutung a priori allerdings ein beträchtlich weiteres Gebiet gelten als diese Verflechtungen des Seins und seiner Negation durch die Sätze der Identität und des Widerspruchs. Vor allem betonen wir aber die Unterworfenheit der vielfältigen Wirklichkeit unter die logische Struktur. Logische Struktur ist wesentlich Struktur für *diese* Wirklichkeit. Hartmann sagt: „Denn wäre logische Struktur nicht wenigstens zum Teil reale Struktur, so wäre all unser Schließen, soweit es auf reale Gegenstände bezogen ist, ein reines Fehlschießen. ... Dieselben Abhängigkeiten, die im

Syllogismus walten, müssen auch im Realen walten..." [Erkenntnis S. 33].

19. Ist die Mathematik vorzüglich für die Didaktik der Apriorität, so ist die Apriorität der reinen logischen Form am zwingendsten für den geübten Denker. Muß doch der Neupositivismus im Gegensatz zum alten Positivismus bis zu Mach und Petzold zunächst vor aller Erkenntnis der Wirklichkeit die Logik entwerfen und voraussetzen (§ 891). Der alte Positivismus hatte die Priorität des Logischen vor lauter Gewohnheit des Gebrauchs nicht bemerkt, wie wir die gewohnte Uhr in unserm Zimmer nicht ticken hören. Zwingend kann man nachweisen, daß Logik allein genügt, die notwendige Gültigkeit bestimmter Wahrheiten zu beweisen. Erklärt der Zweifler alle Wahrheit für zweifelhaft, so behauptet er damit eine Wahrheit, widerlegt also selbst durch seine Behauptung das Behauptete (Zur Kritik vgl. § 829f.). Nirgends ist John Stuart Mill so handgreiflich oberflächlich wie in seinem Versuch, auch die Geltung der Logik auf vielfach wiederholte Erfahrung und psychische Gewohnheit zu gründen. In dieser Region „Logik" setzte Husserl 1900 im ersten Bande seiner logischen Untersuchungen seinen ersten Angriff gegen den erkenntnistheoretischen Empirismus an und schlug ihn sofort vernichtend.

20. c) Jetzt kommen wir zu einer lockerer zusammengehörigen Vielheit von Grundbestimmungen a priori des Seins und besonders der Wirklichkeit.

Bleiben wir zunächst bei einer Gruppe, die man vielleicht noch zur Logik rechnen möchte: Platon bemerkt im Theätet, daß schon das Sein des Wahrgenommenen nicht wie selbstverständlich diesem mit seiner Wahrgenommenheit zukommt, sondern erst durch das Denken bestimmt wird. Und ebenso ist es mit der Identität und Verschiedenheit (Theätet 185/86). Konnte nicht Xenophanes dem Sinnenschein nach auch recht haben, daß die Sonne, die im Osten heute aufgeht, gar nicht dieselbe Sonne ist wie die am Abend vorher im Westen untergegangene? Sein, Nichtsein, Identität, Verschiedenheit, Ähnlichkeit (im Sinne partialer Identität, Identität nur in einer bestimmten Hinsicht), Unähnlichkeit (Verschiedenheit in bestimmter Hinsicht), das sind Grundbestimmtheiten des Seins, die das Ich dem Empirischen auferlegt.

Ferner: Ist es nicht a priori notwendig, daß wir der Erscheinungen Flucht Substanzen als beharrlich gültige Größen zugrunde legen, und daß wir kausale Verknüpftheit zeitlich aufeinander folgender Zustände setzen, um überhaupt volle Erkenntnis zu haben? Liegen diese Bestimmtheiten etwa schon in den einzelnen Wahrnehmungen selber?

Drittens: Ist die eindimensionale Zeitreihe nicht ein a priori notwendiges Erfordernis, um etwas überhaupt Wirklichkeit nennen zu können? Ist der Raum nicht etwas, was notwendig ist, um etwas physische Wirklichkeit zu nennen? Denken wir einmal, alle Dinge seien durch göttliche Fügung vernichtet, bleiben dann nicht der Raum an sich die Zeit an sich, beide jetzt absolut „leer", notwendig immer noch übrig?

21. Ich fürchte, daß bei der zweiten und dritten Gruppe, die bei Kant beide eine so bedeutungsvolle Rolle spielen, alle gründlichen Kenner der modernen Naturwissenschaft ihrer Entrüstung über die Rückständigkeit des Autors Ausdruck geben. Ihrer wahrhaft guten Sache soll volle Genüge geleistet werden (§ 794ff.). Aber hier kommt es zunächst einmal auf eindrucksvolle Beispiele aller Arten von Apriorität an.

Man kann sich leicht klar machen, daß diese drei Untergruppen der Gruppe c) sehr verschieden sind. Die erste ist selbst für Logik noch ein tieferes tragendes Fundament. Die Kausalität und die Substantialität setzen mindestens die Zeitlichkeit, die in die dritte Untergruppe gehört, voraus, da sie Folge in der Zeit und dauerndes Dasein in der Zeit zur Festlegung ihres Wesens voraussetzen. Wir könnten nach größeren Vorgängern hier auch den Weg in eine noch unermessene Mannigfaltigkeit weiterer Zusammenhänge verfolgen. Man trennt sie gemeinsam als materiale Momente a priori von der Gruppe a) und b) als den formalen Momenten a priori. Die Momente dieser Gruppe c) faßt man wohl zu einer Ontologie a priori im engeren Sinne zusammen.

22. d) Wir kommen ins Allerheiligste der Erkenntnis a priori. Es ist bei allen bisherigen Formen a priori schon vorausgesetzt, aber nicht klar als eine eigene Art des Apriori erkannt. Descartes ist bahnbrechend: Das einen Gegenstand meinende Ich ist aller Gegenständlichkeit voraus existierend gewiß. Es ist so gewiß, daß Descartes sich den „radikalen" Zweifel erlauben kann, ohne in absoluten Skeptizismus zu

verfallen: Selbst die reine Mathematik zieht er mit in den Zweifel. Wir können sagen, alles, was wir in den Punkten a—c als a priori gültig annahmen, kann eine Täuschung unseres urteilenden Ich sein. Das vorstellungsbereite und denkbereite Ich zeigt sich dann als eine gegenüber dem Zweifel widerstandsfähigere Schicht des Gebiets a priori. Das ist der eigentliche Kern des „cogito ergo sum" des Descartes. Selbstverständlich kann man einen noch radikaleren Zweifel einsetzen und am Ich zweifeln. Dann aber ist jeder Ansatzpunkt der Philosophie überhaupt verloren.

Die besten Zeitgenossen waren sich wohl der Größe Descartes' und der fundamentalen Bedeutung des „cogito ergo sum" für sein Denken bewußt. Ganz verstanden haben ihn aber selbst ein Spinoza und ein Leibniz nicht. Erst Kant knüpft in seiner Deduktion des Wissens a priori hier wieder an: Die transzendentale Einheit des Selbstbewußtseins wird von ihm erkannt als „der höchste Punkt, an dem man allen Verstandesgebrauch, selbst die ganze Logik, und, nach ihr, die Transzendentalphilosophie heften muß" [Vernunftkritik. 2. Ausg. § 16, Anm.]. Selbstverständlich knüpft auch alles tatsächliche empirische Denken mit allen seinen Gegenständen daran an. Fichte zieht aus dieser Bezogenheit a priori die radikalste Folgerung: Die ganze „Welt" ist dem Ich nichts Anderes als seine Betätigungssphäre, die es aus eigenen Gründen nötig hat, und die es deshalb als gültig setzt. Selbstverständlich braucht hier kein im üblichen Sinn egoistisches Werten vorzuliegen, und bei Fichte lag ja auch das äußerste Gegenteil davon vor. Der ungeheure Gedanke Fichtes gab den deutschen Zeitgenossen eine geistige Spannkraft, die im tiefsten volklichen Elend zu den begeisterten Schöpfungen des deutschen Idealismus führte, — allerdings auch in der Zeit leidlich wieder hergestellter volklicher Daseinverhältnisse zu einem schweren Katzenjammer.

23. e) Das Ich war unter d) nur als ein Anknüpfungspunkt der Objektivität bestimmt. Vielleicht nimmt man noch die Modi des Ichbezugs hinzu, das wahrnehmende, urteilende, fühlende, wollende etc. Verhalten des Ich zum Objekt. Was ist uns aber dies Geklapper geistiger Funktionen? Das Ich will material Werthafteres, dem diese Funktionen dienen. Das Ich will das Gute, dies Wort im weitesten Sinne

genommen. So erst werden diese Formen mit geistigem Leben erfüllt.

Als die Kultur der Athener in der zweiten Hälfte des 5. Jahrhunderts v. Chr. in ihrer überstürzten Entwicklung die sittliche Bindung verlor, als das Individuum offen seine egoistischen Ziele als für sich maßgebend erklärte, war es für Sokrates der einzig rettungverheißende Gedanke, an das echte Selbstbewußtsein des Menschen den Weckruf zu richten. Jeder Mensch, der sich selbst versteht, will doch selbstverständlich das Richtige. Das Wohl des sozialen Ganzen gehört doch selbstverständlich zu diesem Richtigen. Das Richtige des Menschen, wahrhaft gründlich erkannt, muß sich als eine widerspruchsfreie begrifflich zu bestimmende Einheit herausstellen, mögen wir es nun unter verschiedenem Aspekt als Gutes, Schönes, Nützliches oder sonstwie bestimmen. Freilich wird Sokrates nach dem, was wir von ihm wissen, dabei noch nicht klar an eine Geltung a priori gedacht haben, eher schon an eine *ewige* Gültigkeit. Platon denkt den Gedanken zu Ende. Mit Recht hält Julius Stenzel die Hinaushebung der ethischen Ideen über diese Welt, über dies unsichere Reich des Werdens und Vergehens für das wahrhaft treibende Motiv der platonischen Ideenlehre und alles andere für Hilfsmotive. „Und wie die vollkommene Gestalt eines jeden Dings mathematisch reines Gebilde ist, das sich als etwas vom sinnlichen Ding Unterscheidbares und Trennbares darstellen läßt, das in einer „höheren" Welt sein Dasein hat, so existieren auch die Formen der Arete als höhere Daseinsmächte, die durch ihre „Parusie" die Vollkommenheitsentwicklung des Menschen bedingen und ihn zum höheren „Allgemeinen" typischen Daseins erheben, indem er an diesen höheren Mächten „teil hat". Solche Mächte oder Kräfte sind es, die Platon Ideen nennt" [Dialektik].

24. Immer wieder waren die edelsten Menschen ergriffen vom Vergleich der ethischen Ideen mit den ewigen Sternen jenseits des Irdischen, nach deren Richtweisung der Schiffer seinen Kurs durch das Meer steuert, ohne sie jemals zu erreichen. Nur sind die ethischen Ideen nicht jenseits aller Menschlichkeit, sondern des Menschen Inneres steht in einem seltsamen, empirisch unfaßbaren Konnex mit ihnen. Aber so hinreißend ein solcher Gedanke auch für den ethisch ernsten

Menschen ist, so läßt sich doch nicht leugnen, daß er für den nüchternen theoretisch erwägenden Menschen nicht dieselbe Sieghaftigkeit hat wie die Einsichten in die Gebiete a priori, die in a—d erörtert sind. Wir sehen denn auch, daß bei Platon der Gedanke einer Erkenntnis a priori erst klar hervortritt, nachdem er von den Pythagoräern die Apriorität des Mathematischen zu sehen gelernt hatte. Der Dialog „Menon", den er jetzt schrieb, gibt uns das seltene Glück, einen so unermeßlich folgenreichen Gedanken wie den eines vielfältigen Systems a priori sozusagen in statu nascendi zu beobachten. Er bildet unausgesprochen die Einheit und das Thema des ganzen Dialogs; ohne ihn wird die Vereinigung heterogenster Fragestellungen unverständlich. Das mathematische und das ethische Apriori werden zusammen gesehen. Das ethische Apriori hat die höchste Würde des Sinns, aber das mathematische Apriori gibt die theoretische Überzeugungskraft dafür, daß der Glaube an Erkenntnis a priori kein Wahn ist. Alle Fragen sind angeschnitten: Ichbezug, Transzendenz, Gültigkeit für das Wirkliche, logische Struktur („Angebundenheit" des Wissens).

1.32. Drei moderne Fundierungsversuche.

25. Drei verschiedene in sich geschlossene Lösungsversuche, einheitliche Auffassungen der Grundgedanken und der verschiedenen Arten der Apriorität sind einander gegenüberzustellen. Deutschland hat das Glück gehabt, sie in präzisester Ausprägung gleichzeitig nebeneinander zur vollen Entwicklung ihrer Eigenart gebracht zu haben. Ich meine die drei Richtungen: die phänomenologische (Husserl), die logisch-kritizistische („Marburger": Cohen, Natorp, Cassirer), die werttheoretisch-kritizistische („Südwestdeutsche", „Badener": Windelband, Rickert, Lask). Alle drei hatten die große Zeit ihrer Gestaltung etwa von der letzten Jahrhundertwende bis Beginn des Weltkrieges. Wir charakterisieren sie kurz einzeln und beschränken uns dabei auf die deutsche Philosophie.

26. a) Phänomenologische Denkweise ist alt. Aber erst Edmund Husserl machte sie konsequent zum Fundament der Philosophie. Die Programmschrift bilden die „Ideen zu einer reinen Phänomenologie und phänomenologischen Philosophie" von 1913.

Alle so mannigfache Wahrheit hat danach ihren originären Rechtsgrund in der Schau. So wie die empirische Wahrheit, die Erfahrungswahrheit in letzter Beglaubigung ihre Richtigkeit immer aus einer empirischen Wahrnehmung, einem Sehen, Hören, Tasten, inneren Wahrnehmen ziehen muß, so Wahrheit a priori, Wesenswahrheit aus Wesensschau. Dazu ist die phänomenologische Reduktion, eine Einklammerung erforderlich. In unbefangener Hinnahme eines beliebigen empirischen Gegenstandes, wie er sich gibt, wird uns unmittelbar evident, daß sein zufälliges Sein notwendig bestimmt ist durch eine Fülle wesentlicher Zusammenhänge, deren Wahrheitsgeltung nicht von der Erfahrung abhängt, sondern die evident notwendig für jeden beliebigen empirischen Gegenstand bestimmter Art sind. Ich beachte das, was sich als zufällig in dem vorgenommenen empirischen Gegenstand gibt, nicht, sondern reduziere meine Aufmerksamkeit auf das Wesentliche. In treuer und beharrlicher Musterung und Variation dieses Wesentlichen gewahre ich eine Gliederung von erstaunlicher Komplikation, deren Horizont noch nicht von der Menschheit ermessen ist. Reine Logik, Mathematik, Raum- und Zeitlehre, Wesenslehre eines physischen Gegenstandes und Geschehnisses, reine Bewußtseinslehre, Wertelehre (Axiologie), Praktik, Ontologie der Gemeinschaft, das sind solche „eidetische Regionen" umfassendster Art. Wesensregionen, die wieder sich gegenseitig nach evident einsichtigen Wesensgesetzen bestimmen. Evidenz ist nicht ein physiologischer oder psychologischer Zwang in meinem empirischen Bewußtseinsprozeß, nicht ein Evidenz*gefühl*, wie Fichte, Sigwart, Müller-Freienfels meinen, sondern ein Sich-selbst-geben eines Gegenstands. An die Sachen selbst müssen wir uns immer letzten Endes wenden. „Alles und jedes, was an ihm selbst zu Gesicht gebracht wird, sei es ein Reales, ein Ideales, ein Horizont, ein Sinn, eine Sinnesverweisung, das Nichts usw., kann Sache sein im Sinne der phänomenologischen Forschungsmaxime, durch alle Verdeckungen der historischen, traditionalen Ausgelegtheit hindurch, gegen alle Versuche zu argumentativ-konstruierten Lösungen..." [Fink, Phil. Husserls, S. 330]. Das Prinzip aller Prinzipien ist, „daß jede originärgebende Anschauung eine Rechtsquelle der Erkenntnis sei, daß alles, was sich uns in der „Intuition" originär (sozusagen in seiner leibhaften Wirklichkeit) darbietet, einfach hinzunehmen sei als was es sich gibt, aber auch nur in den Schranken, in denen es sich da gibt" [Ideen S. 43]. Auch eine vorwitzige konstruktiv vorgehende „Erkenntnistheorie" kann doch ihr Recht nur aus einem geschauten originären Wesentlichen ziehen.

27. Nun macht aber Husserl auch die *Ichbezogenheit* alles a priori Gültigen und darüber hinaus alles Denkbaren, also auch alles Empirischen, zum wesentlichen Teil seiner Philosophie. „Jede Gegenstandsart ... muß sich in der Erkenntnis, also im Bewußtsein selbst bekunden und sich, dem Sinne aller Erkenntnis gemäß, zur Gegebenheit bringen lassen ... Was das besage, daß Gegenständlichkeit sei und sich als seiende und soseiende erkenntnismäßig ausweise, das muß eben rein aus dem Bewußtsein selbst evident und somit restlos verständlich werden" [Philos. S. 301]. Die Subjektbezogenheit alles Gegenständlichen ist im Grunde gegenüber der Wesensschau dasselbe Prinzip aller Prinzipien, nur eben umgekehrt gerichtet vom Gegenstand zum Recht des Bewußtseins statt vom Bewußtsein zum Recht des Gegenstands. Und nun wird der extremste Idealismus noch in die Phänomenologie eingeschlossen: Es „ist die ganz räumlich-zeitliche Welt, der sich Mensch und menschliches Ich als untergeordnete Einzelrealitäten zurechnen, ihrem Sinne nach bloß intentionales Sein, also ein solches, das den bloßen sekundären, relativen Sinn eines Seins für ein Bewußtsein hat".

28. Durch eine Reflexion können wir bei jedem Gerichtetsein auf einen Gegenstand uns zurückwenden auf unseren Bewußtseinszustand diesem Gegenstand gegenüber, auf unser Wahrnehmen, Urteilen, Zweifeln, Vermuten, Werten, Wollen usw. dieses Gegenstands. Unser empirisches Bewußtsein untersteht *auch* einer eidetischen Region, einer Wesenswissenschaft vom Bewußtsein. Es gibt eine Phänomenologie des Bewußtseins gegenüber einer Naturwissenschaft, einer empirischen Wissenschaft vom Bewußtsein [Philos. S. 302]. Unser empirisches Bewußtsein kann sich seinem eigenen Wesen, dem „reinen Bewußtsein" zuwenden. Wir schauen evident eine erstaunliche und noch unermessene Fülle wesentlicher Bewußtseinseigentümlichkeiten; ja, jedem Gegenstandsgebiet entspricht eine korrelative Bewußtseinsmodifikation.

Ist denn dies reine Bewußtsein das reine Ich gegenüber aller Objektivität (§ 22)? In der Tat lehrt Husserl in den logischen Untersuchungen von 1901, daß dies reine Ich als notwendiges Beziehungszentrum unauffindbar sei. Aber 1913 hat er es zu finden gelernt. Die Bezogenheit auf ein reines Ich wird ein allgemeinster Bestandteil aller Evidenz überhaupt [Log. Unt., 2. Bd.], und 1931 kann Husserl in seinem französisch veröffentlichten Werk „Méditations cartésiennes" den Franzosen zeigen, daß gerade ihr Descartes das beste, wenn auch nicht das einzige Sprungbrett in die Phänomenologie ist.

29. Das Ich ist im Erkennen im wesentlichen rezeptiv eingestellt. Sein Schaffen und Tun ist nur Zurüstung, der „Sache" habhaft zu werden. Das Ich darf die Sache nicht in ihrem Wesen beeinflussen. Der Punkt 7 unserer Aufzählung der Seiten der Apriorität ist für die Phänomenologen zu streichen.

Was ist Wert? Nichts als der Inhalt einer besonderen eidetischen Region, die in der Axiologie dargestellt wird. Die Praktik ist eine Region, die wesensgesetzlich ihr unterworfen ist. Praxis hat richtigerweise Werte zu verwirklichen. Beide sind wieder in Wesensbeziehungen mit dem Wesen der Wirklichkeit verflochten. Beide unterstehen aber der Doxa, dem *richtigen* Meinen, denn alles Meinen hat doch ein richtiges zu sein. Wir können allgemein sagen: In der phänomenologischen Denkweise hat die erkenntnismäßige Richtigkeit den Primat über werthafte Richtigkeit und über alle Praxis. Das ist schon durch das Fundament aller Richtigkeit, die Schau notwendig bedingt.

30. b) Die logisch-kritizistische Richtung bildet darin den konträren Gegensatz zur phänomenologischen, daß ihr Ursprungsprinzip die Tat, das Schaffen des Ich ist. Unsere Vernunft ist konstruktiv, nicht rezeptiv. „Im Anfang war die Tat, die schöpferische Tat der Objektgestaltung jeder Art, in der allein der Mensch sich selber, sein Menschenwesen aufbaut, und, indem er sich darin objektiviert, das Gepräge seines Geistes seiner Welt — vielmehr einer ganzen Welt solcher Welten, die alle er die seinen nennen darf — zutiefst und vollkommen einheitlich aufprägt. Der schöpferische Grund aber aller solchen Tat der Objektgestaltung ist das Gesetz; zuletzt jenes Urgesetz, das man noch immer verständlich genug als das des Logos, der Ratio, der Vernunft bezeichnet" [Natorp, Kant,

S. 197]. Die Logik ist hier freilich nicht die formale Logik im Sinne meines § 18, sondern eine transzendentale Logik im Sinne Kants, die nicht nur die *Form* eines Gegenstands betrifft, sondern den zu denkenden Gegenstand selber gibt. Ihr schönstes Beispiel hat diese Denkweise in der Mathematik und noch instruktiver in der Physik. Kant sagt: „Als Galilei seine Kugeln die schiefe Fläche mit einer von ihm selbst gewählten Schwere herabrollen ließ, ... so ging allen Naturforschern ein Licht auf. Sie begriffen, daß die Vernunft nur das einsieht, was sie selbst nach ihrem Entwurfe hervorbringt, daß sie mit Prinzipien ihrer Urteile nach beständigen Gesetzen vorangehen und die Natur nötigen müsse, auf ihre Fragen zu antworten, nicht aber sich von ihr allein gleichsam am Leitbande gängeln lassen müsse ..." [Vernunftskritik, Vorrede, 2. Ausg.]. In der Tat ist der „Gegenstand" der Physik in der stürmischen und doch so sicher richtigen Entwicklung der letzten Jahrzehnte immer offensichtlicher ein mit dem autonomen mathematischen Rüstzeug des Denkens geschaffenes immer komplizierteres System. Cassirer, der gegenwärtige Hauptvertreter dieser Denkweise, wird nicht müde, dieses Zeugnis ihrer Richtigkeit und die sich so dokumentierende Souveränität und Freiheit der Vernunft zu betonen. Nun kommt man zu einer Wendung der Realitätsauffassung eines physikalischen Gegenstands, die in aller Welt, die sie nicht verstand, besorgtes Kopfschütteln erregte: „Das Reale, das die Naturwissenschaft sucht in allen ihren Bestimmungen, die Mathematik verleiht es ihr" [Cohen, Logik, S. 135]. „Alle anderen Voraussetzungen, alle anderen Arten von Realität, sind vom Übel des Vorurteils. Das Vorurteil der Empfindung, als der eigentlichen und wohl gar alleinigen Erkenntnisquelle, hat sie ausgeboren und unterhält sie" [S. 139]. Nicht haben wir in der Empfindung ein Material, aus dem das Denken den Gegenstand gestaltet. Der Gegenstand ist nichts als Denkerzeugnis. Empfindung ist nur ein entscheidendes Moment für die Richtigkeit unserer physikalischen Denksetzungen und ein äußerer Anstoß zu neuen Denkbildungen. Niemals geht sie als Materie in die Bildungen des Denkens ein. Der Empfindung kommt gleichsam nur eine katalytische Leistung für die Gegenstandsbildung zu; im Gegenstand ist sie nicht aufweisbar (vgl. § 877) [Cassirer, Symbol., S. 485]. Ganz gewiß soll diese Methode nicht auf die

Physik beschränkt bleiben. Das vernünftige menschliche Ich schafft in prinzipiell gleicher Weise die Ethik als eine Logik des Sollens und überhaupt jedes Kulturgebiet als eine autonome Gestaltung. Alle Kulturgebiete sind sich gegenseitig symbolische Transformationen [Cassirer, symbol.].

31. Der tiefste und eigentlichste Gedanke der Philosophie Kants liegt hier: daß die Systemeinheit der Wirklichkeit nur durch eine Synthesis des denkenden Ich, nur kraft einer Spontaneität des Ich möglich ist [Vernunftkritik § 15—19]. Nur hat Kant sich erst allmählich bis 1786 hierzu durchgerungen. Eigentlich überwundene ältere Gedanken ragen noch in das System hinein, — so vor allem der bloß phänomenologisch fundierte Gedanke der reinen Anschaulichkeit der Geltung von Raum- und Zeitgesetz, der von unserer Naturwissenschaft gründlich überholt ist.

Das reine Ich, das Husserl erst so spät und nach eigenem Geständnis unter Führung des logischen Kritizisten Natorp phänomenologisch fand, ist der Ansatzpunkt von allem. Natorps Gedanken über das reine Ich [Psychol. 2. Kap.] gehören zum tiefsten über den Ichbegriff. Alles hat Ichursprung. Aber das Ich selbst ist nicht als Gegenstand faßbar. Das Ich steht noch als Richter über seiner Schöpfung. Es bleibt bei dem Gedanken Fichtes, daß das Ich Tathandlung, nicht Tatsache ist.

Mitunter klingen Worte Husserls wie Resonnanzen der Denkweise der logischen Kritizisten: Die ganze räumlich-zeitliche Welt „ist ein Sein, das das Bewußtsein in seinen Erfahrungen setzt" [Ideen, S. 93]. Aber nein, das ist gar nicht schöpferisch gemeint; es meint bloß ein „intentionales Sein", ein Sein, das in notwendiger Korrelation zum Bewußtsein steht, aber nicht vom Bewußtsein geschaffen ist. Gesetzt ist nur das richtige Gefaßthaben im Denkakt.

32. c) Betont die Phänomenologie das Transmundane des Apriori und seine Herrschaft über die empirische Wirklichkeit, und betont der logische Kritizismus das Schöpferische des Ich, so betont dagegen der werttheoretische Kritizismus die Werthaftigkeit alles Gegenstands a priori. Blut und Leben kommen in die Akte des Ich erst durch die Gegenstände a priori der Gruppe e). „Wer meint, er habe im Geist schon etwas inhaltlich Erfülltes, täuscht sich. Der Geist des Metaphysikers ver-

mag deshalb für sich allein niemals unser Leben zu weihen oder zu verklären. Auch er bleibt blaß und abstrakt, solange er keinen Inhalt bekommt. Dieser aber stammt auch in der Methaphysik allein aus den geltenden Werten" [Rickert, System, S. 295]. Der Geist ist aber trotz der mit Kant und den logischen Kritizisten betonten Sponaneität nicht schöpferisch in bezug auf die Werte. Beifällig zitiert Rickert Aloys Riehls Worte: „Ohne ein Ideal über sich zu haben, kann der Mensch im geistigen Sinne des Wortes nicht aufrecht gehen. Die Werte aber, aus denen dies Ideal besteht, werden entdeckt, und gleich wie die Sterne am Himmel treten sie nach und nach mit dem Fortschritt der Kultur in den Gesichtskreis des Menschen. Es sind nicht alte Werte, nicht neue Werte, es sind *die* Werte" [Kulturw. S. 163]. Wohl sagt Windelband nur vom Individuum und der empirischen Gattung von Individuen, daß sie nur Wohnstätte und Träger sind für eine Welt von Vernunftwerten, die doch den Sinn aller Ordnung ausmachen [Präludien, II]. Aber das „Bewußtsein überhaupt" ist nur „ein System von Normen, welche, wie sie objektiv gelten, so auch subjektiv gelten sollen, aber in der empirischen Wirklichkeit des Lebens nur teilweise gelten" [Präludien, I, S. 46]. Philosophie ist schlechtweg die Wissenschaft vom Normalbewußtsein [S. 46]. Der ewigen Werte unabhängig voneinander sind mancherlei. „Wer will in Geldeinheiten ausdrücken, wie viel mir eine Liebe wert ist, und wer will in Liebeseinheiten ausdrücken, was mein neuer Rock gekostet hat?", sagt Spranger [Lebensformen, S. 283]. Aber das ist für Spranger, wie für alle werttheoretischen Idealisten, nicht das letzte Wort. Alle Werte müssen doch in dem einen Lebensganzen verbunden sein und hier ihren objektiv richtigen Gehalt bekommen. Aber hier trennen sich die Wege der verschiedenen Denker dieser Richtung.

33. Ihren Anspruch, alle Apriorität zu umfassen, konnte diese Auffassung nur dadurch gewinnen, daß sie im „Wahrheitswert" die ganze Theoretik, alles reine Erkennen in den Bereich des Werthaften aufnehmen konnte (§ 11). Es „bedeutet die Entstehung des theoretischen Menschen ein Kulturereignis von größter Tragweite, weil dadurch ein in seinem Wesen vorher nicht erfaßter Eigenwert ins Bewußtsein gehoben und so die Pflege eines neuen Kulturgutes ermöglicht werde, wel-

ches über dem vitalen Leben steht" [Rickert, Wissenschaft. S. 316]. Kultur als das Reich des Werthaften hat damit aber auch den Primat über das Reich der Natur. „Nicht das Wirklichkeitsproblem der Natur, sondern das Wertproblem der Kultur ist wichtig, und dieses kann nur von einer Wertelehre im Rahmen des neuen, nicht auf das Reale eingeschränkten Weltallbegriffs in Angriff genommen werden" [Rickert, System, S. 149]. Daß die werthafte Geschichte sich in einem winzigen Teilchen der Welt und in einer winzigen Zeitspanne gegenüber den Jahrmillionen des kulturlosen biologischen Geschehens und den Jahrmilliarden astronomischen Geschehens abspielt, tut ihrer umfassenden Bedeutung vom Kulturstandpunkt aus keinen Abbruch. Die ganze sinnfreie reale Welt ist nur das Objekt der Spezialforschung, die unter dem Wertgesichtspunkt des theoretischen Werts sie isoliert und in Seinsgebiete teilt. So ist das Gebiet des realen Seins dem Gebiet des irrealen Denkens unterworfen. Das ist nun der eigentliche Sinn der „kopernikanischen Wendung" Kants, daß nicht der Gegenstand die Vorstellung, sondern diese erst den Gegenstand möglich mache [Rickert, Kant]. So will Rickert jetzt den Grundgedanken des logischen Kritizismus seinem höheren Gesichtspunkt eingeordnet erkennen: „Das Weltobjekt in seiner Totalität stellt sich als ein Gebilde dar, an dem das Subjekt dauernd zu arbeiten hat, oder mit anderen Worten: Indem Kant das Universum selbst als Idee, d. h. als Wertgebilde faßt, enthüllt er zugleich den Sinn des Lebens in dieser Welt, der darin besteht, daß für den Menschen die Ganzheit der Objekte sich nicht als ein gegebenes Sein, sondern als ein aufgegebenes Sollen darstellt" [System, S. 159]. Nicht ohne Berechtigung wird die tiefste Einsicht Platons in den Worten gegen Schluß des sechsten Buches der Politeia, des Staates [509 B] gesehen: „Sage, daß den Erkenntnisgegenständen nicht nur das Erkanntwerden vom Guten kommt, sondern auch das Sein und das Wesen, ohne das das Gute dies Wesen selbst ist, sondern noch vor diesem Wesen an Würde und Kraft den Vorrang hat". Und das ist doch der tiefste Sinn der kühnen Philosophie Fichtes, daß das Ich, dem selbst die Welt nur die Sphäre seines Handelns ist, in der idealen Welt der ewigen Werte sein seliges Leben hat. So soll alle große Philosophie, richtig verstanden, im werttheoretischen Idealismus gipfeln.

34. Das sind die drei Philosophien, die in der Zeit von 1900 bis 1914 in Deutschland zur Herrschaft gelangten. Die Diskussion über sie und das Bestreben, jeder ihr Wahrheitsrecht werden zu lassen, geben neben der Kleinarbeit im einzelnen den Hauptinhalt der deutschen Philosophie des Jahrzehnts bis zum Ausbruch des Weltkrieges und darüber hinaus. Ihr Idealismus gab der Philosophie dieser Zeit den starken Impuls. Deutschland war wieder die Heimat der Philosophie. Wer in der Welt Philosophie studieren wollte, mußte nach Deutschland gehen. Wer noch nicht auf dem Boden der grundlegenden Bedeutung der Erkenntnis a priori für alle Wissenschaft und darüber hinaus für alle Kultur stand, war in bezug auf Philosophie ein Dilettant, der ihre endgültig entschiedene Grundsituation noch nicht begriffen hatte.

Im a priori Geltenden bekommt der Philosoph sein eigenes Forschungsgebiet. Philosophie kann sich als strenge Wissenschaft konstituieren. Wahrlich, es gibt unübersehbare Arbeit in ihr. Der ernst zu nehmende Philosoph ist kein phantastischer Projektmacher mehr. Die philosophische Arena ist nicht mehr „ein Tummelplatz vager reformatorischer Einfälle, sondern eine Stätte ernster wissenschaftlicher Forschung". Vorbei ist die Zeit, da der Philosoph an der Stätte der Wissenschaft der Mann war, der die Einzelfächer nicht gründlich gelernt hatte und doch über alle Einzelfächer zu Gericht sitzen wollte. Er hat jetzt sein eigenes Arbeitsgebiet, in dem er Fachmann ist. Und doch kann er aus gutem Grunde die Herrschaft der Philosophie über alle Einzelwissenschaften proklamieren; sie sind ihr notwendig unterworfen (vgl. § 923).

Bewundernd, aber mit einem heimlichen Grauen schaut der philosophische Laie auf diese neuen Giganten. Achtungsvoll läßt er sich in diese oder jene Fundamentierung der Welt a priori einweihen, da diese Giganten ja doch die unerbittlich Wahrheit Suchenden und Findenden sind und ihre Argumentation unwiderlegbar zu sein scheint.

1.4. Nachlassen des Interesses am Apriorismus

35. Der Apriorismus mit seinen nüchternen erkenntnistheoretischen Gründen war mit den Bestrebungen, die vierte kopernikanische Wendung wieder rückgängig zu machen (§ 5—6),

verbündet, so wenig dies Bündnis auch in den Vordergrund trat. Platon fühlte schon des Menschen Wesen dieser Welt des Werdens dadurch entrückt, daß seine Seele Wesensverwandtschaft zur Welt ewiger Ideen habe. Für Kant war das menschliche Ich Bürger einer intelligiblen Welt, war es etwas Metaphysisch-Wirkliches. Eben das löste in Fichte ein Jubelerlebnis der Befreiung vom Albdruck der Weltabhängigkeit aus. Kant meinte, der durch Stürme empörte Ozean sei selbst für uns gar nicht erhaben, sondern nur gräßlich. Das positive Gefühl des Erhabenen beziehe sich auf das Bewußtsein unserer geistigen Überlegenheit über die Natur, das gerade deshalb so mächtig sei, weil die Natur unseren sinnlichen Maßstäben extensionaler oder dynamischer Art so unermeßlich überlegen ist [Urteilskraft § 23].

36. Aber diese Gedanken gewannen im Leben eigentlich nur bei pädagogisch Interessierten, die sich mit ihnen vergeblich ihre Aufgabe widerspruchsfrei machen zu können glaubten, praktische Wirksamkeit. Die anderen empfinden ein *solches* Erhabenheitsgefühl wie eine Donquichoterie, und zwar aus einem denk- und wertpraktischen Gebrauchswissen (§ 932/37) heraus, das man explicite in Begriffen wenig geklärt hat. Wir werden sehen, daß dies ungeklärte Wissen durchaus recht hat (§ 850 ff.). Die tiefsten Gründe unseres Werdens und unseres Entscheidens überhaupt, die wir im Leben uns nicht zum Gegenstande des Denkens machen, die aber doch klärbar sind, rechtfertigen dies „Gefühl" des „gesunden Menschenverstandes".

37. In der Tat ist die Begeisterung über die Entdeckung des Apriori, die in der Zeit vor dem Weltkriege so lebendig war, längst verflogen. Auch der Fachphilosoph, der im Apriori das Fundament seines Fachs sah (§ 33), bemerkt, daß er jetzt nachgerade als Weltfremder, den man nicht zu beachten braucht, erscheint, wenn nicht gar als unfreiwilliger Possenreißer im Reich der Wissenschaften. Eine beginnende Abwendung kündet sich schon bei den führenden Denkern an, die zwar selbständig denkend, doch ganz in dem Gedankenkreise des Apriorismus aufwuchsen und auch prinzipiell noch an ihm festhalten.

Bei Cassirer ist das die symbolischen Formengebiete schaffende Ich im Grunde nichts anderes mehr als das in der Wissenschaft und in anderen Kulturgebieten kollektivierte zum objektiven Geist (§ 350) gewordene empirische menschliche Ich. Die Freiheit des Schaffens der Gegenstandsstruktur, die weit mehr als bei den älteren Marburgern, und zwar nun wahrhaft als Freiheit in den Vordergrund tritt (§ 842); ist in der Tat eine Freiheit unseres empirisch menschlichen Schaffens eines Gegenstands.

Liest man Schelers letzte Werke, vor allem „die Wissensformen und die Gesellschaft", so erscheint die im Husserlschen Sinne aprioristisch-phänomenologische Erkenntnis wie ein Überbleibsel aus einer eigentlich schon überwundenen Periode, so hartnäckig sie auch festgehalten und in neuere, offenbar interessantere Schichten eingewoben wird. Im „Bildungswissen" erhält sie ihre eigene gnoseologische Stätte. Aber schon der Name ist ominös. Es ist zwischen den interessanteren Stufen des Herrschafts- oder Leistungswissens und des Erlösungswissens gleichsam eingeklemmt, die beide ganz weltlich gerichtet sind; denn auch das Erlösungswissen soll zwar zur Teilhabe am obersten Sein und Grunde der Dinge führen, aber in erster Linie von der in uns, d. h. doch wohl in unserem wirklichen Dasein liegenden „Spannung" und „Urgegensätzlichkeit" erlösen [Wissensformen, S. 250]. Lebendige Anthropologie bekommt fundamentale Bedeutung, nicht die Beziehung eines idealen „Bewußtseins überhaupt" zum Gegenstand überhaupt".

38. Ebenso bedeutsam ist die Wendung bei Nicolai Hartmann: Die Grenze zwischen Wesensschau (Erkenntnis a priori) und empirischer Erkenntnis, die bei Husserl so fest und scharf ist, verschwimmt und wird unerheblich. Wohin gehört die Erkenntnis der Stufenfolge des Seins, des Schichtenbaues der Welt [Geist, Sein, S. 13ff.]), auf die wir im Teil 2.1 noch ausführlich eingehen werden? Ist die eigentümliche Stellung des organischen Lebens zwischen dem Physisch-Anorganischen und dem Seelischen etwa durch Erkenntnis a priori unserem Wissen zugängig? Doch wohl nicht. In dem Vortrag „Zum Problem der Realitätsgegebenheit" gibt das Schlußwort nach der Debatte das Leitmotiv: „Es genügt heute nicht, zurück zu den Phänomen zu gehen, wie Husserl es forderte. Zurück an die Erde müssen wir, zurück ins Leben" [Realität, S. 97]. Fast empiristisch-pragmatistisch heißt es:

„Die ‚Gegenstände' sind in erster Linie nicht etwas, was wir kennen, sondern etwas, was uns praktisch ‚angeht', mit dem wir uns im Leben ‚stellen' und ‚auseinandersetzen' müssen, womit wir, fertig werden' müssen, was wir benutzen, überwinden oder ertragen müssen" [S. 15]. Gerade das interessierte auch schon Scheler mehr. Aber was ist denn dieses Ich, und was sind die Gegenstände? Doch wohl das empirische Ich und die empirischen Gegenstände. Die Probleme, die unserer Erkenntnis „zufallen, hat nicht sie gemacht. Sie sind ihr aufgedrungen durch das Sosein der Welt, in der sie steht" [Hartmann, Philosophie, S. 29]. Freilich glaubt Hartmann selbst in alter phänomenologischer Einstellung immer noch, auch dies Sosein sei für unsere Erkenntnis letztlich in reiner Kategorialanalyse a priori fundiert [S. 60] (zur Kritik Teil 6.3).

39. Am interessantesten ist die Fortentwicklung der Phänomenologie zu Heideggers Existentialphilosophie. Die Schau Husserls wird sofort zu einer Schau unserer tatsächlichen fundamentalsten Bezogenheit zur Welt, und von hier aus bekommt alles seine Bedeutung. Die Existentialphilosophie ist wie alle Lebensphilosophie ein Rückgang auf das Ursprünglichste *unserer* Existenz in der Welt mit ihrem zeitlichen Fluß, und zwar in der originären vorwissenschaftlichen Erlebtheit. Das ist der Gegensatz zu Cassirers Orientierung an der wissenschaftlichen Objektivität. Die ganze reich und subtil entwickelte Wesenswissenschaft Husserls wird mit Hilfe seines eigenen Prinzips unerheblich, ohne viel Aufhebens beiseite geschoben, gleichsam magaziniert, wie die unbedeutenderen Kunstwerke eines Museums. Dasein ist der Ausgangspunkt, von dem alles Wichtige seinen Sinn bekommt, und dies Dasein ist ein „In-der-Welt-Sein", eine „Geworfenheit an das Da". Es „muß die Fundamentalontologie, aus der alle andern erst entspringen können, in der existentialen Analytik des Daseins gesucht werden" [Sein und Zeit, S. 13]. Selbstverständlich behauptet auch Heidegger noch: „Die existentiale Analytik des Daseins liegt vor jeder Psychologie, Anthropologie und erst recht Biologie" [S. 45].

40. Momente einer solchen Analytik sind etwa der Tod, die Einordnung in das Geschichtliche, das Nichts als drohendes Nichtdasein. Der Existentialphilosoph Jaspers nennt sie

„Grenzsituationen" [Philosophie, II, S. 203], offenbar mit dem Gedanken, daß sie als der begrenzende Horizont, diesseits dessen alle Erfahrung liegen muß, selbst nicht erfahren sein können. Aber woher haben denn diese „Grenzsituationen" ihre Gültigkeit? Der Tod ist nichts, was mit einem Apriori in irgendeinem Sinne mitgegeben ist. Im Gegenteil ist er der Schicht der Erkenntnisse a priori gegenüber höchst befremdend, wenn auch nicht gerade widersprechend. Der Tod ist etwas vom Erkenntnisstandpunkt aus sehr primitiv Erschlossenes und hat, nach Kants Bezeichnungsweise, nur komparative, nur empirische Allgemeinheit: Noch keiner hat von einem unsterblichen Menschen glaubwürdig zu berichten gewußt, also müssen alle Menschen sterben. Mein künftiger Tod ist nach Schlußmodus „Barbara" daraus geschlossen. Ebenso ist das „Nichts" in einem Sinne, in dem es keine Trivialität ist, so vor allem das Nichts-Sein meines Ich im weitergehenden Weltverlauf, erschlossen. Was derartiges über alle andere Empirie hinaushebt, ist die erschütternde und alle sonstige Gegenständlichkeit übersteigende werthafte und praktische Bedeutung für mich als empirischen Menschen, die mich einer Angst ausliefert, die gar kein bekämpfbares Objekt hat. Das Erschütternde ist eigentlich eine Konsequenz der ersten kopernikanischen Wendung (§ 2), in die der kindliche Mensch sich instinktiv, spielend und neugierig eingelebt hat, um später im jähen Erschrecken die Konsequenzen aus dieser Einordnung empirisch zu ziehen.

41. Heidegger und alle Existenzphilosophen stehen in der geistigen Haltung Kierkegaards, der da meinte, daß die Philosophen Spekulanten geworden seien, die „stolz aus der Existenz gehen", sich von ihrer Existenz dispensieren und sich zu einem „reinen Subjekt", einem „reinen Denken" umschaffen [Werke, Bd. 6, S. 254]. Was Kierkegaard in offenem Kampf gegen Hegels empiriefremde absolute Vernunft tat, das tat Heidegger ohne offenes Bekenntnis der Gegnerschaft gegen Husserls Eidetik und Wesensschau. In Abneigung gegen den Apriorismus ist die Lebensphilosophie verschiedenster Schattierung in unserer Zeit mächtig geworden und haben die Philosophie Kierkegaards und noch weit mehr die Philosophie Nietzsches, vom Standpunkt der Lebensphilosophie aus gesehen, die gewaltigste Stoßkraft in der Gegenwart gewonnen.

Selbstverständlich handelt es sich in diesem Teil 1.4 nur um eine philosophiehistorische Betrachtung der Gegenwart. Ob die Entwicklung richtig verläuft, ist erst in gewissenhafter, gründlicher systematischer Untersuchung zu klären.

1.5. Der subjektive und der objektive Ausgangspunkt der Philosophie

42. Nun ist die Abneigung gegen den Apriorismus gewiß kein stichhaltiges Argument gegen ihn. Es liegt mir auch fern, mich durch die Zeitströmung gegen ihn beeinflussen zu lassen. Nach wie vor besteht der Widerspruch zwischen den Argumenten für die völlige Welteingeordnetheit des Ich (Teil 1.1) und der Unnatürlichkeit des Ich mit seinem autonomen Geltenlassen (Teil 1.2) und seinem Apriori (Teil 1.3) in aller Schroffheit. Für ein gründliches und gewissenhaftes Denken scheint der Apriorismus mit seiner für alle Weltlichkeit geltenden aus einem transmundanen „Bewußtsein überhaupt" stammenden ichhaften Gesetzlichkeit a priori im Recht zu sein. In einem transzendentalen Ich, einem Ich a priori scheint die richtige Lösung zu liegen. In zwingender Dialektik wurde im 20. Jahrhundert ebenso wie um 1800 eine gründliche Philosophie in diese Richtung getrieben.

43. Gewiß gibt es auch konsequent realistisch-empiristische Philosophien, denen die ganze Ichgesetzlichkeit eine Täuschung ist. Aber dieser „Positivismus" wird als oberflächlich verachtet, und zwar in der Form, in der er sich gibt, mit Recht. Moderne Positivisten pflegen zu sagen: „Wir sind streng gewissenhaft und exakt; was ihr da anschneidet, sind höchst komplexe Probleme, die man noch nicht durchleuchten und lösen kann; wir bleiben zunächst im Bereich des Lösbaren." So mag ein Spezialforscher weise denken. Aber da sie Philosophen sein wollen, verbirgt sich eine selbstverhohlene Bequemlichkeit dahinter. Denn so sonnenklar und präzise differenziert wie nur irgend etwas liegt die eigenartige Priorität des Ich und seiner Sinnhaftigkeit in bezug auf die Welt zutage; sie liegt sogar dem eigenen objektiven Denken der Positivisten noch voraus, ohne daß sie sie sehen wollen. Also lasse man sie entweder dualistisch als ein irgendwie mit dem übri-

gen verzahnt zu Denkendes gelten (aber Dualist will man nicht sein); oder man mache die Gültigkeit dieses so wichtigen Ich-Komplexes auf Grund der eigenen als allgemein gültig erklärten Voraussetzungen wenigstens glaubhaft. Das Problem *verleugnen* darf der Philosoph nicht. Dafür ist es von zu fundamentaler Bedeutung. Unverjährt ist die Abrechnung Platons mit den Positivisten Protagoras, Antisthenes und Aristipp im Theätet geblieben, und nur der kann Philosoph sein, der diese Abrechnung gründlich verstanden hat. Die Situation des Theätet hat sich bis zur Gegenwart immer wieder erneuert.

44. Und doch bin ich nach ernster Forschung der Überzeugung, daß die Antwort der Aprioristen falsch ist, und daß ein angemessenes Verständnis des Ich selber mitsamt allen Sinngesetzen und Kategorien a priori nur auf dem Wege der Erkenntnis seiner verwickelten, aber restlosen Eingeordnetheit in das System der Welt und seines Werdens in ihr zu gewinnen ist. Eine wahrhaft gründliche Erkenntnis meines Daseins in der Welt erhellt mir auch das Wesen meines Ich. Den Nachweis habe ich anzutreten (Teil 3); vor allem habe ich nachzuweisen, daß kein fehlerhafter Zirkel in diesem Nachweis liegt (§ 394ff.). Ich setze mich damit in Gegensatz wenigstens zu den weitaus meisten bisherigen deutschen Philosophen. Ich glaube aber auch dadurch im Gegensatz zu allen Positivisten zu stehen, daß ich wahrhaft die ganze Tiefe des zu lösenden Problems kenne. Nur wer das ganze innere Recht der Gedankenentwicklung von Kant bis Hegel in sich nacherlebt hat, wer das Gewicht der Philosophien Diltheys, der logischen und werttheoretischen Kritizisten und der Phänomenologen kennt, kann sich an die Aufgabe wagen. Vielleicht kann ich den Zusatz wagen, daß nur ein Deutscher, dessen nationale Philosophie ja durch diese im Idealismus verwandten Gedankenwelten bestimmt ist, das Gewicht der Aufgabe ermißt.

45. Ich habe den Nachweis anzutreten, daß aus dem so begriffenen Ich alle Kategorialität a priori bestimmt ist, die das Ich sich selbst setzt und als gültig in jeder Objektivität anerkennt. Ich werde nachweisen, daß aus dem empirischen Wesen dieses Ich die Autonomie dieses Ich gegenüber aller Entscheidung, auch aller Wirklichkeitsentscheidung folgt, und

daß diese Autonomie nicht im Widerspruch steht weder zum restlosen Gehorsam der Erkenntnisentscheidung gegenüber der Wirklichkeit noch zur Wirklichkeitseingeordnetheit des Ich selber, ja daß das autonome Ich seine eigene Wirklichkeitseinordnung fordert (§ 437). Ich werde nachweisen, daß dieses Ich auch noch die freie, autonome Entscheidung gegenüber allen Kategorien a priori (§ 840), allen Werten (§ 1048ff.) und aller Wesensschau (Teil 6.3) aus eigenen Gründen zu fordern das Recht und das Interesse hat.

46. Besonders das Denken Paul Hofmanns hat von seiner frühesten Arbeit von 1914 [Antith. Str.] bis zu den letzten Arbeiten von 1937 [Sinn u. Gesch.; Sacherk. u. Sinnerk.] als Hauptproblem das der Antithetik von Weltzentriertheit und Ichzentriertheit: Das erkennende Ich ist einerseits ein reales Ding unter anderen und im Abhängigkeitskonnex mit ihnen. Andererseits sind alle realen Existenzen und die ganze Welt als der Inbegriff aller Einzeldinge Setzungen des erkennenden Ich [Antinomie, S. XI]. Aber ich bin von Hofmanns verschiedenen Lösungen nicht befriedigt. Ich bin nicht davon befriedigt, daß diese Antinomie gar nicht unter dem Aspekt der Richtigkeit zu entscheiden sei, sondern weltanschaulicher Beliebigkeit unterliege [Antinomie, S. XII, S. 77], für so richtig ich auch die in der gleichen Arbeit [S. 70] vertretene Auffassung halte, daß beide Grundlegungen Korrelate sind. Ich bin auch nicht befriedigt von Hofmanns späterer Lösung, daß beides neben- und miteinander analytischen Charakter hat [Sacherk. u. Sinnerk., S. 189], also doch nur geschaut wird. Die Wahl eines der beiden Standpunkte führt vielmehr, gründlich durchdacht, gerade zur Anerkennung des vollen Rechts auch des andern, in seiner Weise grundlegend zu sein.

47. Der junge Schelling hatte schon eine der Form nach gleiche Lösung. Im ersten Paragraphen des „Systems des transzendentalen Idealismus" von 1800 kommt sie am präzisesten zum Ausdruck. Schelling stellt den Inbegriff des bloß Objektiven oder die Natur und den Inbegriff alles Subjektiven oder das Ich einander entgegen [Werke, 2. Bd., 1907, S. 13]. Entweder wird das Objektive zum Ersten gemacht und naturwissenschaftlich gefragt, wie ein Subjektives, das mit ihm übereinstimmt [S. 14], daraus abzuleiten ist. Oder das Subjektive wird zum Ersten gemacht, und die Aufgabe ist die,

wie ein Objektives, das mit ihm übereinstimmt [S. 15], daraus abzuleiten ist [S. 16]. Da beide entgegengesetzte Ableitungen sich wechselseitig notwendig sind, so muß das Resultat der Operation dasselbe sein, von welchem Punkte man auch ausgeht [S. 16]. Der Name Schelling braucht den Leser aber nicht zu erschrecken. Der erstere Weg wird bei mir ganz und gar keine Schellingsche spekulative Physik, Biologie und Psychologie sein, und das Ich des zweiten Wegs wird ein anderes sein als bei Schelling.

48. Ich stelle aus wohlerwogenen und ausgeprobten Gründen den ersten Weg, den Weg von der Natur zu einem werdenden, einem wertenden und wollenden Ich voraus. Das echte Verständnis unseres Ich ist nur aus seiner Natürlichkeit zu gewinnen. Wir müssen diese Natürlichkeit schon kennen, und sie läßt sich nicht in wenigen Sätzen befriedigend klären. Es ist zwar auch richtig, daß gerade die Fundamentalität von Fundamentalstem in der Struktur der Wirklichkeit nur durch den im Ich enthaltenen Sinn bestimmt und zu verstehen ist (§ 848). Aber einmal läßt sich nachweisen, daß diese Formen nicht „bloß subjektiv" sind, wie Kant meint, sondern in vollster Weise derart real und objektiv zu nehmen, wie es für das bedenkenlose Begehen des ersten Weges nötig ist. Dieser Nachweis ist erst in § 850ff. möglich, nachdem in Teil 4 der Apriorismus seine Aufhellung gefunden hat. Ich muß also das Vertrauen des Lesers bis dahin fordern. Die Gegenforderung der Einlösung des Vertrauens mag er sich notieren. Das Ganze wird den Anfang rechtfertigen.

Sodann ist gerade die Problematik dieser Formen in den Problemen, die wir auf dem ersteren Wege zu lösen haben, tatsächlich wenig beteiligt. Diese Formen sind deshalb ununtersucht vorauszusetzen. Auch das wird erst aus dem Ganzen klar. Speziell wird die Negierung einer Bedeutung der Problematik des Kausalbegriffs an dieser Stelle erst später (§ 532/37) zu rechtfertigen sein.

Dieser Teil 1 sollte die Problematik aufhellen. Nun beginnt die Lösung.

ZWEITER TEIL
KOSMOS

2.1. Die Welt als Kosmos einander übergeordneter Ganzheiten

2.11. Die Weltordnung.

49. Die Welt, die Wirklichkeit ist eine räumlich-zeitlich ausgedehnte qualitative Mannigfaltigkeit. Eine indefinite (§ 667, 773) unermeßliche Mannigfaltigkeit von Qualitäten ist im definiten dreidimensionalen Raum und in der definiten eindimensionalen Zeit geordnet. Eine Mannigfaltigkeit ist definit, wenn wir aus wenigen Gesetzen und wenigen bekannten individuellen Bestimmtheiten sie ganz denkend bestimmen können. Raum und Zeit sind definit. Aber aus dem qualitativen Inhalt in wenigen Raum- und Zeitbezirken können wir nicht den ganzen Weltinhalt erschließen. Uns interessiert aber gerade die Veränderung des qualitativen Rauminhalts im Verlauf der Zeit.

Wir können aber im Zeitverlauf unveränderliche Einheiten im Raum feststellen, mögen sie nun nur begrenzt unveränderlich (dauernde Dinge) oder absolut unveränderlich (Substanzen) sein. Wir können auch gesetzliche Beziehungen, „Mitgültigkeiten" unter den Wirklichkeitszuständen feststellen, die uns gestatten, aus einem als gültig schon erkannten raumzeitlichen Inhalt auf einen raumzeitlich davon verschiedenen Inhalt zu schließen. Wir haben diese Mitgültigkeiten nötig, um aus unserem zeitlich und räumlich engen Dasein heraus die Welt zu erkennen. Wir wissen etwas von der Zukunft und der Vergangenheit. Wir können nur so etwas von der uns umgebenden räumlichen Welt wissen.

50. Die Welt bekommt durch ihre zeitliche Gesetzlichkeit

auch in räumlicher Dimension Gleichheit, gesetzliche Variation und gesetzliche Struktur des Inhalts. Eine Gleichförmigkeit des Seienden im Raum stellt sich im Groben schon durch das Wahrscheinlichkeitsgesetz bei unermessenen Zahlen von Elementen im „ὁμοῦ πάντα", im ordnungslosen Durcheinander sehr zahlreicher elementarer Geschehnisse her. So ist die Temperatur, d. h. die Durchschnittsbewegtheit der Moleküle eines Gasgemischs im Raum eine in jedem Quadratmillimeter gleiche, und ebenso, wenn wir von gewissen hinzukommenden Einflüssen absehen, die Zahl der Selbstmorde, der Unglücksfälle, der Geburten in einer größeren Bevölkerung und einem größeren Zeitraum. Davon zu unterscheiden ist aber die Ansammlung des Gleichen im Raum durch die bewegungsbestimmenden Naturkräfte. Schon der alte Demokrit hat dies gleichförmig machende Prinzip in der Weltbildung erkannt: So wie beim Wirbeln des Mengkorns auf dem Sieb Linse zu Linse, Gerste zu Gerste, Weizen zu Weizen sich ordnet, und wie durch den Wellenschlag die Steine gleichen Kalibers sich am Strande zusammenlagern, so wird überall das Gleiche zum Gleichen gesellt, „als ob die Ähnlichkeit der Dinge eine Vereinigungskraft besäße" [Diels, Fragm. 165]. Nun bedingt die Gleichheit überall die gleichen Kräfte, die z. B. auch unsere gleichförmig kohärenten festen Körper gestalten. Dies Gesetz gilt durch die ganze Natur bis zu den höchsten sozialen Ganzheiten. Die Börsianer, die Schneider, die Gelehrten, jede dieser Gruppen mit einheitlicher Stoßkraft ist in sich weitgehend von gleichem seelischen und teilweise auch körperlichen Typus infolge der Kräfte, die bestimmte Arten von Menschen in diese Berufe drängen, und weiterhin infolge gleichwirkender Gestaltung durch die Ausübung des Berufs.

Aus einer Labilität des Geschehens innerhalb der homogenen Räumlichkeit und Zeitlichkeit und aus einer Regellosigkeit der Verteilung geht schon eine gesetzliche Ordnung hervor. Nicht mehr ist sie das ὁμοῦ πάντα des Anaxagoras. Labilität und Zufälligkeit innerhalb einer Variationsbreite können kosmisch bedeutsam sein. Das ist sehr wichtig. Immer wird auf allen Stufen des Kosmos die Labilität und Zufälligkeit der niederen Stufe ein notwendiges Korrelat zur Gsetzlichkeit der höheren Stufe sein.

2.12. Ganzheitsstufung unterhalb der Lebensstufe.

51. Die Welt, soweit wir sie erkennen konnten und erkannt haben, ist kosmisch, d. h. ganzheitlich, durch Ordnungsgesetze dauernde, gesetzliche, mathematisch bestimmbare Strukturen empfangend und bewahrend. Wir lassen hier die subjektive ästhetische Bedeutung von „Kosmos" als Schmuck ganz beiseite. Wir dürfen hier auch weniger an die ganze Welt denken. Schon unser Milchstraßensystem als Sternhaufe zeigt doch mindestens nach unserer jetzigen Erkenntnisstufe noch allzusehr den Charakter eines nur zusammengeballten *Haufens*, und noch geringer ist der kosmische Charakter der Welt, die alle die verschiedenen Nebel, die wir sehen, und von denen unser Milchstraßensystem einer ist, umfaßt. Freilich ist die eigentümliche Spiralform der Nebel doch schon ein Moment, das für sehr bescheidene Ansprüche an kosmischem Charakter genügen mag, und die seltsame Entdeckung de Sitters einer sich anscheinend wenigstens in unserer Zeit nach allen Seiten ausdehnenden Welt wird wohl mit einem echt kosmischen Charakter der Welt zusammenhängen.

Aber das würde uns kaum bewegen, die ganze Welt als Kosmos aufzufassen. Anders war es für die Pythagoräer, für Kopernikus, Kepler, Galilei, denen unser Planetensystem mit der Sonne eigentlich die ganze Welt war. Unser Sonnen- und Planetensystem ist wirklich ein Kosmos im vollen Sinne des Wortes, ein dauerndes System mit vielfältigen gesetzmäßigen Periodizitäten, die durch das Gravitationsgesetz bestimmt sind.

52. Das Planetensystem ist schon ein gutes Beispiel für die Dynamik kosmischer Ganzheiten. Eine gesetzliche Gestalt bestimmter Art wird durch bestimmte dauernd wirkende Kräfte dem System aufgenötigt. Jedes zeitweilige Hinzutreten fremder Gravitationskräfte macht die Ellipsenbewegung zeitweilig etwas unregelmäßig, läßt dann eine etwas andere Ellipsenbewegung dauernd bestehen, sprengt aber in weiten Grenzen nicht den Ordnungscharakter.

In der Struktur eines Atoms jeder Art haben wir kosmischen Charakter in gewisser Hinsicht gleicher Art. Es ist begreiflich, daß man zunächst, bei unzulänglicher Erkenntnis, diese Gleichheit so groß wie nur möglich annahm. Die Coulombsche Anziehung oder Abstoßung von Elektrizitätsquanten mit entgegengesetztem oder gleichem Vorzeichen entspricht ja auch der Gravitationskraft, und Maße haben Atomkern und Elektronen auch. Man fand aber, daß es sich beim Feststellbaren um ein hinreichend stabiles Gleichgewicht eines Kerns bestimmter Art (Ordnungszahl) zu einer bestimmten Zahl von Elektronen handelt. Soweit nicht Verbindungen von Kernen das Bild komplizierter machen, fängt dieser Kern bestimmter Art seine bestimmte Zahl Elektronen ein und stellt das Gleichgewicht her. Es gibt nun aber für jede Art der Atomkerne und ihre Elektronen eine begrenzte Zahl von Gleichgewichtsformen der Rotation, bei denen jedem Elektron eine bestimmte Energie zukommt. Springt ein Elektron aus einem Zustand in einen anderen über, so muß die Differenz an Energie entweder in die Welt als Photon, Lichtquant, einheitliches Quantum strahlender Energie ausgesandt oder aber aus der das Atom umgebenden Welt verschluckt werden. Gegenüber dem Planetensystem besteht also der Unterschied kosmischen Charakters, daß der Atomkern eine zahlenmäßig und formmäßig viel bestimmtere Ordnung des Ganzen erzwingt als die Sonne.

53. In jedem Fall — sagen wir zunächst vorsichtig: einer *anorganischen* kosmischen Ganzheit — erzwingt das Ganze oder ein besonders wichtiger Teil eine ziemlich stabile Ordnungsbestimmtheit aller Teile, und zwar unabhängig von einer anfänglichen Ungeordnetheit oder Andersgeordnetheit. Dennoch ist der Kosmos des Ganzen durch die generellen Gesetze der Wirksamkeit der Teile bestimmt. In meinem Buch [Ganzheiten] § 103, in dem ich ausführlich alle Ganzheitsprobleme behandelte, unterschied ich Partialkausalität und Totalkausalität. Wir erkennen in unseren Fällen empirisch die Totalkausalität als abhängig von der Partialkausalität, als zeitweilig gegenüber der überdauernden Partialkausalität.

54. Mehr oder weniger stabile, zerstörenden Kräften Widerstand leistende, allgemein als periodisch aufzufassende Prozeßganzheiten stehen im Kausalkonnex mit der umgebenden, der Ganzheit fremden Welt. Sie unterscheiden sich im kosmischen Charakter von den „letalen Verläufen", d. h. den Prozeßverläufen, die sich aus eigener Struktur eine zeitliche

Beendigung des Verlaufs setzen. Der Fall eines Körpers zur Erde sei als typisches Beispiel eines letalen Verlaufs angegeben. Es bedarf wohl keiner Erörterung, daß alle stabilen kosmischen Ganzheiten durch stärkere Kräfte in letalen Zustand übergeführt werden können. Die Stabilität ist begrenzt. Nur daß solche zerstörende Kräfte normalerweise nicht zu erwarten sind, sichert sie in bescheidenen Grenzen. Stabile kosmische Ganzheiten können auch, wie das Planetensystem, bloß „quasistationär" sein, d. h. nur innerhalb einer vom System selbst bedingten Zeitspanne ihr eigenes Dasein garantieren. Die Bewegungsenergie des Planetensystems muß z. B. als in ferner Zukunft einmal aufgezehrt angenommen werden. Man kann sogar jeden letalen Verlauf als eine kurzdauernde quasi-stationäre Ganzheit auffassen. Ich will aber hierauf nicht näher eingehen.

55. Nun haben wir eine Fülle von anorganischen Ganzheiten sehr verschiedener Art.

So unvollkommen geklärt auch die Struktur des Atomkerns noch ist, so sehen wir doch schon, daß eine komplizierte Antagonistik von Kräften die Atomkerne stabil erhält. Nach den zurzeit neuesten Arbeiten soll es sich zur Hauptsache um abstoßende Coulombsche Kräfte zwischen den positiv geladenen Protonen und „Austauschkräfte" zwischen Proton und Neutron, Proton und Proton, Neutron und Neutron handeln [Jordan, Kernkräfte]. Aus Protonen und Neutronen denkt man sich ja die Kerne heute aufgebaut.

Anders ist es wieder in jedem einzelnen Fall im Aufbau eines Moleküls, einer Kristallstruktur oder einer Lösung. Kossel hatte 1916 freilich noch eine zu einfache Vorstellung von den Festigkeitsgesetzen des Moleküls, sagen wir einmal eines Kochsalzmoleküls: Das Natrium gibt sein Außenatom ab, das Chloratom nimmt es auf. Beide erhalten die stabile Natur des Edelgases (stabile Elektronenschalenfiguration). Zugleich hat das Chloratom nunmehr ein überschüssiges Elektron mit seiner negativen Ladung, das Natriumatom eine überschüssige positive Ladung. Beide ziehen sich infolgedessen an. Sie treten in einen festen Verband, der der Trennung Widerstand entgegensetzt; dieser Widerstand ist im Wasser verschwindend gering, deshalb lösen sich die Moleküle in Ionen auf. Diese Auffassung ist zwar heute durch quantentheoretische Erwägungen modifiziert. Aber die Antagonistik der Kräfte ist geblieben.

56. Wir können nun wieder zu makroskopischen, in ihrer Struktur sinnlich erkennbaren Ganzheiten übergehen. Man kann den Sonnenball als ein aus autonomen Gesetzen ziemlich stabiles Gleichgewicht zwischen dem Druck der Schichten und den zentrifugalen Stoßkräften der Gasteilchen ansehen. Eine gleiche einfache Gestalt ist durch eine ähnliche Antagonistik von Kräften im Nebeltröpfchen gegeben. Die Wolke stellt schon eine sich ziemlich stabil in bezug auf Luftbezirk, Gestalt und Größe verhaltende Ganzheit dar, die sich dadurch auszeichnet, daß immer neue Wassermaterie hindurchzieht. Oben in bestimmter Region kondensiert sich Wasser; die Tröpfchen sinken ab und lösen sich in bestimmter unterer Region wieder auf. Anders bedingt, durch äußere geologische Verhältnisse gestaltet, ist der Wasserstrom auf der Erde. Er erstreckt sich dauernd mit wohl erklärbaren Schwankungen von den Quellen bis zur Mündung. Ähnlicher Art ist der dauernd fließende elektrische Strom in unseren Leitungen und vor allem der wichtigste stationäre Prozeß: die Strahlung der Sonnenenergie und die Sonnenstrahlenresorption auf der Erde, die Wandlung in Wärme, die sich zum Teil erst durch mancherlei Zwischenprozesse vollzieht. Zu diesen Zwischenprozessen gehören die meisten grob sichtbaren stationären Prozesse auf der Erde, wie der schon erwähnte Wasserstrom, ja, wie wir sehen werden, selbst die von Menschen erzeugten stationären Prozesse, etwa der elektrische Strom in unseren Leitungen. Dahinzu kommen die periodisch stationären Prozesse, bei denen der gesetzliche Verlauf der Zustände ringförmig in sich selbst zurückführt und deshalb sein eigenes Dasein garantiert, solange keine Zerstörung von außen eintritt. Schwingungen aller Art und Strudelbildungen in Wasser und Luft sind hier einfachste Beispiele; der Kreislauf des Wassers durch dauernde Verdunstung des Ozeans, Kondensierung zu Wassertröpfchen, Fall zur Erde, Versickerung, Hervorquellung und Rückströmung zum Meere, bietet mit allen Nebenverläufen und Abkürzungen ein Beispiel eines recht komplizierten zirkulär stationären Prozesses.

57. In seiner physikalischen Ganzheitslehre [Gestalten] betrachtet Wolfgang Köhler zunächst physikalische Ganzheiten,

die an eine vorgegebene Topographie gebunden sind. Der Wasserstrom der von der vorgegebenen Gestaltung der Erdoberfläche, der elektrische Strom, der von der vorgegebenen Gestalt des Leiters, die Verteilung der gleichnamigen Elektrizität auf der Oberfläche eines Leiters, die von der Gestalt dieser Oberfläche bestimmt ist, können als Beispiele gelten. Aber Köhler bleibt hierbei nicht stecken. Auch in der anorganischen Natur besteht schon eine „Tendenz zur Prägnanz der Gestalt" [Gestalten, Abschn. 4, Kap. 5]. Auch in der anorganischen Natur schaffen sich in weitem Maße die sich gestaltenden Ganzheiten die schöne einfache Gestalt selber. Dadurch kommen die einfach gesetzlichen Gestalten in die anorganische Natur hinein, etwa die Gestalt eines Atoms, eines Wassertröpfchens, eines Planetensystems. Alle Geschehnisse tendieren nach gewissen Maximal- und Minimalbestimmtheiten, die durch eine mathematisch einfache „Gestalt" erfüllt sind. Daß sie auch anschaulich einfach sind, interessiert uns hier nicht.

58. Sehr wichtig ist das Gesetz des Pendelns um eine absolute oder durch äußere Einflüsse zu variierende Gleichgewichtslage, für die das Pendeln des Gewichts an einer Federwaage das instruktivste Beispiel ist. Sehr wichtig ist eine gesetzliche Labilität der vorauszusetzenden möglichen Geschehnisse, auf Grund deren die Ganzheiten sich gestalten. Diese Labilität hat nun wieder mehrdimensionale Bestimmtheit. Wir haben eine qualitative Schwankungsmannigfaltigkeit, eine dynamische Schwankungsleichtigkeit und -schwere, eine Schwankungshäufigkeit unter tatsächlich gegebenen Umständen, eine verschiedene Spanne bis zur Zerstörung der Ganzheit, eine genauer oder ungenauer bestimmte Dauer bis zur Zerstörung unter den tatsächlichen Verhältnissen.

Selbstverständlich unterliegt es empirischer Erfahrung, wie weit im einzelnen Fall eine sich selbst erhaltende Ganzheit oder ein letaler Verlauf vorliegt. Prinzipiell hat die Welt einen Prozeßcharakter, und die stabilen Ganzheiten erweisen sich prinzipiell immer als stationäre Prozesse, wo wir sie wahrhaft durchschauen. So wie das früher als elementar, als durch kein Ganzheitsgesetz bestimmt gedachte Atom sich als eine relativ stabile Ganzheit erwiesen hat, so werden auch die jetzt bekannten einfachsten „Bausteine" der Weltordnung, die Photonen, Elektronen, Positronen, Protonen und Neutronen sich höchst wahrscheinlich als solche erweisen. Schon ihre absolut bestimmten Größen lassen uns schon mit einem bewährten physikalischen Takt darauf schließen.

59. Sind alle Substanzen der Welt Ganzheiten? Geht die Mikrostruktur noch unterhalb der fünf erwähnten „Bausteine", zu denen noch andere hinzukommen mögen, ins ungemessen Kleine unbegrenzt fort? Das ist schwindelerregend für uns, darum aber noch lange nicht unwahrscheinlich. Das Atom mußte noch vor 50 Jahren als ein in sich ganz homogenes, undifferenziertes Klötzchen aufgefaßt werden wie heute das Elektron. Es ist möglich, daß in den subelektronischen und subphotonischen Größenordnungen des Geschehens sehr Wichtiges für die Durchschauung der biologischen und der psychologischen Rätsel liegt, so z. B. einerseits der Gedächtnisfixierung der unermeßlichen Menge von Erlebnissen und andererseits der unermeßlichen Mengen von Genen, Genkonstitutionen und Genmutationsmöglichkeiten. Wir kommen zu Gedankengängen, die Leibniz kühn, aber doch nicht unbesonnen entworfen hat: eine unendlich sich fortsetzende Einschachtelung von Ganzheiten (Monaden) in Ganzheiten bis ins unendlich Kleine. Wir rühren hier auch an die tiefsinnigen Gedanken C. S. Peirces, daß auf allen Seinsstufen „Chance" vorausliegt, so daß Gesetz und Ordnung erst ein Resultat auf höherer Stufe ist, niemals absolut gilt [Papers, VI, § 32, § 101 g] (vgl. auch § 385f.).

Nicht hat m. E. Leibniz in jeder Hinsicht den richtigen Takt erwiesen. So setzte er voraus, daß auch alles individuell verschiedene Nebeneinander in der Welt ganz durch Optimalitäts-, Maximalitäts- und Minimalitätsgesetze bestimmt sei. Es ist sehr lehrreich, daß das unermeßlich und unberechenbar zahlreiche Nebeneinander von individuellen, singulären Systemen aller Art nebeneinander keineswegs für unsere Welterkenntnis Reduzierbarkeit versprechend ist. Es ist ja auch durch die erkannten Gesetze geradezu bedingt, daß Atome, daß Kristalle verschiedenster Art nebeneinander existieren, sich zum Teil den Entwicklungsraum nehmen, daß Strömung neben Strömung mannigfachster Art die Kontinente durchzieht usw. In dieser Raumausgedehntheit und in der Zeitausgedehntheit der Welt liegt nun einmal das individuell Mannigfaltige, das es durch die Entdeckung von Gesetzlichkeiten und gesetzlichen Gleichheiten der Individuen erkenntnismäßig zu bewältigen gilt. Leibniz, der rigorose Durchsetzer aller seiner verschiedenen Prinzipien, war auch hier bekanntlich hartsinnig: alles empirisch Einzelne der physischen Welt sollte *eine* gewaltige, unendlich verwickelte Ordnung sein, bestimmt durch das Prinzip der Maximalität des Existierenden, das aus mathematischen Gründen Minimalitätsprinzipien nach sich zieht. Die Welt sollte in ihrer Vielheit von Ganzheiten die beste, d. h. reichste aller verschiedenen Weltmöglichkeiten sein. Aber das liegt nicht als Resultante in der Wirksamkeit der Naturgesetze. Es ist bekannt, daß Leibniz in der näheren Ausführung zu einer anthropistischen Einmengung unserer praktischen Werte gekommen ist, die wir abzulehnen haben (§ 510ff.).

Man kann unter Voraussetzung der Gedanken dieses Paragraphen die ganze Welt unter dem Gesichtspunkte auffassen, daß aus den Kausalgesetzen die Beharrlichkeit, das Sichselbstbehaupten von Ganzheiten höherer Stufe hervorgeht, aber daß andererseits die Kausalgesetze *einer* Stufe wieder die Resultanten der elementareren Gesetze sind, denen die Elemente der Stufe ihre mehr oder weniger zuverlässige Stabilität verdanken. Die Atome, Moleküle, Körper, Kristalle (und Elektronen?) sind Resultanten von Gesetzen niedrigerer Stufe, und die chemischen Gesetze und Kristallisationsgesetze sind Resultanten der Gesetze, die die Stabilität der Atome begründen. Stabile Einheiten und Kausalgesetze begründen sich gegenseitig, aber die Kausalgesetze sind uns das wichtigere Moment.

60. Die strukturbestimmenden Gesetze der Ganzheiten sind zwar Resultanten aus den Wirkungsgesetzen der Teile aufeinander, sind aber nun selbst ganz anderer Gesetzesstruktur. Die chemischen Gesetze, die den Aufbau der komplizierten Stoffe bestimmen, die Gesetze des Gefüges eines Kristalls sind ganz anderer Struktur als die Gesetze, welche die Bewegung von Elektronen, Protonen und Neutronen oder gar der positiven und negativen Elektrizität regieren, obwohl sie nur ihre Resultanten sind. Sie können zu einer so äußersten Einfachheit wie z. B. der Kugeligkeit des Sonnenballs und des Nebeltröpfchens kommen, sie können aber auch zu einer so gewaltigen Mannigfaltigkeit wie z. B. der chemischen Gesetzlich-

keit kommen. Diese Verschiedenheit ist natürlich aus der Gesetzlichkeit der elementareren Schicht zu deduzieren.

Zweierlei hängt überwiegend an der Gesetzlichkeit höherer Ganzheitsstufe im Gegensatz zur niedrigeren: Unser praktisches Erkenntnisinteresse und die leichtere, natürlichere, gewohntere und dem Sinnesakt sich unmittelbarer aufdrükkende Faßbarkeit. Elektronenbewegungen haben bei weitem nicht das unmittelbare praktische Interesse wie chemische Wandlungen der Körper, und sie sind auch nur durch so komplizierte gedankliche Zurüstungen in allen materiellen Prozessen seiend zu erschließen, daß die Menschheit überhaupt erst um 1900 zu ihrer Kenntnis kam. Erst recht verbietet es sich aus sehr durchsichtigen Gründen, im individuellen Fall auf eine Erklärung durch die individuelle Gestaltung der niederen Stufe zu dringen. Man kann der Sachlage nach gar nicht die Auflösung der Tröpfchengestaltbildung des einzelnen Nebeltröpfchens aus den Anfangsbewegungszuständen aller H_2O-Moleküle verlangen, nicht bloß weil das unsere Wahrnehmungsmöglichkeit und unsere Rechenkraft übersteigt, sondern schon, weil das wenig Sinn für uns hat. Das einzig Interessante ist Größe und Kugelform des Tröpfchens, und die ist durch die regellose Durchsetztheit der Atmosphäre mit Molekülen, die Dichte dieser Durchsetztheit und andere allgemeine Durchschnittsgrößen schon bestimmt.

61. Der Mensch ist eingespannt in einen durch die natürlichen Fähigkeiten der Sinnesorgane bestimmten Größenbereich und Artenbereich von Ganzheiten. Das Molekül ist unterhalb dieser Größenordnung, das Astronomische oberhalb. Gedankliche Arbeit sprengt diese Einengung, bedarf aber der Vorsicht. Es ist nun eine Reihe von Kapitalfehlern hierbei unausrottbar. Die Wichtigkeit ihrer Einsicht für die Ganzheitenlehre, speziell auch für den Teil 2.2 erfordert schon hier und nicht erst in der Erkenntnislehre ihre Darlegung.

Ein Fehler ist, überall da absolute objektive Heterogeneität der Gesetzlichkeit anzunehmen, wo wir gänzlich verschiedene Gesetzmäßigkeit, aber keinen Weg einer Resultantenbildung sehen. Das bedeutet als positive objektive Behauptung etwas ganz anderes als das bescheidene Bekenntnis unseres Nichtwissens der gemeinsam tragenden Gesetzlichkeit. Im Gegenteil hat die tiefer schürfende Wissenschaft immer wieder eine

Rückführbarkeit solcher anscheinend völlig heterogener Gesetzeskomplexe auf ein gemeinsames unterliegendes und tragendes Niveau tieferer Stufe gezeigt. Das eindrucksvolle Beispiel ist die zwar noch nicht ganz geklärte, aber doch schon in wichtigsten Zügen deutliche elementare, einfache Grundwissenschaft elektromagnetischen Charakters, die Elektrizität, Magnetismus, Optik, Chemismus, Kristallisation, also ursprünglich Wissenschaften scheinbar so ganz heterogener Art gemeinsam fundiert. Die Gravitation scheint heute noch heterogen zu sein. Aber wir haben heute das Vertrauen, daß dieser Schein nur auf unserer Unkenntnis der gemeinsam tragenden Schicht beruht. Nicht gerade Anno 1936 ist der Menschheit das Glück beschieden, auf den tiefsten tragenden Grund der Wirklichkeiten schon gestoßen zu sein. Wir haben schon aus unseren Erfahrungen ein Recht, die ganze Welt, — sagen wir vorläufig vorsichtig: die anorganische Welt, — als *eine* Hierarchie sich tragender Ganzheiten anzusehen.

Der Mensch ist von Haus aus veranlagt, solche Heterogeneitäten mit dem Nimbus einer geheimnisvollen Tiefe umgeben zu fühlen. Eine mystische Tiefe wird da gesehen, wo in Wahrheit nur die eigene Dummheit die feste Tatsache ist. Die Unendlichkeit des Minimums an Wissen wird als eine Unendlichkeit positiver Tiefendimension voreilig aufgefaßt.

62. Ein zweiter Fehler ist, mit einer besonders beliebten, vertrauten, bewährten Struktur der Gesetzlichkeit auf allen Stufen der Ganzheitlichkeit auskommen zu wollen. Das jetzt endlich historisch gewordene Musterbeispiel ist das mechanistische Denken in dem Sinne, daß die Gesetzlichkeit der Mechanik als *einer* physikalischen Disziplin die Gesetzlichkeit aller Stufen des Kosmos sei. Man kann sehr gut verstehen, daß man mechanistisch dachte. Daß die Bewegung von mechanischer Masse das Fundamentalste des Physischen sei, war eine plausible Grundannahme seit Beginn der Physik und schon aus dem vulgären Denken übernommen. Erst um 1900 substruierte man mit guten Gründen ein noch tieferes Fundament, demgegenüber die Mechanistik zur Resultante wurde. Daß der Kosmos der Ganzheiten auch nach unten noch unbekannte Tiefenstrukturen haben kann, war vorher beispiellos und deshalb gar nicht in Erwägung gezogen. Es lag die der Sachlage nach damals mit guten Gründen zu verteidigende

Hypothesis vor, daß die bewegte Materie eine tiefste Schicht aller anderen Ganzheitsschichten sei. Schlimm wird das Kleben an der in einer Stufenfolge bewährten Gesetzlichkeit, wenn ein kühner Denker wie Leibniz nun die Unendlichkeit der Substruktionen nach unten, nach dem Kleinen hin, annimmt. Leibniz war bei aller Weite seines Denkens in anderer Hinsicht doch der borniertesten Vertreter des Gedankens „Tout comme chez nous": So wie die Naturgesetze auf den uns vertrauten Stufen strukturiert sind, sind sie auch in aller Tiefe und in allen hyperanthropen Höhenstufen. Freilich liegen erst uns die hinreichenden Erfahrungen vor, die uns zum entgegengesetzten Prinzip drängen: Auf jeder neuen Hauptstufe gelten ganz andere Gesetze, obwohl diese anderen Gesetze als Resultanten sehr wohl erklärbar sind oder erklärbar zu erwarten sind.

63. Es verdient Beachtung, daß selbstverständlich die sich selbst behauptenden Ganzheiten sich in der Welt anhäufen, eben weil sie ihrer Zerstörung einen erheblichen Widerstand im allgemeinen erfolgreich entgegensetzen. Die letalen Prozesse setzen sich selbst vergänglich. Ein letaler Verlauf tritt seine Elemente unmittelbar oder nach Durchgang durch wenige oder viele andere letale Prozesse schließlich einmal einer sich selbst behauptenden Ganzheit ab. Die Welt enthielte gar keine letalen Prozesse mehr, wenn nicht erstens die stabilen Ganzheiten wenigstens teilweise nur quasi-stationär wären (§ 54), und zweitens die Ganzheiten nicht doch immer wieder in extremen Konstellationen andere Ganzheiten zerstörten und damit letale Prozesse erzeugten. Jedenfalls bleibt verständlich, daß die sich selbst behauptenden Ganzheiten sich in der Welt anhäufen und die ganze Welt kosmisches Aussehen bekommt. Die Häufigkeit radioaktiver Wandlungsstufen gibt ein sehr instruktives Beispiel dafür, wie der Aspekt des Seienden in der Welt von der Selbstbehauptungsfestigkeit der Ganzheiten, in diesem Falle der Atome, abhängt. Es kann sich auf Grund dieses Festigkeitsgrades ein Häufigkeitsgleichgewicht herstellen. Diesen fundamentalen Charakter der Wirklichkeit, den der gesetzlich sich gestaltenden gesetzlichen Ordnung finde ich mitsamt den daraus resultierenden Problemen (Teil 2.13 und 2.14) nur in *einem* Büchlein hinreichend an erste Stelle gerückt, nämlich dem von Frankenberg [Leben].

2.13. Der doppelte Hiatus zum Lebendigen und zum Seelischen.

64. Wir können nun einen stufenweisen Aufbau von Ganzheiten auch durch das Lebendige, das Seelische und das Geistige hindurch verfolgen. Diese Stufenreihe ist uns weit interessanter als das bisher Betrachtete; ist sie doch die Stufenreihe zu unserem Ich hin. Aber hier finden wir mindestens zweimal einen Hiatus. Ganz gewiß baut sich das Leben, das „Organische" als eine höhere Stufe auf dem Anorganischen auf und ebenso gewiß das Seelische und Geistige auf dem seelenlos Lebendigen. In beiden Fällen nimmt die höhere Stufe sowohl dem Quantum schlechthin wie dem Organisationsanteil nach nur einen bescheidenen Teil der nächstniederen Stufe ein, wenn wir von den Phantasien des Hylozoismus (Allebendigkeit) und des Pampsychismus (seelischen Charakters von allem) absehen. In beiden Fällen bedarf sie der niederen Stufe offenbar zu ihrem Dasein. Die niedere Stufe ragt mit ihren Gesetzeskomplexen auch in die höhere Stufe hinein. Die höhere Stufe richtet sich nach diesen Gesetzen. Aber die Einsicht in die Gesetzlichkeit der höheren Stufe läßt uns in beiden Fällen verzweifeln, die höhere Stufe als ein Komplexphänomen der niedrigeren Stufe aufzufassen, wie wir es im Anorganischen doch in allen Stufungen so trefflich können.

65. Der Phänomenologe Nicolai Hartmann hat die Sonderheiten dieser Stufungen rein phänomenologisch (vgl. § 26), am ausführlichsten in [Kateg.] und in [geist. Sein, S. 57ff.], bestimmt. In typisch phänomenologischer Denkweise sind ihm aus den faktischen Unreduzierbarkeiten *Evidenzen* der Unreduzierbarkeit geworden. Evident ist es ihm auch, daß in beiden Fällen die niedere Stufe die „stärkere" ist, daß sie da sein muß, damit die höhere da sein kann, aber nicht umgekehrt die niedere Stufe vom Dasein der höheren abhängig ist. Das Leben kommt nicht von außen in das Anorganische hinein, und ebenso wenig das Seelische von außen in den Lebensprozeß. Die Vernichtung der anorganischen Natur würde das Leben mit vernichten, die Vernichtung des nichtseelischen Lebens auch das Seelische. Die höhere Stufe ist „getragen" von der niedrigeren. Aber die höhere Stufe enthält evidenterweise für Hartmann doch ein Mehr, das nicht auf die niedri-

gere zurückzuführen ist. Sie hat eine autonome Gesetzlichkeit, die gerade *ihr* eigentliches Wesen ausmacht. Mit dieser Gesetzlichkeit eigener Art tritt ein Novum innerhalb der niedrigeren Schicht auf, das diese nicht erklären kann. Es wird sogar geradezu ein „Gesetz des Novums" aufgestellt [Kateg. S. 234]. Das Novum charakterisiert die Schicht und bedingt ein „Gesetz der Schichtenselbständigkeit" [S. 248]. Ein „Gesetz der Schichtenzugehörigkeit" bestimmt, daß jede Art Gesetzlichkeit „zunächst und unmittelbar determinierend nur für die ihr zugehörige Schicht des Konkretums" ist [S. 217]. Gegen den „einfachen, in sich selbst einsichtigen Sinn" dieses Gesetzes verstößt, „wer z. B. organisches Sein und Lebendigkeit aus mechanischen Kräften und Kausalzusammenhängen erklären will", oder „wer das Bewußtsein aus physiologischen Prozessen heraus verstehen will" [S. 218/19]. Aber die niedere Stufe hat auch keineswegs bloß den Sinn, das Sprungbrett für die höhere zu sein. Sie ist keine bloße „Bestimmung zum höheren Sein" [S. 248]. Sehr bezeichnend nennt Hartmann dergleichen Teleologismus einen verkappten Anthropomorphismus und philosophische Hochstapelei [S. 219]. Dagegen wird eine Erklärung einer Schicht durch die niedrigere eine „Entwürdigung" genannt. Diese Wertungen werden uns höchst aufschlußreich für die guten und schlechten Motive sein, die hinter diesen „Evidenzen" lebendig sind (§ 511).

66. Aber wir wollen uns diese „Evidenzen" nicht suggerieren lassen und sie ruhig als das nehmen, was sie dem nüchternen und besonnenen Denker sein müssen: letzte und vielleicht unabweisliche Schlüsse aus den Erfahrungen. Sie haben gewiß nicht die Gründe für sich, die Husserl so überzeugt und überzeugend für seine Wesenschau a priori anführt (§ 26).

Philosophie hat eine Tendenz, gefundene Zusammenhänge zu verallgemeinern. In England lebt eine Philosophie, die sich selbst die des „emergent evolution" nennt, und deren Hauptvertreter Samuel Alexander und C. Lloyd Morgan sind. Die behauptet, das eben sei das Charakteristikum *aller* Ganzheiten höherer Stufe, daß etwas irreduzibel Neues zu der niederen Stufe hinzu aufträte. Schon wenn Kohlenstoff und Schwefel sich zu Schwefelkohlenstoff vereinigen, so „taucht" ein neuer Komplex von Daseinsbestimmtheiten in der Wirklichkeit auf, der nicht aus den Bestimmtheiten des Kohlenstoffs und des

Schwefels resultiert [L. Morgan, Em. evol. S. 3]. Aber da liegt gewiß nicht unser jetziges Problem vor. Selbstverständlich ist wie in allen anorganischen Ganzheiten der ganze Eigenschaftenkomplex des Schwefelkohlenstoffs durch die Gesetze für C-Atome und S-Atome völlig determiniert. L. Morgan hätte uns da nicht mit solchen Argumenten kommen dürfen: Es sei doch anders als beim Molekulargewicht des Kohlenwasserstoffs, das nun wirklich die Summe der Atomgewichte der Bestandteile sei. Resultanten brauchen selbstverständlich keine arithmetischen Summen zu sein. In Wahrheit handelt es sich bei allen im Abschnitt 2.12 betrachteten höheren Stufen durchsichtig um Resultanten der niederen Stufe, und die Erweiterungen der „emergent evolution" auf sie ist ein Fehlgedanke. Zur Kritik des Gedankens der emergent evolution in bezug auf die beiden Hiatus vgl. § 389.

67. Die eigenartigen Nova der höheren Stufe sind in unseren beiden Fällen gewiß nicht gleich an Charakter. Schon Hartmann findet phänomenologisch folgenden Unterschied: Das Organische ist nur eine „Überformung" des Anorganischen: es arbeitet mit denselben Elementen wie das Anorganische, und diese Elemente behalten ihre Eigenschaften und Gesetze: es kommen nur neue hinzu. Das Seelische aber ist eine „Überbauung"; es hat neue elementare Einheiten, für die auch nur ganz neue Gesetze gelten [Geist. Sein, S. 58]. Daß vor allem die Räumlichkeit als elementares Fundamentalschema fehlt, zeigt das schon schlagend. Dubois-Reymond stellte in seinen seinerzeit so viel diskutierten Reden [Vorträge] die absolute Heterogeneität des Materials des Psychischen in erste Linie: Das seinem Wesen nach absolut undefinierbare und unanalysierbare und dabei doch offensichtlich einfache Sein einer bestimmten Farbempfindung, etwa des satten Urblau, ohne jede zeitliche und Ähnlichkeitsbeziehungen für sich allein betrachtet, ist allem irgendwie feststellbaren Physischen und auch evidenterweise allem *möglicherweise* Physischen notwendig heterogen. Es ist eine „afunktionale", d. h. in sich jeder Funktion bare und doch schaubare und prägnant wieder erkennbare Qualität sui generis.

68. Das prinzipiell Neue des Organischen, Lebendigen ist weder ein besonderer Stoff, noch eine besondere Energieform, noch eine Prozeßform, weder die Selbstbehauptung des Gan-

zen durch Struktur und Funktion der Teile, noch die Periodizität, noch die Labilität des organischen Prozesses. Alles das findet sich auch im Anorganischen. Das Neue ist eine ungeheure und noch unermessene Kompliziertheit der Struktur der Elemente niedrigerer Stufe unter dem höchsten Gesetz der Selbstbehauptungsdienlichkeit, wie sie nach den bekannten und allenfalls noch zu vermutenden uns unbekannten Gesetzen dieser Stufen offenbar höchst unwahrscheinlich ist. Man pflegt seit alters her durch den bloßen Vorstellungsversuch die Vorstellung ad absurdum zu führen, daß so etwas wie der menschliche, tierische, pflanzliche Körper mit allen Vieltausenden struktureller und funktioneller Anpassungen, seinen Schutz- und Regenerationsfähigkeiten, seiner Anpaßbarkeit an die individuelle Umgebung, seiner Produktionsfähigkeit neuer Individuen gleicher Art durch ein bloßes Spiel der physikalischen Elemente und Elementargesetze zustande komme. Der ganz ungeheure Reichtum müßte ein Determinantensystem in d.. Keimzelle haben, denn aus der Keimzelle entwickelt sich gesetzmäßig der ganze reiche Organismus. Trotzdem konnten Descartes und zumeist die anderen Naturdenker bis ins 19. Jahrhundert glauben, Gott habe die einzelnen Tier- und Pflanzenarten als äußerst subtile und besonders im Submikroskopischen äußerst raffiniert konstruierte Automaten geschaffen. Die Problemstellung änderte sich zwangläufig, als man durch die palaeontologischen Tatsachen zur Annahme der Deszendenztheorie unabweislich gezwungen war: Die einzelnen Organismenarten wandeln sich; immer entsteht ein anderer und zwar wiederum an die Umwelt, besonders die anderen auch gewandelten Lebensraumgenossen „angepaßter", höchst kompliziert selbstbehauptungsdienlich konstruierter Biotypus. Sollte man nun noch sich vorstellen, daß Gott fortgesetzt arbeitet, die Biotypen umzumodeln, den Fuchs an die Eigenschaften des Hasen anzupassen, den Hasen wieder mit Schutzeinrichtungen gegen den Fuchs zu versehen, und so in den Millionen von anderen Beziehungen?

69. Wir verstehen nun die übliche Alternative zwischen „mechanistischer" und „vitalistischer" Auffassung. Wir wollen uns nicht aufhalten mit der Kritik dieser Bezeichnungsweisen, die so unpassend und irreführend wie nur möglich sind, und

der Denkweise des 17. und 18. Jahrhunderts angepaßt sind. Nach heutiger Sachlage ist die erstere Auffassung eine solche, die den Lebensprozeß restlos durch das Gesetz der niederen Stufen bestimmbar denkt, wie ja auch im Anorganischen die ganzen Gesetze der überatomaren, vor allem der sichtbaren Geschehnisse durch die Gesetze der atomaren und subatomaren Größenordnung bestimmbar gedacht werden. Die zweite, die vitalistische Denkweise erklärt eine solche Rückführung auf die Gesetzlichkeit der niedrigeren Stufen für unmöglich. Sie nimmt ein in keiner Weise in diese Gesetzlichkeit aufzulösendes Bestimmungsmoment an. Welcher Art dies ist, wie, wann und wo es einwirkt, ist hier noch nebensächlich. Beharrt man bei der Auffassung, daß die höhere Stufe die niedere voraussetzt, und nicht umgekehrt die niedere die höhere, so ist dieses Bestimmungsmoment ein Novum im ganzen System der Natur. Nicolai Hartmann ist also zu den Vitalisten zu rechnen. Dieses Novum muß wirklich das Besondere des Organischen decken. Das Besondere des Organischen ist die in immer neuartiger Weise selbstbehauptungsdienliche, sich umformende, sich anpassende, sich wiederherstellende, ihre Mittel der Anpassung und Restitution wählende komplizierte Form. Hans Driesch hat mit seiner „Entelechie", seinem „Faktor E" und dessen „prospektiver Potenz" in meisterhafter Klarheit gezeigt, wie ein solches Novum sein müsse, und was es zu leisten habe. Er ist damit der unvergleichliche Meister einer vitalistischen „Philosophie des Organischen" geworden.

70. Aber auch im Übergang vom bloß Organischen zum überbauten Seelischen spielt heute die absolute Neuartigkeit der afunktionalen „Elemente" des Seelischen nicht mehr so die wichtigste Rolle wie bei Dubois-Reymond (§ 67). Funktionale Eigentümlichkeiten werden das Novum dieser Stufe. Ich nenne da erstens das Gesetz der Ichzentriertheit alles Psychisch - Gegenständlichen. Empfindungen und Wahrnehmungen als Erkenntnisansprüche an das Ich, Schmerz- und Lustgefühle als natürliche Wertansprüche an das Ich, Triebe als Ansprüche richtiger Handlung, Urteile als theoretische und Wollungen als praktische Entscheidungen des aktiven Ich, das sind allgemeinste Formen einer solchen Ichbestimmtheit. Wie will man das auf Grund der biologischen

Seinsstufe erklären? Von hier aus können wir weiter greifen, auf die §§ 6—11 verweisen. Geltung und Sinn sind die Grundbegriffe des Seelischen. Alle elementaren psychischen Einheiten bekommen von hier aus ihr neuartiges Wesen. In den Elementen der Stufen unterhalb des Psychischen spielt diese Ichbezogenheit nicht diese konstitutive Rolle.

71. Ein zweites Novum der psychischen Stufe ist die Eigentümlichkeit der Ideatio, der Intention, des Meinens, des Vorstellens. Stelle ich mir ein früheres Erlebnis, einen früher gesehenen Gegenstand, die niemals gesehene Person „Caesar", ein bestimmtes Naturgesetz, ein mathematisches Gesetz vor, so ist damit eine Beziehung meines jetzigen Bewußtseinszustands zu etwas außer ihm gegeben. Diese Beziehung hat nichts mit einer Kausalbeziehung oder überhaupt einer naturwissenschaftlich erforschbaren Beziehung zu tun. Es ist in allen Fällen dieselbe seltsame „Intentionalität", mag es sich beim gemeinten Gegenstand um etwas Erlebtes, etwas nie selbst erlebt Reales oder um etwas „Ideales" wie das mathematische Gesetz handeln. Ist so etwas nicht gänzlich heterogen gegenüber jeder vitalen Selbstbehauptungsdienlichkeit?

72. Das dritte ist die Tatsache der individuellen Ganzheit. Wir können im großen und ganzen sagen, daß alles individuelle Werden des einzelnen biologischen Organismus, abgesehen vom Seelischen eine Wiederholung desselben Entwicklungsganges ist, wie er im Biotypus vorgezeichnet ist. Aber die menschliche Persönlichkeit zeigt eine Entwicklung zu persönlicher Ganzheit, in der in individuell neuer und einziger Weise alles unter teleologischem Gesichtspunkt geworden ist. Dieses persönliche Individuum ist ein noch nicht Dagewesenes und doch teleologisch Verwickeltes, eine Individualität in einem Sinne, wie wir ihn im seelenlosen Organischen noch nicht kennen. Mag nun die „Persönlichkeit" eines Hundes noch so tief unter der Persönlichkeit eines Goethe stehen, eine eigenartige individuelle Teleologie ist auch in seiner Seele unverkennbar. Hier liegt ein Novum vor, das wir im außerseelischen Organischen noch nicht zu diskutieren brauchen, so eigenartige individuelle Teleologien wir da auch schon finden. Diese Teleologien sind immer leicht als biotypisch angelegte Anpassungsformen nachzuweisen.

73. Diese Aufzählung allerwichtigster Eigentümlichkeiten

des Seelischen genügt, um zunächst den Gedanken der Zurückführung auf die niedere biologische Stufe als in höherem Grade absurd erscheinen zu lassen als die Rückführung des Biologischen auf das Abiologische. Gegenstöße gegen die Auffassung einer absoluten Neuheit der psychischen Stufe sind bisher kläglich verlaufen und werden meistens nur noch als Kuriosa betrachtet. Man kann geradezu sagen, daß sie die eigentliche Schwere der Aufgabe, die sie auf sich zu nehmen sich vermaßen, gar nicht einmal erkannt haben, sozusagen ahnungslos der Besonderheit der psychischen Stufe gegenüberstanden. Es gibt infolgedessen auch kaum einen Streit zwischen Biologisten und Psychologisten als Parallelerscheinung des ewigen Streits zwischen Mechanisten und Vitalisten in der Philosophie der Biologie. Der eine der beiden Kombattanten, der Biologist, scheint doch eine allzu schwache Position zu haben.

74. Nun zeigen in beiden Fällen die Tatsachen eine Gewachsenheit der höheren Stufe aus der niederen. Das Leben der Erde ist entweder im Anorganischen entstanden, als die Erde soweit abgekühlt und mit einer Atmosphäre umgeben war, daß Lebewesen, wie wir sie kennen, lebensfähig waren, oder das Leben ist durch den Weltenraum übertragen von anderen Himmelskörpern, die schon vorher die Möglichkeit des Lebens boten. Man hat gegen das Zweite eingewendet, daß alle bisher bekannten Organismenarten und ihre Keime auf diesem Transport notwendig vernichtet werden müßten. Möglich ist aber immerhin, daß es Urstufen des Lebens gibt, die in ihrer primitiven Struktur selbst der Trockenheit und der Kälte des Weltraumes gewachsen sind. Ist es doch ohnehin sehr wahrscheinlich, daß es Organisches unterhalb der Sichtbarkeit durch unsere Mikroskope gibt. Und erwachen doch selbst sichtbare Organismen nach neueren Forschungen aus völlig eingetrocknetem Zustand wieder. Aber selbst in diesem Falle muß das Gefüge des Anorganischen als das Primäre, das Gefüge des Organischen als das sekundär Entwickelte gelten.

Was das Psychische betrifft, so zeigt der zeitliche Werdegang des Tierreichs, daß Tiere, denen wir ein Bewußtsein zuzuschreiben ein Recht haben, erst aus Tieren entstanden sind, denen nur ein Reflexsystem zuzuschreiben ist. Das

Psychische ist allmählich geworden, wenn es auch strittig ist, an welcher Stelle der Entwicklung wir von „Bewußtsein" sprechen dürfen (§ 307ff.).

75. Aber gewichtiger ist noch ein anderer Grund für den fundamentaleren Charakter der niedrigeren Schichten in beiden Fällen. Alle biologische Zweckmäßigkeit ist ja nur Selbstbehauptungsdienlichkeit auf Grund der vorausgesetzten Gesetzmäßigkeit der als gültig vorauszusetzenden anorganischen Stufe. Die raffiniert komplizierte Selbstbehauptungsdienlichkeit würde völlig ihre Eigentümlichkeit und ihre Überzeugungsfähigkeit für vitalistische Gedankengänge verlieren, wenn sie nicht raffiniert und kompliziert gerade in bezug auf die anorganische Naturgesetzlichkeit wäre. Sie ist Raffiniertheit *infolge* der anorganischen Naturgesetzlichkeit. Sie ist eine raffinierte strukturelle Komplikation, die erst auf Grund der Gesetze des Anorganischen und, ohne diese anorganischen Gesetze außer Kurs zu setzen, die Dauerdienlichkeit gibt. Sie ist Lösung einer Kombinationsaufgabe. So wie eine siegreiche Schachpartie nicht ohne die Regeln des Schachspiels möglich ist, ist auch das vitalistisch aufgefaßte Organische nicht ohne die Gesetzlichkeit des Anorganischen möglich.

In anderer Weise ist das physisch Organische Vorbedingung des Seelischen. Offensichtlich wäre das Seelische gar nicht in dieser physischen Welt entstanden, wenn es nicht eine biologisch-teleologische Aufgabe im Organismus erfüllte, wenn es nicht eine Regulationsfunktion in der biologischen Stufe erfüllte, wenn es nicht ausgezeichnet die Reaktionen des Individuums an die Umgebung in Richtung auf die Selbstbehauptungsdienlichkeit anpaßte. Mit der erhöhten psychischen Leistungsfähigkeit hat die Menschheit alle konkurrierenden Tiertypen überwunden und hat fortgesetzt immer eine psychisch leistungsfähigere Menschenrasse die minder leistungsfähigen niedergekämpft. Dieselbe biologische Rolle des Psychischen läßt sich auch schon bei den warmblütigen Wirbeltieren verfolgen, wenn die Überlegenheiten hier auch nicht allein dem leistungsfähigeren Bewußtsein zu verdanken sind.

76. Es bleibt bei der Alternative: Entweder ist das Leben aus dem Anorganischen, das Bewußtsein aus dem Leben des physischen Organismus als Resultante nach den Gesetzen, die

für die niederen Regionen schon immer gegolten haben, entstanden, und diese Gesetze haben vorher nur nicht gerade *die* Konstellation vorgefunden, die zur Gestaltung der höheren Stufe führte. Oder es treten Nova ein, neue Elemente oder neue Gesetze, die für die betreffenden Konstellationen der niedrigeren Stufe noch nicht galten. Eben dies Zweite ist von Denkern wie Nicolai Hartmann und Eino Kaila [Beiträge] gemeint und ist überhaupt die seit einem Dritteljahrhundert wieder mehr vertretene Meinung.

2.14. Die Einbettung der zwei Hiatus in das kosmische Ganze der Welt.

77. Es ist nun zu beachten, daß die Überordnung von Ganzheiten in beiden so seltsamen Hiatus sich in alter Weise fortsetzt. Ich beschränke mich hier beim Organischen auf die zwei auffälligsten Aufstufungen. Man kann die Zelle des Lebewesens als die niedrigste individuelle Einheit des Lebens auffassen, die einer genauen Analyse durch unsere Erkenntnis zugänglich ist. Über diese Einheit erhebt sich aber in historischer Entwicklung die Kollektiveinheit des vielzelligen, materiell kohärenten Organismus, die wir von der uns vertrauten Gewohnheit unseres alltäglich praktischen Denkens über Menschen, höhere Tiere und die meisten höheren Pflanzen her schlechtweg als „das Individuum" oder „den Organismus" bezeichnen. Diese höhere Einheit ist im Laufe der Stammesgeschichte geworden aus einem anfangs noch recht locker räumlich zusammenhängenden Bund von gleichartigen Zellen. Durch Arbeitsteilung der Zellen und durch Ausscheidung und Zwischenschaltung einer für das Ganze funktionsnotwendigen Interzellularsubstanz zwischen den Zellen wird allmählich in der Stammesgeschichte ein solches Ganzes, wie das höhere vielzellige Lebewesen, in dem die einzelne Zelle so völlig jede selbständige Existenzfähigkeit verliert. Immer ist noch jetzt die Auffassung als ein Zellenkollektivum durchaus berechtigt und höchst lehrreich, wenn auch die Auffassung als eine Ganzheit schon für die biologische Forschung ganz gewiß unentbehrlich und richtunggebend ist.

Nun aber schließen sich die „Individuen" (Bienen, Ameisen, Büffel, Menschen) wieder zu „sozialen Kollektiven" zusammen. Sie unterscheiden sich wenigstens in diesen genannten Beispielen von der nächstniedrigeren Stufe des Zusammenschlusses der Zellen zum Individuum am offensichtlichsten dadurch, daß die elementareren Einheiten räumlich getrennt und gesondert bewegungsfähig bleiben; die Bewegungsregulation ist deshalb ganz selbständig in den Elementen, und diese sind auch nie ganz so untrennbar in ihrem Daseinsschicksal voneinander abhängig. Biene und Ameise zeigen aber besonders, daß in bezug auf das biologisch wichtige Moment der Daseinsbehauptung auch hier schon das Individuum völlig abhängig vom Stock sein kann.

78. Ich will auf die ganz gewiß entscheidend bedeutsamen weiteren Ganzheiten der Symbiose (Lebensgemeinschaft verschiedener Organismenarten, die sich gegenseitig nützlich sind) und der Biozönose (Gemeinschaft der zueinander in für Daseinsbehauptung wichtigen Beziehungen stehenden vielartigen Organismen eines Lebensraumes) nur flüchtig eingehen. In beiden Fällen haben wir offenbar eine Aufstufung auf Grund der biologischen Momente, die überhaupt die Neuordnung, Umbildung, Entwicklung der unermeßlich komplizierten biologischen Selbstbehauptungssysteme beherrschen.

Das Dasein jeder Art von Organismen und jedes einzelnen Organismus ist abhängig von der Gesamtgruppierung der Organismen im Tümpel, im See, im Walde, im Lande. Auf irgendeinem Wege ist jede Art für jede andere Art von Bedeutung. Jeder einzelne Organismus ist ein Teil dieser Biozönose und trägt zur Gestaltung der Biozönose bei. Und doch kann in der Regel das einzelne Individuum nichts an der Dauergestaltung der Biozönose ändern. Werden ganze Haufen von Individuen einer Art vernichtet, so stellt sich in kürzester Zeit doch dasselbe Gleichgewicht an Individuen der verschiedensten Art wieder her. Das Ganze bestimmt die Zahl der Teile. Und doch ist die Gestaltung dieses ganzen Gleichgewichts von Individuen durch die gesetzlichen Eigentümlichkeiten der einzelnen Arten bestimmt. Wir können meistens genau die Kräfte bestimmen, die das Gleichgewicht herstellen. Überwiegend ist es die durch eine übermäßige Vermehrung der Organismenart selbst hervorgerufene Vermehrung der feindlichen, zerstörenden Organismen und die ebenso hervorgerufene Verminderung der Nahrungsmittel, die die Organismenart wieder auf ihr Maß innerhalb der Biozönose zurückdrängt.

79. Ebenso ist die psychisch individuelle Persönlichkeit den Kollektiv-Einheiten eingeordnet, die von der Soziologie untersucht werden. Man kann sehr wohl die Gemeinschaft einer Familie, eines Stammes, eines Volkes, die religiöse, die berufliche, die sportliche Gemeinschaft, die Vereinigung zur gemeinsamen Pflege irgendwelcher Amateurbestrebungen als Einheiten betrachten, die sich nach eigenen Ganzheitsgesetzen weiter entwickeln, weitgehend unabhängig von den zufälligen Besonderheiten der einzelnen Individuen, die der Gemeinschaft angehören. Namentlich die französischen Soziologen (Durkheim usw.) betrachten die Sozialeinheiten so einseitig wie nur möglich von dem Prinzip aus, daß das soziale Ganze den Einzelnen zu einer Anpassung an das Ganze nötigt.

Haben wir bei diesen Sozialeinheiten im wesentlichen eine Übertragung der biologischen Sozialeinheit in das Psychische, so können wir im eigentümlich Geistigen nun eine Fülle von Kollektivitäten speziell geistigen Charakters feststellen. Es gibt in der Tat das, was man seit Hegel als den objektiven Geist bezeichnet, eine Ganzheit geistiger Entwicklung, auf den subjektiven Geistern aufgeordnet, aber doch aus eigenen Grundtendenzen, internen Spannungen, jeweiligen Unzulänglichkeiten die Wandlungen determinierend und diese Wandlung allen Einzelnen subjektiven Geistern aufzwingend. (§ 350). Man betrachte etwa die Entwicklung des Kirchenbaus von der Basilika bis zur Spätgotik oder die Entwicklung der zeitgemäßen Staatsform vom Feudalsystem über die absolute Monarchie zum konstitutionellen Staat. Wird so etwas gut begriffen, wenn man die allzumenschlichen Motive der einzelnen wendungentscheidenden Geister studiert? Nein, das Ganze entscheidet seinen Fortschritt aus sich heraus, der Einzelne wird zum Diener der Entwicklung des Ganzen, wenn er überhaupt etwas bedeutet; sein Handeln ist aus dem Bedürfnis des objektiven Geistes verständlich. Alle individuellen Geister sind, ihnen selbst vielleicht unbewußt, durch den objektiven Geist bestimmt.

Kollektiveinheiten einer besonderen abstrakten Art, wie ich sie hier nicht präzisieren will, sind auch der Staat und die

Wirtschaft, die wiederum ihren eigenen Gesetzen folgen und den Einzelnen zur Einordnung zwingen.

80. Der entscheidende Punkt ist aber folgender: Wenn auch die Entwicklung des sozialen und geistigen Ganzen alle jeweiligen einzelnen Individuen überdauert und von deren zufälliger psychischen Eigentümlichkeiten unabhängig ist, so ist sie dennoch durch gewisse allgemein vorhandene dynamische Momente der Einzelnen restlos in ihrer Gesetzlichkeit bestimmt. So ist die Wirtschaft erklärbar durch gewisse individuelle Triebkomponenten, in erster Linie solche, die das Moment der Bedürfnisbefriedigung bestimmen, dazu Machttrieb, Ehrgeiz, Hamstertrieb, allgemeinen persönlichen Leistungsdrang. Sie stehen im Konnex mit allen anderen individuellen Trieben; die bestimmen im Verein mit den außerseelischen Voraussetzungen einer möglichen Wirtschaft und mit dem Intellekt des Einzelnen die Struktur einer Wirtschaft. So wird jeder letzten Endes aus seinem eigenen Triebleben heraus genötigt, eine für ihn selbst bestmögliche Aufgabe in der Wirtschaft zu erfüllen. Er wird Maurerhandlanger, Bauer, Bauunternehmer oder Drosophilaforscher. Daß alles so etwas in ungefähr bestimmter Zahl da ist, bestimmt die Wirtschaft. Übermäßige Zahl der Tätigen in einem Beruf drückt die Aussichten und damit den Nachwuchs in diesem Beruf von selbst herunter. Aber die Wirtschaft wäre nicht da, wenn der einzelne Mensch nicht durchweg ein Zoon politikon, ein Wesen mit sozial bedeutsamen Trieben ganz bestimmter Artung wäre. Die einzelnen Menschen mit ihren Anlagenkomplexen bestimmen letzthin doch das Dasein der Ganzheit. Und so ist es mit allen sozialen und geistigen Ganzheiten. Wie kommt es denn, daß der Fortschritt des „objektiven Geistes", etwa die Wendung von der Gotik zur Renaissance, durch alle einzelnen Individuen eines Kulturkreises hindurchgeht? Der Einzelne ist sich bewußt, daß er nur im Kontakt mit seinesgleichen wirklich auf die Dauer Befriedigung in der Kunst finden kann. Schauerlich wird auf die Dauer die Rolle des Eigenbrötlers. Ehrgebietend ist die Stellung des Mannes, der frühzeitig das „Richtige" erfaßt hat! Außerordentlich lehrreich ist es, solche Motivverankerungen aus nächster Nähe im einzelnen Fall zu studieren.

81. Wir können allgemein sagen: Gerade daß die über-

geordnete Ganzheit Gesetzlichkeit enthält, die sie jedem einzelnen zugehörigen Individuum aufzwingt, ist durch bestimmte Eigentümlichkeiten einzelner Individuen bedingt. Der Deutsche, der im italienischen Volkskreise aufwächst, wird zwar selbst durch den italienischen Kunstgeist künstlerisch geformt. Er wird geistig zum Italiener. Das ändert aber nichts daran, daß das geistige Italienertum ganz und gar durch die vielen Einzelnen in seiner Entwicklung bestimmt wird, die sich in Massenwirkung oder als mächtige Einzelpersönlichkeiten durchsetzen.

82. Ich konstatiere hier nur die entscheidende Tatsache, daß das Wesen der übergeordneten Ganzheit in diesen Fällen offenbar durch das Wesen der untergeordneten restlos bestimmt ist, wenn auch selbstverständlich die werdenden Individuen durch die Ganzheit geformt werden. Eben deshalb lehne ich es ab, hier nochmals irgendwo einen Hiatus der Erklärbarkeit anzunehmen, wie wir ihn zweimal zwischen Anorganischem, Lebendem und Seelischem gefunden haben. Nicolai Hartmann will zwar einen solchen weiteren Hiatus zwischen Seele und Geist erkennen können [Geist, Sein, S. 59ff.]. Das Geistige soll sogar eine „Überbauung", keine bloße „Überformung" des Seelischen sein (§ 67). Diese Scheidung von Seele und Geist ist heute ja auch sonst sehr beliebt. Ich gehe auf sie hier nicht ein. Aber es ist selbstverständlich meine Aufgabe, auch diesen Schein eines Hiatus als solchen Schein nachzuweisen und aufzuklären (§ 257ff.). Letzte Aufklärung wird hier wie bei allen Hiatus die aus der Eigenart des Geistigen zu begreifende Freiheit unserer Begriffsbildung geben (§ 839).

83. Es liegt bei den oberhalb des Hiatus zum Lebendigen und wiederum zum Seelischen sich neu aufbildenden Ganzheiten kein prinzipiell anderes Verhältnis vor als bei anorganischen Aufbildungen von Ganzheiten. Form und Spannungsverhältnisse des Nebeltröpfchens bestimmt man auch nicht, indem man die Kräfte und Bewegungen jedes einzelnen Wasser- und Luftmoleküls bestimmt. Das in Bildung fortschreitende Nebeltröpfchen zwingt jedem einzelnen Molekül seine Lage und seine Kräftebeziehung zu anderen auf. Jedes Quantum von Molekülen könnte man bis zu einem gewissen Grade herausnehmen, und das Nebeltröpfchen zwingt

doch dem Übrigen die ganze und gleichartige Tröpfchenform auf. Und doch ist die Tröpfchengesetzlichkeit völlig bestimmt durch die Gesetzlichkeit der Beziehungen für die einzelnen in dieser Hinsicht gleichförmigen Moleküle. So wie die Gesetzlichkeit des Nebeltröpfchens eine einheitliche, einfache Gestalt hat, die ganz anderen mathematischen Typus zeigt als die Gesetzlichkeit der Beziehungen der Moleküle, und so wie die zufällige Lage und Bewegung der einzelnen Moleküle zu Beginn der Tröpfchenbildung gleichgültig für die Entwicklung des Tröpfchens ist, so ist es in weitem Maße auch im Sozialen und Geistigen. Die mancherlei Sonderbarkeiten des Seelenlebens Gottfried Müllers oder Hermann Lehmanns sind bedeutungslos für die Wandlungen der Gemeinschaft und des objektiven Geistes. Freilich können sie bedeutsam werden, wenn sie einer neuen oder besseren Form des höheren sozialen oder geistigen Ganzen gemäß sind. Dieses individuelle Werden und Wandeln der höheren Ganzheit ist aber überhaupt etwas Eigentümliches für biologische und geistige Ganzheit, das es zu erklären gilt. Es fällt in die eigenartige biologische und psychische Problematik überhaupt.

84. Alle früheren Versuche, diese zwei Hiatus zu überbrücken, und in einem Zuge vom Anorganischen bis zum objektiven Geist und zur sozialen Gemeinschaft fortzuschreiten, verkannten das Wesen und unterschätzten die Tiefe der Kluft, die es zu überbrücken gilt. Selbst die Zweimaligkeit des Hiatus, die Zwischenstufigkeit des Biologischen, hat man bis zu Kant nie richtig erfaßt. Man lese nur einmal das berühmte Verdammungsurteil Spinozas über die teleologische Auffassung im Anhang zum ersten Teil der Ethik: Es fehlt auch die leiseste Ahnung der gründlichen Verschiedenheit der biologischen Selbstbehauptungsdienlichkeit von der Zweckdienlichkeit, die der Mensch sich für sein Handeln denkt. Die ältesten Überbrückungsversuche führen das Psychische direkt auf das Anorganische zurück. So wollte Demokrit das Psychische damit erklären, daß es sich um ein Spiel der feinen, glatten, runden Feueratome handle. Offenbar will er damit bescheidenerweise nur die Labilität des seelischen Prozesses treffen, die sich ja auch schon im Nichtseelisch-Biologischen findet.

85. Der älteste Philosoph, dem das Problem eines Stufenaufbaus im System der Ganzheiten mit Einschluß des Lebens

und des Seelischen aufging, war anscheinend ein Engländer des 13. Jahrhunderts, Roger Bacon, nicht zu verwechseln mit seinem bekannteren Landsmann vom Anfang des 17. Jahrhunderts: Francis Bacon. Roger Bacon fing in seinem Liber primus communium naturalium, pars I, mit einer Perspectiva d. h. mit den Gesetzen des Sehens des Verschiedenen an und ging dann Schritt für Schritt zu einer Astronomia judicaria, Scientia ponderum (Physik), Alchymia, Agricultura (Botanik und Zoologie), Medicina (Anthropologie), Scientia experimentalis über. Die Scientia experimentalis war eine etwas seltsame Lehre vom Geistigen.

Die Stufen, die später immer wieder als Hauptstufen beachtet wurden, sind Physik, Biologie, Psychologie und Soziologie. Dreimal versuchten Denker in vielbändigen Werken das stufentheoretische Problem zu lösen: Thomas Hobbes Mitte des 17. Jahrhunderts, Auguste Comte im vierten Jahrzehnt des 19. Jahrhunderts, Herbert Spencer in der zweiten Hälfte des 19. Jahrhunderts. Bei allen dreien ist die wertvollste und wirksam gebliebene Leistung und zugleich die besonders herzlich kultivierte Stufenaufhellung die der Soziologie. Selbstverständlich darf man die Leistungen nicht von dem Wissen der Gegenwart aus beurteilen, sondern als Einsichtsgewinn der damaligen Zeit.

86. Wir verstehen nach den Erörterungen in § 79—81, daß sie gerade in der Soziologie Erfolg haben konnten, und daß dieser Erfolg sie besonders ermutigte, die Stufentheorie überall durchzusetzen. Aber leider haben sie nicht einmal erkannt, welche Schwierigkeiten in der biotischen und in der psychischen Aufstufung vorliegen. Dieser Vorwurf ist um so härter zu werten, in je vorgerückteren Zeitaltern der Versuch unternommen ist, je weniger man also diesen Mangel mit unklarer Kenntnis des Wesentlichen der drei durch die beiden Hiatus getrennten Regionen entschuldigen kann. Das harte Urteil der Oberflächlichkeit, das die Zeitgenossen in allen drei Fällen über das vollendete Werk schließlich fällten, besteht zu Recht. Das Problem entschwand infolge dieses Urteils jedesmal wieder aus dem Interessenkreise der Zeit; man forschte nicht an den Stellen der Unzulänglichkeit gründlicher weiter.

Hobbes und Spencer vertraten den Gedanken einer zeitlichen Folge der höheren Stufe nach der niedrigeren (betreffs

Hobbes' Biologie vgl. de homine, I. Kap., § 1). Comte sah dagegen nur die erkenntnistheoretische Fundierung der höheren Stufe in der niedrigeren, ohne auf das Problem der Genesis einzugehen. Hobbes' Eigentümlichkeit war, die soziologische Ganzheit als ein Produkt des vernünftig denkenden und rechnenden Menschen anzusehen, wie die Natur- und Lebensganzheiten ein Werk Gottes sind (vgl. die Einleitung zum „Leviathan"). So ist Spencer allein der wahrhafte Evolutionist umfassendsten Blicks. Aber die Tiefe des Problems hat auch er nicht erfaßt.

87. Und doch halte ich das Bestreben, die Ganzheiten von den stärkeren, tragenden, dauernden Ganzheiten aus zu begreifen, und von ihnen stufenweise zu den schwächeren, getragenen, labileren Ganzheiten überzugehen, für das richtige zur klaren Einsicht in den kosmischen Bau überhaupt: In der Durchführung dieses Aufbaus ergibt sich erst das Unzulängliche der Auffassung, die kosmische Wirklichkeit aus anorganischen, organischen, seelischen, und geistigen Bestandteilen zusammengeflickt oder auch mehr oder weniger kunstvoll gefügt zu denken.

Selbstverständlich werden wir nicht ohne hypothetische Annahmen auskommen. Aber das „hypotheses non fingo" Newtons ist ohnehin nur als Mahnung zu weitestgehender Vorsicht sinnvoll. Nur über Hypothesen kommt man in komplexen, dem gewohnheitsmäßigen Blick entzogenen Dingen zur Wahrheit. Ich erinnere an die Physik des Atoms, die Vererbungsgesetze, die Rekonstruktion der Vorgeschichte, die Aufhellung eines Rechtsfalls. Es ist selbstverständlich, daß wir uns vor schlappem oder aus falsch laufendem Ethos selbstbetrügerischem Anthropismus, vor Leerlauf in erkenntnismäßig nicht aufhellenden Begriffen, vor eigensinniger Steckenpferdreiterei zu hüten haben; es ist selbstverständlich, daß wir gewissenhaft die verläßlichsten Wege zu wählen haben unter gründlicher Kenntnis des *ganzen* verläßlichen Materials und der ganzen Verwickeltheit und Eigenart des zu Begreifenden. Dann aber gibt nur ein hypothetischer Bau die Möglichkeit einer allmählichen Korrektur zum Richtigen, und diesem Ziel soll dieser Teil „Kosmos", soll dieses Buch und soll richtig verstandene Philosophie überhaupt dienen.

2.2. Kosmos des Lebens

2.21. Überlegenheit der dauerdienlicher organisierten Ganzheit und das Problem ihres Auftretens.

88. Ich knüpfe an die Erörterungen des § 63 an. Die stärkere Ganzheit vernichtet die schwächere, wenn ihr Bildungsgesetz dem der schwächeren entgegenwirkt. So sind gewisse Molekülarten die stärkeren gegenüber anderen an sich auch stabilen Kombinationsmöglichkeiten der Atome und reißen soviel Atome jeder Art an sich als molekulare Individuen im Gemenge möglich sind. Man kann hier schon von einem Kampf um den Stoff sprechen, wie er in der Welt des Lebens so offensichtlich stattfindet. Ich brauche nur an die Biozönose, an den Wirtschaftskampf, an den Raumkampf der Staaten und Völker zu erinnern. Der Kräfteschwund bei der Ausdehnung über eine gewisse Grenze hinaus gibt den Ganzheiten ihre „natürlichen" Grenzen und eine gewisse natürliche Größenordnung unter den jeweiligen Bedingungen. So wie die Schweiz und andererseits Großbritannien durch physisch-geographische Kräftebedingungen ganz verschiedener Art ihre Grenzen gesetzt bekommen haben, so waren bei anderen Staaten sprachliche und rassische Kohäsionskräfte die entscheidenden.

89. Eine komplexe Ganzheit ist oft selbstbehauptungsfähiger als die einfachere. Ganz einfache Belege dafür sind das kompliziertere Molekül gegenüber dem isolierten Atom und auch gegenüber dem Molekül aus zwei Atomen der gleichen Art (H_2, O_2 usw.), der Kristall gegenüber den isolierten Molekülen. So ist auch unter durchschnittlichen Bedingungen der vielseitig gegliederte landwirtschaftliche Betrieb mit vielerlei Pflanzenbau und Tierhaltung wirtschaftlich existenzfähiger als die isolierte Zucht einer Pflanzen- oder Tierart. Allgemein wäre ein komplexer industrieller Betrieb, der alle Stufen der Verarbeitung vom Rohstoff bis zum letzten Fertigfabrikat in sich enthielte und noch die Nebenprodukte und Abfallstoffe in Parallelgängen verarbeitete, der erfolgreichste. Aber er kann ersetzt werden durch eine reibungslose Ineinanderfügung zu einem höheren Ganzen, wie es unsere „Wirtschaft" als Ganzes darstellt. In der Wirtschaft als Ganzem gilt aber im großen und ganzen wieder, daß sie um so selbstbehauptungs-

fähiger gegenüber anderen Wirtschaftsganzen, etwa in fremden Ländern, ist, je mannigfaltiger ihre Differenzierung ist, wenn auch selbstverständlich diese Differenzierung zugleich leistungsgemäß sein muß.

90. Das großartigste Beispiel der Selbstbehauptungsvorzüglichkeit des Differenzierteren gibt aber der biologische Organismus, das Tier wie die Pflanze. Wir sehen, wie Schritt für Schritt die Biotypen (Organismus-Arten), die eine neue zweckmäßige Differenzierung ihres Baus zeigten, in einer bestimmten Lebensnährstelle selbstbehauptungsfähiger sind als die Biotypen, die diese Differenzierung nicht besitzen. Die letzten Etappen dieser Differenzierung sehen wir in der Paläontologie, so vor allem zuletzt noch den Sieg der Warmblüter über die Kaltblüter, des Menschen mit seiner zunehmenden Differenzierung der Bewußtseinsleistungen über alle höheren Tiere. Namentlich Richard Hesse hat in kleinen zusammenfassenden Arbeiten immer wieder eindringlich gezeigt, wie das Kompliziertere Schritt für Schritt das Bessere gegenüber dem Einfacheren darstellt [z. B. Stufenleiter].

Wie das Selbstbehauptungsfähigere, in diesem Falle das reicher und selbstbehauptungsdienlicher Differenzierte das Übergewicht im Dasein gewinnt und das andere schließlich ganz vernichtet, ist kein schwer zu lösendes Problem. Selbst die wirtschaftlichen Konkurrenzunternehmen, die niemals miteinander geschäftlich zu tun haben und sich womöglich gar nicht kennen, und wiederum selbst die großen pflanzenfressenden Saurier und die pflanzenfressenden Säugetiere, Wiederkäuer, die sich gegenseitig vielleicht nie feindlich anfielen, führen in Wahrheit, auf wirtschaftlichen bzw. biozönotischen Umwegen, einen unsichtbaren Daseinskampf auf Tod und Leben.

Das Bessere ist immer Feind des Guten und oft das Differenziertere der siegreiche Feind des Einfacheren. Selbstverständlich gilt das Letztere nicht überall. Mitunter ist der primitive Betrieb eines schlichten Handwerksmeisters dauerhafter als das kunstvoll organisierte, aber schwer lenkbare und umstellbare Großunternehmen. In der Biozönose bietet ein komplizierter Organismus viele Angriffsflächen für Feinde. Wir sehen deshalb, wie Lebewesen, deren veränderte Daseinsbedingungen die komplizierten Anpassungen nicht mehr erfordern, namentlich Parasiten, zur einfacheren Struktur zurückkehren. Ein Abkömmling des doch recht hoch organisierten Stammes der Crustaceen, die Sacculina, besteht im reifen, ausgewachsenen Zustand nur noch aus einem pflanzenwurzelartig fädigen Zellgewebe, das alle Organe des ganzen verzweigten Innern der Krabben, in denen Sacculina schmarotzt, umspinnt, und einem aus dem Körper der Krabben heraushängenden Eiersacke; alle anderen Eingeweide sind beim Schmarotzer als überflüssig verschwunden.

91. Es ist leicht verständlich, daß die selbstbehauptungsdienlicher konstituierten Systeme, wenn sie einmal da sind, die weniger selbstbehauptungsdienlich konstituierten zum Verschwinden bringen. Aber dazu müssen sie zunächst überhaupt da sein. Woher entstehen diese selbstbehauptungsdienlicheren Systeme? Freilich bedingen die Kräfte der Atome und Moleküle schon von selbst, daß die komplizierter dauerfähige Gestalt eines Kristalls entsteht, wenn die gemeinsame Lösung der Stoffe vorhanden ist, und so bilden sich millionenfach diese Kristalle bei den mannigfachsten zufälligen Gelegenheiten von selbst. Aber woher kommen zuerst solche unermeßlich kompliziert selbstbehauptungsdienlich konstituierten Systeme wie etwa ein Eichbaum und ein Säugetier? Man hat sicher mit Recht oft betont, daß durch zufällige Konstellation von Molekülen nach den für diese Moleküle allgemein geltenden Gesetzen noch viel weniger wahrscheinlich solche Organismen geworden sein können, wie etwa Eisenmoleküle sich zu einer Dampfmaschine zusammenschließen könnten, oder wie durch zufällige Reihung eines Haufens griechischer Buchstaben eine Ilias entstehen könnte. Bei der Ilias und der Dampfmaschine ist der menschliche Geist der Grund der Ordnung. Die unermeßlich reiche Dauerdienlichkeitsstruktur seines Körpers hat der menschliche Geist aber nicht verursacht, und bei niederen Tieren und Pflanzen ist der „Geist" doch wohl erst recht nicht dazu imstande. Wir sehen, wie dies recht eigentlich mit dem Wesen des biologischen Hiatus (§ 68f.) zusammenhängen muß.

2.22. Suchorganisationen des Lebens.

92. Es gibt im ganzen Reich des Organischen und des Seelischen Einrichtungen, die gesetzmäßig der Gewinnung einer

zweckmäßigen Organisation der statischen Struktur und der Dynamik dienen, ohne daß die neu zu erwartenden Zweckmäßigkeiten im Organismus bereits gesetzmäßig determiniert sind. Wir kommen hiermit zur wichtigsten Eigentümlichkeit organischer Systeme, die es um so sorgfältiger zu beachten gilt, als sie heute Gefahr läuft, aus unzulässigen Gründen die gebührende Beachtung zu verlieren. Alles „Suchen" ist eine zweckmäßige Einfügung der Labilität von Prozeßverläufen und des Zufalls in die zweckdienliche Gestaltung des Lebensprozesses. Die wenige Zentimeter lange junge Schlingpflanze, die noch keinen fremden Stamm zum Sichheraufwinden gefunden hat, wächst einseitig so, daß ihr zur Erde gebeugter schwacher Stengel sich langsam im waagerechten Kreise um die Wurzelungsstelle herumdreht. Sie sucht somit systematisch die Umgebung nach einer Windegelegenheit ab. Niedere Tiere schwimmen dauernd ziellos umher; es ist eine einfache aber sehr gute Methode, die Beutegewinnung dem Zufall zu überlassen. Das auf Beute ausgehende Raubtier und der pürschende Jäger folgen noch demselben Prinzip. Man darf dies Prinzip nicht deshalb übersehen, weil in diesen höheren Organismen eine Auswahl der besuchten Räume eingreift.

Das Suchen ist nicht auf das Lokale beschränkt. Ein Tier, das sich aus einer schwierigen Lage befreien will, das zu einem schwierig zu erreichenden Futter strebt, oder das mit einem Feinde kämpft, probiert suchend verschiedene Varianten des Handelns durch. Alle technischen und wissenschaftlichen Leistungen der Menschen zeigen, genau untersucht, daß eine vielfältige Sucharbeit unter den Möglichkeiten vorausgeht. Die langen Vorstudien sind die unerläßliche Bedingung dafür, daß im günstigen Gestaltungsmoment die beste Lösung sich aus dem Meer der bereitgestellten Möglichkeiten vielleicht ganz plötzlich kristallisiert. Jede technische Entwicklung eines Verkehrsmittels bestimmter Art bis zur eleganten, endgültig besten Form vollzieht sich durch fortgesetztes gedankliches oder wirkliches Weiterprobieren auf Grund der bereits bewährten Modelle. Aller Fortschritt in der Staatskunst „lernt" aus den Erfolgen und Mißerfolgen der Vorgänger. Alles Üben von motorischen Tätigkeiten wie Schwimmen, Ballspielen vollzieht sich nie ohne fortgesetztes Probieren. Alles Spiel des Kindes von den ersten Strampelbewegungen an dient dem Suchen und Einüben von bewährt gefundenen Fertigkeiten.

93. Man hat bei Schwärmsporen, Hydren, Planarien und anderen Organismen beobachtet, daß sie entweder bei geringem oder bei starkem Licht sich bewegen, bei erheblicher Zunahme bzw. Abnahme der Helligkeit zur Ruhe kommen. Die Organismen der Art sammeln sich dann überwiegend entweder im Hellen oder im Dunklen, und eben das ist zweckmäßig für die Organismen. Wer denkt dabei nicht an die Eigenart der Völker, in guten Zeiten in satter konservativer Trägheit zu verharren, aber Neues zu probieren, wenn es ihnen schlecht geht?

Etwas Ähnliches liegt bei der sogenannten Phobotaxis vor: Niedere Organismen, die wie z. B. Paramuecien, beständig umherschwimmen, zucken zurück, wenn das flüssige Medium sich ungünstig verändert, und schwimmen dann in einer zufällig veränderten Richtung weiter. Sie wiederholen dies, wenn auch die neue Richtung zur Verschlechterung führt. Sie ändern ihre Bewegung nicht, wenn das Medium gleich bleibt oder sich verbessert. So kommt es, daß sie beim Umherschwimmen sich immer vorzugsweise nach der günstigen Richtung bewegen.

Als Beispiel für ein *qualitativ* mannigfaltiges Reagieren gerade auf ungünstige Reize wird meistens das Verhalten des einzelligen „Trompetentierchens" Stentor roeselii angeführt. Läßt man dauernd Karminkörnchen auf sein Peristom rieseln, so folgen bestimmte Reaktionen so weit aufeinander, bis der Reiz aufhört. Erst krümmt sich das Tier nach verschiedenen Seiten, dann kehrt es wiederholt eine Zeitlang die Schlagrichtung der Wimpern um, so daß das umgebende Wasser umgekehrt strömt; dann kontrahiert sich das Tier wiederholt in seine Röhre, um sich nach immer längerer Zeit wieder zu entfalten; schließlich löst es sich von der Unterlage und aus der Röhre und schwimmt davon.

Wieder etwas anderes ist die Reizprobe. Planarien reagieren auf jeden schwachen Reiz mit Annäherung, um ihn intensiver zu „kosten". Wieder haben wir genau das Gleiche im Verhalten von Säugetieren, Vögeln, Fischen und schließlich in der „Neugier" des Menschen. Ähnliche Bedeutung hat das von Zeit zu Zeit wiederholte Abtasten der verschiedenen

Kriech- oder Laufrichtungen bei Tieren; bei jedem Regenwurm ist das zu studieren.

94. Der amerikanische Zoologe H. S. Jennings faßt in seinem ausgezeichneten Buch [Behavior] alles dies zusammen unter dem Titel „Trial and Error" (Versuch und Irrtum). Otto zur Straßen [Zweckmäßigkeit] spricht noch treffender in diesen Fällen von „organisiertem Zufall", auch vom „Prinzip der Schrotflinte" und der „Überproduktion von Gelegenheiten". In der Tat liegt schon das gleiche Prinzip in primitivster Form vor, wenn eine Pflanze den Blütenstaub oder den Samen in größerer Zahl dem Winde zur zufälligen Zerstreuung überläßt, wobei dann auch immer die wenigen Stellen gefunden werden, an denen Blütenstaub oder Samen zur richtigen Entwicklung kommt.

2.23. Der Vererbungs- und Mutationsapparat als Suchorganisation.

95. Das weitaus bedeutsamste und umfassendste Beispiel einer Suchorganisation für dauerdienliche Daseinsbedingungen ist aber der genotypische Vererbungs-, Kombinations- und Mutationsapparat der Lebewesen. Er umschließt alles Leben, vielleicht mit Ausnahme niederster Organismen (Bakterien, Cyanophyceen). Da ich beim Schulbildungsgang der letzten Jahrzehnte eine Kenntnis dieses Apparates bei vielen, besonders den älteren Lesern, nicht voraussetzen kann, und da er für weitere Erörterungen dieses Buches wichtig ist, muß ich die allerwichtigsten Grundzüge in knappster Form hier darlegen.

96. Der Organismus jeder Art besitzt im Zellkern jeder Zelle eine doppelte Garnitur desselben bestimmten Satzes noch unermessen zahlreicher Einheiten, die alle individuell verschieden sind und als Gene bezeichnet werden. Die in den zwei Garnituren paarweise einander entsprechenden Gene sind in bestimmter Reihenfolge in einer bestimmten, aber bei verschiedenen Arten verschiedenen Zahl ebenfalls paarweise einander entsprechender, meistens länglicher, fädiger Gebilde, der Chromosomen gereiht angeordnet. Bei jeder Zellteilung, Zellvermehrung teilen, verdoppeln sich zuerst sämtliche Gene und Chromosomen, so daß jede der beiden Tochterzellen die-

selbe doppelte Chromosomen- und Gengarnitur wiederbekommt.

Das Gen determiniert zusammen mit anderen Genen an bestimmten Stellen des Entwicklungsganges zum reifen Organismus erbliche Gestalt- und Funktionseigentümlichkeiten. Die Gesamtheit dieser durch die Gene von Organismus zu Organismus vererbten Eigentümlichkeiten nennt man den Genotypus. Der Genotypus bestimmt zusammen mit den ja so mannigfaltig individuell verschiedenen Einflüssen der Umgebung die wahrnehmbare Gestalt und Funktionsweise des individuellen Organismus, den „Phänotypus". Bei der geschlechtlichen Vermehrung werden zunächst durch eine „Reduktionsteilung" von Chromosomen, Zellkern und Zelle, d. h. eine Teilung ohne vorherige Verdoppelung der Chromosomen

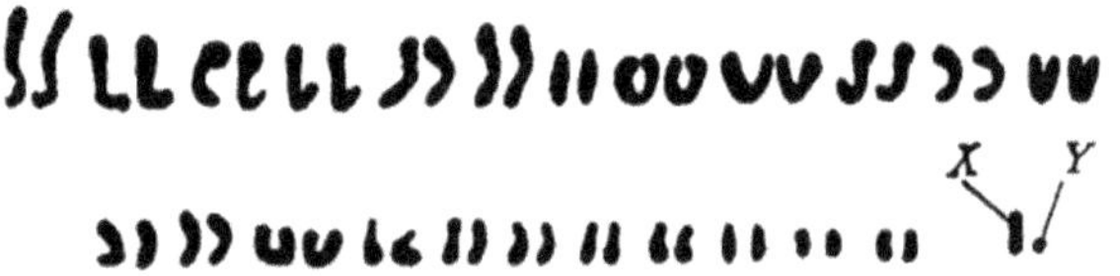

Fig. 1. Die doppelte Garnitur von 2×24 Chromosomen in jedem Zellkern des Menschen (männlich), die nur während der Kernteilung unterscheidbar sind. Nach Painter.
Aus Kühn, Grundriß der allgemeinen Zoologie, 5. Aufl.

und Gene Keimzellen mit einer einfachen statt der doppelten Genen- und Chromosomen-Garnitur erzeugt (haploide statt diploider Zellen und Zellkerne). Durch Verschmelzung einer männlichen und einer weiblichen haploiden Keimzelle entsteht wieder eine Zelle und ein Organismus mit doppelter Chromosomengarnitur, und zwar sind Gene und Chromosomen zur Hälfte vom Vater, zur Hälfte von der Mutter.

97. Nun aber „mutieren" einzelne Gene zwar in recht geringer, aber doch feststellbarer durchschnittlicher Häufigkeit. Sie beträgt bei zahlreichen Mutationen der meist untersuchten Tierart, der Fliege Drosophila melanogaster, unter normalen Umweltsbedingungen 0,0001—0,01 Prozent aller Entstehungen neuer Individuen. Eine Mutation ist eine veränderte Wirkungsweise eines Gens auf Gestalt und Funktionsweise eines neuen Organismus, die sich vererbt, d. h. die auf alle Nachkommen dieses Gens und deshalb auch auf alle Nachkommen des Individuums, die einen Nachkommen dieses Gens mitbekommen, übertragen wird. Eine Mutation läßt sich

durch die erblichen Eigenschaften, die der Organismus und seine Nachkommen wahrnehmbar zeigen, eindeutig von allen „Modifikationen", den auf das eine Individuum beschränkten Einwirkungen der Umgebung auf den Phänotypus des Organismus unterscheiden. Mutationen können, gemessen an ihrem veränderten Einfluß auf die Entwicklung, bis zur Unmerklichkeit geringfügig sein (Kleinmutationen). Nach einer noch sehr vorsichtig zu bewertenden, aber z. Zt. wohl plausibelsten Hypothese sind die Gene einzelne komplizierte Moleküle oder andersartige Atomverbände und die Mutation strahlentheoretisch bestimmte individuelle Wandlungen der Struktur dieser Moleküle [Timoféeff-Ressovsky etc., Genmutation], die nach älteren Vorstellungen Goldschmidts [Vererbung] sich autokatalytisch vervielfältigen und in bestimmten Konstellationen der individuellen Entwicklung eine katalytische Wirkung ausüben können.

Die zwei einander entsprechenden Chromosomen können während einer eigenartigen Verbindung vor der Reduktionsteilung (Synapsis) einander entsprechende Stücke austauschen (crossing over). Es kann aber auch, in seltenen Fällen, die Zahl der Gene und die Zahl der Chromosomen sich vermindern oder vermehren durch Ausfall von Chromosomen, durch Verbleiben mehrerer Chromosomen in der Keimzelle, durch Abreißen oder Anwachsen von Chromosomenstücken. Dadurch erklärt sich die verschiedene Chromosomenmenge oft schon bei nahestehenden Arten von Organismen.

98. Da immer nur in einzelnen Individuen einzelne Gene mutieren, kommen bei der geschlechtlichen Verschmelzung von Keimzellen mitunter Genpaare zusammen, von denen das eine Gen infolge Mutation vom anderen verschieden ist, ein „Allel" des anderen ist. Besondere von Fall zu Fall verschiedene Dominanzverhältnisse bestimmen dann, wie sich die Wirkung der beiden verschiedenen einander entsprechenden Genen mischt, oder welches Gen allein auf den Phänotypus Einfluß hat. Die haploiden Keimzellen eines solchen Individuums „unreiner Linie" sind verschieden. Wenn ein Chromosomenpaar auch nur die eine Verschiedenheit eines einzigen Genpaares a_1 und a_2 und ein anderes Chromosomenpaar die Verschiedenheit eines einzigen Genpaares b_1 und b_2 hat, so treten bei den Keimzellen schon die vier Arten haploider Zel-

len $a_1\ b_1$, $a_1\ b_2$, $a_2\ b_1$ und $a_2\ b_2$ in gleicher Anzahl auf. Bei größerer Chromosomenzahl (beim Menschen sind es 24 Paare) und sehr unreiner Linie sind infolgedessen die Keimzellen desselben Individuums und noch viel mehr alle Kinder desselben Paares von Eltern nach einem leicht zu errechnenden Kombinationsgesetz schon genotypisch sehr mannigfaltig verschieden. Die Vielheit von Individuen ähnlicher Art, die in der Reihung geschlechtlicher Fortpflanzungen dauernd die Gene mischen und in der Regel unreine Linien darstellen, nennt man eine Population.

99. Das ist nur in größten Zügen die Struktur und Funktion des so schicksalsschweren Apparates der Vererbung und Mutation, der in langer, mühseliger Arbeit, aber doch mit hinreichender Zuverlässigkeit erforscht ist. Sehr wesentlich ist die große Mannigfaltigkeit der Mutationen und ihre Unabhängigkeit von der Zweckmäßigkeit für den Organismus. Da der Organismus normalerweise maximal zweckmäßig an seine Umgebung angepaßt ist, sind die Mutationen weit überwiegend zweckwidrig. Man kann durch Röntgenbestrahlung, anormale Temperatur, chemische Reize usw. die Mutationsrate erhöhen, aber nicht die Richtungsmannigfaltigkeit wesentlich ändern. Versuche von Jollos [Mutationen] zeigten nur, daß wenigstens unter gewissen extremen Umweltsbedingungen in ganz wenigen Fällen in der Generationenfolge Mutationen immer weiter in bestimmter Veränderungsrichtung sich aufeinander aufstufen. Aber an der auffallenden Richtungsvielfältigkeit der Mutationen ändert das nichts Wesentliches.

Man zweifelt heute im allgemeinen nicht mehr daran, daß auf dem Wege über die Mutationen die Tier- und Pflanzenarten sich verändern und in verschiedene Arten divergieren. Die Meinungen gehen sehr weit auseinander, wie weit die geographische Absonderung von genotypisch verschiedenen Populationen der ursprünglich gleichen Art dabei eine Rolle spielen [extrem positive Antwort: Rensch, Rassenkreise; extrem negative Antwort: Goldschmidt, Geogr.]. Strittig ist ferner, wie weit die im vorigen Absatz erwähnte stufenweise gleichgerichtete (orthogenetische) Mutationsfolge dabei eine Rolle spielt [extreme Befürworter: Goldschmidt und Jollos]. Nicht ausgeschlossen sind selbstverständlich auch noch andere Hilfsfaktoren des Artwandels, die wir nicht kennen.

100. Die eigenartige Funktionsrichtigkeit, Zweckangepaßtheit an die Dauerdienlichkeit bekommt aber das Ganze nur als ein außerordentlich zweckangepaßter „Phylomechanismus des Suchens" [zur Straßen, Zweckmäßigkeit, S. 136]. Eine Art von Organismen, ein Biotypus, kann sich nur in mannigfaltiger Angepaßtheit an die Biozönose behaupten. Seine Entwicklungsrichtungen können sich zwar im einzelnen Individuum nur nach bestimmten vererbten Schemanten an die Umgebung anpassen, in die das Individuum jeweilig gerät. Aber in zahlreichen Generationsfolgen können sie sich allmählich an die Variationsbreite von Biozönosen anpassen, in denen der Organismus lebensfähig ist. In der Mannigfaltigkeit der Mutationen innerhalb einer Population treten auch diejenigen auf, die besser der Biozönose angepaßt sind, so daß sie die weniger gut angepaßten Allele verdrängen können (§ 90). Aber auch diese Variationsbreite der Biozönose ändert sich, wenn andere Organismenarten oder das Klima sich wesentlich ändern. Andere Form- und Funktionseigentümlichkeiten werden zweckmäßiger. Ein allgemein gültiges Gesetz dieser veränderten Variationsbreite der Biozönose gibt es nicht. Der „Phylomechanismus des Suchens" im Gen- und Mutationsapparat kann als ein mannigfaltiges Ausprobieren der Veränderungsrichtung des eigenen Genotypus angesehen werden. Stets gibt es in den Populationen zahlreiche Mutanten verschiedenster Art, wenn sie auch dem Blick des Naturforschers meistens entgehen. Ist der herrschende Genotypus der gegenüber allen Mutanten am besten angepaßte, so werden diese niemals die Übermacht in der Population bekommen. Sowie aber eine Mutante durch lange Generationsfolgen hindurch sich durchschnittlich auch nur ganz wenig günstiger für das Erhaltenbleiben zeigt, muß sie allmählich die Übermacht gewinnen. Man kann das ausrechnen. Wilhelm Ludwig [Selektion] zeigt, daß bei einer Anfangshäufigkeit der Mutante von $1/1000$ der gesamten Menge der Individuen und bei einem Wahrscheinlichkeitsverhältnis 1001 zu 1000 zwischen dem Gelangen der Mutanten und dem Gelangen der nichtmutierten Form bis zur Fortpflanzung die Mutante schon nach 300 Generationen ebenso zahlreich in der Population ist wie die nicht mutierte Form [Ähnliche Rechnung: R. A. Fisher, Selection, Kap. IV.].

101. Tatsächlich sind in den wirklich vorhandenen Mutationen wichtige Vorbedingungen für eine Suchorganisation von so umfassender Aufgabe wie die Anpassung an ein so unberechenbares größeres Ganzes, die in Jahrtausenden sich wandelnde Lebensgemeinschaft, erfüllt: Sie vollziehen sich erstens so vorsichtig sporadisch, in einem so langsamen Tempo, daß sie unserem Vorstellen ebensowenig als Prozeßverlauf erscheinen, wie unseren Augen der Gletscher als Strom erscheint. Dies Tempo ist aber gerade das der Selektionsaufgabe angemessene. Die Populationen würden bei rascherem Tempo in eine allzu große Breite von Spielarten gleichsam zerflattern.

Sie behaupten sich zweitens aus demselben Grunde, daß Ausprobung erst in langen Generationsfolgen möglich ist, mit staunenswerter Zähigkeit gegen die Einflüsse der zufälligen Lebensverschiedenheiten der einzelnen Glieder der Generationsfolge. Dies trug viel dazu bei, daß man voreilig eine absolute Unbeeinflußbarkeit durch leibliche Zustände annahm.

Sie haben drittens eine immense Breite von Variationsmöglichkeiten. Diese Mannigfaltigkeit erscheint erst dann in ihrer ganzen Unermeßlichkeit, wenn man sich nicht nur auf die bei einem gerade jetzt bestehenden Genotypus auftretenden Mutationen beschränkt, sondern angemessenerweise die möglichen Mutationsfolgen auf allen neuen Stufen berücksichtigt.

Die wichtigste erfüllte Vorbedingung ist aber die vierte, die absolute Blindheit gegenüber Zweckmäßigkeit für die Selbstbehauptung. Die Biozönose kann hier allein entscheiden. Irgendeine Vorwahl würde durch die Unermeßlichkeit der Wandlungsmöglichkeit der Biozönose in geologischen Perioden über kurz oder lang einmal verfehlt sein und zum Nachteil der Selbsterhaltung ausschlagen. Der ganze Mutationsapparat muß eine gewisse Isoliertheit gegenüber dem Kausalgefüge der Prozesse im Körper besitzen. Diese tatsächliche Regellosigkeit ist dem Gesetze suchenden Biologen zwar ein Dorn im Auge. Aber gerade sie ist hier mehr noch als in den früher besprochenen organisierten Suchregulationen nötig. Sucht ein Tier Beute, macht doch schon der Raum eine gewisse Gesetzmäßigkeit für das Suchen zweckmäßig. Hier aber gibt es nichts, was dem Raumgesetz entspricht. Die Mutation der Gene scheint zwar bei der jeweilig erreichten Konstitution des Genotypus gewisse Richtungen zu bevorzugen (§ 97), aber wahrscheinlich sind diese Richtungsbestimmtheiten nur gerade in dieser erreichten Konstitution bevorzugt.

102. Anscheinend um immer neue Kombination der autonomen Gesetzlichkeit des Organismus der Erprobung ihrer Angepaßtheit innerhalb der Biozönose auszusetzen, nicht wegen einer früher vermuteten Verjüngungsnotwendigkeit kehrt der Biotypus immer wieder kreislaufartig von neuem zu einer einzelligen Form zurück, in der die Allelen eines neuen Organismus neu kombiniert werden. Die Amphimixis, das Kombinationsspiel der Chromosomen und Gene bei der Verschmelzung der beiden Keimzellen verschiedener Herkunft, scheint dem Ausprobieren einer immer neuen Kombination der Gene zu dienen. Wahrscheinlich dient selbst die auffällig im Genotypus erbmäßig angelegte Gesetzlichkeit des natürlichen Todes des einzelnen Individuums nach einer bestimmten Zeitspanne des Lebens dem Zweck, nach erfüllter Daseinsaufgabe und Erprobung den neugestalteten Nachkommen Platz zu machen. Diese Zeitspanne ist ja durchweg der Aufgabe der Produktion einer Nachkommenschaft und nötigenfalls einer elterlichen Fürsorge für sie angepaßt.

103. Wie unverbesserlich diese Suchorganisation ihrem Zweck angepaßt ist, zeigt sich besonders daran, daß sie im wesentlichen unverändert durch das ganze Pflanzen- und Tierreich festgehalten blieb, wie sie schon bei einzelligen Lebewesen besteht. Sie hat sich keiner prinzipiellen Verbesserung zugängig erwiesen, ebenso wie das Fahrrad des Menschen seit etwa 1895. In beiden Fällen bedeutet das natürlich keine Optimalität für die Ewigkeit, sondern nur innerhalb der im Entscheidenden gleichgebliebenen Biozönose.

Diese Suchorganisation ist zweifellos fundamentaler als alle vorher (§ 92—94) besprochenen. Die sind, soweit es sich in ihnen um der Selbstbehauptung dienliche Organisation handelt, als solche erst phylogenetisch, stammesgeschichtlich gefunden. Ihr Dasein im Anlagenkomplex des Biotypus, ihre Bedingtheit durch den Genotypus setzt schon den Mutationsapparat und die Auslese durch die Biozönose, die Lebensgemeinschaft der Organismenwelt voraus.

Am Anfang der biologischen Stufe steht schon die Hypothesis (§ 234, 833ff.), das Wagen eines Neuen und Ungesicherten von dem daseinsdienlich Bewährten aus, die Aufsichnahme der Möglichkeit, ja der Wahrscheinlichkeit des Scheiterns als einer sinnvollen kosmischen Tatsache. Das wird uns bis in die höchsten Stufen des Wirklichkeitskosmos, bis ins Geistige nicht verlassen. Aber hier am Anfang haben wir das dumpfeste Wagnis. Die Nervenregulation und der Geist verringern zunächst das Wagnis, um es auf höherer Stufe wieder einzuführen (§ 170, 234).

104. Wohl zu beachten ist, daß auch in allen Suchorganisationen die größere Ganzheit, der der suchende Organismus eingeordnet ist, das eigentlich Bestimmende ist. Wir sahen schon, daß die Elektronen im Atom durch das ganze Atom, die Atome im Molekül und im Kristall durch diese Ganzheiten, die Moleküle im Nebeltröpfchen durch die Ganzheit des Tröpfchens, die einzelnen Berufstätigen und Privatwirtschaften durch die wirtschaftliche Gesamtheit ihre individuelle Bestimmtheit bekommen. So wird auch bei allen Sucheinrichtungen das eigentlich Bedeutsame, das gefundene Richtige, durch die Biozönose, der der Organismus eingeordnet ist, bestimmt: Die tatsächliche Sachlage bestimmt schließlich die richtige Reaktion des Stentor, durch die er sich von der Belästigung befreien kann (§ 93). Die tatsächliche Sachlage im ganzen durchmeßbaren Wasserbereich bestimmt, daß das Paramaecium sich im Optimum an Wärme, an Sauerstoffgehalt aufhält (§ 93). Die ganze Welt der anderen Lebewesen, mit denen ein Biotypus durch Schaden und Nutzen verbunden ist, bestimmt nicht nur, ob dieser Biotypus in dieser Biozönose dauernd existieren kann, d. h. ob er immer wieder vernichtet wird, wenn er in sie gelegentlich hineingerät. Die Gesamtheit der Organismen modelt auch die Struktur des einzelnen Biotypus: durch die Auslese der geeigneten Mutanten im immer wieder mutierenden Biotypus paßt die Biozönose den einzelnen Biotypus den Lebensmöglichkeiten, den Nährstellen, den Abwehrmöglichkeiten in der Gesamtheit der Biozönose an. Die Biozönose entscheidet über die Entwicklungsrichtung des Biotypus.

Wir sehen wieder Ähnliches wie bei der Gestaltbildung des Nebeltröpfchens, des Atoms, des Kristalls: Das Ganze, die Ansammlung der Paramaecien im Optimum, die Anpassung der Biotypen an die Biozönose wären nicht, wenn die eigenartige Suchorganisation des einzelnen Paramaecium oder jedes einzelnen Biotypus nicht wären. Aber die „zufällige" einzelne Schreckbewegung des Paramaecium und die zufällige einzelne Mutante des Biotypus bestimmen für sich allein nicht den Erfolg. Aus der Ganzheit, in die der Organismus oder Biotypus eingeordnet ist, ist der allein begreiflich. Geben wir ein konkretes Beispiel für die Artbildung, für die Gestaltung des Biotypus: Die Saurier im Mesozoikum, die Beuteltiere des heutigen Australiens, die placentalen Säugetiere (in den letzten beiden Fällen zusammen mit den Vögeln) gliedern sich auffällig in allen drei Fällen ähnlich in Raubtiere, Pflanzenfresser, Flugtiere, Wassertiere, Baumtiere usw. Es sind in allen drei Fällen Gleichheiten der Biozönose, denen ein ganz verschiedenes Ausgangsmaterial (Reptil, Beuteltier, Placentalier) sich angepaßt, andifferenziert und anspezialisiert hat.

105. Alle Suchorganisationen müssen mit einem „Prinzip der Überproduktion von Gelegenheiten", mit einer Vergeudung von Energie und wertvollen Hilfsmitteln arbeiten. Das wahllose Umherschwimmen der Wassertiere, die ungeheuere Produktion von nie zur Keimung gelangendem Pollen und Samen, die Schreckreaktionen der Bakterien und Paramaecien, die so oft nicht zu einer Verbesserung der Schwimmrichtungen führen, das mühsame Durchprobieren eines Reaktionsrepertoirs durch Stentor, die vielen verfehlten Projekte des Technikers, die verfehlten Probegedanken des Menschen, die Fehlgründungen der Wirtschaft, die Überproduktion von Individuen aller Arten in der Biozönose, der immer wieder vergebliche Eindringungsversuch von neuen Arten in die Biozönose, schließlich die wahllose Überproduktion von Mutanten, die fast alle dem Untergang verfallen, das alles sind Voraussetzungen der Suchmethode.

Die Häufigkeit der Produktion ist immer sehr gut dem Zweck angepaßt. Sie ist staunenswert groß bei hohem Vernichtungskoeffizienten, z. B. beim Blütenstaub der Windblütler, bei den Eiern der Fische und vieler Eingeweideparasiten; die letzeren haben nur selten das zufällige Glück, in den richtigen Wirt zu gelangen. Sie ist auch groß, wenn die Produktion nicht viel kostet, wie z. B. bei den männlichen Keimzellen, denen kein beträchtliches Nährmaterial mitgegeben zu werden braucht. Sie ist klein, wenn bei kostspieliger Produktion und Pflege eine geringe Zahl dem Zweck genügt; so ist bei den großen, dem Dasein nach ziemlich gesicherten Säugetieren die Zahl der Jungen, die lange behütet werden müssen, klein, aber immer noch groß genug, selbst bei gelegentlichen Katastrophen die Zahl der Individuen rasch genug wieder auf das Maximum zu bringen, das die Biozönose zuläßt (Zur Häufigkeitsdosierung der Mutationen vgl. § 101).

106. Ein weiteres Hilfsmoment ist die Labilität, die Vielbeweglichkeit organischen Geschehens. Nur so kann in der großen Zahl der Zufall in der vielfältig wechselnden Umgebung auch das Richtige mitrealisieren. Nicht ohne Grund sind der unermeßliche Verbindungsreichtum des Kohlenstoffs, die Vielbezüglichkeit der komplex dispersen kolloidalen Zustände in der Zelle und die unermeßlich vielseitig mit geringstem Energie- und Stoffaufwand lenkbare enzymatische, katalytische Wirksamkeit die Grundlagen des Lebensprozesses, zu denen wohl noch andere uns unbekannte Gesetzlichkeiten hinzukommen mögen. Mittasch [katalytische Verursachung] hat neuerdings mit Recht besonders die fundamentale Rolle der Katalyse betont. Die Möglichkeit einer fast unbegrenzt reichen Synergie durch Aktivierung und Hemmung, die Ökonomie des bloßen Anstoßcharakters der Enzyme und die Wirksamkeit minimaler Spuren, die dadurch ermöglichte fast unbegrenzte Vielheit der Laufmöglichkeit, die Vor- und Rückläufigkeit der Wirkung, die Restituierbarkeit des Stoffs und teilweise auch der verwertbaren Energie machen die riesige Mannigfaltigkeit der Enzyme zum wichtigsten Anpassungsmittel. Reiz-Reaktions-Beziehung, Disproportion des Reizes und der Wirkung, Auslösung auf minimale Verschiebung hin wird durch sie in ungeheurem Reichtum ermöglicht. So erst ist die für uns unübersehbare Verfilzung der kausalen Beziehungen im Organischen möglich. Sowie der organisierte Zufall in den weiteren Aufstufungen, im Nervenprozeß, im Psychischen, im individuellen und überindividuellen Geistigen eine neuartige Rolle spielt, treten auch weitere Labilisationseinrichtungen auf. Weiteres hierzu § 385.

Ein drittes weniger beachtetes Hilfsprinzip der Dauerdienlichkeit in den einer mannigfaltigen Vernichtung der einzelnen Individuen ausgesetzten Typen ist die Ortstrennung und damit verbundene Schicksalstrennung. Man kann die räumliche Zerstreuung nicht allein unter dem Gesichtspunkte des

Suchens günstiger Varianten des Orts auffassen. Sie dient auch einer größeren Wahrscheinlichkeit des Erhaltenbleibens des Typus. Eine räumlich fest verbundene Flagellatenkolonie wird als Ganzes früher oder später von einem Feinde geschnappt; schwärmen die Individuen aus und nehmen ihren Daseinsraum weit auseinander, ist das Erhaltenbleiben weniger Individuen bei gleichem Vernichtungskoeffizienten unvergleichlich viel wahrscheinlicher. Das Gesetz der großen Zahl in der Wahrscheinlichkeitslehre tritt in Geltung. Nur kraft dieses Gesetzes ist eine hinreichend angepaßte Population so gut wie absolut vor völligem Aussterben gesichert. Nur kraft dieses Gesetzes können wir mit so gut wie absoluter Gewißheit erwarten, daß nicht innerhalb der nächsten hundert Jahre jeder Mensch „zufällig" von irgendeiner Todesursache ereilt wird und die Menschheit durch Zufall ausstirbt. Nur mit Hilfe dieser Trennung des Schicksals ist auch eine Auswahl des Dauerdienlichen möglich.

2.24. Lösung des Problems der Entstehung komplizierter Dauerdienlichkeit.

107. Das tiefste und eigentliche Rätsel biologischer Ganzheit, die Entstehung immer neuer und immer komplizierter dauerdienlich strukturierter Organismusarten, die sich im Wettbewerb in der Biozönose durchsetzen können (§ 91), ist zu lösen durch die Wirksamkeit der phylogenetischen Suchorganisation (§ 95—98). In den Jahrmillionen der Erdgeschichte sind durch Selbstbehauptung und Selbstdurchsetzung der immer auch auftretenden passenden Mutanten unter der Überzahl unzulänglicher, selbstbehauptungsunfähiger Mutanten, durch Verdrängung der ihnen gegenüber weniger gut passenden, denselben Lebensraum ausfüllenden Organismen die vielen Arten, auch die immer komplizierter an die immer verwickelteren Bedingungen des Lebensraums angepaßten Lebensformen allmählich entstanden. Auch speziell alle anderen Suchorganisationen der einzelnen Organismen verdanken dieser einen großen phylogenetischen Suchorganisation ihr dauerndes Dasein in den Organismen und damit in der Welt.

Charles Darwin hat, ohne den komplizierten Apparat der

sich kombinierenden und mutierenden Gene zu kennen, aus den Tatsachen der Palaeontologie, der gegenwärtigen Variationen, der biozönotischen Wechselwirkungen, der Artverwandtschaften, der geographischen Verbreitung, der Entwicklung der Individuen, der Tier- und Pflanzenzucht die tatsächliche Wirksamkeit einer solchen Suchorganisation erschlossen und in seinem Werk [Origin] zu meisterhaft klarer Darstellung gebracht. Freilich betonte Darwin nicht die Ganzheit, die Biozönose als das eigentlich Bestimmende der Wandlung der einzelnen Biotypen. Er sah in erster Linie die Wechselwirkung der einzelnen Biotypen und Individuen, den „Kampf ums Dasein" der Individuen und Biotypen. Doch macht diese Verschiedenheit der Betrachtung keinen wesentlichen Unterschied. Scharf betont wurde der Begriff der Auswahl, der Selektion der Überlebenden und die künftige Generation Produzierenden durch die Dauerdienlichkeit selber, und die ganze Theorie hat daher den Namen „Selektionismus" bekommen.

108. Immer von neuem erweist sich eine differenziertere Organisation als vorzüglicher geeignet, in bestimmten Lebensstellen weniger differenzierte aus dem Lebensraum zu verdrängen, wenn auch gerade durch die siegreichen komplizierteren Organismen immer wieder Lebensstellen ermöglicht werden, denen sich weniger differenzierte einpassen können. Man denke nur an die Mannigfaltigkeit der Lebensstellen für Parasiten an hochdifferenzierten Organismen und an das tausenderlei Glück im Winkel für Insektenleben. Es zeugt selbstverständlich von Verständnislosigkeit für das biozönotisch bedingte Werden von Organismenarten, wenn man fragt, warum denn überhaupt noch primitive Organismen in der Welt existieren, wenn die differenzierte Organisation die biologisch vorteilhaftere ist.

Die letzten Etappen dieser Verdrängung, die letzten Aufstufungen komplizierterer Organisation sind in der in Versteinerungen dokumentierten Stammesgeschichte noch deutlich zu verfolgen. Eine der bedeutsamsten Differenzierungen, die zwar weit in die Vorzeit vor der palaeontologisch dokumentierten Entwicklung fällt, aber doch in der Vollkommenheitsreihe existierender Biotypen ausgezeichnet sich verfolgen läßt, ist der Übergang von der Einzelligkeit zur Mehrzelligkeit: Mehrere Zellen, die durch Teilung aus einer Keimzelle hervorgegangen sind, also auch das gleiche Erbgut enthalten, bleiben räumlich verbunden. Der ganze Gang der Stammesentwicklung von der in eine gemeinsame Gallerte eingehüllten Kolonie einzelliger geißeltragender Algen, z. B. der Eudorina, deren einzelne Zellindividuen überhaupt nicht verschieden sind und funktionieren und nur den Vorteil einer Leistungssummation des Schlages der Cilien aller einzelnen Zellen genießen, bis zu so komplizierten Arbeitsteilungen wie der Zelleinheit eines Eichbaums oder eines Wirbeltieres läßt sich ausgezeichnet an Beispielen auf allen Stufen verfolgen. Immer handelt es sich um eine Differenzierung im Interesse der Dauerdienlichkeit des Ganzen. Dies ist der Grund, hier von einer Differenzierung und Integration zu sprechen, wie sie schon Spencer für ein wesentliches Moment im Entwicklungsprozeß ansah (§ 86). Eine mäßig weitgehende Differenzierung und Integration dieser Art haben wir zwar schon im einzelligen Organismus: Im Ciliaten können wir schon eine Vielheit von „Organellen" feststellen. Eine Leistungsdifferenzierung wie die in einem höheren Tier- oder Pflanzentypus scheint aber nicht über diese primitive Mannigfaltigkeit hinaus möglich gewesen zu sein.

Zu unterscheiden sind im großen und ganzen: 1. die allgemein überlegenen neuen Errungenschaften interner Struktur wie etwa die Mehrzelligkeit, das Hautskelett von Gliederfüßlern, das innere Kalkskelett von Wirbeltieren, die unabhängig von der Umgebungstemperatur gleichbleibende Körpertemperatur. Aus unscheinbarer Art niedrigerer Formengruppe entwickelt sich, oft explosionsartig für unseren zeitraffenden palaeontologischen Blick, in Anpassung an zahlreiche Lebensstellen ein Reichtum von Arten auf Grund der neuen Errungenschaft. 2. Die speziellen Anpassungen an bestimmte Umgebungseigenarten, namentlich andere Arten. Sie geben nur zu einem engen Streubereich verwandterer Arten Anlaß.

109. Immer klarer hat sich herausgestellt, daß die relative Lage innerhalb des Zellkomplexes der Grund der Differenzierung der Zellen ist. Wie im Wirtschaftsleben die sich bietenden Arbeitsstellen den wirtschaftlichen Individuen ihre wirtschaftliche Tätigkeit bestimmen, so bestimmt die Lage, in der die Zelle geboren ist und in der sie sich befindet, die Besonder-

heit der Zelle. Selbst wenn gewisse Zellgruppen (Spemanns Organisationszentren) eines sich entwickelnden Gewebes, transplantiert auf ein anderes Gewebe, diesem anderen Gewebe ihre bereits vorher bestehende spezifische Entwicklungstendenz aufnötigen, ist doch diese spezifische Entwicklungstendenz durch die Lage im alten Ganzen geworden.

Zellkomplexe, die noch teilungsfähig sind, lassen sich aus einem entwickelten Organismus herauslösen und in einer passenden Nährlösung zu unbegrenzter Vermehrung bringen. Man kann dies auch mit menschlichem Gewebe machen. Solche Zellmassen sind offenbar nicht dem Alterstod des integrierten Organismus unterworfen; ihrem durch Teilung vermehrten Dasein ist wie dem einzelligen Lebewesen keine gesetzliche Grenze gesetzt. Aber sie verlieren die Spezialität, die den Zellen des Gewebes, dem sie entnommen sind, eigentümlich ist. Es werden Zellmassen ohne andere Funktion als sie jeder Zelle mit ihrem Assimilations- und Dissimilationsstrom zukommen. Dennoch müssen wir wohl annehmen, daß ihre Chromosomengarnitur das ganze Genenkonzert ihrer Art enthält, das natürlich nie mehr zur wirklichen Gestaltung eines Organismus kommt. Mit der Entfernung aus ihrer Lage im Organismus haben sie den Anschluß an eine Leistung für die Entwicklung eines werdenden Organismus für immer verloren.

109a. Allerdings können wir nicht genetisch verfolgen, wie die Suchorganisation des Genen-Apparats selber stammesgeschichtlich geworden ist. Geworden ist er gewiß einmal. Es werden da Vorstufen vorgelegen haben, die nicht so ausgezeichnet funktionierten wie dieser gewordene Apparat selber. Unter labilen assimilierenden Kohlenstoffverbindungen, die unter gewissen Umständen sich gebildet haben, war es aber wohl schon möglich, daß die an Selbstbehauptungskräften stärkeren die weniger starken verdrängten. *Daß* hier auch schon eine Selbstbehauptung des Dauerdienlicheren das Ausschlaggebende gewesen ist, halte ich für das einzig Annehmbare. Diese primitiveren Stufen hatten aber insofern das „Leben" leichter, als die ihnen gegenüber komplizierteren, wie schon die Rhizopoden, Flagellaten und primitiven einzelligen Algen noch nicht da waren. Erst die besseren Lebenssysteme machen die weniger gut organisierten unmöglich.

Als die sichtbaren Vorstufen haben wir heute nur die in aller Primitivität doch ausgezeichnet angepaßten Bakterien und Cyanophyceen. Sie haben keinen Kern und keine Amphimixis; doch könnte das in den Zellen feinkörnig verstreute Chromatin auf irgendeinem Wege eine ähnliche Funktion der Mutation und Vererbung haben, wie das Chromatin der Chromosomen höherer Arten. Wahrscheinlich sind die ultravisiblen Vira, die anscheinend sehr vielartigen organischen und selbstvermehrungsfähigen Krankheitserreger unterhalb der mikroskopischen Sichtbarkeitsgrenze, noch primitivere Vorstufen, die in den heutigen Biozönosen nur in parasitärer Stellung noch eine Lebensmöglichkeit haben. Einer begründeten Vermutung des Weges der Entwicklung bietet die Erfahrung aber keinen Anhalt. Davon, daß „das Leben" nicht als ein Wunder in die leblose Welt eingefallen ist, bin ich überzeugt.

110. Der Selektionismus als Theorie hat schon ein Schicksal durchgemacht. Zwar ist er in keiner Zeit seit seiner Existenz von allen kompetenten Beurteilern anerkannt oder verworfen. Die Wandlung tritt mehr durch Aggressivität seiner Anhänger und Bekämpfer als durch die Zahl derselben hervor. Auf eine Zeit überwiegender begeisterter Anerkennung als endgültige Lösung des biologischen Problems kam um die letzte Jahrhundertwende eine Reaktion. Seine Gegner begannen die naturphilosophische Literatur zu beherrschen, und selbst die Forscher, die ihn verteidigten, wurden unsicher in der Anerkennung. Es kam eine Zeit, in der es als recht zeitgemäß und fortschrittlich galt, dem „Darwinismus" einen Hieb zu versetzen. Was an seine Stelle treten sollte, war allerdings sehr verschieden, schwankte zwischen einem engsinnigen Kausalismus [O. Hertwig, Werden] und einem extremen Vitalismus [Driesch, Organ.].

Ich will in einer summarischen, alles Wesentliche berücksichtigenden Zusammenschau die Argumente der Gegner betrachten, da sie namentlich in nichtbiologischen Kreisen noch außerordentlich wirken, weil die Vorliebe für eine metaphysische Lenkung der biotischen und seelischen Entwicklung, der diese Gegnerschaft sehr gelegen kam, noch keineswegs überwunden ist.

2.25. Diskussion der Argumente gegen die biozönotisch-selektionistische Lösung des biologischen Problems komplizierterer und werdender Dauerdienlichkeit.

2.251. Sachliche Gründe gegen sie.

111. Der wichtigste sachliche Grund gegen die Selektionstheorie war lange Zeit die vermeintliche Unveränderlichkeit der Gene. Die „Mendelschen Gesetze" der Kombination von Erbanlagen waren, nachdem der Pater Gregor Mendel sie 1866 entdeckt hatte, ohne beachtet zu werden, 1900 in ihrer fundamentalen Bedeutung erkannt. Dagegen wurden die Mutationen, die Hugo de Vries zwar schon 1903 beschrieb, zunächst nicht damit in Verbindung gebracht und von den auf der Mendelschen Basis arbeitenden Vererbungsforschern nicht für bedeutsam erachtet. Namentlich der höchst verdienstvolle dänische Vererbungsforscher W. Johannsen übte durch sein zusammenfassendes Werk [Elemente] einen sehr großen Einfluß aus mit seiner Lehre: Alle Zuchtwahl bestehe nur in der Auswahl von Merkmale bestimmenden Genen in einer unreinen, gemischten Population, in der diese Gene durch andere Gene in eine unbeachtliche Minderheit gedrängt gewesen seien. Die Gene galten als unabänderlich. Da alle erbliche Veränderung vom Genotypus abhängig sein sollte, die Gene aber keine Eigenschaften bekommen konnten, die noch nicht da waren, glaubte Johannsen der Selektionstheorie ihre Grundlage entzogen zu haben. Selbst als Johannsen in der zweiten Auflage seines Werks von 1913 die Tatsächlichkeit der Genmutationen unter dem Druck vielfacher Experimente zugestehen mußte, beharrte er noch bei dieser Auffassung. Erst seit etwa zehn Jahren wird zunächst die Vererbungsforschung und nach und nach die ganze Biologie durch die Tatsachen zur Überzeugung gezwungen, daß in der Mutation die Voraussetzung der Artwandlung gegeben ist und in der Selektion der Mutanten durch die Selbstbehauptung in der Biozönose der Grund der Ausbreitung des neuen Dauerdienlicheren und der Untergang des weniger Dauerdienlichen liegt. Nur in der rein theoretischen „Naturphilosophie" behauptet noch eine vielseitig verschiedene Gegnerschaft gegen den Selektionismus die Vorherrschaft.

Man hält jetzt meistens mit Erwin Baur die zahlreichen „Kleinmutationen", die phänotypisch nur wenig merklich sind, für die wichtigsten in bezug auf Selektion und Artwandel. Damit ist gerade die Auffassung Darwins wiederhergestellt: Winzige Veränderungen die in für die Art vorteilhafter Richtung wiederholt auftreten und in derselben Richtung fortschreiten, sind wichtig. So allein lassen sich die Erfolge unserer Tier- und Pflanzenzüchter alten Schlages, die einfach die besten Exemplare zur Zucht wählen und so unter den vielen bloß phänotypisch vorzüglichen Exemplaren auch die Mutanten in der gewünschten Richtung bevorzugen, erklären; so allein läßt sich z. B. das langsame, stetige Steigen des Zuckergehalts der Züchtungen neuer Zuckerrübensorten erklären. So ist gerade die experimentelle Genetik zur eigentlichen Stütze des Selektionismus geworden.

112. Aber inzwischen wirkte die primitive Genetik, die die Mutation noch nicht hinreichend beachtete, mit alten vitalistischen Einwänden zusammen. Eine große Gruppe dieser Einwände verdanken einer Art Platzangst in bezug auf Raum und Zeit ihren Ursprung. Einerseits hat man das Gefühl der Unmöglichkeit, daß eine so ungeheure Vielheit determinierender Tendenzen, wie sie z. B. die Erbanlagen eines Säugetiers darstellen, von den winzigen Chromosomen einer einzigen Zelle ausgehen können. Andererseits fühlt man eine Unmöglichkeit, daß selbst Zeiten geologischen Ausmaßes hinreichen, um wiederholte zufällige Mutationen, die einzeln offenbar nur einen sehr geringen Vorteil an Selbstbehauptungsdienlichkeit für den Organismus bieten, allmählich zum Vorwiegen der günstigen Mutante führen zu lassen. Obendrein sind solche Zeiten, in denen Mutationen in einer günstigeren Richtung stattfinden, nach geologischen Zeugnissen anscheinend sehr viel seltener als Zeiten, in denen keine Wandlung anzunehmen ist. Und wie viele Wandlungsperioden muß man wohl annehmen allein für die Entwicklung von nicht mehr existierenden Vorstufen der Fische bis zum Menschen! Diese Entwicklung hat sich ja in den Zeiträumen abgespielt, für die uns geologische Zeugnisse vorliegen. Das Gefühlsmäßige der Platzangst in beiden Fällen bekundet sich darin, daß man es vermeidet, auch nur grob schematisch sich objektive Rechenschaft über die Beziehung zu Raum und Zeit zu

verschaffen. Man begnügt sich, die ungeheure Anforderung der Phantasie zu unterbreiten, und die wird vor der ungeheuren Zumutung vom Schwindel befallen. Holen wir wenigstens eine schematische Rechenschaft über die Möglichkeit der räumlichen und zeitlichen Einordnung nach.

113. Bleiben wir zunächst beim Gefühl der Raumnot in den Chromosomen. Die ganze Chromosomengarnitur im Kern einer Zelle nimmt sicher noch nicht den millionsten Teil eines Quadratmillimeters ein, und doch soll das ganze entwickelte Individuum mit allen seinen funktionellen Eigentümlichkeiten, allen seinen nur eventuell in Tätigkeit tretenden Abwehrmöglichkeiten, allen seinen Regenerationsfähigkeiten für mögliche Schädigungen, allen seinen seelischen und geistigen Anlagen darin durch Erbanlagen determiniert sein. Um diese beängstigende Notwendigkeit auf das Minimum an Zellen zu beschränken, meinte schon der verdienstvolle Theoretiker des Vererbungsgedankens vor der Genenlehre August Weismann, daß die determinierenden Anlagen nur in den Keimzellen alle beieinander seien, mit jeder Zellteilung sich aber auch teilten, so daß schließlich die Zellen eines reifen Organs nur die Anlagen ihrer eigenen Funktion besitzen, also von dem Gedränge aller Erbanlagen befreit seien. Aber selbst wenn es sich um sehr komplizierte Eiweißmoleküle handelte (§ 97), hätte weit mehr als eine Milliarde Moleküle in den Chromosomen Platz. Sollte die molekulare Verschiedenheit, die allein maßgebliche sein, so ist die Zahl möglicher Verschiedenheiten des Stoffes groß genug. Koltzoff schätzt die Zahl der Stereoisomeren der Polypeptide auf Trillionen. Aber vielleicht handelt es sich um unserer Erkenntnis noch verborgene Grundlagen. Es könnte zum Verständnis beitragen, wenn ich hier beiläufig erwähne, daß in jedem Raumdifferential auf der Erde die Sendungen aller Radiosender unabhängig voneinander eindeutig zur Geltung kommen.

114. Größeren Einfluß auf die Beurteilung hat das Gefühl der Zeitnot gehabt. Infolge Erwin Baurs eindrucksvoller Darlegung müssen wir annehmen, daß winzige Mutationsschritte, die sogenannten Kleinmutationen wohl in erster Linie für den Artwandel in Frage kommen. Dadurch wird noch viel mehr Zeit erfordert, da die Kleinmutationen sich erst summieren müssen, um überhaupt eine bedeutsame Wandlung der gan-

zen Art hervorzubringen. Man hat, um diese beängstigende Zeitanforderung zu mildern, zu Hilfsgedanken gegriffen. Man fragt sich, ob denn nicht doch die plötzlichen, großen, einmaligen Mutationen, die doch auch häufig vorkommen, die Art wandelten. Man horcht auf die Entdeckung Jollos' (§ 99), daß unter abnormen Einwirkungen, die das Auftreten von Mutationen begünstigen und vervielfältigen, in wenigen Fällen sukressive Mutanten fortgesetzt in der gleichen Richtung auftreten, so daß gleichsam von selbst eine einmal eingeschlagene Mutationsrichtung fortgesetzt wird und zu einer starken Abweichung führt. Man weist auf die vielfältig durch Tatsachen belegte Möglichkeit hin, daß in verschiedenen Wohngebieten — zweifellos infolge klimatischer Verschiedenheit — verschiedene Mutationsrichtungen von selbst innegehalten werden, so daß sich schließlich „Arten" ergeben [Rensch, Rassenkreise]. Alles dies würde gewiß dazu beitragen, die einmal in einer günstigen Richtung eingetretene und durch Selektion begünstigte Entwicklung zu beschleunigen[1]).

115. Aber zur Behebung der Platzangst in bezug auf Zeit brauchen wir diese Hilfsgedanken nicht. Man unterschätzt die ungeheure Spanne von 500 bis 600 Millionen Jahren, die seit der ältesten reichlich Fossilien einschließenden geologischen Schichtenbildungen, dem Beginn des Cambrium bis zur Gegenwart verflossen ist. In dieser Zeitspanne ist unter anderem die Entwicklung von heute nicht mehr lebenden Vorstufen der Wirbeltierorganisation bis zum Menschen vor sich gegangen.

Man hat wiederholt auf Grund der Wahrscheinlichkeitsstatistik und des Gesetzes der großen Zahlen berechnet, wie lange es dauern kann, bis eine in der Population seltene Mutante mit nur winziger Vorzüglichkeit gegenüber dem herrschenden Allel sich in der Population durchsetzt (vgl. § 100: Ludwig und Fisher).

---

[1]) Auf eine interessante und für den Artenwandel vielleicht sehr wichtige Tatsache weist neuestens L. A. Schlösser [neuer Weg] hin: daß nämlich andauernde Lebensverhältnisse hart an der Grenze der Lebensfähigkeit einer Art, und zwar Drangsalierungen verschiedenster Art, die Mutationsrate gewaltig erhöhen, so daß in biologisch sehr zweckmäßiger Weise die Mutationen gerade dann sehr häufig sind, wenn die Art das Hintasten zu neuer Lebensform bitter nötig hat.

116. Nun wird man nach der vermutlich richtigeren gegenwärtigen Auffassung der Artbildung mit häufig wiederholten schrittweisen Kleinmutationen von einem früheren Zustand zu einem neuen Optimum der Konstitution rechnen müssen, selbst wenn sich nur *ein Merkmal* in einer solchen durch viele Generationen hinziehenden Mutationsperiode stufenweise verändert. Zweitens ist das Wesentliche nicht der Prozentsatz der Vernichtung unter den Geborenen, sondern die zur Urform relative Häufigkeit der zur Fortpflanzung Gelangenden der Urform und aller Mutanten. Ein schematisches Musterbeispiel für eine Artwandlung einfachsten Charakters scheint mir durch die Annahme gegeben zu sein, daß in zwanzig Mutationsstufen aus einer Art a_0 eine Art a_{20} wird, die wieder optimal angepaßt ist, so daß weitere Mutanten von a_{20} aus keinen Vorteil mehr haben. Angenommen, unter 1 000 000 Geborenen aus der Urform a_0 befindet sich durchschnittlich ein Exemplar der Mutante a_1, unter 1 000 000 aus der Mutante a_1 ein Exemplar der Mutante a_2..... und schließlich unter 1 000 000 Geborenen der Mutante a_{19} ein Exemplar der Mutante a_{20}. Angenommen zweitens, jede Generation erzeuge in allen Fällen eine 100fache Nachkommenschaft, aber von den 100 000 Nachkommen von je 1000 Individuen werden vor der Geschlechtsreife vernichtet: bei a_0 99 000, bei a_1 98 998, bei a_2 98 996.... bei a_{20} 98 960, so daß von den Individuen a_0 nur 1000, von den Individuen a_1 1002, von den Individuen a_2 1004....., von den Individuen a_{20} 1040 selbst wieder zur Erzeugung von Nachkommenschaft gelangen. Herr Professor P. Jordan hatte die große und verpflichtende Freundlichkeit, unter diesen Voraussetzungen zu berechnen, nach wieviel Generationen das Maximum an Individuen in der ganzen Population sich von a_0 bis a_{20} verschoben hat. Es ist

$$N_k(t) = \frac{1}{k!} \left(\frac{\lambda}{\mu}\right)^k \cdot (e^{\mu t} - 1)^k,$$

wenn t die Zahl der Generationen, k die Stelle in der Reihe der Mutanten von 0 bis 20, λ die Häufigkeit der Mutation in dieser Reihe in Richtung auf a_{20} (= 0,000 001), μ der Selektionsvorteil gegenüber der vorhergehenden Mutante in dieser Reihe (= 0,002) ist. Nach der Stirlingschen Annäherungsformel ist k! ungefähr gleich $\left(\frac{k}{e}\right)^k \sqrt{2\pi k}$. Resultat: Das

Maximum liegt nach etwas über 5000 Generationen bei der Mutante a_{20}.

117. Daß bei dieser Berechnung die Individuenzahl in der Population allmählich riesig anschwellend angenommen wird, sollte nur die Rechnung erleichtern und läßt sich ohne Beeinträchtigung des Resultates wieder reduziert denken. Schwerer wiegt schon, daß der Unterschied zwischen rezessiver und dominanter Mutation nicht berücksichtigt wurde (§ 98). Bei dominanter Mutation wird der Prozeß etwas beschleunigt, bei rezessiver beträchtlich verlangsamt. In der Tat sind ja die Mutationen in der Regel wenigstens zunächst meist rezessiv, aber dafür um so häufiger vorhanden. Die Verlangsamung ist aber nachweislich nicht so erheblich als man meinen möchte. Die zu rechtfertigende Annahme, daß in der Ausgangssituation sich schon etwa ein Promille a_1 unter den a_0 vorfinden könnten, würde den Prozeß um ein weniges abkürzen. Sehr beachtenswert ist, daß bei der angenommenen Größenrelation von λ und μ der Faktor μ im Laufe der vielen Generationen viel gewichtiger ist als der Faktor λ, also selbst ein so winziger Selektionsvorteil gewichtiger ist als die Mutatonshäufigkeit.

118. Etwas über 5000 Generationen, also unter durchschnittlicher Sachlage 5000 Jahre bilden somit eine Periode, in der eine bestimmte dauerdienlich vorteilhafte Entwicklung sich vollzog. Nun sind gemäß den geologischen Zeugnissen die Perioden solcher Entwicklung viel seltener als die Perioden der Stagnation der Arten. Nehmen wir an, in der Linie der Entwicklung, die von den Vorstufen der Fische bis zum Menschen führte, kämen durchschnittlich auf die 5000 Jahre einer Mutationsperiode 95 000 Jahre der Stagnation, so hätten wir für die Entwicklung vom Cambrium bis zur Gegenwart (½ Milliarde Jahre) 5000 Mutationsperioden. Vielleicht können wir 500 Mutationsperioden annehmen, in denen die Wandlung die Richtungslinie zum Menschen hin einschlägt. 4500 Wandlungen könnten außerhalb dieser Linie liegen und durch Mutationen in anderer Richtung wieder ausgemerzt werden.

Nun ist selbstverständlich dies Bild roh schematisch. Selbstverständlich schwanken die Zahlen der Dauer von Mutations- und Stagnationsperioden gewaltig. Kennen wir doch Arten, die viele Jahrmillionen unverändert überdauern; ja wenigstens ein Typus (Lingula) hat sich ohne feststellbare Veränderung seit den ältesten Fossilien führenden Schichten erhalten. Andererseits können wir wohl annehmen, daß der Mensch in der halben Million Jahre, in denen er da ist, sich dauernd in Richtung auf geistige Höherzüchtung gewandelt hat, daß dauernd leistungsfähigere Völker die weniger leistungsfähigen verdrängt haben. Aber dem Zwecke des Nachweises, daß die Platzangst in bezug auf Zeit nicht berechtigt ist, genügt unser Bild.

2.252. Maschinenbau-Einstellung.

119. Mancherlei andere Einwände wenden sich an die Gewohnheit unserer Phantasie, der freilich die durch die Ganzheit des Biotops und der Biozönose bedingte Wandlung des Lebenstypus sehr fremdartig und unverständlich vorkommt. Unsere Phantasie ist eine Mechanikerphantasie, und wenn sie excessiv ist, wird sie zur kühnen Feinstmechanikerphantasie.

Gegner des Selektionismus weisen mit Vorliebe auf höchst vielfältige „Koadaptationen" d. h. auf Fälle, in denen zahlreiche Anpassungen zusammenwirken müssen, um die eine Apparatur zweckdienlich zu machen. Als Beispiel nimmt man gern die Anpassungen der verschiedensten Körperteile, damit ein Vogel so trefflich fliegen oder ein Wassertier so trefflich schwimmen kann, oder den Bau des menschlichen Auges. Jeder Teil des Auges muß seine eigentümliche Gestalt, Stofflichkeit, Funktion haben, damit das Auge seine Aufgabe leisten kann. Ja, diese Leistungsangepaßtheit erstreckt sich weiter auf die Nerven und das Gehirn. Soll alles das gleichzeitig zufällig entstanden sein, um dann durch Selektion zur Vorherrschaft gebracht zu sein? Unmöglich zu denken. Dies Argument ist besonders bei denen, die keinen Überblick über die Reihe der tatsächlich nachweisbaren Entwicklungsstufen haben, sehr zugkräftig. Es ist aber eine hinreichende Kette von Zwischengliedern der Entwicklung nachzuweisen. Sie geht von der absolut diffusen, gleichmäßigen Lichtempfindlichkeit vieler Ciliaten über die besonders feine Lichtempfindlichkeit des Vorderendes bei Stentor, über den ganz spezifisch reizbaren roten Fleck bei Euglena, über das erste Vorhandensein einer rundlichen stark lichtbrechenden Substanz, die als Linse wirkt, bei der Peridinee Ponchetia aufwärts. Wir haben dann bei höheren Würmern die Abblendung durch schirmartig wirkende Pigmente an der Seite der verschiedenen Lichtorgane, die, unter einer konvexen Hautfläche verteilt, die Richtungsverschiedenheit des Lichts zu unterscheiden gestatten und den Anfang der Wirkungsweise des Insektenauges darstellen. Kurz, der Grund der Schwierigkeit liegt in der Phantasie des Menschen, der sich das Werden einer komplizierten Struktur von Organen auch in phylogenetischer Entwicklung nur nach Art des Baus unserer mechanischen Instrumente in einmaliger Ganzheitskoordiniertheit entstanden denkt.

Es ist interessant, daß der natürliche Weg der biologischen Entwicklung ein Instrument von der Präzision im einzelnen, wie sie unsere Mathematik zu berechnen und unsere Feinmechanik zu schaffen vermag, nicht verwirklichen kann. Helmholtz erklärte jeden Optiker, der ein so mangelhaft präzises Instrument wie das menschliche Auge abliefern würde, für einen jämmerlichen Stümper. Die natürliche Entwicklung kann nicht rechnen und hat keine errechnete Präzisionsherstellung, sondern kann nur probierend sich forttasten. Sie probiert aber in einer Verschwendung an Material, Zeit und Energie, für die nicht einmal unsere Phantasie, geschweige unser tatsächliches Handeln ausreicht.

Es gibt sogar Autoren, die sich den Kopf darüber zerbrechen, wie der Typus sich erhalten kann, wenn er etwa vom Erdleben zum Baumleben übergeht und noch nicht ganz gut angepaßt ist. Osborn [Selection] nahm an, daß individuelle rein körperliche, nicht vererbliche Modifikationen einspringen und den Körper provisorisch anpassen, bis der Genotypus sich selektiv entwickelt hat. Keine Sorge! Auch die primitivste Anpassung an das Springen auf Bäume, wie sie unsere Katzen und einige große Wildkatzen zeigen, die eigentlich kaum Anpassung ist, nur zufällige Ausnutzung, hat Vorzüge gegenüber gänzlicher Kletterunfähigkeit. Genau so ist es bei Lichtempfindlichkeit, Schwimmen, Fliegen.

120. Unsere Phantasie versagt besonders bei den großen Unterschieden. Viele möchten die Anpassungen der einzelnen Arten an deren besondere Lebensbedingungen der biozönoti-

schen Selektion wohl überlassen, schrecken aber vor dem Gedanken zurück, daß Organismen ganz verschiedenen „Bauplans", ganz verschiedener Lagerung der Organe auf demselben Wege differenziert sind. Die „Typentransformation" [Meyer, Ideen, S. 95], das „Tieferliegende der Organisation" [Johannsen, Elemente, III. Aufl. 1926], die „Matrix", der gegenüber alle korpuskularen Einzelgene nur „Träger der Modalitäten und Addenda" sind [Woltereck, Grundzüge], das alles sollen Momente sein, die dem Suchapparat der Mutationen und der Auslese vorausliegen und entzogen sind. Julius Schultz, der selbst zwar nicht Biologe ist, aber doch oft die menschlich treibenden Motive ausspricht, sagt: „.... man atmet auf, wenn man sich alle wichtigeren Strukturgedanken des Lebendigen gleich am Anfang präformiert denken kann und nur noch für die Abwandlungen innerhalb engerer Kreise nach Ursachen spähen muß" [Maschinentheorie, S. 130]. Allerdings: Man kann sich leichter vorstellen, daß durch Mutation und Auslese aus einem Hasen ein Kaninchen wird, als daß so gänzlich verschiedene „Baupläne", wie sie in der Lagerung der lebenswichtigen Organe bei Echinodermen, Insekten und Wirbeltieren gegeben sind, auf diese Weise ineinander übergehen. Da versagt unsere Phantasie. Aber gehen wir der Sache auf den Grund! Nehmen wir einmal die höchstverschiedenen Baupläne dieser drei Gruppen! Die Stelle in der Stammesentwicklung, in der sie verwandtschaftlich zusammenhängen, liegt weit jenseits der fossil dokumentierten Zeiten; sie liegt wahrscheinlich auf der Entwicklungshöhe der niedersten Würmer. Wie labil und selbst zwischen sehr nahen Verwandten verschieden ist hier aber der „Bauplan", die Lagerung der einzelnen Organe! Wie wenig würde hier noch ein Mutieren in eine vertauschte Lagerung die Lebensfähigkeit des ganzen Organismus beeinträchtigen!

121. Die Schau unserer Phantasie folgt der Gewohnheit und ist konservativ. Das Gewohnte ist ihr evident und das gänzlich Fremde absurd. Soll man sich das Geschehen der Natur vorstellen, so kann man das nur nach Analogie von Bekanntem, nach Analogie einer mechanischen Maschine oder nach Analogie von Seele und Geist, die uns ja auch vertraut sind. Diese Alternative hat viel dazu beigetragen, daß so verfehlte Ausdrücke wie „Maschinentheorie des Le-

bens" und „mechanistische Auffassung" auch heute noch in der Philosophie des Organischen gebraucht werden. Tatsächlich spielt im Fundamentalsten des organischen Prozesses Mechanik und maschinell starre Struktur die unwesentlichste Rolle. Chemische Multiplizität, besonders auch Enzymchemie, und kolloidale Multiplizität spielen hier, soweit heute unsere wissenschaftliche Kenntnis reicht, die Hauptrolle. Wahrscheinlich wirken noch unbekannte Gesetzlichkeiten mit, von denen unsere Wissenschaft nichts weiß. Jedenfalls sind die bekannten enzymchemischen und kolloidalen Grundlagen des Organischen unabhängig von jeder starren Lagerung. Erst in der Zusammensetzung der Gewebe aus Zellen und der Organe aus Geweben hat der Tierkörper wirklich in weitem Maße mechanisch-maschinelle Konstitution. Man kann die Teile des Zellplasmas beliebig umrühren, durch Zentrifugieren in ganz andere Lagerungsverhältnisse bringen, ohne daß der Lebensprozeß merklich geschädigt wird. Das widerstrebt aber einer Maschinenvorstellung vulgären Stils, und da die Erklärung der Lebensordnung nicht durch Maschinenstruktur möglich ist, versucht man es mit einer Art spirituellen Erklärung, dem Vitalismus.

122. Hier muß aber gesagt werden, daß man es zwar Descartes und den Cartesianern nicht übel nehmen kann, daß sie eine nichtspirituelle Erklärung nur auf Grund einer maschinellen Struktur sich denken können. Anders aber ist es zu beurteilen, wenn Driesch noch in unserem Jahrhundert nur die Alternative zwischen einer maschinellen und einer vitalistischen Erklärung erkennt. Die „komplizierte, nach den drei Richtungen des Raumes in typischer Weise verschiedene Maschine" [Organ. S. 220], buchstäblich genommen, ist ein Schema, das Drieschs Weg zum Vitalismus entscheidend bestimmt hat, obwohl kaum ein „mechanistischer" Zeitgenosse Drieschs noch an so eine Maschine als Erklärung dachte. Der Entwicklungsgang des Vitalismus Drieschs ist sehr interessant. Er nimmt seinen Ursprung in 1891 von Driesch als jungem Zoologen begonnenen Versuchen an Seeigeleiern. Wenn im Zweizellenstadium oder Vierzellenstadium einzelne Zellen, im letzteren Falle auch mehrere Zellen vereinigt, abgetrennt werden, können diese Einzelzellen oder Zellkomplexe sich doch zu ganzen, wenn auch kleineren Seeigellarven ent-

wickeln. Nun, dem Genetiker erscheint dieser Fall als der natürlichere und an sich verständlichere gegenüber dem anderen auch vorkommenden Fall, daß solche Teile und Einzelzellen sich nur noch zu einem Teilorganismus entwickeln. Enthält doch jede Zelle die Erbanlagen des ganzen Organismus, und ist es doch nur eine Funktion der Lage im Komplex, wenn die einzelne Zelle im Komplex ihre Sonderaufgabe erhält. Wird anfangs Lagedifferenzierung aufgehoben, so tritt an sich die Totalität wieder ein, und es ist als ein lähmender Einfluß der schon vorher durchgemachten Lagedifferenzierung anzusehen, wenn die Totalität der Entwicklungsdetermination sich nicht wieder herstellt. Die scharfe Abtrennung einer Keimzellenbahn, in der allein die einzelnen Zellen noch zu Keimzellen und zur Entwicklung auf Keimzellen hin sich teilen können, von der leiblich-funktionellen Differenzierung des Körpers ist nur bei höheren Tieren, nicht bei Pflanzen und schon nicht mehr bei Coelenteraten auch nur einigermaßen durchführbar, ist also ein späteres phylogenetisches Entwicklungsprodukt.

Driesch war das Ergebnis seiner Seeigelversuche verblüffend, wie er selbst berichtet. Verblüffend war es aber nur für seine maschinell und auf Mechanik eingestellte Vorstellungsweise. Ebenso war die Ungefährdetheit biologischer Funktionen in der Keimzelle gegen extremste Zerrungen, Verlagerungen und Verrückungen für Drieschs mechanistische Vorstellungsweise ein Rätsel, das er nur vitalistisch lösen zu können glaubte [Organ. S. 137]. Es war bedeutsam für Driesch, daß die für seinen Übergang zum Vitalismus entscheidenden Gedanken sich geltend machten, ehe die exakte Genetik sich gestaltete. Als diese im Lauf der ersten beiden Jahrzehnte unseres Jahrhunderts zur Klarheit kam, und als für das Zellplasma die Auffassung als außerordentlich komplex disperser kolloidaler und chemischer Zustand alle „Maschinentheorie" zum Anachronismus machte, war Drieschs Gedankenwelt schon zum starren System geworden; die Gegenüberstellung der Bestimmtheit der Entwicklung durch einen vitalistischen Faktor und der nach den drei Richtungen des Raums verschiedenen komplizierten Maschine findet sich als einzige Alternative noch in den neuesten Auflagen der „Philosophie des Organischen".

2.253. Erkenntnistheoretisch übertriebener Kausalismus.

123. Wir können viele Einwände unter dem Titel mangelhaften biozönotisch ganzheitlichen Denkens zusammenfassen. Zunächst der einfachste und klarste Fall! So wie man wohl für das Verständnis der Bildung eines Nebeltröpfchens in der Luft den Nachweis fordern könnte, die gesetzliche Bewegung jedes einzelnen H_2O-Moleküls zu ihm hin zu bestimmen, so könnte man Analoges von einer Entwicklung einer neuen Art aus einer alten Art fordern und hat es gefordert. Das bedeutet die Anforderung, doch endlich einmal die Gesetze in den Organismen nachzuweisen, die sie in die bestimmte Entwicklung hineintreiben, denn Entwicklungsrichtungen seien doch nun tatsächlich da. So ist der Vorwurf Oskar Hertwigs [Werden] zu verstehen: „Durch die Selektionstheorie . . . ist die Biologie zu den Zweigen der Naturwissenschaft, die von der unbelebten Natur handeln, in einen ausgesprochenen Gegensatz gebracht worden". So ist der oft wiederholte Vorwurf zu verstehen, die Selektion schaffe doch nichts Neues, sie beseitige doch nur Geschaffenes, merze aus; woher komme die positive Richtung der Entwicklung? Johannsen schließt dies an seine antiselektionistischen Argumente aus der Genetik (§ 111) an: In der Wirklichkeit ist noch niemals ein Beweis dafür geliefert, daß Selektion von Plus- oder Minusabweichungen genotypische Unterschiede hervorrufen könnte. Wo solche nicht schon vorhanden sind, hat die Selektion selbst keine Wirkung, die als „erblich" bezeichnet werden kann [Elemente, 2. Aufl., S. 161]. In allen derartigen Einwürfen liegt eine Verkennung der biozönotisch ganzheitlichen Bedingung der Entwicklung zu neuen angepaßten Formen vor. Man sieht nicht die tatsächliche Bedingtheit in der ganzen Biozönose, sondern sucht nach einer treibenden Kraft im individuellen Organismus, natürlich ohne sie zu finden. Es handelt sich um eine ähnliche Verständnislosigkeit wie bei der Verwunderung des Bauern, daß die Spatzen doch gar nicht abnehmen, obwohl Jahr für Jahr die Kinder Tausende von getöteten Spatzen für einen Pfennig das Stück bringen; auch in diesem Fall ist die Biozönose das Entscheidende, das das Gleichgewicht der Spatzenzahl wiederherstellt, wenn es durch Massenmord gestört wird. Die Biozönose enthält aber wirk-

lich die Gründe, die unserer Erkenntnis zugängig sind (§ 60 und 124) und ist zweitens das, was wir von der Tier- und Pflanzenzucht bis hinauf zur Gestaltung der Menschengemeinschaft und des menschlichen Erbtypus final denkend und handelnd beeinflussen können. Das entscheidet.

Aus Mißverständnis der ganzheitlichen Bedingtheit sind die höchst aufschlußreichen Entdeckungen Jennings und seiner Mitarbeiter (§ 92—94) ebenso in den Verdacht einer unwissenschaftlichen Annahme teleologisch vorausschauender Potenzen in den Organismen gekommen wie die Selektionstheorie. Es ist das ebenso eine Verkennung der ganzheitlichen Bedingtheit, wie wenn Oskar Hertwig [Werden] tadelnd sagt: „Wenn kleine Organisationsvorteile im Kampf ums Dasein erhalten und summiert werden, weil sie zweckmäßig sind, so setzt Darwin die Zweckmäßigkeit als etwas schon in der Natur der Organismen Vorhandenes voraus". Die zukünftige Zweckmäßigkeit ist nicht das Bedingende, sondern die bereits bestehende Gesamtheit der Organismen und überhaupt der Umwelt zusammen mit der Labilität der Organismenarten.

124. Die Biozönose und die Ganzheit des über Jahrtausende ziemlich gleichartig währenden Lebensraums sind das Gestaltgebende für den dauerdienlichen Organismus. Die Labilität und der „Zufall", der so oft getadelt in den Vordergrund der Selektionslehre gestellt wird, sind nur Hilfsmomente, aber unentbehrliche und in den Tatsachen der Mutation wirklich gebene. Man verkennt oft gerade diesen wichtigen Charakter der Mutationen gegenüber der biozönotischen Ganzheitswirkung. So will z. B. Woltereck die Mutationen ihrer fundamentalsten Bedeutung für die Biogenese entheben, weil sie einen „launischen, singulären Charakter" trügen [Grundzüge S. 392]. Gerade dieser Charakter ist aber nötig. Natürlich handelt es sich nicht um wirklichen Zufall, kausale Unbestimmtheit, sondern nur um Labilität mit qualitativ vielseitiger Richtungsverschiedenheit (§ 385f.). Der Anstoß kommt wohl immer von außen, entweder direkt durch anorganische Einflüsse oder durch das Plasma außerhalb der Gene, das Cytoplasma.

125. Gewiß ist es nun eine wichtige Aufgabe der Forschung, solche Abhängigkeiten des Mutierens festzustellen, und sie hat ja schon bedeutsame Erfolge gehabt. Daß Einflüsse außer-

halb der Gene auf die Gene wirken, zeigt sich schon in der
Vervielfältigung der Mutationshäufigkeit durch Bestrahlung
und andere Reize (§ 99). Die geographische Rassenbildung,
das Eintreten von Mutationen in verändertem Wohnort, das
sogar in wenigen Dutzenden von Generationen stark merklich sein kann und vom selben Forscher beobachtet werden
kann, läßt sich wohl nur durch Klimaeinflüsse erklären
[Rensch, Systematik, S. 72]. Alles dies darf aber nicht darüber
hinwegtäuschen, daß das eigentlich Wichtige des Mutierens
nicht die Eingeengtheit der Labilität im gerade vorliegenden
Fall ist, sondern eben die Labilität, die Vielseitigkeit der Variationsmöglichkeit. Genau ebenso ist bei allen anderen Arten
von Suchorganisation (vgl. § 72/74) nicht die unvermeidliche
tatsächliche Eingeengtheit das Wesentliche, sondern die trotz
aller Enge immer noch beträchtliche Weite der Variationsmöglichkeit. Bei der Mutation ist die für den einzelnen Genotypus festzustellende qualitative Einengung der Mutationsmöglichkeiten auch sicher nur für diese gerade erreichte
genotypische Bestimmtheit, also zeitweilig vorhanden: es ist
doch sicher anzunehmen, daß sie mit den speziellen Eigentümlichkeiten der gerade vorhandenen Gene zusammenhängt,
und daß bei veränderten Genen ganz andere Einengungen an
ihre Stelle treten. Solche Gesetzlichkeiten können keine Entwicklung zu einer neuen Dauerdienlichkeit erklären, können
nichts zur Aufhellung des ersten großen Hiatus in der Natur
(§ 64) beitragen. Die gründlich denkenden Erforscher dieser
Gesetzlichkeiten haben das auch eingesehen. Jollos erklärt
seinen fortgesetzt in gleicher Richtung richtenden Einfluß der
Umwelt auf den Genotypus als „richtend nicht im Sinne einer
unmittelbaren Anpassung an bestimmte Anlaßbedingungen,
sondern im Sinne einer Weitertreibung der Veränderungen
auf dem primär eingeschlagenen Wege" [Genetik]. Ebenso
wie Jollos sieht Rensch (vgl. § 99) den Grund der neuen zweckmäßigen Dauerdienlichkeit und der Höherentwicklung in der
ganzen Organismenwelt in der Selektion [Systematik, S. 80].

2.254. Lamarckismus.

126. Der französische Ritter de Lamarck entwickelte 1809,
50 Jahre vor Darwins Hauptwerk, in seiner „philosophie zoologique" als Erster in wissenschaftlicher Klarheit den Gedan-

ken der allmählichen stammesgeschichtlichen Entwicklung der Organismusarten in- und auseinander. Er meinte aber, daß die individuellen Reaktionen der Organismen in der veränderten Umgebung zwecks Selbstbehauptung direkt zu einer Stärkung und Entwicklung der dazu nötigen und deshalb angestrengt benutzten Organe und auf diese Weise schließlich zu einer Anpassung an die neuen Bedingungen und zu einer Artneubildung führen. Wir sehen doch auch, daß innerhalb des individuellen Lebens viel gebrauchte muskulöse Organe sich verstärken, ungewöhnlich wenig gebrauchte allmählich verkümmern, atrophieren. Das Erstaunlichste sind die langen Röhrenknochen, deren zentrale Blättchenstruktur sich im Leben wie die Eisenkonstruktion unserer Ingenieure in bestmöglicher Festigkeit entsprechend den Druckrichtungen beim Gebrauch gestaltet. Sie löst sich nach einer schiefen Ausheilung von Brüchen und infolgedessen andersartiger Beanspruchung auf und gestaltet sich um.

127. Als Lamarckismus bezeichnet man heute die Auffassung, daß eine erbliche selbstbehauptungsdienliche Anpassung an die Umwelt dadurch zustandekommt, daß der einzelne Organismus sich in gesetzmäßiger Reaktion gegen Einwirkungen der Umwelt direkt zielrichtig anpaßt und diese Andersheit vererbt, so daß ohne Auslese eine andere dauerdienlich organisierte Art wird. Die unserer modernen Genetik angemessenste Auffassung wäre spezieller die, daß die Gene durch die direkt reaktive Änderung des Zellplasmas so verändert werden, daß sie in den nächsten Generationen das Zellplasma und den Phänotypus von vornherein, ohne die gleiche Umgebungswirkung abzuwarten, wieder wenigstens ein klein wenig in dieser reaktiv erworbenen Richtung gestalten. Bei fortdauernder Umgebungswirkung im Lauf der Generationen kann so die Entwicklung immer mehr in der bestimmten Richtung gehen. Man kann aber auch die Möglichkeit in Betracht ziehen, daß eine solche selbstbehauptungsdienliche Veränderung sich unabhängig vom Apparat der Gene und Chromosomen auf das Zellplasma der Keimzellen und der nächsten Generation überträgt. Alles dies wird üblicherweise unter dem Titel „Vererbung erworbener Eigenschaften" befaßt.

128. Das Wesentliche des Lamarckismus ist die Ablehnung der Bedeutung der Suchorganisation für das stammesgeschicht-

liche Entstehen neuer dauerdienlicher Organisation. Die Problematik wird oft mit anderen Problemen vermengt und dadurch verworren. Nicht handelt es sich beim Lamarckismus erstens bloß um die überhaupt verändernde Einwirkung der Umwelt und speziell des Plasmas auf den Genenkomplex, das Genom. Diese Einwirkung muß als höchstwahrscheinlich gelten (vgl. § 99). Modifikationen (nicht erbliche, aber oft als Dauermodifikationen sich über eine Reihe von Generationen erstreckende und allmählich abklingende direkte Veränderung des Phänotypus des Individuums selber) und echte Mutationen gehen vielfach parallel. Goldschmidt bezeichnet deshalb diese Veränderungen des Phänotypus als Phänokopien. Die Annahme von „Parallelinduktion", einer Veränderung des Phänotypus und zugleich des Genotypus in genau gleicher Richtung ohne jede kausale Beziehung zwischen beiden scheint mir aber für diese vielen Fälle doch ein etwas gezwungener Ausweg zu sein. Ludwig Plates Gedanke eines gleitenden Übergangs von Modifikationen zu Dauermodifikationen, dann zu Labilmutationen, schließlich zu typischen Mutationen halte ich nicht für so tatsachenwidrig wie Jollos (Zeitschr. f. ind. Abst.- u. Vererbungslehre, Bd. 69, 1935, S. 418) und andere.

129. Nicht handelt es sich beim Lamarckismus zweitens um die Annahme der Möglichkeit einer „plasmatischen Vererbung", d. h. einer stabilen, nicht abklingenden Vererbung durch das Plasma außerhalb des Zellkerns, der Chromosomen, der Gene. F. v. Wettstein vertritt bekanntlich mit einer größeren Gefolgschaft die Annahme eines vererbungswichtigen Plasmons neben dem Genom. Die Entscheidung über diese Frage ist so wenig spruchreif wie die der bejahendenfalls doch zu vermutenden Beziehung von Plasmon und Genom.

Ich habe mit Absicht in meiner Darstellung solche sehr fraglichen Möglichkeiten außer Betracht gelassen, aber betont, daß ganz gewiß das Vorhandensein von uns heute noch unbekannten Hilfsfaktoren des Vererbungsapparates anzunehmen ist (§ 99). Wir können überzeugt sein, daß sie an der fundamentalen Bedeutung der genotypischen Suchorganisation für die Lösung des biologischen Grundproblems nichts ändern.

Für die Entscheidung zwischen Lamarckismus und Selektionismus in der präzisen Unterscheidung des § 127 ist es aber gleichgültig, ob die dauerhafte Verschiebung des Typus durch interne Ursachen des Genenapparates selbst oder direkt durch äußere Einflüsse oder aber drittens „somatogen", d. h. durch das Zellplasma bedingt ist und ob sie überhaupt im Chromosomen-Apparat allein lokalisiert ist. Das Entscheidende ist hier vielmehr, ob es sich um eine zweckblinde, unermeßlich mannigfaltig mögliche Abänderung des Genotypus handelt, bei der die Auswahl und Konservierung der dauerdienlichen Wandlungen sich durch die Selbstbehauptung innerhalb der Biozönose vollzieht, oder ob der Organismus direkt dauerdienlich reagiert und diese Änderung sich vererbt.

130. Sicher wird es Entwicklungsrichtungen des erblichen Typus geben, die nicht durch Selektion in bestimmter Richtung immer weiter getrieben werden, da wohl kaum eine Richtung auf erhöhte Dauerdienlichkeit vorliegt. Dahin gehören die auffälligen Entwicklungen in neuen geographischen Bezirken, die Wandlungen zu neuen Färbungen und Farbmusterungen; ja es scheint, daß es sogar in wenigen Fällen zu der Selbstbehauptung schädlichen Übertreibungen der Entwicklung kommt, wie den unzweckmäßig gekrümmten Stoßzähnen des Mammuts und den im Kampf untauglichen Geweihen. Derartiges spricht sehr für tatsächlich bestehende Orthogenese, für die Möglichkeit, daß eine einmal eingeschlagene Entwicklungsrichtung von selbst weiter fortgesetzt wird, ohne daß Selektion die Richtung begünstigt. Orthogenese kann die Wirkung der Selektion beschleunigen, wenn sie sich an bereits begünstigte Wandlungen gesetzlich anschließt. Auch geographisch, klimatisch bedingte Mutationsfolgen können rascher stärkere Unterschiede als Ansatzpunkte für die Auslese schaffen. Aber das kann nicht die Tatsache der dauerdienlichen Anpassung, das Hauptproblem des biologischen Kosmos, irgendwie aufhellen.

131. Das was den Lamarckismus für jeden gründlich Denkenden als letzten Grund der Artwandlung unmöglich macht, ist die Unmöglichkeit, die immer wieder von neuem und in unberechenbar neuer Weise eintretende Dauerdienlichkeit des Typus durch ihn zu erklären. Gewiß kann es in bestimmtem Fall zufällig in der Eigentümlichkeit einer organischen Struktur liegen, gegenüber einer bestimmten Art Beanspruchung

und infolge einer vermehrten Betätigung gemäß dieser Beanspruchung mit einer Selbstveränderung zu reagieren, die zu einer erhöhten Leistungsfähigkeit gegenüber dieser Beanspruchung führt. Beim oben erwähnten Beispiel der langen Röhrenknochen ist sogar der physikalisch-chemische Weg ein recht einfacher: Durch die Druckrichtungen beim Gebrauch werden die Lamellenrichtungen der Kalkablagerung im Knochen unmittelbar bestimmt. Wie will man aber die immer andere ungeheure Vielseitigkeit der Anpassung, die geradezu den Anschein einer Allmacht der Anpassungsfähigkeit erweckt, auf diese Weise erklären? Die phylogenetische Entwicklung, nicht der einzelne Organismus, scheint sich ja an alles zufällig in seiner Umgebung Entstehende anpassen zu können, wenn ihr genug Zeit gelassen wird.

132. Die bedeutsamste Leistung, die als ein Prüfstein für alle Theorien zur Erklärung der Neuentstehung dauerdienlicher Zusammenhänge zu gelten hat, ist die Mimikry. Unter Mimikry im weitesten Sinne versteht man die vor Feinden und Beutetieren verbergende Ähnlichkeit eines Organismus mit dem Aufenthaltsort und die schützende Ähnlichkeit mit von den Feinden gemiedenen anderen Organismen. Sie kann bis zu raffiniertester Nachbildung aller Einzelheiten eines Zweiges, eines Blattes, eines dürren, braunen, von Fraßstellen durchlöcherten Blattes, einer wehrhaften Wespe, einer giftigen Schlange oder einer anderen wegen Giftigkeit oder üblem Geschmack gemiedenen Art sich entwickelt haben. Soll man dem Plasma die innere Gesetzlichkeit zutrauen, auf die Gegenwart gerade dieser Verbergungsmöglichkeiten mit dieser Selbstumgestaltung in Richtung auf eine täuschende optische Gleichheit zu antworten? Das hat tatsächlich noch kein Lamarckist zu behaupten gewagt.

133. Meistens schweigt der Lamarckist über die Mimikry. Einige Autoren (z. B. von früheren Eimer und Piepers, in der Gegenwart W. L. Mc Attee und Franz Heikertinger) versuchen, diese optische Gleichheit auf Zufall, gesetzliche Anpassung der Körperfarbe an die Farbe der Umgebung und allgemeine, weit über Tiergattungen und -familien hinweg gemeinsame Tendenzen der Entwicklung von Zeichnungs- und Farbmustern zurückzuführen. Heikertinger hat noch kürzlich [Mimikry, 1933, S. 561ff.] am Beispiel eines besonders raffi-

nierten Nachahmers anderer Schmetterlingsarten, Papilio dardanus, nachzuweisen versucht, es lägen da ganz bestimmte, weit verbreitete Entwicklungstendenzen in der Musterbildung der farbigen Zeichnung auf Schmetterlingsflügeln vor: „Die Wiederkehr eines und desselben Grundtypus muß naturgemäß zu Anklängen, zu Zeichnungsanalogien führen; es müssen sich Ähnlichkeiten herausbilden, schlechtere, bessere und — in ein paar Ausnahmefällen, durch eine besondere Gunst des kombinierenden Zufalls — auch etliche sehr schöne" [Mimikry, Bd. 35, S. 365]. Mit Mühe werden wenige Fälle ziemlich weitgehender Ähnlichkeit aufgefunden, bei denen Mimikry nicht möglich sein kann. Unberücksichtigt und unwiderlegt bleiben aber die sonstigen übereinstimmenden Feststellungen zahlreicher Forscher: 1. die unermeßliche Häufigkeit und Verschiedenartigkeit des Vorkommens der Mimikry. 2. Das tatsächliche geographische Zusammenvorkommen und vor allem das Sichmischen der nachahmenden und der nachgeahmten Arten in Schwärmen. 3. Die Nachahmung auch des Benehmens der anderen Art, z. B. der Flugweise. 4. Die Häufigkeit der immunen Arten und Seltenheit der nicht immunen nachahmenden Arten an Individuen. 5. Die ganz verschiedene Lagerung der Zeichnung in bezug zur Aderung des Schmetterlingsflügels bei der nachahmenden und der nachgeahmten Art. 6. Das Erzielen derselben optischen Wirkung auf ganz verschiedene Weise durch Nachahmer und Nachgeahmte. So zeigt Poulton sehr schön, daß bei einem Fall mehrfacher Mimikry die glasartige Durchsichtigkeit an der gleichen Stelle einmal durch Winzigkeit der Schuppen, einmal durch Spärlichkeit der Beschuppung, einmal durch Ausfall der Beschuppung, einmal durch Pigmentlosigkeit und deshalb Durchsichtigkeit der Schuppen erreicht ist. Punkt 5 und 6 zeigen deutlich, daß es sich nur um Gleichheit der Sichtbarkeit, nicht um Gleichheit der physiologischen Entwicklungstendenzen handelt. 7. Alle Nachahmung verwandter Arten ist nur ein Teilgebiet, das allmählich in Nachahmung immer fremderer Gegenstände, sogar harter, ungenießbarer und trockener Pflanzenteile übergeht. 8. Oft wird in verblüffender Abruptheit nur in den sichtbaren Teilen der nachgeahmte Gegenstand für die Sicht kopiert, und zwar in der Lage, in der es zweckmäßig ist. So hat z. B. bei der Heuschrecke Tropidoderus Childreni wie abgeschnitten genau der Teil aller vier Flügel die grüne Schutzfärbung, der in der Ruhelage mit zusammengeklappten Flügeln sichtbar ist. Werden diese Tatsachen allgemein einfach verschwiegen, so wird der 9. Punkt trotz guter, wenn auch meistens nicht absolut zwingender Belege durch Beobachtungen geleugnet: daß die nachgeahmten Tiere tatsächlich giftig sind oder widerlich schmecken und von vielen Feinden gemieden werden. Vgl. Steiniger [Mimikryfrage] und Süffert [Vis. Anpassung].

134. Zusammenfassend können wir sagen: Die tatsächlichen Ergebnisse der wiederholten eifrigen Versuche, die Mimikry lamarckistisch zu erklären, sind der beste Beweis gegen die Zulänglichkeit solcher Erklärungen für den, der das vorliegende Material überblickt. Gewiß kann ein einzelner Fall irrtümlich als Mimikry aufgefaßt sein. Die riesige Menge der Fälle ist es gewiß nicht. Auf den Lamarckismus allgemein können wir ein früheres Gleichnis anwenden: So wenig es anzunehmen ist, daß durch das rein mechanische Zusammengeraten von Eisenteilchen zufällig nach den für Eisen gültigen Gesetzen eine Dampfmaschine entsteht, so wenig ist es anzunehmen, daß nach einer dem Organismus immanenten physiologischen Gesetzlichkeit die ungeheure Vielseitigkeit der Anpassungen an alle zufälligen Veränderungen der Biozönose entsteht.

135. Es ist nicht daran zu zweifeln, daß die zweckmäßigen Reaktionsweisen des individuellen Organismus auf veränderte Wirksamkeit der Umwelt, wie sie im § 126 durch Beispiele belegt wurden, selber erst durch Selektion genotypisch angelegt sind. Ohne die würde wohl nur in seltenen Fällen organische Entwicklung gerade zu einem solchen Verlaufstypus gekommen sein.

Es ist auch nicht daran zu zweifeln, daß die Fälle dauerdienlicher Dauermodifikation, d. h. die Fälle, in denen eine zweckmäßige Reaktion gegenüber der Umwelt sich allmählich abklingend auf einige künftige Generationen vererbt (§ 128), selbst als dauerdienliche Anpassungen des Typus erst durch Selektion erworben sind. Dahin gehören z. B. Anpassungen an kaltes Klima: Getreidearten bekommen stärkere Behaarung. Säugetiere und Vögel werden größer (Bergmannsche Regel: geringere Wärme abgebende Oberfläche). Sie bekommen verkürzte Extremitäten (Allensche Regel; weniger Risiko des Erfrierens). Es sind zweckmäßige Reaktionsformen unter Bedingungen, die in langen Reihen von Generationen vielleicht nie wirklich eintreten, die aber doch in geologischen Zeitperioden für die Typen so bedeutsam gewesen sind, daß sie als bereitliegende Dauermodifizierbarkeiten sich genotypisch durchsetzen konnten. Es gibt ja auch sonst erbliche Regulationsfähigkeiten genug, die bei den meisten einzelnen Individuen des Typus niemals in Funktion treten (Kammerpuls unseres Herzens, Regenerationsformen nach Verstümmelungen bei niederen Tieren); es genügt, daß sie gelegentlich im Lauf der Generationen Individuen Dasein und Fortpflanzung sichern.

136. In auffälliger Weise hat unter den Paläontologen, den Versteinerungsforschern, der Lamarckismus heute noch das Übergewicht. Dies trat in einer gemeinsamen Sitzung von Paläontologen und Vererbungsforschern in Tübingen 1929 besonders in Erscheinung. In den Schichtenfolgen der Fossilien treten die sprunghaften Einzelmutationen, Kleinmutationen natürlich ebensowenig hervor wie die Konkurrenzen zwischen diesen Kleinmutanten. Bettet doch der Zeitraffer der Schlichtenfolge Hunderte und Tausende von Generationen ununterscheidbar in dieselbe Schicht. Man sieht nur die stagnierenden Arten und gelegentlichen fließenden Übergang. Der Paläontologe legt zu einseitig Gewicht auf die Schau in seinem Spezialgebiet und beachtet nicht, daß das richtige Denken des Konnexes mit andersartigen Erfahrungen zu einer gedanklichen Ergänzung dieser Schau rechtmäßig zwingt. So kommt es, daß Osborn „Kontinuität und Gesetz in der Chromatinentwicklung" in Gegensatz setzen zu können glaubt zu den „scheinbaren Erfahrungen von Zufall und plötzlichen Sprüngen oder Mutationen" und in lamarckistischer Weise den Ersteren die Wandlung der Arten zuschreibt und die Zweiten für belanglos erklärt, ohne auf das für den Lamarckismus so schwierige Problem der immer neuartigen Dauerdienlichkeit einzugehen [Osborn, Leben, S. 149]. Othenio Abel meint sogar: „Mit dieser Erkenntnis muß natürlich auch die ganze Theorie von dem Gegensatze zwischen dem „Phänotypus" und dem „Genotypus", zusammenbrechen [Paläob., S. 379]. So sucht man, — um ein besonders drastisches Beispiel für viele gleiche Fehl-

probleme zu geben. — nach der Art und den Ursachen der
„Degeneration" der Saurier, die sie um den Übergang der
Kreidezeit zur Tertiärzeit aus ihrer überragenden Verbreitung
auf so wenige Unterschlüpfe im Lebensraum zurückgeworfen
hat. Man beachtet nicht, daß zu gleicher Zeit die Säugetiere
und Vögel sich gemäß den verschiedenen Lebensmöglichkeiten
differenzierten, vermöge ihres immer gleich warmen Körpers
und ihrer immer gleichen Aktionsfähigkeit den von den Zu-
fällen der Temperatur abhängigen Sauriern überlegen waren
und sie in der Biozönose allmählich aus allen Lebensstellen
verdrängten, ohne daß eine Degeneration der Saurier vorlag.

2.255. Vitalismus.

137. Vom Lamarckismus unterscheidet sich der Vitalismus
(§ 69) durch die betonte Einsicht, aus der Kausalität der niedrigeren tragenden Stufe des Kosmos, der physikalischen,
könne der Lebensprozeß, besonders die immer neuartig dauerdienliche Ganzheit nicht erklärt werden. Lamarckismus ist
kein Vitalismus, drängt aber zum Vitalismus. Die gegenwärtige Organisation und die Naturgesetzlichkeit der nächstniedrigeren, der physikalischen Stufe werden zwar auch im
Vitalismus vorausgesetzt: das eigentlich Determinierende ist
aber die Dauerdienlichkeit der künftigen Organisation selber.
Sie ist das Determinierende für die Entwicklung des einzelnen
Organismus (Ontogenie) und seine Wiederherstellung nach
Verstümmelungen (Regeneration) wie auch für die Stammesentwicklung (Phylogenie). Das Determinierende hat also Voraussicht (Drieschs prospektive Potenz). Dies Determinierende
wird als besonderer Faktor in bezug auf das Ganze der Teile
des Organismus und ihrer Wechselwirkungen angesehen. Man
kann eine Vielheit dieses Determinierenden in jedem einzelnen Organismus annehmen (Johannes Reinkes „Dominanten")
oder eine Einheit in jedem einzelnen Organismus (Hans
Drieschs „Entelechie") oder endlich ein einziges Determinierendes in der ganzen Welt (Dennerts „kosmische Intelligenz").
Man kann dieses Determinierende sich wie unsere eigene, ja
auch den Weg gemäß dem Ziel und den zur Verfügung stehenden Materialien und geltenden Naturgesetzen gestaltende
Seele vorstellen (Psychovitalismus); aber man kann auch wie
Driesch jede solche Vorstellung als einen unberechtigten

Anthropomorphismus vermeiden und nur die abstrakte zielansteuernde Prospektivität als vitalistischen Faktor annehmen.

138. Der Vitalismus nimmt ein besonderes determinierendes Moment für die Entwicklung zur Dauerdienlichkeit an, aber neben den anderen determinierenden Momenten des Organismus, und erst recht nicht ist die Ganzheit der Biozönose das Bestimmende. Drieschs Denkweise ist eine enge, partialkausale, d. h.: In einem besonderen Teil wird die Ursache für die Gestaltung des Ganzen gesucht. Manchen wird diese Charakterisierung vielleicht überraschen; es spricht doch kein Naturphilosoph mehr von Ganzheit und Ganzheitskausalität als Driesch. Aber in der Tat handelt es sich bei ihm nur um einen *ganzmachenden* und *ganzerhaltenden* Faktor, der zum Ganzen der Teile des Organismus als ein weiterer Bestandteil hinzukommt, aber nicht wahrhaft um eine Determination *aus dem Ganzen heraus*. Daran ändert es nichts, daß dieser „Ganzheitsfaktor", die Entelechie mit ihrer merkwürdigen prospektiven Potenz ein unräumliches und unwahrnehmbares Etwas sein soll, und daß diese Entelechie zwar kausal wirkt, aber selbst nicht von irgend etwas Räumlichem und Physischem kausal beeinflußbar ist. Namentlich die Gestaltpsychologen (§ 179ff., Wolfgang Köhler) haben mit Recht betont, daß der Vitalismus Drieschs gar keine echt holistische, ganzheitliche Denkweise ist. Das Streben nach einer „dynamischen Biologie", die Driesch selbst als Traum seiner Studentenzeit bezeichnet [Selbstdarstellung, S. 1], ist kaum anders denn als das Suchen eines bestimmten einzelnen dynamischen Moments der Entwickelung zu verstehen. Driesch dachte zunächst nur an das Ganzmachen eines individuellen Organismus. Erst 1918 [Studien] zieht Driesch auch die stammesgeschichtliche Entwicklung der Organismen mit in Betracht. Er nimmt für sie eine überindividuelle Entelechie an, welche „sich in die in der Phylogenie zur Erscheinung kommende extensive Mannigfaltigkeit sozusagen zerlegt. Hätte man den Begriff dieses Agens, so hätte man ein Verständnis der Phylogenie" [Studien, 1918, S. 57]. „Die hypothetischen primordialen Organismen, meinetwegen Amöben, besaßen also eine ganz erstaunliche phylogenetische Potenz." „Potentia trägt sie in sich gleichsam eine Anweisung auf alle diejenigen mutativ anders

gestellten Formen in der Kette der Nachkommenschaft, welche einmal im Laufe der Phylogenese als echte Mutationen entstehen werden" [Form, S. 31].

139. Eine alles vorausschauende Entelechie der ganzen organisch-geschichtlichen Weltentwicklung ist in der Tat die letzte Konsequenz des Vitalismus. Sie wird erst als alles Einzelne der biologischen Entwicklung Vorausschauendes notwendig, wenn man die Unberechenbarkeit der tatsächlich sich phylogenetisch vollziehenden Anpassungen und der dauerdienlich integrierten Komplizierungen beachtet. Es muß eben jede Veränderung der Biozönose von der Entelechie am Ursprung der Entwicklung vorausgesehen und die Keimanlage für die Anpassung jedes Typus, der einmal später sich entwickelt, schon gelegt sein. Dieser Gedanke spielt in vielen naturphilosophischen Betrachtungen, auch noch in der Gegenwart, eine Rolle. So nimmt z. B. Woltereck an, daß die Organismen von vornherein die Potenzen zur höchsten Entfaltung gehabt haben, und daß in der Gegenwart die somatische, d. h. nichtpsychische Entwicklung bereits beendet sei (im Seelischen allerdings Weiterentwicklung!). Die heutigen „einfachen" Organismen sind „steckengebliebene" Evolutionsphasen, sind „depotenziert". Es wird also, wie man witzig persifliert hat, der Bazillus als ein an extremstem Infantilismus krankender Mensch aufgefaßt.

Solche Gedanken hängen eng mit einer Verständnislosigkeit dafür zusammen, daß aus einem Wechselspiel beliebig geordneter Elemente nach elementaren Naturgesetzen gesetzliche Ordnung entsteht. So sagt z. B. Julius Schultz, alles müsse vorherbestimmt sein „in einem All, wo jede Bewegung jedes Elektrons planmäßig vorbestimmt sein muß, sein *muß;* denn in einer Präzisionsmaschine darf nicht das winzigste Rädchen für die winzigste Zeitstrecke versagen; jedes solche Versagen würde notwendig zum punkthaften Herde für ein krebsartig sich ausbreitendes Chaos" [Maschinentheorie, 2. Aufl., S. 177]. So glaubte auch schon Anaxagoras, daß nur sein *νοῦς,* der nichts anderes ist als die Weltentelechie Drieschs, die Welt überhaupt aus einem völlig ordnungslosen Durcheinander der einzelnen elementarsten Teilchen zu irgendeiner Ordnung führen könnte. Wir sehen, wie hier die Verständnislosigkeit für echt ganzheitliche Auffassungsweise ein Motiv ist, das dem Vitalismus eine vermeintliche Notwendigkeit gibt.

140. Es ist Drieschs großes Verdienst, scharfsinnig den Vitalismus bis in seine letzten Konsequenzen verfolgt zu haben. Die konsequente Entwicklung hat aber alle Biologen dem Vitalismus wohl endgültig abtrünnig gemacht. Ein echter Vitalismus wird von jüngeren Biologen kaum noch vertreten. Das letzte Motiv wirkte allerdings dabei mehr instinktiv als in klarer begrifflicher Fassung. Man hört wohl: „die vitalistische Erklärung gehört nicht in die Naturwissenschaft" oder „mit dem Vitalismus ist man in der Metaphysik". Das besagt aber zunächst nur eine Berufung auf das Gewohnte und Übliche im Wissenschaftsbetrieb, einen Dogmatismus ohne Rechtsnachweis oder gar eine hinterlistige Benutzung eines Schimpfworts für den Gegner. Nein, man muß schon ehrlichere Gründe aufweisen, die den Gegner tatsächlich zu disqualifizieren geeignet sind, die wir aber erst in § 510ff. gründlich erfassen können. Gewiß werden wir dann den Gegnern des Vitalismus, die ihn in der Tat heute vernichtet haben, recht geben müssen. Einen *logischen* Fehler enthält er aber nicht in sich. Wir lassen den Vitalismus als eine noch nicht ganz widerlegte gegenteilige Meinung bei unserer weiteren Betrachtung bis § 510 im Rücken.

2.256. Die Verkennung der Eigenart der biozönotischen Selektion und der Holismus.

141. Zahlreiche Einwände gegen die Selektion durch die Biozönose beruhen auf Mißverständnis ihrer Eigenart.

1. Man meint oft, die winzigen Kleinmutationen seien zu klein, um überhaupt der Selektion Anhaltspunkte zu bieten. Als ob es wie in der menschlichen Wahrnehmung so etwas wie einen Schwellenwert gebe, von dem an die Stärke einer Mutation erst plötzlich selektionswertig wird, und als ob nicht die leiseste Verschiebung selbstverständlich eine ebenso leise Selektion bedingt, wenn die Richtung der Verschiebung überhaupt Selektionsvorzug bedeutet (vgl. § 115).

2. Man meint, die Mutante, die zunächst ganz selten ist, müsse doch von der herrschenden Form getrennt sein, sei es durch geographische Sonderung, sei es durch Unterbindung der Fortpflanzungsgemeinschaft. Man hat die falsche Vorstel-

lung, die seltene Mutante würde bei fortgesetzter geschlechtlicher Verbindung mit der tausendfach überwiegenden Form immer mehr, bis zur Unmerklichkeit „verdünnt". In Wahrheit ist jede Mutante entweder durch ein ganzes Gen ganz oder ohne dieses Gen gar nicht da. Geographische Trennung kann durch die Möglichkeit gerichteter Mutationen (§ 114) infolge Klimaeinflüssen der Selektion stärker variierendes Material bieten, aber nicht durch eine etwaige Verhütung der Amphimixis nützen.

3. Man zählt die Tatsachen auf, die zeigen, daß die durch irgendeinen Vorteil geschützten Arten doch auch den Feinden unterliegen wie andere ungeschützte Formen. Man beobachtet etwa die Vögel beim Insektenfang und untersucht den Inhalt der Vogelmägen und findet auch die durch Mimicry geschützten Arten wie die anderen vernichtet. Man verkennt in diesem Falle, daß, von Elefanten und großen Raubtieren abgesehen, das Gefressenwerden der normale Tod eines jeden Tieres der freien Natur ist. Jede Vermehrung der Individuenzahl vermehrt noch mehr die Feinde. Jeder Schutz kann nur *die* Wirkung haben, daß die Art mit ihm eine größere Menge überlebender Exemplare hat als ohne ihn, daß sie sich aber bis zu dem Punkte vermehrt, in dem infolge der Häufigkeit die Zahl der gefressenen die Zahl des Nachwuchses erreicht, wenn wir von zeitlichen Schwankungen der Häufigkeit absehen. Daseinswichtig ist der Schutz gerade für die seltenen Arten, die ohne ihn ganz aussterben würden, zumal dieser Schutz um so wirksamer wird, je seltener die Art ist.

142. Die Selektionstheorie ist eine uns aus unserer Praxis nicht vertraute ganzheitliche, „holistische" Theorie. Es liegt an einer Verständnislosigkeit für die ihr eigentümliche Ganzheitsdeterminiertheit, nämlich die selektive Determiniertheit aus der Biozönose heraus, wenn man sie als atomistisch bezeichnet. Ich will damit aus dem Konformgehen mit dem heutigen Modegedanken der „ganzheitlichen Auffassung" nicht ein Argument für die Selektionstheorie machen. Die Sache, nicht unsere Auffassungsmode, hat zu entscheiden. Aber der Wahrheit der Sache nach ist die Selektionstheorie biozönotisch ganzheitlich. Wie das Individuum durch Selektion teleologisch zweckangepaßt wird, so bekommt die Tierform auch durch sie das so häufige Mitschwingen in dem

Rhythmus der Umgebung, das auf das Malergemüt eines Franz Marc so tiefen Eindruck machte.

Es ist aber selbstverständlich, daß auch die Besonderheit der Wirksamkeit jedes einzelnen Teils in jeder Ganzheit seine besondere Bedeutung hat und nicht dem Prinzip der Ganzheit zuliebe totgeschwiegen werden darf. Im phylogenetischen Suchapparat des Genotypus ist es ebenso eine Notwendigkeit, daß jedes Gen unabhängig von den anderen für sich allein nach eigener Gesetzlichkeit mutieren kann, wie es im Klavierspiel notwendig ist, daß jeder Ton genau seine besondere Sinusschwingung hat und nicht durch das Ganze in dieser Besonderheit beeinflußt wird. Gerade die Ganzheitlichkeit fordert in beiden Fällen eine Unabhängigkeit des Elementaren. Sie fordert in beiden Fällen aber eine ganz verschiedene Isoliertheit und Unabhängigkeit, und man soll sich nicht einfallen lassen, einem philosophischen Monismus zuliebe alles sachwidrig zu uniformieren.

Heute sind Denkweisen sehr beliebt, die nur die autonome und gesetzliche, auf feste, bestimmte Formung gerichtete Ganzheitsbedingtheit der Gestaltbildung betonen und ihre Angewiesenheit auf Partialgesetzlichkeit aus dem Blick verlieren. Sie berufen sich auf ihr ganzheitliches Denken besonders gern. Ich denke da an die gestalttheoretische und die „organismische", „holistische" Denkweise. Sie wollen vor allem ohne die Wirksamkeit der Suchorganisation und auch ohne einen vitalistischen Faktor auskommen.

143. Die Gestalttheorie ist aus der Psychologie, speziell aus der Wahrnehmungspsychologie, hervorgegangen und wird erst in § 179ff. ihre Würdigung in ihrem Ursprungsgebiet erfahren. Typisch für sie ist, daß das Fundament aller Erkenntnis die autonome gesetzliche Bildung einer gesetzlichen Gestalt aus dem zunächst gestaltlosen oder beliebig gestalteten Ausgangszustand sein soll; dieser Ausgangszustand kann im weiten Maße quantitativ, auch qualitativ verschieden sein, ohne daß die Gesetzlichkeit der Gestalt anders wird. Diese Gestalten haben eine Beharrungstendenz, setzen Deformierungen einen Widerstand entgegen und stellen sich nach leichten Deformierungen infolge Störungen nach dem Aufhören der Störung von selbst wieder her. Wolfgang Köhler [Gestalten] verbindet kühn, aber m. E. nicht unberechtigt die

physische Gestaltsbildung (vgl. § 56/57) mit der gesetzlichen Gestaltbildung, Gestaltprägnanz in der psychischen Gestaltung unserer Wahrnehmungseinheiten (§ 185).

144. Köhler hat aber auch gemeint, die biologische Problematik nach diesem Rezept der Gestalttheorie lösen zu können [Gestaltprobleme]. In der Tat: Sind es generelle Gesetze für einen tatsächlich bestehenden Anfangszustand und gegenüber einer Schwankungsbreite der einwirkenden Umgebung, nach denen ein Organismus sein eigenes Dasein behauptet oder wenigstens ein gleichartiges Dasein in neuer Entwicklung bedingt, so haben wir ein statisches Gleichgewicht, einen stationären Prozeß oder einen periodisch stationären Prozeß von bestimmter Gestalt. Daß diese Gestalt außerordentlich verwickelt ist, und sogar daß diese Gestalt etwa nur für diese biologische Art oder diese Artengruppe gültig ist und gar nicht mit Gestaltgesetzen für andere Arten unter ein gemeinsames Gesetz zu bringen ist, würde auch noch nicht das Wesentlichste ändern. Es wäre aber ein Rückfall in die vermeinte biologische Sachlage vor Lamarck und Darwin, in eine Sachlage, wie sie die Cartesianer als die biologische auffaßten, wenn wir hierin die wahre biologische Problematik sähen. Die fängt erst genau da an, wo die Gestalttheorie zur Erklärung völlig impotent wird, nämlich beim Problem des unbegrenzten Entstehens immer neuartiger kompliziertester dauerdienlicher Typen aus den alten in Anpassung an eine unberechenbare Wandlung der Biozönose. Dies eigentlich biologische Problem sieht Köhler überhaupt nicht. Wo er einmal wirklich darauf kommt, wenn auch ohne die fundamentale Bedeutung für alle Biologie zu sehen, versagt seine Denkweise völlig. Ich habe das in meinem Buch [Ganzheiten, § 137/8] nachgewiesen und will mich hier nicht wiederholen.

Köhler betont, gestalttheoretische Auffassung sei in der Biologie eine dritte neben der vitalistischen und der mechanistischen. Nun, eine „mechanistische" Auffassung, die etwas anderes ist als seine gestalttheoretische, gibt es schon seit langem nicht mehr. Alle die von den Vitalisten als „Mechanisten" bezeichnet werden, sind schon lange vor Köhler nichts anderes als Gestalttheoretiker gewesen, ohne das besonders zu betonen. Dennoch ist es ein Verdienst Köhlers, auf Gestalthaftigkeit der biologischen Prozesse aufmerksam gemacht zu haben. Sie genügt aber nicht zur Lösung der biologischen Problematik. Zu Unrecht wirft Driesch [Gestalten, S. 11] Köhler vor, er wende die auf Grund einer starren Topologie (§ 57) sich bildende anorganische Gestaltbildung auf das Biologische an. Köhler sieht sehr richtig, daß Tendenz zu einer prägnanten Gestalt unabhängig von der Anfangslage und vor aller Topologie gleicherweise im Physikalischen wie im Biologischen wirksam ist (§ 57) [vgl. auch Köhler, Regulation]. Gewiß ist alle biologische Entwicklung und namentlich auch die nervöse Regulation und das Bewußtsein gestalthaft (§ 180). Aber die Dauerdienlichkeit der Gestaltung zu erklären, dient wenn man den Vitalismus ablehnt, nur der Phylomechanismus des Suchens des Dauerdienlichen, aber keine Gestalttheorie.

145. Die „organismische Auffassung" und „holistische Auffassung" üben heute eine große Anziehungskraft aus. Der ehemalige Burengeneral Smuts, Ludwig v. Bertalanffy, Adolf Meyer sind ihre wichtigsten Vertreter. Unter den recht weitgehend divergierenden Auffassungen wähle ich zunächst die von Bertalanffy. Er ist sich einer Wesensverwandtschaft mit Köhlers Gestalttheorie bewußt und glaubt ebenfalls: kraft der organischen Denkweise „hört der Gegensatz zwischen ‚Mechanismus' und ‚Vitalismus' auf, ein quälendes Problem zu sein" [Biologie, S. 113]. Sein Grundgedanke ist: Man halte sich an die schlichte Tatsache, daß die der Ganzheitserhaltung dienliche Geordnetheit der Lebenserscheinungen weder durch bloße Kenntnis der Einzelvorgänge erfaßt noch durch deren Aneinanderfügung erhalten werden kann. Wir können aber durch eine Systemgesetzlichkeit des Organismus im ganzen die Kenntnis ergänzen, und darin soll die Aufgabe der modernen Biologie liegen. Die Frage, ob es schließlich doch einmal möglich sein wird, das Geschehen im Lebensprozeß auf die generellen Gesetze der physikalisch-chemischen Stufe zurückzuführen, ist von geringer Bedeutung [S. 113]. Ein Hinauswachsen über die organismische Auffassung scheint mir allerdings im neuesten Werk Bertalanffys [Gefüge des Lebens] vorzuliegen.

146. Wir konstatieren da zunächst, daß die organismische Denkweise das unberechenbar mannigfaltige Werden von dauerdienlichen Arten aus anderen dauerdienlichen Arten.

durch das die biologische Problematik erst ihre ganze Tiefe bekommt, überhaupt nicht in Betracht zieht. Bertalanffy meint dagegen: „Ein beliebiges organisches System ist im Wesentlichen nichts anderes als eine hierarchische Ordnung in dynamischem Gleichgewicht stehender Abläufe. In der Ausarbeitung dieses Satzes wird der Schlüssel zu einer wirklichen, heute noch nicht bestehenden Theorie des Lebens liegen" [S. 248; ähnlich S. 83]. Nirgends tritt die Gleichheit mit der gestalttheoretischen Auffassung des biologischen Grundproblems so deutlich hervor wie an dieser Stelle. Driesch sieht deutlich, daß der Holismus und die organismische Denkweise ebenso wie die Gestalttheorie das wahre biologische Grundproblem gar nicht einmal aufrollen, geschweige denn lösen [Holismus, S. 194].

147. Ein tiefes Motiv, das dem organismischen Denken bei den biologischen Forschern Anklang verschafft, ist die Reaktion gegenüber dem unfruchtbaren Streit zwischen Vitalismus und Mechanistik: Man beschränke sich auf das gegenwärtig Erforschbare und überlasse es der Neigung des Einzelnen, an das eine oder das andere zu glauben. Wissenschaftlich leisten kann man ja mit diesen theoretischen Erörterungen doch nichts. Meiden wir also dies Labyrinth! Aber das mag zwar eine zweckmäßige wissenschaftliche Maxime sein, um der Tatsachenforschung freie Bahn zu schaffen. Das Problem ist damit nicht aus der Welt zu schaffen. Es ist auch nicht wahr, daß es ohne praktische Bedeutung ist. Wenn irgend Klarheit in letzten und tiefsten Fragen für fundamentalste praktische Entscheidungen, durch die wir Schicksal und Zukunft sichern oder verscherzen können, wichtig ist, so ist es Klarheit in dieser Problementscheidung (§ 475ff.). Eben darum gehe ich hier in einer philosophischen Arbeit so gründlich auf dies Problem ein. I. S. Haldane [Biologie, S. 36] klagt, daß eine bloß auf kausale Wechselwirkung der Teile bedachte Untersuchung eines physiologischen Prozesses wie des Atmungsprozesses den angehenden Arzt über das Wichtigste im Unklaren läßt, über die feinen Anpassungen im ganzen. Aber mit der Strenge, die die Wichtigkeit des Gegenstands erfordert, mache ich der organismischen und „holistischen" Denkweise den Vorwurf, daß sie in gewollter Kurzsichtigkeit sich vor einer klaren Entscheidung in einer Frage drückt, von

der in weiter Sicht unser Schaffen und unsere Zukunft abhängt. Eine Entscheidung ist hier sehr wohl möglich, wenn man gründlich an das Problem herangeht.

148. Allerdings übersehen nicht alle Holisten so sehr die fundamentale Bedeutung der Biozönose wie Bertalanffy. Wir wollen nicht an den Grenzen des Organismus haltmachen, sondern die ganze Umwelt mit einbegreifen, sagt Haldane (S. 18). Aber zu einer gründlichen Klärung der Bedeutung kommt er hier nicht: „Die biologische Erklärung geht diesen Schwierigkeiten aus dem Wege, da Struktur und funktionelle Tätigkeit... als eine unteilbare Offenbarung dessen angesehen werden, was man das Leben einer Organismus nennt". Nur eben erstreckt sich diese Einheit und Ganzheit auch auf die Beziehungen zur Umwelt (S. 11). Ebenso meint Woltereck, der in neuerer Zeit einer organismischen Denkweise nahe kommt, man solle auch das Beziehungsgefüge „Felswand + Kletterpflanze" so determiniert hinnehmen, wie man es vorfindet: aber da er dies doch nicht als befriedigend betrachtet, weist er auf „intentionale Verbindungen" des Organismus zur Umgebung.

149. Für Driesch sind solche Wendungen ein Triumph. Der Vitalismus lebt doch noch, obwohl der Biologe sich nicht mit ihm einlassen zu wollen vorgibt, ruft er aus.

In der Tat steht in bezug auf stammesgeschichtliche Neugestaltung gesetzlicher Vorläufe und Formbildungen der Holismus mit dem Vitalismus einer absoluten Indeterminiertheit des Geschehens nahe. Daß es sich doch immerhin mit um Dauerdienlichkeit in beliebiger Weise beim stetigen Wandel handelt, ist bei der organismischen, holistischen Stellung schließlich das einzige, was sie noch von Bergsons Annahme eines „élan vital", einer schöpferischen Entwicklung, bei der es ganz unbestimmt ist, welchem Ziele der stetige Gestaltwandel zustrebt, unterscheidet. Bei Bergson bleibt uns mit unserem gesetzsuchenden Denken wirklich nichts übrig, als der absolut unbestimmten Offenbarung des Lebens zuzuschauen.

Holisten bemühen sich neuerdings denn auch ganz konsequent, in der Heisenbergschen Ungenauigkeitsrelation (vgl. § 534/36) der Physik eine absolute kausale Unbestimmtheit zu sehen [Meyer, Ideen], um so die deterministische schöpferische Entwicklung der Ganzheiten auch auf das Organische ausdehnen zu können und das Ärgernis, daß das Organische ein Mädchen aus der Fremde in der Welt ist, zu beseitigen. Ja, Meyer faßt sogar die anorganische Gestaltdeterminiertheit bloß als eine holistische Simplifikation der organischen auf.

2.257. Weltanschauliche und zeitbedingte Gründe gegen die biozönotische Selektion.

150. Das meiste zur Zurückdrängung des Selektionismus in den ersten Jahrzehnten unseres Jahrhunderts haben aber unsachliche Erwägungen praktischen Denkens beigetragen. Die volkswirtschaftliche Manchesterschule sah in der Selektionstheorie Darwins eine biologische Verallgemeinerung ihres Prinzips: daß das Wohl des Ganzen am besten durch die Betätigung des ungehemmten Egoismus aller einzelnen Menschen und die daraus sich von selbst ergebende richtige Gleichgewichtslage aller wirtschaftlichen Erfordernisse gewährleistet sei. In der Tat hat man in beiden Fällen die gleiche Leistung der Herstellung eines Gleichgewichts bestimmter Art durch bestimmte antagonistische Kräfte. Namentlich Herbert Spencer und Benjamin Kidd [evolution] glaubten, so Sozialpraxis und generellstes Lebensgesetz befriedigend vereinigen zu können. Die starke Entwicklung des Wohlstands infolge der freien Betätigung aller Erwerbskräfte gab ihnen zunächst recht, und zum Ansehen der Selektionstheorie trug diese Ähnlichkeit mit erfolgreichen wirtschaftlichen Theorien, die das Volk viel mehr interessierten, nicht wenig bei.

151. Nun werden wir aber schon im nächsten Teil 2.26 sehen, daß gar nicht der Egoismus der einzelnen Menschen, sondern die Artdienlichkeit und die Volksdienlichkeit die richtige Konsequenz des Selektionismus sind. Die Zweckmäßigkeit für die Artdienlichkeit allein könnte die Förderung des individuellen wirtschaftlichen Egoismus rechtfertigen, wenn es richtig ist, aus der biologischen Zielangepaßtheit Schlußfolgerungen auf die praktische Richtigkeit zu ziehen, was selber erst zu rechtfertigen ist. Wir werden zum Ergebnis kommen, daß allerdings die fundamentalste biologische Zielangepaßtheit auch für unser subjektives Wertsetzen richtig ist (§ 1090), daß aber der schrankenlose Egois-

mus zu bändigen und zu leiten ist, und daß in höchster Sicht aller „Kampf ums Dasein" mit seiner Roheit zugunsten einer besseren und befriedigenderen Erreichung unserer Ziele praktisch nach Möglichkeit zu ersetzen ist, wenn auch die Selbstbehauptungsdienlichkeit doch den umfassendsten Rahmen des praktisch Richtigen gibt (§ 1087ff.). Das trifft aber nur den Versuch einer Rechtfertigung manchesterlichen Denkens aus dem Selektionismus der Natur heraus und hat nichts mit der Frage zu tun, ob der biozönotische Selektionismus der Grund der immer neuen und zum Teil immer komplizierteren Dauerdienlichkeit der vielen Tausende von Arten und Artwandlungen in der Natur ist.

Die Gewohnheit, den Selektionismus mit dem Manchestertum zu verbinden, wurde dem Selektionismus zum Fluch, als man das Manchestertum als volksgefährliche Irrlehre erkannte, und trug sehr zu seiner Unbeliebtheit in den letzten Jahrzehnten bei. Ein sehr erfolgreicher Forscher und auch einflußreicher Vitalist, Jakob v. Uexküll, betrachtet es sogar prinzipiell als Ursprung der Selektionstheorie, sie sei „dem bürgerlichen Leben entnommen" und auf das Biologische übertragen [Einpassung]. Scheler (Abhandl. u. Aufsätze, Bd. I, 1915, S. 254) und noch neuerdings Armin Müller (Kantstudien, Bd. 38, 1933, S. 384) werfen sogar dem Selektionismus ein „Hineinsehen der Struktur menschlicher Nützlichkeitszivilisation in die natürliche Lebewelt" vor, was doch wohl kaum noch ein Mißverständnis sein dürfte, sondern eine gewollte Entstellung, um der mißliebigen Lehre den Makel des Kleinlichen und Borniertem anzuhängen.

152. Im letzten Drittel des 19. Jahrhunderts hatte es den Reiz des Modernen, den Menschen als naturgesetzlich gewordenen Abkömmling des Tierreichs aufzufassen. Der Selektionismus errang einen raschen Sieg in der „öffentlichen Meinung". Das ganze Café-Literatentum verband damals einen meistens nur unklaren Biologismus mit den modernen Tendenzen des Sozialismus, der Frauenemanzipation, der Gesellschaftsreform überhaupt und hüllte alles in ein ästhetizistisches Kolorit. Bis zum Dorfmagister herunter mußte jeder den Selektionismus in seine Weltanschauung aufgenommen haben, um der Ehre teilhaftig zu sein, auf der Höhe der Zeit zu stehen.

Selbstständige und vor allem weltanschaulich fest gebundene Geister empörten sich aber schon längst gegen die Zumutung des Selektionismus. Durch ihn ist ja eigentlich erst die dritte Demütigung des Menschen (vgl. § 4) zum Siege gelangt, und durch ihn ist die vierte Demütigung (vgl. § 5) eine zwingende Konsequenz geworden: menschliche Psyche ist nach denselben Gesetzen geworden wie alle organische Gestaltung. 1903 erschien, mit Recht von den Preisrichtern einer Preisaufgabe als das beste anerkannt, das klassische Werk von Wilhelm Schallmeyer: „Vererbung und Auslese im Lebenslauf der Völker" das in aller nötigen Schärfe die Konsequenz auf die soziale und politische Praxis zog, die heute als richtig anerkannt ist (§ 1096ff.). Dies Buch und die ganze Serie konkurrierender Bücher wurden in Deutschland das Signal vitalistischer Gegenoffensive: Das Hauptargument war, daß durch den Selektionismus nun Kultur, Gesellschaft und Volk auf die Stufe des Viehstalls heruntergedrückt werden solle, ein sehr wirksames Argument in einer ganz und gar humanistisch eingestellten führenden Gesellschaft (§ 1103ff.).

153. Die empfindliche Verletzung des menschlichen Selbstgefühls durch die Unterworfenheit unter die biologischen Gesetze war der tiefste Grund einer Reaktion. Die öffentliche Meinung wurde mehr und mehr unbefriedigt. Der Selektionismus hatte nicht mehr den Reiz des Modernen. Freilich, die Abstammung des Menschen aus dem Tierreich war nicht zu leugnen; dafür waren die Zeugnisse zu zwingend. Aber das Gesetz der Entwicklung konnte wohl ein menschlicheres sein, das der Menschlichkeit eine Sonderrolle in der Natur gab, und sei es auch nur die des vorbestimmten Ziels aller Naturentwicklung. So konnte der Vitalismus sich als höhere und bessere Denkweise glaubhaft machen und der gegnerischen Meinung das Odium des Niedrigen und Gemeinen zuziehen. Der Vitalismus wurde modern. Für die Richtung des Zeitgeistes fanden sich in Bergson und Driesch die glänzenden Kämpfer. Man unterschätze nicht die Beeinflussung auch des nüchternsten Forschers durch die emotionalen Momente, die vom Zeitgeist ausgehen, deshalb, weil sie in den Äußerungen begreiflicherweise verschwiegen werden. Auch der nüchterne Forscher schwimmt menschlicherweise nicht gern gegen den Strom. So erklärt sich erst,

daß auch die schwächsten Argumente gegen den Selektionismus jetzt zogen, daß eine so offensichlich einseitige und die Mutationen nicht beachtende Lehre wie die Johannsens von der Unveränderlichkeit der reinen Linien (§ 111) noch bis ins dritte Jahrzehnt unseres Jahrhunderts gegen den Selektionismus ins Feld geführt werden konnte, und daß der Selektionismus, ohne daß wesentlich neue Momente gegen ihn vorgebracht werden konnten, nur lässig verteidigt wurde. So konnte es viel diskutiert werden, als Ericht Becher in der Reizung der gallenbildenden Pflanzen durch Hormone der Gallwespen und ihrer abgelegten Eier und Maden zur Entwicklung von Gallen ein Beispiel fremddienlicher Zweckmäßigkeit in der Natur sah [Zweckm.]. Er sah darin ein Beispiel der Sorge eines Typus für einen ganz fremden Typus zum eigenen Schaden, aber gemäß einem höheren Fürsorgeplan für alles Leben. In Wahrheit handelt es sich nur um einen besonders raffinierten und lokal wohl angepaßten Hormonspezialismus von Pflanzenparasiten.

154. Der Eifer, mit dem viele Autoren besorgt waren, den Verdacht des Selektionismus von sich abzuwehren, ist für jeden psychologisch Nachdenklichen ein Zeichen für die tiefsten Motive dieser Zeittendenzen. Nicht etwa verlor der Selektionismus unter den ernsten Forschern seine meisten Anhänger, aber das Trompetengeschmetter der Gegner bestimmte die Literatur, besonders die naturphilosophische Literatur, und dies Trompetengeschmetter ist in den letzten Jahren um so lauter geworden, je mehr heute die Tatsachen der Vererbungslehre den Selektionismus als richtig aufzwingen. Entscheidend war für die Wendung nach 1900 der Sieg des Apriorismus in der Philosophie. Man meinte, einem höheren Standpunkt, der alle Wissenschaften umfaßte und „Wissenschaft überhaupt" erst richtig ihrem Wesen nach bestimmte, die Gründe aus der empirisch erfaßten Wirklichkeit zum Opfer bringen zu müssen. Daß diese Meinung unberechtigt ist, sollen die folgenden Teile dieses Buches zeigen.

2.26. Individualität in biologischer Hinsicht.

155. Ohne daß wir hier schon auf eine Klärung der erkenntnistheoretischen Fragen der Individualität eingehen (§ 601ff.), kann uns eine Untersuchung der biologischen Individuali-

täten von entscheidender Bedeutung werden. Vier Stufen der Individualität treten vor allen anderen in den Vordergrund: 1. die Zelle; 2. das in sich starr verbundene und zu einer Nähr-, Wehr- und Fortpflanzungseinheit differenzierte, einheitlich in den Reaktionen regulierte „Individuum" üblicher Auffassungsweise, das „Individuum schlechthin"; 3. das Volk als die Nähr-, Wehr- und Fortpflanzungseinheit vieler räumlich und eventuell bewegungsmäßig getrennter, voneinander unabhängiger „Individuen" zweiter Art; 4. der Typus, die Art.

156. Der Typus ist das eigentliche Individuum der Gestaltung der Biozönose und des Selbstbehauptungskampfes in der Biozönose. Die Lebensmöglichkeit innerhalb der Biozönose für eine Art bestimmt ihre Gestaltung, soweit das biologische Ausgangsmaterial der bereits bestehenden Arten, die physikalisch-chemische Gesetzlichkeit und die Leistungsfähigkeit und das Tempo des phylogenetischen Suchapparats diese Anpassung gestatten.

Die Kompliziertheit der Biozönose bedingt gute Selbstbehauptungsmöglichkeiten, die unserem geradlinig technisch eingewöhnten Denken höchst seltsam erscheinen. Von jeher haben die Generationswechsel und Metamorphosen namentlich der Parasiten die Aufmerksamkeit besonders auf sich gezogen. Ein besonders lehrreiches Beispiel geben die Insekten mit vollständiger Verwandlung, mit einem Puppenstadium. Im extremsten Falle, bei den Musciden, Fliegen, werden die bisherigen Organe der Larve durch amöboide Freßzellen aus dem Blute aufgefressen; aus gewissen in den Larven dafür bestimmten zunächst noch ganz undifferenzierten Zellgruppen, den Imaginalscheiben, bilden sich die neuen Organe. In solchen Fällen werden ganz verschiedene Lebensgestaltungen zu einem Entwicklungszyklus zusammengeschmolzen, wie er in der gerade bestehenden Biozönose selbstbehauptungsfähig ist. Man könnte fast ebenso richtig von Generationswechsel wie von Metamorphose sprechen. Der ganze Zyklus bildet den Typus, die Art, die echte biologisch individuale Einheit. Es ist belanglos, ob man sagt, die einzelnen der alternierenden Gestalten seien das Mittel der Erhaltung des ganzen Typus, oder der Typus sei das Mittel der Erhaltung der alternierenden Gestalten, oder die alternierenden Gestalten seien sich wechselseitig Mittel und Zweck. Wer so etwas als Problem auffaßt, hat das Wesen biologischer Gestaltungsgesetzlichkeit nicht verstanden. Vom allgemeinsten Standpunkt aus gesehen, ist auch der Gegensatz zwischen der Metamorphose und dem Generationswechsel, der Rückkehr zum einzelligen Zustand und Wiederentwicklung eines anderen vielzelligen Organismus aus einer Zelle kein so fundamentaler.

157. Die zweitwichtigste Individualeinheit ist die Zelle, die kleinste unter den in § 155 genannten vier Einheiten. Sie ist nicht durch eine wahrnehmbare Abgeschlossenheit immer bestimmt, sondern durch den dauernden Wirkungsbereich eines Zellkerns. Ohne den Zellkern teilt sich die Zelle nicht mehr, wächst sie nicht mehr, ist sie nicht mehr dauernd lebensfähig und hat sie nur in Ausnahmefällen (rote Blutkörperchen) noch eine zeitlich begrenzte Funktion im vielzelligen Organismus. Vor allem ist der Zellkern der Inhaber des ganzen Genenapparates; er ist Sitz der Kombination und der Mutation des Erbguts und determiniert die Entwicklung des Organismus. Notwendig muß aus genetischen, aus Mutationsgründen im ganzen weiten Bereich der Organismen immer zum einzelligen Stadium zurückgekehrt und am Zellaufbau festgehalten werden. Der einzelne Kern mit dem von ihm beherrschten Zellplasma ist deshalb von so fundamentaler Bedeutung, daß diese Individualstufe im Gegensatz zu den nächsten beiden zu betrachtenden in allen Lebensgestaltungen in voller Schärfe erhalten bleibt. Sie ist immer das Korrelat des Typus. Gewiß haben in den höheren Organismen interzellulare Substanzen wie das Blutserum, die interzellularen Stütz- und Bindestoffe eine unersetzliche Bedeutung. Dadurch wird zwar die Individualbedeutung der Zelle unserem Blick verdeckt, aber nicht biologisch sachlich verringert.

158. Die drittwichtigste Individualeinheit ist die, der man gewöhnlich allein die Bezeichnung „Individuum" oder „Organismus" gibt, nämlich die räumlich und eventuell lokomotorisch starr verbundene Nähr-, Wehr- und Fortpflanzungseinheit, deren Lebensschicksal infolge der Verbundenheit ein besonders einheitliches ist: der einzelne Eichbaum, der einzelne Käfer, der einzelne Mensch. Bei den Einzelligen fällt diese Art Individualität mit der zweiten völlig zusammen. Arbeitsgemeinschaft und Arbeitsteilung zwecks besserer Sicherung der ganzen Zellgemeinschaft und schließlich des gan-

zen Typus ist der wahre Sinn dieser vielzelligen Organismusbildung (§ 108). Die starre Verbindung, die ohne Schaden oder gar Tod aller nicht zu trennen ist, sichert nur die Leistungsübertragung jeder Zelle und Zellgruppe auf alle Einzelzellen; diese Leistungsübertragung hat ihre festen, zuverlässig funktionierenden Bahnen. Es bildet sich ein gemeinsamer Ernährungsprozeß, ein gemeinsamer Ausscheidungsprozeß, beides zusammen mit Organen chemischer Wandlung und mit versorgenden und abführenden Bahnen. Es bilden sich im Tierreich komplizierte Bewegungsorgane und vor allem einheitliche Regulationsorgane, die eine zielgemäße Zusammenstimmung der Bewegungen und aller sonstigen Lebensprozesse garantieren. Es bilden sich Bahnen (Nerven), die nicht Stoffe, sondern nur auslösende oder hemmende Impulse überbringen sollen, was ihr Eiltempo und ihren geringen Energieumsatz möglich und zweckmäßig macht. Besonderen Zellkomplexen wird die Fortpflanzung übertragen, deren Sicherung als der Zweck der ganzen Differenzierung aufgefaßt werden kann. Immer verliert der vielzellige Organismus, wenn er seine Aufgabe für Erzeugung und vor allem auch Sicherung und Pflege der Keimzellen und der jungen Generation erfüllt hat, die Dauerdienlichkeitsorganisation. Sein Dasein hat keinen Sinn für die Selbstbehauptung des Typus mehr, ist sogar oft hinderlich. Er verfällt dem Tode, wird zur Leiche und sorglos anderen Organismen zur Beute überlassen, wenn ihn die Artgenossen nicht fressen. Es gibt Fortpflanzungsmöglichkeit durch vielzellige Teile, namentlich im Pflanzenreich (Zwiebeln, Knollen, Brutknospen, Ausläufer usw.). Es gibt Fortpflanzung durch einzelne Zellen ohne Amphimixis mit fremdstämmigen Zellen. Immer aber, mit Ausnahme weniger ausgearteter Formen, greift der mehrzellige Typus schließlich doch wieder zur Kopulation, Amphimixis der Keimzellen eines Organismus mit Keimzellen eines anderen Organismus und Entwicklung eines neuen Individuums aus der durch Verschmelzung entstandenen Zelle. Die Zelleinheit als Korelat des Typus behauptet sich siegreich gegenüber der Einheit des „Organismus".

159. Die biologisch viertwichtigste Individualität bezeichne ich als die des „Volkes". Sie unterscheidet sich prinzipiell von der des vorigen Paragraphen nur dadurch, daß Nähr-,

Wehr- und Fortpflanzungseinheit ohne starre Raum- und Bewegungseinheit besteht. Sie ist sehr verschieden stark ausgeprägt, selbst bei nahe verwandten Arten. Ausgesprochen solitäre, asoziale Bienenarten sind unseren straff sozialisierten Honigbienen verwandt. In der Tat hängt es immer wieder von geringen Differenzen der Eingeordnetheit des Typus in die Ganzheit der Biozönose ab, ob der Vorteil der asozialen Haltung des Einzeltieres, der damit verbundenen Chance, daß wenigstens einige Tiere einer zahlreichen Brut erhalten bleiben, größer ist, oder ob die größere Macht der sozialen Verbundenheit die Gefahr, daß das ganze Volk durch einen Schicksalsschlag vernichtet wird, überkompensiert. Bei den Großvölker bildenden Insekten, den Bienen, Ameisen und Termiten kommt es auch hier zu einer ausgeprägten endgültigen Arbeitsteilung und ist auch das Schicksal des Individuums völlig abhängig vom Wohl des Ganzen, dem es unlösbar angehört. In dieser extremen Ausbildung zeigt sich die enge Wesensverwandtschaft dieser Stufe mit der des im vorigen Paragraphen besprochenen „Organismus". Freilich erschwert die körperliche Trennung die gegenseitige Kommunikation der Spezialleistung, aber Fütterung, Hamsterung, Zeichengebung und -wahrnehmung überbrücken diese Schwierigkeit. Immerhin kommt es nie zu einer so weitgehenden Arbeitsteilung wie im „Organismus". Allein der Mensch mit seiner geistigen Organisation leistet hier Ungewöhnliches.

160. Der Unterschied zwischen Volk und Einzelorganismus ist nur bei höheren Tieren immer ein scharfer. Man betrachtet die Siphonophoren, Arten freischwimmender Medusen, als einen Stock, eine Vielheit von Individuen mit Arbeitsteilung dieser Individuen. Es gibt hier Freßpersonen, Geschlechtspersonen usw., die alle durch Plasmaverbindungen dauernd vereinigt sind. Es wäre mindestens ebenso berechtigt, diesen ganzen Stock als einen Einzelorganismus aufzufassen, zumal viele „Personen" eigentlich nichts als Fühlfäden, Tentakel, Deckschuppen, Schwimmglocken oder Luftblasen sind. Man hält hier nur deshalb an der Auffassung als Stock fest, weil die entsprechenden Gebilde bei entfernteren Verwandten wirklich räumlich getrennt sind. Bei Pflanzen, die ohnehin an den Boden geheftet sind, verliert die wesentlichste und prinzipielle Unterscheidung, die durch räumlich-stoffliche

Verbundenheit oder Unverbundenheit vollends die Bedeutung. Bei allen Arten, bei denen aus einem weit wuchernden Geflecht von Wurzeln eine Vielheit von Stengeln, Stämmen aufsteigt, ist die Unterscheidung von Einzelorganismen bedeutungslos, da das Vorhandensein oder Nichtvorhandensein von Verbindungen durch Wurzelfasern belanglos ist.

161. Man hat versucht, noch weitere Individualstufen zu präzisieren. Man hat den Teilen der Zelle Individualität noch tieferer Stufe zusprechen wollen. Man hat den „Geweben", den Zellverbänden, die zusammen eine bestimmte Funktion im Organismus ausüben, eine besondere Art Individualität zwischen der Zelle und dem Organismus zugesprochen. Gewiß hat man ein erkenntnistheoretisches Recht zu solchen Individuationen (§ 608). Man hat die Hierarchie der Ganzheitsstufen im Organischen vervielfacht (§ 77. Enkapsislehre von Heidenhain und Karl Groos). Problematisch wichtig sind uns diese Gedanken hier nicht.

Als „Klon" bezeichnet man die Gesamtheit aller beliebig vielen Organismen, die aus *einer* Verschmelzung von Geschlechtszellen, aus *einer* Amphimixis hervorgegangen sind. Bei aller ungeschlechtlichen Vermehrung bleiben also die so vervielfältigten Organismen zusammen derselbe eine identische Klon. Eineiige Zwillinge bilden auch beim Menschen *einen* Klon. Alle Zellkerne desselben Klons haben, solange nicht Mutation eintritt, genau denselben Genotypus, da nur durch die Amphimixis neue Kombination von Chromosomen und Genen eintritt.

162. Der Begriff des Volkes bedarf noch einer näheren Betrachtung. Er ist selbstverständlich von dem des Typus, der Art wohl zu unterscheiden. „Volk" bedeutet eine tatsächlich einheitlich die Handlungen koordinierende Gruppe von Individuen, nicht nur die biozönotisch und genetisch bedeutsame Gesamtheit der Angehörigen einer Art.

Die monogame Familie, die Schutz-, Beute- und Wirtschaftsgemeinschaft der Eltern mit ihren Kindern, ist ein Extrem eines Kleinvolks. Noch der „Stamm" ist zum wesentlichen Teil auf engster Verwandtschaft gegründet. Aber es verbinden sich auch Individuen der gleichen Population (§ 98) ohne Rücksicht auf die Abstammung zu Völkern. Es kann sogar ein Zusammenschluß ganz fremder Arten zu einer Wirtschaftsgemeinschaft erfolgen. In der Symbiose führt gerade die gänzliche Verschiedenheit zu einer glücklichen gegenseitigen Anpassung und zur engsten Verbindung. Von einer Volkseinheit pflegt man hier allerdings nicht mehr zu sprechen. Dazu sind z. B. die Leguminose und der von ihr ernährte und für sie den ungebundenen Stickstoff zu Nährstoffen bindende Bacillus radicicola einander zu fremd. Von der Symbiose haben wir alle Übergänge bis zur Übernahme geradezu von Schädlingen in das Volksganze. Ameisen nehmen willig in ihr Nest Ameisengäste auf, die von der Brut ihrer Wirte leben, nur weil diese Gäste den Nestgeruch anzunehmen verstehen. Ameisen sind feindlich gegen Angehörige der eigenen Art, wenn diese nicht zum eigenen Nest gehören. Soweit ist die Volksvereinheitlichung zu einer Spezialeinrichtung geworden, die im allgemeinen sehr zweckdienlich, artdauerdienlich ist, im einzelnen aber wie alle technischen Einrichtungen versagen kann. Im menschlichen Zusammenschluß zu Kulturvölkern werden wir biologisches Versagen der Volksgestaltung, das uns allertiefst angeht, kennenlernen (§ 364ff.). Auch der Brutpflegetrieb einer Art kann versagen, z. B. wenn Singvögel Kuckucksjunge aufziehen, wenn sogar weibliche Ratten, deren Junge eingingen, Küchlein als Kinderersatz in ihr Nest schleppen.

163. Wie geringfügig vom allgemeineren biologischen Standpunkt aus der Unterschied zwischen Zellgemeinschaft im Organismus und Organismengemeinschaft im sozialen Volksverband ist, sieht man daran, daß alles im vorigen Paragraphen über Volksgemeinschaft Gesagte auch für Gemeinschaft im Einzelorganismus gilt. Man kann bei Pflanzen und Tieren, sogar noch bei Kaulquappen „Chimären" zusammenpfropfen, ungefähr gleich große Hälften von Organismen ganz verschiedener Art zu einem in dauerhafter, angemessener Art einheitlich funktionierendem Organismus zusammenwachsen lassen. Sogenannte Periklinalchimären von Pflanzen verschiedener Art haben Zellen einer Art als Außenschicht, Zellen anderer Art als Innenschicht aller Organe. So ist z. B. eine Periklinalchimäre Crataegomespilus aus Crataegus monogyna und Mespilus germanica gebildet. Der Vegetationspunkt muß aus beiderlei Gewebe gebildet sein. Durch einen seltenen Zufall beim Pfropfen können sie entstehen. Sie vervielfältigen

sich natürlich nur vegetativ, nicht geschlechtlich. In den Chimären siegt das Prinzip der Bildung eines Organismus über die Individualität der Art. Pilze und einzellige Algen verschmelzen zu den Flechten, die, abgesehen von der Artverschiedenheit der Zellen, ganz und gar einheitliche Organismen sind.

164. So wie die einzelne Zelle nach Bedarf selbstverständlich dem Wohl des ganzen Organismus geopfert wird, so ist der Einzelorganismus durch seine eigene individuelle Gesetzlichkeit preisgegeben, dem Tode ausgeliefert. Der physiologische Tod tritt immer nach dem Gesetz des Lebensablaufs des Einzelorganismus ungefähr dann ein, wenn der Einzelorganismus seine Aufgabe der Nachkommenproduktion, der Brutpflege und der Volksdienlichkeit erfüllt hat: es liegt im Interesse des Typus und des Volkes, daß er jetzt Platz macht. Im Bienenstaat opfert sich die einzelne Biene, um den Gegner abzuwehren. Der Erbsenkäfer legt mehrere Eier in eine Erbse. Eine Larve hat aber nur in der Erbse genügend Nahrung bis zur Verpuppung. Sorgfältige Untersuchungen scheinen zu ergeben, daß die stärkste Tätigkeit der am kräftigsten sich entwickelnden Larve die anderen Geschwister, die räumlich getrennt in derselben Erbse leben und diese Tätigkeit mechanisch spüren, zur Einstellung des Fressens veranlaßt, so daß sie aus eigenem Antrieb inmitten der Nahrung freiwillig verhungern. Hier ist ein Prinzip aus dem Verhalten des einzelnen Organismus auf die räumlich getrennte Mehrheit von Organismen übertragen: Wenn eine Planarie auf dem Rücken liegt, leiten mehrere Partien des Randes eine Torsionsbewegung ein; aber ist diese Einleitung bei einer Partie besonders weit vorgeschritten, stellen die anderen ihre Tätigkeit ein. Nur unser Anthropismus läßt uns diese Regulation im Einzelorganismus selbstverständlich und problemlos erscheinen, während uns das Gleiche unter den Geschwistern des Erbsenkäfers so bewundernswert anmutet, daß v. Uexküll damit den Gedanken einer prädeterminierten allgemein-dienlichen Planwirtschaft im Sein und Werden der ganzen Organismenwelt stützen zu können meinte [Einpassung, S. 699].

Interessant ist die Amöbe Dictyostelium mucoroides, wie der früh verstorbene Zoologe Arndt gezeigt hat [Arndteffekt]. Diese Amöben leben in Massen, nähren sich aber zunächst isoliert. Sie ordnen sich dann in großen Zügen. Die Spitze des Zuges verhält. Die Amöben türmen sich hier zu einem steilen Hügelchen, schließlich zu einem Stiel auf. Die inneren Amöben bilden Zellulose, verholzen gleichsam und sterben ab; die äußersten scheiden eine Hülle ab, die den Stiel auch am Boden verankert. Unter dieser Hülle kriechen immer neue Amöben hoch. An der Spitze bildet sich ein Kugeltropfen aus Amöben, die nun sich beschalen und zu Sporen werden. Hier wird aus zellularen Individuen, die ganz verschiedener Abstammung sein können, erst ein vielzelliges Individuum gebildet, in dem die Mehrzahl der Zellen sich wenigen zur Fortpflanzung kommenden Zellen opfert.

165. Aber aus Bewußtsein und Geist erwächst eine neue Gestaltung, in der das Schwergewicht teleologischer Dienlichkeit sich zunächst ganz zugunsten des Einzelorganismus verlagert. In das einzelne seelisch-geistige Ich ist die autonome Entscheidung gelegt, und sie fällt aus dem eigenen individuellen Wertsystem. Für das denkende Ich des Menschen und besonders für das rational geschärfte Denken bekommt so auch der biologische Einzelorganismus eine biologisch nicht in diesem Maße zu rechtfertigende Vorzugsstellung. Wir werden sorgsam die vielerlei Gestaltungen verfolgen, die aus dieser Einstellung hervorwachsen, die vom biologischen Standpunkt aus gesehen Fehlgestaltungen sind und sich als solche im Schicksal der Völker und der Menschheit auswirken. Allerdings erwächst aus einer gesunden Seelenverfassung, einer gesunden Triebkonstitution auch schon das Gegengewicht (§ 1024). Aber diese Gegentendenzen sind zum Schaden der Selbstbehauptungsfähigkeit menschlicher Völker ziemlich schwach. Zur vollen Klarheit, zur vollen Rechtfertigung dieser Tendenzen als einer gesunden Wendung werden wir die Ausführungen dieses Teils 2.2 nötig haben.

166. Von jeher ist das Wort beliebt: „die Natur" opfere das Individuum, verschwende die Einzelorganismen, sei aber dafür sorgsam auf die Erhaltung der Art bedacht. Das stimmt, insofern von der Suchorganisation des Typus die Individuen zielgemäß in ungeheurer Überzahl verschwendet und dem Verderben preisgegeben werden. Es ist aber ein gefährlicher Irrtum, zu meinen, die „Natur" wäre um die Erhaltung der Art besorgt. Zwar spielt sich hier das Dasein in Jahrtausen-

den und Jahrmillionen ab. Immer sind aber selbst die hochdifferenzierten Arten zugrunde gegangen, wenn niedrigere Formen eine sehr vorteilhafte neue Differenzierung erwarben und nun mit dieser Überlegenheit nach und nach alle Lebensstellen der hochdifferenzierten Arten eroberten, indem sie sich selber nach und nach diesen Stellen anpaßten. So haben kleine Saurier mit schwachen dynamischen Leistungen in zunächst bescheidenen Lebensverhältnissen den Fortschritt zur immer gleichen und optimalen Temperatur des eigenen Körpers gemacht und dann in der Entwicklung zu Säugetieren und Vögeln allen so ausgezeichnet fliegenden, schwimmenden und auf der Erde mächtigen Saurierarten die Lebensstellen genommen.

Freilich gibt es keinen physiologischen Tod der Art. Dafür ist sie aber auch im Falle des Nichtaussterbens, also in dem immer fortlaufenden Faden der Stammesgeschichte Wandlungen unterworfen, die für unseren Blick sehr langsam verlaufen, im zeitraffenden Überblick geologischer Schichten aber sich sehr abrupt vollziehen und einen Typus ziemlich plötzlich zu einem ganz anderen Typus machen. So kann man selbst in diesem Fall von *Selbst*behauptung des Typus gar nicht in strenger Bedeutung dieses Ausdrucks reden.

In weitestem Aspekt betrachtet, ist nichts daseinsgesichert, nicht einmal das „Leben überhaupt". Freilich, zugrunde gehen im wesentlich gleichbleibenden Klima unserer Erde Lebensarten immer nur unter dem Ausbreitungsdruck anderer Arten. Wir dürfen uns aber nicht verhehlen, daß das Leben der Erde überhaupt bei einer kosmischen Katastrophe, die die Erde auch nur zur Rotglut bringen würde, zugrunde gehen müßte. Es würde wohl ebenso untergehen wie die Fülle der Nebeltröpfchen vor der wärmenden Sonne sich auflöst. Wir haben aber trotzdem die anfeuernde Gewißheit, daß keinerlei absolute Notwendigkeit für den Untergang der Welt, des Lebens, der Menschheit und auch nicht einmal eines Volkes und einer Kultur besteht, wie gewisse kurzdenkende Kulturphilosophen meinen. Mit unserem Wissen und Wollen werden wir jede Katastrophe abwenden können, so kühn dieses Wort auch bei unserer jetzigen Unkenntnis und Ohnmacht zu sein scheint (§ 1077). So zeigt sich dem Blick, der nicht anthropomorph befangen ist, die Welt.

2.3. Des Kosmos der Seele vorläufige Untersuchung

2.31. Die Seele im Körper.

167. Die stammesgeschichtliche Suchorganisation, die den Typus an die Umgebung angepaßt verändert und in einer besonders bedeutsamen Linie der „Entwicklung" immer reichere dauerdienliche Organismen schafft, ist der Boden für das Verständnis des biologischen Kosmos und alles Kosmischen, das sich auf dem Boden des Lebens aufbaut. „Zweckmäßigkeit", allerdings nur biologische Zweckmäßigkeit, Dauerdienlichkeit, ist jetzt ein kosmisch wohlbegriffener Begriff. Diese Suchorganisation ist auch ein unersetzliches Fundament für das Verständnis des Daseins und Werdens des Psychischen, insofern es Dauerdienlichkeitsaufgaben für den Organismus und sich selbst erfüllt. Daß aber beim Übergang vom physisch, nichtpsychisch Biologischen zum Seelischen ein neuer Hiatus vorliegt (§ 70/73), ist durch eine neue Aporetik gegenüber dieser Dauerdienlichkeit bedingt. Wie will man durch dauerdienliche Gesetzlichkeit die eigentümliche Ichzentriertheit des Psychischen erklären, die wahrlich etwas anderes ist als eine Gestaltganzheit? Wie die Sinnhaftigkeit alles Psychischen? Wie die eigentümlich teleologische Ichbedeutsamkeit auch des tiefsten Wesens des Willens, des Werts, des Gefühls, der Wahrnehmung (§ 70)? Wie die rätselhafte Beziehung der Intentionalität, des Meinens von etwas gänzlich Bewußtseinsheterogenem, die von der Kausalbeziehung ganz wesensverschieden ist und in dem Wesen der Erkenntnis eine besonders ausgezeichnete Prägung besitzt? Wie das individuelle Ganzwerden jeder einzelnen Persönlichkeit und gerade der besten geistigen Persönlichkeit mit ihrem individuellen Telos, ein Ganzwerden, das wesentlich anders ist als das stereotype Ganzwerden eines sich entwickelnden oder regenerierenden Organismus? Hier liegt die Problematik der Teile 2.3 und 2.4, hier müssen wir Kosmosgesetze ganz anderen Charakters als im vorigen Teil zu begreifen suchen.

168. Der psychische Prozeß ist dennoch zeitlich und bedingungsmäßig eingebettet in den Nervenprozeß, ist eine Funktion des Nervenprozesses. Er erfüllt auch eine Dauerdienlichkeitsaufgabe, und zwar eine in biologischer Betrachtungsweise

recht bescheidene. Kein Geringerer als Nietzsche hat dies in wünschenswerter Schroffheit ausgesprochen, als er den Leib als die große Vernunft bezeichnete: „Werkzeug deines Leibes ist auch deine kleine Vernunft, mein Bruder, die du „Geist" nennst, ein kleines Werk- und Spielzeug deiner großen Vernunft. „Ich" sagst du und bist stolz auf dies Wort. Aber das Größere ist — woran du nicht glauben willst — dein Leib und seine große Vernunft: die sagt nicht Ich, aber tut Ich" [Zarathustra, I, V. d. Verächtern des Leibes]. Bewußtsein ist ein für ein beschränktes Gebiet höchstes Regulationssystem. Es hat biologisch ordnungsgemäß mit den anderen zusammenzuarbeiten, ohne in natürlichen Verhältnissen seinen biologischen Zweck und die Zusammenarbeit mit anderen Regulationen in Erfüllung seines Zwecks so zu kennen, wie es seiner Eigenart nach sonst wohl vieles „kennt". Diese in primitiven Verhältnissen recht zweckmäßige der eigenen Jurisdiktion entzogene Zieldienlichkeit wird sich uns als höchst verhängnisvoll für die höchste Kulturentwicklung aus dem freien Zielsetzen des Ich erweisen. Das beschränkte Reaktionsgebiet, das die Bewußtseinsprozesse regulieren, ist, grob und ungefähr bezeichnet, das der quergestreiften Muskeln. Der unmittelbare Einfluß z. B. auf die Herztätigkeit, Darmtätigkeit, Drüsenfunktion ist ihnen versagt. Selbst die quergestreiften Muskeln werden in primitivster Regulation schon durch starre, unabänderliche Reflexe vor dem Bewußtseinseingriff zweckmäßig innerviert. Unterhalb des Bewußtseins funktioniert relativ selbständig ein vielfältiges System niederer Ganglien, das sich bis in die subkortikalen Ganglien des Gehirns und ins Kleingehirn hinauf aufbaut. Durch diese Ganglien hindurch reguliert erst das Bewußtsein, wie es durch sie hindurch die Reize aus der Welt empfängt. Aber es birgt in sich selbst eine individuelle Gestaltungsfähigkeit in Korrelation zur individuellen Umgebung des Organismus, und diese Gestaltungsfähigkeit untersteht einer eigenen Teleologie, die wohl engen Gesetzeskonnex zur biologischen Dauerdienlichheit hat, aber ihr nicht absolut unterstellt ist. Sie kann zu einer geistigen Gestaltung führen, in der der biologischen Zweckmäßigkeit gewollt zuwider gehandelt wird (Selbstmord, Fortpflanzungsablehnung). Hier liegt eine Entwicklung vor, die für den biologisch objektiv Beobachtenden leicht als eine

Fehlentwicklung, eine individuelle Dysteleologie, wie sie ja auch in allem Biologischen häufig und unvermeidlich ist, zu charakterisieren ist, die aber doch ihre eigene Sinnzentriertheit hat.

169. Das Nervensystem mit seinen fädigen Leitungen und seinen einheitlich funktionierenden zentralen Ganglien kann höchst wirksam regulieren: Reizort und Reaktionsort können an verschiedenen Stellen des Organismus liegen. Die verschiedensten Reize können in beliebiger Mannigfaltigkeit zur Wirksamkeit verbunden werden. Beliebig komplexe Reaktionen können durch einen einheitlichen Impuls zweckmäßig koordiniert ausgelöst, aber auch wieder durch neue Reize während des Ablaufs abgeändert werden.

170. Die schwierigste und dabei biologisch höchst wichtige Aufgabe ist aber die Anpassung des Individuums an eine individuelle Umgebung, die nur für sein ganzes Leben oder gar für noch kürzere Zeit gesetzmäßig dauert. Die Umgebung ist zu kompliziert, als daß dem nervösen Regulationssystem eine in allen Fällen richtige Reaktion zu treffen möglich ist. „Wie man's macht, so ist's verkehrt", sagt der Mensch angesichts der Fehlschläge. Aber die steigende Dauerdienlichkeitsdifferenzierung und -integrierung der Stammesentwicklung zum höheren Tier hin hat es möglich gemacht, das einzelne Individuum in seinen Reaktionen an mehr oder weniger dauernde „erfahrbare" lebenswichtige Eigentümlichkeiten seiner individuellen Umgebung dauerdienlich anzupassen. Das ist zweifellos der biologisch unmittelbarste und stammesgeschichtlich ursprünglichste Sinn des „Lernens": Das Individuum lernt, auf seine individuelle Umgebung zweckmäßig zu reagieren. Andere Individuen können in Anpassung an *ihre* Umgebung anders lernen, und auch dasselbe Individuum kann umlernen, d. h. bei veränderter Umgebung anders zu reagieren lernen. Die Topographie der individuellen, aber zeitlich dauernden Wohnung und der immer wieder besuchten Umgebung, die Gewohnheiten der artlichen und individuellen Feinde, Beuteorganismen, sonstigen Teilnehmer der Biozönose werden erfahren. Man vergegenwärtige sich etwa die Aufgabe einer Ratte in einem von Menschen bewohnten Hause. Eine mitgeteilte überindividuell gleichartig werdende, sozial „gelernte" Handlungsweise gehört auch mit zur primitiv ganz-

heitlichen Erfahrung. Das Verhalten der Krähen dem Pflüger und dem Jäger gegenüber, der in Stadtalleen nistenden Raubvögel, der auf der Spree mitten in Berlin sich furchtlos aufhaltenden Wildenten zeigt die primitivste Stufe. Eine vom Tun getrennte, mit beliebigen Reaktionen verknüpfbare bloß rezeptive Erfahrung ist erst eine spätere Stufe, die hier noch nicht in Betracht kommt.

171. Liegt in dieser Leistung nun wirklich etwas, was auf Basis der primitiven Nervenregulation unfaßbar ist? Sollen wir hier schon annehmen, daß ein absolutes Novum in die aufsteigende Entwicklung des Organismenreichs historisch eingetreten ist, daß hier ein Mädchen aus der Fremde als huldvoller Genius wirksam geworden ist?

172. Die Fremdartigkeit des Seelischen gegenüber dem Physischen, auch dem Nichtseelisch-Biologischen, hat neben anthropomorphistischen Wertmotiven zum Dualismus des Seelischen und Physischen geführt. Wir finden zwar schon bei den Pythagoräern (Aristot. de anima, I. cap. 4, 407 b; Polit. VIII, cap. 5, 1340 b; Platon, Phaidon, 85/88) die Auffassung, die Seele sei eine Harmonie des Leibes nach Art musikalischer Harmonie, wohl gemeint als eine Funktionszusammenstimmung des Organismus. Die Aristotelesschüler Dikaiarchos und Aristoxenos haben dies übernommen. Aristoteles selbst betrachtet die Seele als das „wodurch wir leben" (de anima II, cap. 2, 414 a), deshalb vom Leibe nicht trennbar (cap. 1, 413 a). Die Seele wird in Anlehnung an alte Volksvorstellung zur Lebenskraft, zum Lebensprinzip, und ganz folgerichtig ist Assimilation und Wachstum für Aristoteles schon seelische Funktion in Pflanzen und Tieren (cap. 2, 413 b). Aber diese Denkweise ging unter.

Platon und dem Christentum waren es vornehmlich die auf die Seele konzentrierten Wertakzente, die zum prinzipiellen Dualismus führten: die Seele war das Ich, das vor allem teuer, werthaft war. Bei Descartes führte vornehmlich die absolute funktionale Fremdheit des Seelischen und des Physischen zueinander zur Annahme zweier verschiedener Substanzen, die gar nichts Formales und Materiales gemeinsam haben, und die bei den konsequenten Nachfolgern Descartes' auch nicht einmal in kausalem Konnex stehen konnten. So wurde das Problem von Leib und Seele lebendig, denn beide waren doch zweifellos räumlich, zeitlich und irgendwie organisch verbunden. Man stritt sich seit dem 17. Jahrhundert, ob eine kausale Wirksamkeit zwischen Seele und Leib durch den Willen einerseits und die Empfindung andererseits hindurchgehe (Wechselwirkungstheorie), ob Psychisches ein Begleitprozeß des Physischen entweder prinzipiell überall oder nur in gewissen Zuständen des Physischen sei (psychophysischer Parallelismus), oder ob gar Psychisches und Physisches dasselbe sei, in verschiedener Weise gesehen (Identitätstheorie). Es trat der Begriff der Psychophysik auf, einer Wissenschaft der gesetzlichen Verknüpftheit des Psychischen und des Physischen. Theodor Fechner war der geniale Schöpfer dieser Disziplin.

2.32. Psychologische Grundrichtungen.

173. Wissenschaftlich gewissenhafte Psychologie nahm seit Descartes die absolute Heteregoneität des Psychischen und des Physischen, die Endgültigkeit des zweiten Hiatus (§ 73) als etwas Gegebenes. Seelisches war aber erfahrungsgemäß etwas Zeitweiliges, räumlich und zeitlich mit dem Leibe Verbundenes. Vorstellen war das Wesentlichste der Seele, Vorstellungen mußten die Materie des Seelischen sein. In den räumlich und zeitlich elementar zu denkenden Reizungen der Sinnesorgane lag der zeitliche Quellpunkt dieses ganz heterogenen Psychischen aus dem Physischen. Hier quellen die reinen und einfachen „Empfindungen", die nun freilich durch psychische Prozesse verschmolzen, mit „zentral erregten" Einflüssen vermengt und total verändert werden. Sie sind deshalb gar nicht so leicht faßbar, aber Aufmerksamkeit, geschulte Selbstbeobachtung und gut isolierende Versuchsanordnung muß unsere Erkenntnis ihnen nahe kommen lassen. Wieweit die „zentral erregten" Momente selbständige Elemente sind, wieweit etwa die Gefühle selbständige Elemente oder nur Gefühls*töne* an den Empfindungen und komplexen Vorstellungen sind, war ein Streitpunkt. Jedenfalls folgten die seelischen „Inhalte" einfachen und komplizierteren Gesetzen der Verknüpfung (Assoziationsgesetzen), des Unbewußtwerdens, der Gedächtnisbewahrung und der Reproduktion als „bloße Vorstellungen" ohne Beziehungen zu einer adäquaten

neuen Sinnesreizung. Neben dem Anfangskonnex der Empfindung mit dem Reiz war in der Willenshandlung noch ein Endkonnex des Psychischen mit dem Physischen gegeben, obwohl auch dem ganzen psychischen Prozeß ein ungekannter physiologischer Prozeß irgendwie verbunden gedacht wurde. So bauten die großen Bahnbrecher Fechner, Helmholtz, Wundt die Psychologie auf, und so arbeiteten bis in die jüngste Zeit noch G. E. Müller, Ziehen und Titchener.

174. Einer solchen Psychologie war der Anschluß an die biologische Funktion des Psychischen im Organismus schwierig. Es war damit auch nicht das eigentliche Wesen echt psychischer Funktionen aufzubauen. Man bemühte sich, von der Ichzentriertheit alles Psychischen als einer Art subjektiver Täuschung abzusehen und eine „Psychologie ohne Seele" d. h. ohne Determiniertheit durch ein Ich aufzubauen. Man negierte ganz die Intentionalität als eine eigentümliche Beziehung des Bewußtseinsakts zu einem ihm fremden Gegenstande. Und so vieles andere. Eben damit hing es zusammen, daß die exakte Psychologie gänzlich unbrauchbar war für das Bedürfnis einer Seelenkenntnis, das für den Politiker, den Historiker, den Dichter, den Pädagogen so dringlich war.

Weniger bedrückt wurde man meistens von der Schwierigkeit: Wie kann man dies alles denn nun räumlich und zeitlich auf die physiologische Basis, das Gehirn verteilen? Wer sich hierüber Rechenschaft ablegen wollte, nahm ein System von Empfangs- und Sendestationen, isolierten Bahnen zwischen ihnen, Förderungen und Hemmungen der Leitungen auf ihnen, isolierten Depots der einzelnen Vorstellungen in einzelnen Zellen oder Zellgruppen an. Wie hoffnungslos nun aber das Problem der Vereinigung namentlich mit dem gestaltlichen Vorstellen und begrifflichen Denken lag, sprach zuerst v. Kries in seiner sehr bedeutsamen und wirksam gewordenen Rektoratsrede [Grundlagen] aus.

175. Daß die empirische Psychologie, wie sie tatsächlich aufgebaut war, in diesen beiden Punkten völlig versagte, bedingte ihren Niedergang seit der Jahrhundertwende. Man hatte in der zweiten Hälfte des 19. Jahrhunderts die größte Hoffnung auf sie als Fundament einer endlich haltbaren Philosophie gesetzt. Ihr Unvermögen trug zur aprioristischen und geisteswissenschaftlichen Wendung in der Philosophie

seit der Jahrhundertwende wesentlich bei. Ihre Unvereinbarkeit mit dem Physiologischen bedingte eine Geringschätzung im medizinischen Fachkreis, so daß selbst der Psychiater sich mit einer allgemeinsten Schematik aus ihr begnügte und im übrigen seine klinischen Beobachtungen mehr an einer bewährten Vulgärauffassung der geistigen Persönlichkeit orientierte. Was uns hier besonders angeht: Sie enttäuschte gründlich die Erwartung als Bindeglied zu dienen im ganzen kosmischen Aufbau zwischen dem Physiologischen und dem Geistigen.

176. Aus dieser Lage sind die so divergierenden Neuentwicklungen unseres Jahrhunderts zu verstehen. Ich will die vier bedeutendsten und radikalsten aufführen.

1. Der Behaviorismus, der in der amerikanischen Psychologie jetzt zwei Jahrzehnte vorherrschte, sieht in seiner ursprünglichen radikalen Tendenz von aller inneren Wahrnehmung des eigenen psychischen Prozeßverlaufs und aller einzelnen Daten desselben prinzipiell ab. Er beschränkt sich auf die Korrelation des physikalisch feststellbaren und allgemeiner Kontrolle zugänglichen Reizes und der ebenso beschaffenen daran kausal geknüpften Reaktion mit allen physischen Begleittatsachen. Er schneidet einfach alles Problematische und Seltsame, das unser unmittelbares Bewußtsein uns gibt, als metaphysischen Spuk ab. In der Tat spricht die nachweisliche Unzuverlässigkeit der methodischen Selbstbeobachtungsexperimente zugunsten des Behaviorismus, und erkenntnistheoretische Gedankengänge eines prinzipiellen „Physikalismus" kommen ihm zu Hilfe (§ 899). Der extremste Behaviorist John B. Watson [Behaviorism. S. 191] versteigt sich bis zu der Auffassung, Denken sei einsame und mehr oder weniger gehemmte Sprachbewegung; damit ist ihm erstaunlicherweise das ganze Problem des Denkens im wesentlichen erledigt.

Nun hat aber der Behaviorismus neuerdings eine Wendung genommen; besser gesagt, eine neue Psychologie hat sich der alten Bezeichnung bemächtigt. Edward E. Tolman [Behavior] ist der bedeutendste Vertreter der neuen Richtung. Zielgeweckte, am Ziel haftend bleibende, Ketten von Zwischenprozessen erregende Triebhaftigkeit verschiedener Art ist jetzt das Wichtigste des psychologischen Prozesses. Introspektive

Beobachtung unseres Bewußtseinsverlaufs wird ausgenutzt zur Strukturierung des psychischen Prozesses, bleibt aber immer noch Hilfsmittel der physischen Beobachtung des Handelns. Diese Psychologie kommt schon auf dem Begriff des Triebes als einer dynamischen Tendenz aufbauenden Psychologien, die aus den verschiedensten älteren Schulen hervorgehen, aber gar nicht das Mißtrauen gegen die Bewußtseinsbeobachtung haben, sehr nahe. Mc. Dougall ist hier in erster Linie zu nennen [vgl. z. B. Energies]. „Hormisch" nennt er seine Psychologie, um das Dynamische der fundamental wichtigen Triebe zu betonen. Er versteht zwar schon gar nicht mehr, warum der verwandte Tolman das Behavioristische seiner Lehre so hervorhebt [Energies, S. 44]. Aber auch seine psychische Dynamik ist am physischen Ziel orientiert, und alle Psychologie vom Trieb her verdankt einer solchen Orientierung ihre Erfolge.

In der Tat ist aller psychische Prozeß mit allen seinen Faktoren vollständiger durch seine Rolle als Zwischenprozeß dieser Art determiniert als uns geistig Selbstbeobachtenden erscheint. Die Forderung, daß die Annahme solcher Zwischenprozesse sich rechtfertigt, hat von einem wohl zu verteidigenden Erkenntnisstandpunkt aus ihr gutes Recht. Aber zu offensichtlich haben sich ja doch uns selbst unsere psychischen Zustände als treffliche Indizien des Konnexes zwischen Einwirkung auf uns und Reaktion bewährt. Es ist selbstverständlich, daß wir auch im anderen Menschen diese selben Zwischenzustände bei gleichem Verhalten annehmen, wenn wir auch bei entfernteren Verwandten im Tierreich und deren weniger ähnlichem Verhalten immer vorsichtiger in solchen Annahmen zu sein haben. Das Getriebe unseres Psychischen, wie es uns in innerer Wahrnehmung bewußt ist, hat schon nach behavioristischem Prinzip Realität. Wir werden sehen, daß wir es in aller seiner Eigenart begreifen müssen, um auch nur behavioristisch so vollständig die Bedingtheit unserer Handlungen zu erkennen, wie es uns möglich ist. Nicht verkannt werden sollen die besonders großen Verdienste des Behaviorismus in der Tierpsychologie, in der höchstens für die Psychologie der Warmblüter eine aus menschlicher Selbstwahrnehmung gewonnene Kenntnis psychischer Faktoren noch als Hilfsmittel angebracht ist. Es ist bedauerlich, daß die Leistungen des Behaviorismus auf diesem Gebiet in Deutschland nur wenig gewürdigt werden. Wir wollen sie gründlich ausnutzen.

177. Schneidet der Behaviorismus alles für den physiologisch Denkenden Problematische und Seltsame kurzweg ab, so sind zwei andere Psychologieformen ganz uninteressiert gegenüber der Forderung der Bedingtheit durch die physiologische Grundlage. In der einen fasse ich Bahnbrecher zusammen, die sich nur sehr lose verbunden fühlten. Sie betonen in schroffer Frontstellung gegen die empirische Psychologie ihrer Zeit das gänzlich Heterogene des eigentlich Psychischen (§ 70/72, § 167) gegenüber allem naturwissenschaftlich Bekannten und betonen den notwendigen Verzicht auf seine naturwissenschaftliche Erklärung.

Den Anfang machte Franz Brentano mit seinem furchtlosen Buch „Psychologie vom empirischen Standpunkt" von 1874. Brentano war aus katholischer, neuscholastischer Tradition heraus selbständig gegenüber dem üblichen Psychologiebetrieb seiner Zeit und baute alle Psychologie auf dem unproblematisch an den Anfang gestellten Grundbegriff des Intentionalen auf.

Georg Simmel und Theodor Lipps machten unabhängig voneinander um die Jahrhundertwende eine gleichartige Schwenkung in der Auffassung des Seelischen. Geistreich zugespitzt betonten sie gerade das vom naturwissenschaftlichen Standpunkt Absurde des Seelischen: Seht, so märchenhaft ist menschliches Seelenleben. Sie empfanden den Reiz des Seltsamen als etwas Befriedigendes.

Für alle diese war Psychologie trotz ihrer Seltsamkeit empirische Wissenschaft. Edmund Husserl vollzog aber hier eine bedeutsame Wendung: Es gibt ein transzendentales Bewußtsein, eine überempirisch gesetzmäßige Subjektivitätsbeziehung alles Objektiven mit einer unübersehbaren Perspektive von Modifikationen. Ihrer werden wir mit einer Evidenz inne, die von empirischer Selbstbeobachtung streng zu trennen ist. Sie ist Inhalt einer besonderen Wissenschaft, der Phänomenologie (§ 28), der sich empirische Psychologie mit ihrer Untersuchung des empirisch zufälligen Seelenlebens fügen muß, wie sich alles Empirische eidetischer Notwendigkeit fügen muß. Die Kritik dieses Husserlschen Apriorismus und damit der Nachweis des guten Rechts, ihn hier nicht zu beachten, wird erst in Teil 6.3 möglich sein.

178. Die andere neue Psychologie ist die geisteswissenschaftliche, deren Programm Dilthey in seiner klaren Abhandlung |Ideen| von 1895 in aller wünschenswerten Schärfe darlegte. Sie entwickelt alle Auffassung des psychischen Prozesses aus den Bedürfnissen der Erkenntnispraxis geistiger Zusammenhänge. Sie begnügt sich, die psychischen Funktionen so zu belassen, wie sie sich in der fein angepaßten praktischen Seelenkunde des geistigen Praktikers und des geisteswissenschaftlichen Theoretikers, vor allem des Historikers, bewährt hatten, klärt nur ihre so gegebene Struktur auf, sucht sie zu präzisieren und zu reinigen. Damit ist nicht gesagt, es handle sich nur um eine oberflächliche Laienauffassung, gegenüber der die des Experimentalpsychologen die gründliche ist. Es handelt sich auch hier wie bei den Entdeckungen Brentanos und Lipps' wirklich um etwas Sonnenklares, was der Experimentalpsychologe nur nicht sehen wollte. Wir werden von allem diesem Rechenschaft ablegen müssen. Von den Problemen, von denen wir hier in Teil 2.3 ausgehen, wird in der geisteswissenschaftlichen Psychologie abgesehen. Zunächst heftig bekämpft, hat sie sich in den letzten Jahrzehnten auch in der zünftigen Psychologie eine breite Position erzwungen.

179. Die Neubildung, die den unersetzlichen Wert *experimenteller* Psychologie in ernster Arbeit wahrt, ist die Gestaltpsychologie. Ihre schärfste Ausprägung, damit aber auch die ganze Enge ihres Prinzips ist in der im engeren Sinne gestaltpsychologischen Schule mit den bahnbrechenden Hauptvertretern Köhler, Wertheimer und Koffka zu finden. Ich halte mich überwiegend an diese, obgleich die Leipziger Schule Felix Kruegers nicht nur an Leistung im einzelnen ebenbürtig daneben steht, sondern durch einen weiteren Blick auf das Geistige über diese Enge hinaus bedeutsam ist, aber eben dadurch für uns weniger instruktiv ist. Köhler selbst gibt als allgemeinsten und fruchtbarsten Begriff der Gestalt an: „Wo sich ein Geschehen nach der für sein ganzes Feld gegebenen Bedingungskonstellation dynamisch verteilt und selbst ordnet, da liegt ein Fall vor, der in das Gebiet der Gestalttheorie fällt... so daß eine Betrachtung einzelner Punkte

154   Teil 2.32. § 180.

oder rein lokaler Faktoren als solcher uns keine rechte Einsicht in die Natur des Geschehens geben kann" [Probleme, S. 122].

Fig. 2   Fig. 3   Fig. 4   Fig. 5

180. Ein instruktives Beispiel: Die vier Punkte der Figuren 2 und 3 werden als Quadratecken gesehen, die acht Punkte der Figur 4 aber als Punkte der Peripherie eines Kreises, nicht eines regulären Achtecks; ebenso sind die unregelmäßig voneinander entfernten Punkte der Figur 5 uns unmittelbar wahrnehmungsmäßig ein Kreis. Man verschiebe nun einen Punkt der Figur 5 ein wenig aus der mathematisch bestimmten Kreisperipherie; die Wahrnehmung wird dann zu der eines „schlechten" Kreises. Entfernen wir ihn weiter von der Kreisperipherie, so zeigt sich, daß wir jenseits einer bestimmten Entfernungsgrenze wieder die Wahrnehmung eines „guten" Kreises haben, dem gegenüber der verschobene Punkt etwas Isoliertes, Nichtdazugehöriges ist. Wahrnehmungsgestalten haben eine „Tendenz zur Prägnanz", d. h. ein Bestreben, zu gewissen Normen zu werden. Sehr geringe Divergenzen von der Norm gehen meistens gar nicht in die Wahrnehmung ein. Größere wirken wie Entstellungen oder auch in ästhetischer Einstellung wie Unschönheiten. Absolut Unvereinbares wird zu etwas Fremdem. „Gestalten" sind keineswegs auf das Optische beschränkt. Die Melodie ist sogar das schönste und zuerst als solches erkannte Gestaltphänomen. Zu den Gestalten der Ruhephänomene kommen die der Bewegungsphänomene. Werden die beiden Figuren ∠ und — in ziemlich rascher Folge kurzer Expositionen einer Versuchsperson alternierend an derselben Stelle dargeboten, so hat sie das klare Phänomen einer auf- und abschlagenden Klappe. Solche Bewegungsgestalten wurden von Wertheimer in einer tiefgründigen Arbeit [Studien] untersucht, theoretisch diskutiert und gaben den Anstoß zu einer stürmischen Entwicklung der Ge-

stalttheoretik, nachdem die erste Arbeit von v. Ehrenfels [Gestaltqualitäten] zunächst nur zu einem langsamen Schwälen des Problems unter der Oberfläche der Diskussionen geführt hatte. Die Einzeltatsachen und Gesetze der Gestaltung scheinen tatsächlich unermeßlich zahlreich und verwickelt zu sein. Besonders das Gebiet der Sinnestäuschungen erfährt eine Klärung. Daß z. B. die gleich langen Strecken a und b der Figur 6 als sehr verschieden lang in der Wahrnehmung auftreten, ist nach einem Gestaltgesetz daraus zu erklären, daß sie in verschiedenen Gestaltganzen ihr phänomenales Sein bekommen haben.

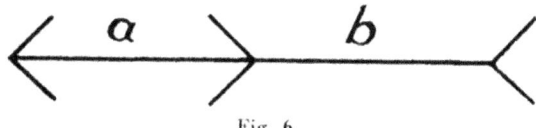

Fig. 6.

181. Ihren wirksamen Hauptschlag führt die Gestaltpsychologie gegen die sogenannte Konstanzannahme: „Über die Sinnesgegebenheit entscheidet der Reiz." Diese Annahme besagt, daß einer bestimmten elementaren Reizung eines Sinnesorgans immer eine bestimmte elementare Sinnesempfindung als psychische Gegebenheit entspricht, wie das materielle Atom allen physischen Gestaltungen unverändert zugrunde liegt. Wenn diese Elementargegebenheiten uns nicht bewußt werden, so seien sie nur nicht bemerkt, und was uns anders erscheint, sei unbewußte Urteilstäuschung; höhere synthetische Prozesse verdecken uns das Seelisch-Elementarste. Aber das ist nach der Gestaltpsychologie falsche Theorie. In Wahrheit bekommt erst das Elementare sein psychisches Sein durch das Ganze, wie eine schlichte Sachgegebenheit aller Wahrnehmungsprozesse zeigt. Die Elemente sind nur Glieder, Bedeutungsteile des Ganzen, das sich in mannigfaltigster Weise lockerer oder fester anderen Ganzheiten einordnen oder auch sich abschließen kann.

182. Zwei Eigentümlichkeiten der Gestaltung treten bei den Gestaltpsychologen in den Hintergrund: Erstens, daß die Fülle der Gestaltgesetzlichkeit deutlich der biologischen Aufgabeerfüllung des Bewußtseins und speziell der Wahrnehmung dient. Diese Eigentümlichkeit tritt besonders deutlich

bei der Abhebung der Gestalt vom gestaltlosen oder gestaltschwachen „Grund" hervor. Wir fanden sie ebenfalls bei der Farbtransformation [Katz, Farben]. Katz zeigte, daß wir bei verschieden starker und auch verschieden farbiger Beleuchtung die Sehdinge wenig verändert in ihren „eigentlichen" Farben sehen. Wir sehen sie so, wie sie bei normaler Beleuchtung erscheinen müssen, nur wenig in Richtung der Beleuchtungsart verschoben, während der Netzhauteindruck physikalisch nachweisbar ein infolge der Beleuchtung gänzlich verschiedener ist, was psychisch überhaupt nicht in Erscheinung tritt. Was das für die biologische Aufgabe des Wiedererkennens von Dingen bedeutet, liegt auf der Hand. Aber dies teleologische Problem fällt ja letzten Endes unter das große Hauptproblem der biologischen Dauerdienlichkeit. Wolfgang Köhler sieht dies Problem überhaupt nicht, wenn er Gestalttheorie auch für die Biologie als die gute dritte biologische Grundlegung außer Vitalismus und Mechanistik empfiehlt (§ 144). Wissenschaftstheoretisch ist die Gestalttheorie unmittelbar an die physikalische Gestaltbildung geknüpft (§ 57) [W. Köhler, Gestalten], deren Fragen mit Einschluß primitiver physikalischer Dauerdienlichkeit völlig gelöst sind.

183. Zweitens kann eine individuelle Gestaltdynamik sich auch erfahrungsmäßig, d. h. nach individuellen Bedürfnissen im individuellen Menschen bilden. Es ist interessant, daß Köhler eine dem Menschen eingeborene Gesetzlichkeit der Gestaltbildung wie selbstverständlich als der Gestalttheorie gemäß ansieht, dagegen die empiristische Auffassung, den Erwerb durch individuelle Erfahrung, Erlebnisse, als Widersacher betrachtet [Probleme, S. 93ff., das ganze Kap. V]. Gestaltgesetze werden eben als Naturgesetze wie die physikalischen angesehen. Nativistisch sind sicher auch die fundamentalsten Gesetze der Tiefenwahrnehmung, der Katzschen Reduktion des Beleuchtungsfaktors von der Wahrnehmung der Farbe der Gegenstände, die geometrisch-gesetzliche Gestaltbildung in uns verankert. Jedoch schon bei den Vexierbildern ist es anders. Wenn in der in gestalttheoretischen Werken häufig abgebildeten Figur 7 bald ein junges Entchen, bald ein hockendes Kaninchen gesehen wird, so liegt sicher typische Gestaltbildung vor, aber schwerlich würde derjenige, der niemals im Leben Vögel oder vierbeinige Säugetiere irgend-

Fig. 7.

welcher Art kennen gelernt hat, einen dieser beiden Gestaltzwänge haben. Freilich, die bloße Häufigkeit der Wiederholung einer Darbietung ist hier wohl unwesentlich, wie Gottschaldts Versuche (Psychol. Forschung, Bd. 8 u. 12, vgl. auch § 204) überzeugend nachwiesen. Wohl aber entscheiden höhere Erkenntnisprozesse.

184. Gestaltbildung wird mit Recht in allen dynamischen Geistesverläufen [Köhler, Anthropoiden] bis zum Lösen schwierigster wissenschaftlicher Probleme gesehen [vgl. vor allem Wertheimer, Schlußprozesse]. Alles Lösen eines Problems ist Gestaltergänzung mit Spannung, Einschnappen, Festigkeit des Produkts. Aber ganz gewiß ist damit gerade das Wesentliche alles Lernens, Denkens, geistigen Schaffens nicht erklärt. Wie kann sich denn im menschlichen Bewußtsein so etwas wie die mathematische Gruppentheorie mit ihrer strengen Geschlossenheit als eine Denkganzheit entwickeln? Angeboren ist diese Ganzheit dem menschlichen Gemüt gewiß nicht. Hier liegen Gesetze des Geisteslebens vor, für die Gestalttheorie höchstens eine Hilfsstellung einnimmt, die von ihren Verfechtern maßlos aufgebauscht ist. Zu einer Erklärung des Wesens des Geistigen und schon des Wesentlichen der Psyche, das Brentano und Lipps untersuchten (§ 178), ist Gestalttheorie gänzlich untauglich. Wie will man die Ideatio, das Meinen, das Intentionale erklären, wie das Werden einer individuellen geistigen Ganzheit, wie die eigenartige Ichzentriertheit und überhaupt den Ichbegriff, wie überhaupt einen abstrakten Begriff? Das ist das Wesentliche, nicht der Gestaltcharakter. Hier zeigt die Strukturpsychologie Felix Krügers und seiner Leipziger Schule unter Wahrung der guten Seiten der Gestaltpsychologie einen weiteren Blick als die Berliner Schule.

185. Dennoch ist die Gestaltpsychologie als Fortschritt und auch als Hüterin des unersetzlichen experimentell-psychologischen Traditionsguts das Bedeutendste in der Psychologie

der Gegenwart. Sie dringt wirklich in eine Erkenntnis der Strukturen, „denn wir wollen ja bis ins einzelne wissen, in welchen gerade vorliegenden Bedingungen die Selbstverteilung in all den verschiedenen Anwendungsgebieten vor sich geht" [Köhler, Probleme, S. 123]. Vor allem durchbricht die Gestaltpsychologie die alle tiefere Erfassung der Welteinheit hemmende Vorstellung, das Psychische und das Physische seien absolut heteronome Systeme. Schon in Wertheimers erster epochemachender Arbeit von 1912 [Studien] und dann entschiedener noch in Köhlers Hauptwerk [Gestalten] dringt die Auffassung durch, daß physische Gestalt im Nervenprozeß und phänomenale Gestalt in unserem Bewußtsein von gleichem dynamischen Charakter sind, und daß es möglich sein muß, die allgemeinen Eigenschaften phänomenaler Gestalten von ebenso allgemeinen Eigenschaften physikalischer Strukturen aus zu verstehen [Gestalten S. 174]. „Aktuelles Bewußtsein ist in jedem Falle zugehörigem psychophysischen Geschehen den (phänomenal und physisch) realen Struktureigenschaften nach verwandt, nicht sachlich sinnlos nur zwangsläufig daran gebunden" [S. 193]. Das ist ein schneidender Widerspruch gegenüber der festgewurzelten Auffassung, daß Geist und Seele etwas absolut aller physischen Gesetzlichkeit Heterogenes ist. Die Entrüstung über diese Meinung zeigte, daß Köhler hier sehr lieb gewonnene Auffassungen angriff.

Kritik der in diesem Teil 2.32 dargestellten psychologischen Grundrichtungen: § 328.

2.33. Methode meines Aufbaus des psychischen Kosmos.

186. Um die Brücke zwischen dem Wesen des Physiologisch-Biologischen und des Psychischen zu schlagen, haben wir die beiden Enden als festen Tatsachengrund: Wir haben erstens die mit Hilfe unserer Sinneswahrnehmung feststellbaren Daten des Nervenprozesses und ihre ebenso wahrnehmbaren Bedingungen und Folgen, auf die der Behaviorist allein aufbauen will. Wir haben zweitens die unmittelbare Selbstbeobachtung, die Wahrnehmung unseres Bewußtseinszustands selber. Diese Selbstbeobachtung kann wieder in sehr verschiedenen Höhenlagen angestellt werden und führt dann zu

ganz verschiedenen Resultaten. Wir haben die alte ehrenwerte Methode der experimentellen Psychologie, die „elementaren" psychischen Prozesse des Wahrnehmens, Fühlens, Assoziierens, Denkens, Wollens in ihren gesetzmäßigen Beziehungen festzustellen, wobei wieder entweder das Gewicht ganz auf die Anknüpfung an die unmittelbaren Außenweltsdaten des Reizes und der Reaktion gelegt werden kann oder aber auf die methodische introspektive Beobachtung des internen psychischen Verlaufs durch geschulte Versuchspersonen. Wir haben auch die gelegentlichen „Ertappungen" bei Versuchen und im täglichen Leben, die weniger einer unnatürlichen Einstellung verdächtig sind, zu berücksichtigen. Wir berücksichtigen auch die geisteswissenschaftliche, lebengemäße Einstellung zum Seelenleben als Ausgangspunkt der Analyse, durch die wir zweifellos die natürlichste, d. h. unserem Selbstbewußtsein am nächsten kommende und in der Lebenspraxis bewährte und eingespielte Struktur des Seelischen, so wie es für uns selber ist, gewinnen. Wir werden in kritischer Gewissenhaftigkeit die guten Ergebnisse aller in den vorigen Paragraphen besprochenen „Psychologien" benutzen und uns vor jeder engsinnigen Steckenpferdreiterei hüten. Was in den einzelnen Etappen des Baues zu bevorzugen ist, hängt von Versuch und Erfolg ab. Selbstverständlich verschone ich den Leser mit den gewissenhaft in allen erfolgversprechenden Richtungen angestellten tappenden Versuchen und gebe nur den direkten Weg, der zum Erfolge führt, und der sich am Schluß selber rechtfertigt. Der Weg ist aber der, daß man anfangs fast ausschließlich mit ausgewähltem physiologischen Material arbeitet, bis sich die ersten und bald weitere Träger finden, die sich zugleich in das physiologische und das psychische Gebiet erstrecken. Dann werden mehr und mehr psychische Daten verwendet, bis der geisteswissenschaftliche Aspekt der menschlichen Seele sich seinem Wesen nach ungezwungen dem Geamtsystem einfügt.

Wir wollen uns nicht durch den Mißerfolg einer auf Empfindungselementen aufbauenden Psychologie (§ 173/75) entmutigen lassen. Wir wollen uns auch nicht nach Art Theodor Lipps', Simmels, Brentanos auf die für unser Problem mysteriösesten Funktionszusammenhänge stürzen, um nun zu der Überzeugung gelangen zu können, daß der Versuch ihrer Aufstufung auf das Physiologische ja doch ganz hoffnungslos sei, und in Verehrung des Unerforschlichen zu Bette zu gehen. Wir wollen uns auch nicht allein an einer geisteswissenschaftlichen Psychologie orientieren, denn daß sie *die* Psychologie ist, die das „Leben" braucht, hat zwar sein gutes praktisches Recht, hat aber nichts mit unserer dringlichen (§ 64ff.) Aufgabe zu tun, die tatsächliche Stellung der Psyche im Kosmos zu bestimmen.

187. Aus der Sache heraus als richtig wird sich das Prinzip erweisen, daß die komplexere Ganzheit des höchsten und speziell menschlichen Seelischen erst als Glied des ganzen Kosmos richtig zu begreifen ist, wenn die niedrigeren Stufenfolgen begriffen sind. Die primitivere Ganzheit ist aber die physiologische. Es ist ein großes Manko der deutschen Wissenschaft der Gegenwart in Gegensatz besonders zur amerikanischen, daß die Fäden, die von den äußerlich beobachtbaren, aber uns introspektiv unbewußten primitiven Reaktionsregulationen zur Bewußtseinsregulation führen, nicht auf ihre Bedeutung für das Bewußtseinsverständnis hin genügend studiert werden. Hier wirkt ein Vorurteil, das der Philosophie seit etwa 1900 zu verdanken ist, verstärkt durch die geisteswissenschaftliche (§ 178) und die phänomenologische (§ 177) Psychologie. Nur die Gestaltpsychologie pflegt diese Verbindung etwas, aber unzureichend. In Amerika dagegen glaubte der kühne Wagemut der Behavioristen in Unkenntnis der Schwierigkeiten auf ihrer Columbusfahrt das ferne Indien des Psychischen zu nahe; sie haben aber doch den Weg gebahnt.

Verfehlt ist und bleibt der Versuch, in den elementaren, „einfachen" Empfindungen die Aufbauelemente des Kosmos der Seele zu suchen. Erst auf einer gewissen Höhe der Differenziertheit können wir einzelne durch Selbstbeobachtung zu fassende Daten unseres psychischen Prozesses benutzen.

188. Wir können vier primitivere Stufen physiologischen Charakters als Stützpunkte benutzen: 1. die bewußtseinsfreien einfachen Regulationen unseres Organismus, die zwar nicht unbeeinflußt von höheren und höchsten Regulationen funktionieren, aber doch eine recht selbständige Funktion zeigen. 2. Diese noch isoliert durch Entfernung der Organe höherer Funktionen, besonders des Großhirns, wobei man vor allem

Entstellungen durch Chocwirkungen und überhaupt durch unnatürliche Bedingungen in Kauf nehmen muß. 3. Beobachtung unentwickelter Individuen, Kinderbeobachtung, unter der berechtigten Annahme, daß die höheren Funktionen sich später entwickeln als die primitiven. 4. Studium des Verhaltens niederer Tiere, die ja vom Bakterium bis zum Menschen die Stufenfolge vom Einfachsten zum Kompliziertesten ungefähr gemäß der stammesgeschichtlichen Entwicklung abspiegeln müssen.

Selbstverständlich entscheiden nicht theoretische Erwägungen über die Gangbarkeit dieser Wege, sondern der wirkliche Durchführungsversuch. Und da müssen wir erkennen, daß der vierte Weg (über das niedere Tier) der erfolgreichste ist, der dritte (über die Kinderbeobachtung) am unergiebigsten, aber der erste und zweite als Hilfe gute Dienste leisten. Selbstverständlich kann alles nur in gründlicher Kleinarbeit geleistet werden. Man darf sich nicht mit vagen Allgemeinbegriffen zufrieden geben, die charakterisieren, aber nicht wirklich erklären.

2.34. Topologische Ganzheit psychischer Gestalten.

189. Schon der große englische Nervenforscher Sherrington kam Anfang dieses Jahrhunderts zu der Überzeugung, daß eine Nervenerregung durch einen Reiz sich über das ganze System ausbreitet, überall hemmt oder erregt, entladet oder blockiert. Dem Gedanken der Gestaltpsychologen, die sich ja auch auf das nervenphysiologische Gebiet erstrecken, entsprechen aber erst Theorien, die vor allem Bethe [Anpassung, Plastizität] und Goldstein [Plastizität] ganz zu Ende gedacht haben. Ein wirksamer Regulationsprozeß vollzieht sich im Zentralnervensystem als Ganzem. Man verläßt also die Auffassung strenger Lokalisation in kleinen und kleinsten Hirnpartien und betrachtet die an Reizung und Ausfall bestimmter Partien des Gehirns auftretenden Reaktionen bzw. Unvermögen als Zeichen von normalerweise eingespielten Ausfallstoren und Einlaßtoren des Zentralsystems. Überzeugend wirken da erstens Goldsteins Beobachtungen an den vielen Hirnverletzten des Weltkrieges. Im allgemeinen leiden da die höheren „abstrakteren" (Teil 2.39) Seelenfunktionen zuerst, wo-

bei die Läsion bestimmter Hirnpartien nur einen geringen Unterschied macht. Von den kleineren Partien der Großhirnrinde scheint keine einzige unentbehrlich zu sein. Zweitens konnte Bethe die normal zum peripheren Organ führenden motorischen Nerven ausschalten und ganz heterogene Nerven einschalten, ohne daß die Funktion des peripheren Organs verkehrt wurde. Also kommt es auf die Ausfallstore und die Nervenleitungen wenig an.

190. Paul Weiß verpflanzte einen Beinmuskel in die Rückenregion, und dieser Muskel reagierte an seiner fremden Stelle mit ganz fremden Nerven wie an seiner früheren Stelle im Zeittakt der Beinbewegungen [Resonanz]. Er nimmt an, daß eine motorische Welle sich durch das ganze Nervensystem ausbreitet, aber daß jeder Muskel resonanzartig auf einen bestimmten Zustand des Zentralnervensystems abgestimmt ist und auf ihn anspricht. Individuell verschiedene Leistungen gibt es nicht, und einer geometrisch verteilenden und isolierenden Auffassung des Zentralnervenprozesses wird der Sinn abgesprochen [Nervenfunktion, S. 634]. Ich sehe hier davon ab, daß die feststellbaren isolierten elektrischen Begleiteffekte des Nervenprozesses nicht gerade für diese Theorie sprechen. Man kann aber auch, anders als Weiß, Sinnesorgan und Gehirn als ein gestalthaft ganzes System ansprechen, wobei dann dem leitenden Nerven unwesentliche Bedeutung zukommt. Beim Auge liegt das besonders nahe, da das ganze nervöse Rezeptionsorgan hier schon von der Retina ab nichts als ein Gehirnteil, eine Ausstülpung des Gehirns ist, und da namentlich bei Kontrasterscheinungen in der Tat wohl ebenso periphere wie zentrale Verursachtheit angenommen werden muß. Schon Ewald Hering meinte: „Voreilig wäre es, nur die Hirnrinde als den Ort der psychophysischen Prozesse gelten zu lassen, und alles übrige und hier insbesondere die Netzhaut auszuschließen" [Lichtsinn, S. 22]. Wahrscheinlich handelt es sich bei dieser weiteren Auffassung um Eingliederung der engeren Ganzheiten Zentralprozeß und Sinneserregung in eine umfassendere statische und dynamische Ganzheit. Dabei ist durch die biologische Sinnhaftigkeit bedingt, daß zweierlei in verschiedener Hinsicht richtig ist, nämlich daß „nicht das Zentralorgan bestimmt, was an der Peripherie geschehen soll, sondern die Peripherie bestimmt, wie

das Zentralorgan sich einzustellen hat" [Bethe, Plastizität, S. 1190], aber auch daß die Peripherie ein Resonanzsystem auf das Zentralnervensystem ist (Paul Weiß). Die im peripheren Sinnesorgan sich für die Regulation geltend machende Umwelt und die durch das motorische Organ einzig mögliche Wirksamkeit auf die Umwelt bestimmen die tatsächliche Leistung des Zentralorgans, soweit sie diesem möglich ist; aber die regulative Leistungsfähigkeit des Zentralorgans bedingt auch erst die wirkliche Leistung auf diese Anforderung hin.

191. Wie kann man sich eine solche Übereinanderlagerung unermeßlich vieler Strukturen auf demselben Areal des Nervensystems denken? Die Meinung, daß sie unmöglich sei, ließ so beharrlich an der Lokalisation in winzigsten Bezirken des Gehirns nebeneinander festhalten. Die Raumauffassung widerstrebt nicht einer Teilung bis ins Unendliche, und selbst die individuellen Nervenzellen können zahlreich genug dafür gedacht werden. Aber wer hätte vor hundert Jahren unsere Radiotechnik für möglich gehalten? In der Zeitreihe der Tensorzustände eines Raumpunktes sind die Sendungen aller Radiostationen der Erde absolut ohne gegenseitige Störung abgebildet. Denn alle Störung liegt nur an der Unvollkommenheit unserer Apparate. Sie sind nicht so abgebildet, daß sie sich in die Zeit teilen, sondern alle überlagern einander in der einen ganzen Zeit. Was hier in der Zeitdimension vorliegt, gilt beim Zentralnervensystem in bezug auf die drei Raumdimensionen. Alle Dispositionen sind hier irgendwie gleichzeitig „vorhanden" zu denken, da sie nach Bedarf aktualisiert werden können, und sie füllen den ganzen Raum, oder wenigstens größere Bezirke, wenn auch wohl in ungleicher Weise. Es muß eine Transformation der Zeitgestalten unserer zweckmäßigen Regulationsfolgen in Raumgestalten vorliegen. Das ist ein Problem, das v. Ehrenfels in seinem Spätwerk [Primzahlengesetz] anscheinend zuerst aufging. Eine solche Möglichkeit ist keineswegs physikalisch unwahrscheinlich, wenn unsere heutige physikalische Erkenntnis auch zu ihrem Verständnis unzulänglich ist. Die Physiologen und auch die Gestaltpsychologen denken zur Erklärung gern an elektrische Zusammenhänge, denen es ja nicht an Gestaltbarkeit und noch weniger an Labilität fehlt. Aber unsere Kenntnis der Aktionsströme gibt trotz einer zeitlichen Parallelität des Ver-

laufs mit Bewußtseinsverläufen keine Einsicht in die nervöse Gestaltung. Bethes Vergleich mit einem elektrischen Schwingungskreis auf Grund von Element, Spule, Kondensator und Leitungsdrähten [S. 1050] verdeutlicht nur die ähnliche Gestalthaftigkeit des Physischen, Physiologischen und Psychologischen. Aber die elektrische Auffassung ist noch nicht einmal eine Arbeitshypothese. In dieser Hinsicht bleibt ein Hiatus bestehen; es findet sich noch keine Aussicht seiner Ausfüllung. Aber wir dürfen dies unser Unvermögen einer Erklärung nicht für ein objektives Nichtvorhandensein einer Erklärbarkeit halten, wenn die Tatsachen doch auf das Vorhandensein deuten. Die Wirklichkeit wird auch hier sich als reicher als unsere Phantasie erweisen.

192. Eine solche unermeßliche Mannigfaltigkeit ist aber nur an „Dispositionen" gegeben. Das Aktuelle, tatsächlich und gegenwärtig Wirksame ist recht eng begrenzt. Den Psychologen ist dies als die „Enge des Bewußtseins" wohl bekannt. *Ein* Prozeßverlauf, *eine* Leistung kann zurzeit nur mit voller Energie ausgeführt werden. Alles andere muß mechanisiert sein oder verharrt passiv im Hintergrund, am nebelhaften Horizont, im inaktuellen Hof. „Jede Erregung im System hat die Gestalt eines Vordergrund-Hintergrundvorganges" [Goldstein, Organismus]. Was Vordergrund, was Hintergrund wird, wechselt dauernd, ist von der Reizvielheit, vom jeweiligen Zustand des Gesamtsystems und — in biologisch-teleologischer Weise — von der jeweilig zu erfüllenden Aufgabe des Nervensystems bestimmt. So sind die peripheren Erregungen im „Kampf um das zentrale Feld" zu denken. Die sieghafte und die Reaktion beherrschende Gestalt hemmt alle anderen, schließt deren Wirksamkeit aus, drückt sie zurzeit zu inaktuellen Dispositionen herab [Bethe. S. 1193. 1196]. Dies gilt für niedere Reflexgebiete, aber auch für das Bewußtsein. Wir werden hierauf zurückkommen.

Aber das Aktuelle haben wir uns nur als abrupt ausgelöste Entladungsgestaltung und als Aufgipfelung einer nervösen Spannung zu denken. Alle Erregung strömt zu allem. Erregungswellen beeinflussen das ganze Nervensystem und damit den ganzen Körper. Wir haben eine Labilisation in neuer Organisation und in neuer teleologischer Bedeutung (vgl. § 106, § 385) anzunehmen, ohne die vor allem das Lernen (§ 200,

§ 202), das Spiel aller Motive in den Entscheidungen einer wachen Person (§ 216) und die allseitige Gestaltung geistiger Zusammenhänge (§ 218ff.) nicht möglich wären.

Deutlich zeigen die Läsionen und Lähmungen, daß die höheren Zentren zunächst als Labilisatoren des Prozesses in den untergeordneten Nervensystemen und Organen wirken, so daß nun leichteste spezifische Anregungen eine totale Wendung der Auslösung hervorrufen können. So zeigen die der Großhirnrinde beraubten Säugetiere, wie ohne diese Labilisation durch die Großhirnrinde der Nervenprozeß sich bei jedem Anstoß bis zur Erschöpftheit ausrast, was den Aspekt einer hemmungslosen Wut gibt. Die durch das höhere Zentrum individuell erworbene lockere, leichter abänderbare und doch teleologisch so genau bestimmte und dauernde Gestaltbildung verdeckt aber diese Labilität unserem Blick.

193. Paul Weiß nahm eine starre Bestimmtheit der Leistung des peripheren Organs und deshalb auch des Zentralnervensystems an und beachtete nicht die Fähigkeit der Anpassung. In der Tat waren seine Beispiele derart, daß die Transplantate entweder in ihrer Funktion schon angepaßt waren oder sich überhaupt nicht in das Gefüge ihrer neuen Umgebung einfügen konnten, also an der neuen Stelle unbrauchbar blieben. Bethe und Goldstein dagegen betonen die Anpassungsfähigkeit der verpflanzten und verstümmelten Muskeln und selbst ihrer Teile an Erreichung der vom Zentralorgan gewollten Ziele, soweit es die Mechanik der Muskeln nur möglich macht. Das Instruktivste ist hier die Verpflanzung von Sehnen, damit Muskeln die Arbeit ganz fremder, unter Umständen weit entfernter gelähmter Glieder übernehmen und die Erziehung der Muskeln zur mannigfachen Bewegung der Prothesen, die abgeschlossene oder amputierte Glieder ersetzen. Man kann einen von zwei bisher synergetisch wirkenden Muskeln zwingen, antagonistisch gegenüber dem anderen zu arbeiten, und man kann Muskeln spalten und die Teile ganz verschiedene Leistungen vollziehen lassen. Allgemein: Muskeln können sich in zielhafte Tätigkeiten einfügen. Dies Lernen zu erklären, ist natürlich alle bloß gestalttheoretische Gesetzlichkeit unzulänglich. Eine solche Erklärung nähert uns aber erst unserem Ziel, und ihr wenden wir uns im Teil 2.35 zu.

2.35. Vorstufen des Lernens im labilen Verhalten.

194. Wenn wir die Neubildung von der individuellen Umgebung angepaßten Regulationen im einzelnen Individuum als das erste schwierige Problem erkannt haben, das wir vor aller Problematik des Begrifflichen, des Intentionalen, des Ich, des Geistes lösen wollen, so werden wir uns selbstverständlich nicht mit verbalen Bezeichnungen wie „Erfahrung" und „Lernen" zufrieden geben, auch nicht mit einer bloßen Definition des Neuen, das hier eintritt.

Ich erwähne zunächst die unermeßliche Mannigfaltigkeit qualitativ, räumlich und zeitlich bestimmbarer Schwankungsverschiedenheiten des Lebensprozesses und speziell des Nervenprozesses, die einem naturwissenschaftlichen Verständnis keine Schwierigkeit machen. Sie sind zum Teil, wie offenbar die Ermüdung, durch physikalisch-chemische Unvermeidlichkeit bestimmt, haben sich zum großen Teil aber auch biologisch zweckmäßig differenziert. Sehr dauerdienlich ist es schon, daß sie besonders häufig „Auslösungen" sind, von einem Wendezeitpunkt ab rasch abrollen. Wir haben das auch im Anorganischen. Wir brauchen nur an die Quantensprünge, die Aussendung und Resorption von Lichtquanten, an die Entladung im Blitz, an das plötzliche Gefrieren einer überkühlten Flüssigkeit zu denken. Unsere technischen Einrichtungen, die Explosionsmaschinen aller Art, zeigen, wie zieldienlich diese Auslösungen sein können. Solche Zieldienlichkeit haben wir besonders auffallend in der Herzkontraktion, in der Muskelkontraktion überhaupt, in jedem Nervenreiz, der ein Signal dem Gehirn mitteilt oder einen Willensakt dem Bewegungsorgan zur Ausführung übermittelt. Noch mehr ist alles im engeren Sinne „Geistige" durch den Auslösungscharakter gekennzeichnet (§ 213ff., 279ff.). Wir haben in sehr vielen Fällen das „Alles- oder Nichts-Gesetz": Ein bestimmter Betrag an Energie wird entweder ganz ausgeschüttet, oder es findet überhaupt keine Auslösung statt. Auch die gesetzmäßige Einordnung in größere Ganzheiten ist nichts Neues gegenüber dem Anorganischen. Nur die Anpassung des Quantums an die Ziele des ganzen Organismus und überhaupt die zieldienliche Einordnung in das ganze System der komplizierten Dauerdienlichkeit ist das eigentümlich Biologische.

Aber diese eigentümlich biologische Problematik ist uns nach den Erörterungen des Teils 2.2 ebensowenig ein Rätsel wie andere Komplikationen von Reaktionen: 1. Die Bahnungen und Hemmungen anderer Reaktionsbahnen; 2. die Kettenreflexe, wie etwa die Schnapp-, Kau-, Schluckkette; 3. die propriozeptiven Reflexe, die durch rasche Reizwirkung der bereits erzielten Bewegungsanfänge den weiteren Verlauf der Bewegung korrigieren und wohl angepaßte Koordination komplizierter Handlungsformen erst möglich machen (Stehen, Werfen usw.).

195. Das Gleiche gilt von Eigentümlichkeiten der Zeitgestalt biologischer und psychischer Geschehnisse überhaupt: 1. das „Refraktärstadium", die Tatsache, daß ein Nerv, ein Muskel nach Auslösung einer Energieumsetzung eine bestimmte kurze Zeit nicht zu neuer Leistung fähig ist; 2. das Ansammeln von Reizen ohne Reaktion, so daß schließlich ein kleiner weiterer Reiz genügt, eine Entladung hervorzurufen; 3. das „Einschleichen" von Reizwirkungen, der Gegensatz zum Vorigen, die Tatsache, daß mitunter ein sehr langsames Anwachsen des Reizes eine Auslösung selbst in *der* Stärke noch nicht eintreten läßt, die bei plötzlichem Eintritt dieser Stärke zur Auslösung reichlich genügen würde; 4. die Gewöhnung, d. h. die Tatsache, daß bei manchen häufig erfahrenen Reizen immer größere Reizdosen zur Reaktionsauslösung nötig sind; 5. die Ermüdung, d. h. vorübergehende durch Wiederherstellung des normalen Zustandes wieder zu beseitigende Schwächung der Reaktionsfähigkeit infolge Arbeitsausnutzung; 6. die „Gewohnheit", die Erleichterung der Prozesse infolge wiederholten Verlaufs; sie geht bis zur Bildung eines „Engramms", das von selbst wieder auftaucht. Semon [Mneme] übertreibt deren Bedeutung für das Verständnis der Nervenregulation. Diese Bedeutung besteht für das Gedächtnis, die Bekanntheitsqualität, die Heimkehrfähigkeit, ohne dies alles ganz erklären zu können. Diese Reaktionsmannigfaltigkeit ist nichts prinzipiell Neues gegenüber dem Anorganischen, mußte hier aber kurz erwähnt werden.

196. Man findet oft oberflächlicherweise eine Verbesserung einer Leistung infolge häufiger Ausübung dieser Leistung, eine offensichtliche Gewohnheitswirkung, schon als ein Lernen bezeichnet. Den typischen und immer wieder zitierten Fall dieser Art geben die Versuche von St. Smith und später

von L. M. Day und Madison Bentley [Paramaecium]. Man ließ Paramaecien, also einzellige Lebewesen, in ein so enges Glasröhrchen eintreten, daß die Tiere sich nur mit großer Mühe und nach fruchtlosen Versuchen umdrehen und ins freie Wasser zurückgelangen konnten. Das konnten die Tiere aber immer leichter und rascher. Hier ist offenbar nur ein stereotyp bereits festgelegtes Reagieren durch Gewohnheit erleichtert und gesteigert. Dafür fehlt es selbst im Anorganischen nicht an Parallelfällen. Daß so etwas im Organismus massenhaft auftritt und durchaus Anpassungsfunktion an die feste Umgebung des Individuums hat, ist aus allgemeiner biologischer Teleologie leicht verständlich. Zahlreiche ähnliche Fälle in meinem Buche [Kausalität] S. 107ff.

197. Bedeutsam sind im Organischen die periodischen oder cyklischen Prozeßgestalten, die dadurch ihre eigene Dauer gewährleisten, daß sie gesetzmäßig ringförmig in die gleichen Stadien zurückkehren. Wir können autonome und fremdbedingte Zyklen unterscheiden. Die periodische Rückkehr eines Planeten in eine und dieselbe Ellipsenbahn, der Kreislauf der Schwingungsphasen eines Atoms im Kristallgitter, einer schwingenden Saite sind autonom, durch die eigene Konstellation gesetzlich bedingt; Ebbe und Flut sind fremdbedingte Zyklen, nämlich durch den Kreislauf des Mondes um die Erde bedingt. So sind der Blutkreislauf, der Kreislauf der Herztätigkeit, der Kreislauf der Atemtätigkeit, der Kreislauf der Menstrualzustände des Weibes autonome Zyklen; dagegen sind zahlreiche zyklische Zustandsveränderungen in Pflanzen und Tieren durch den 24stündigen Tageszyklus, den ungefähr 12⅔stündigen Zyklus von Ebbe und Flut, den einjährigen Zyklus der Jahreszeiten, sogar den ungefähr 14tägigen Zyklus von Spring- und Nippflut fremdbedingt. Es ist sehr interessant, daß im Organischen fast immer, wenn auch verschieden leicht und schnell, durch Gewohnheit eine oft wiederholte fremdbedingte Periodizität sekundär autonom wird: auch wenn der zyklische äußere Einfluß aufhört, setzt sich der physiologische Verlauf von selbst im gleichen Rhythmus fort, klingt aber allmählich ab, um schließlich ganz zu erlöschen. Die Schließ- und Öffnungsbewegungen von Blüten und Blättern sind das beste Beispiel [vgl. mein Buch „Kausalität", S. 65ff.]. Hier haben wir schon einen wirklichen Neu-

erwerb von Regulationen, der uns ein Problem aufgibt, das wir vorläufig noch zurückstellen müssen.

Früher würde man sich auf die Nervenfasern, die alle Nervenzellen miteinander verbinden, berufen haben. Eine Bahn zwischen den einzelnen Nervenzellen, die gleichzeitig oder in einer Folge erregt werden, wird „ausgeschliffen". Heute stellt man sich lieber vor, daß solche kontingent zeitlich zusammenfallenden Erregungen sich als Ganze räumlich durchdringen (Teil 2.34). Was sich so durchdringt, schließt sich zu Ganzheiten höherer Stufe zusammen, so daß der gleichzeitige oder sukzessive Komplex als Ganzes wieder auftritt, wenn nur ein Teil auftritt.

198. Hier sind auch die „bedingten Reflexe" anzuführen, wie sie vor allem der russiche Physiologe Bechterew zuerst gründlich studierte. Ist mit einem Reiz, der einen Reflex auslöst, immer wieder irgendein anderer optischer, akustischer oder elektrischer Reiz verbunden gewesen, so erfolgt dieselbe Reaktion auch auf diesen optischen, akustischen oder elektrischen Reiz allein, ohne daß der Reiz, auf den sie als Reflex gesetzmäßig erfolgte, überhaupt da ist. So überträgt sich die Reaktion einer Absonderung von Verdauungssekreten des Magens vom Kauen auf den Anblick der Speisen und schließlich auf ganz beliebig assoziierte Signalreize. Freilich handelt es sich hier um Versuche an Säugetieren, bei denen das bewußte Vorstellen sicher mitwirkt, aber das Ganze hat doch der Funktion nach den physiologischen Charakter eines gewohnheitsmäßig erworbenen Reflexbogens. Copeland [response] hat etwas Gleiches auf der Stufe der Anneliden, bei denen wir kein Bewußtsein anzunehmen Anlaß haben, festgestellt: Nereis virens kommt beim Vorhalten eines Futterstoffes auf den chemischen Reiz des Futterstoffes hin aus seiner Röhre. In einer Glasröhre gehalten, wurde das Tier gleichzeitig mit dem Futterreiz hell beleuchtet. Schließlich kam das Tier auf diesen Lichtreiz allein heraus.

Immer wieder hat man versucht, in einer solchen reinen Gedächtnisfunktion, rein „mnemischen" Funktion das Wesentliche des Bewußtseins zu sehen. Wiederholt hat man in der Mneme sogar das Wesentliche des Lebens überhaupt sehen wollen. Der ausführlichste Versuch dieser Art ist der von Semon [**Mneme**].

2.36. Echtes Lernen.

199. Nun aber kommen wir zu einer Funktion, die man m. E. erst als echtes Lernen bezeichnen kann. Von ganz bestimmten Zuständen des Organismus geht ein hemmender oder ein fördernder Einfluß auf die gleichzeitigen und die zeitlich dicht vorhergegangenen Reaktionsweisen auf Reize aus.

Die früheste Stufe in der Stammesentwicklung des Tierreichs, auf der deutlich diese fördernde und hemmende Wirksamkeit auftritt, ist die der Anneliden, Ringelwürmer, deren bekanntester Vertreter unser Regenwurm ist. Der amerikanische Tierpsychologe R. M. Yerkes [Earthworms] ließ Exemplare eines nahen Verwandten unseres Regenwurms, Allobophora phoetida, in einen passend engen Glaskanal kriechen, der sich T-förmig nach zwei entgegengesetzten Richtungen gabelte. Die Würmer konnten links oder rechts weiterkriechen, ohne zunächst eine Vorliebe für die eine oder andere Richtung zu zeigen. Rechts kamen sie schließlich in einen Holzkanal, der ihrer Lebensgewohnheit zusagte, links auf zwei elektrisch geladene Elektroden, die ihnen einen elektrischen Schlag versetzten. Selbstverständlich war vor jedem Versuch alles gründlich gesäubert. In monatelangen Versuchsserien „lernte" der Wurm, immer häufiger an der Gabelungsstelle in die Richtung auf den Holzkanal einzubiegen. Lutz Heck [Regenwurm] hat die quantitativ nicht ganz genügenden Versuchsserien Yerkes vervielfältigt, durch weitere Versuche ergänzt und völlig gesichert. Daß bei diesen Dressurversuchen keine bloße Gewohnheitswirkung vorliegt, zeigt sich daran, daß die Bahnung oder Hemmung dieser Art sich gegen eine bereits bestehende gewohnheitsmäßige Vorliebe für die entgegengesetzte Reaktionsweise durchsetzen kann. So kann das Tier z. B. „umlernen", d. h. nach dem Einlernen einer Reaktionsweise durch die Umkehrung der Lage der bahnenden und hemmenden Reize die entgegengesetzte Reaktionsweise annehmen. Nach dem Gewohnheitsgesetz kann eine einmal erworbene Gewohnheit doch nur immer stärker werden.

Bramstedt [Dressurversuche] hat 1935 zwar schon bei einzelligen Lebewesen, bei den Ciliaten Paramaecium und Stylonychia ein Lernen prinzipiell der gleichen Art beschrieben, doch stehen endgültig sichernde Bestätigungen bei Lebewesen so niederer Stufe noch aus. Sonst sind alle beschriebenen Beispiele durch bloße Gewohnheit zu erklären [vgl. mein Buch „Kausalität", S. 91ff.]. Fischel [Schnecken] hat echtes Lernen dagegen bei Schnecken festgestellt. Die wird man aber wohl mindestens auf gleicher Entwicklungshöhe wie die Anneliden stehend erachten. Bei Gliederfüßlern, Oktopoden und Fischen ist es in zahlreichen Varianten nachgewiesen. Vorläufig haben wir es als Erwerbung einer dauerdienlichen Differenzierung auf dieser Stufe der Stammesentwicklung anzunehmen.

200. Der Erfolg dieser Reaktionsweise für die Selbstbehauptungsfähigkeit ist in dieser ihrer primitivsten Form sicher nur von sehr mäßiger Bedeutung. Wie selten mag dem Wurm Alobophora, der sich im Mist aufhält, eine so träge funktionierende Regulation, die so vieler „Erfahrungen" zur vollen Wirksamkeit bedarf, nützlich sein?

Die teleologische Bedeutung dieser Regulation liegt darin, daß bestimmte Reize oder überhaupt physiologische Zustände, die grundsätzlich dem Organismus und dem Typus schädlich oder nützlich sind, einen hemmenden oder fördernden Einfluß auf die Reaktionen, die diesem Zustande vorangingen, und die vielleicht die „Ursachen" dieses Zustands sein können, bekommen. Die Gefühlswerte von Sinnesempfindungen zeigen deutlich, wie auch für den hochentwickelten Reaktionsapparat des Menschen Lust und Unlust im allgemeinen an die Dienlichkeit oder Schädlichkeit der Reizungen angepaßt sind (Teil 3.33). Wir haben eine phylogenetisch erworbene, gut angepaßte primitive Lust- und Unlustfunktion.

201. Zunächst dürfen wir noch nicht an unser finales Denken, an unsere gedanklichen Übertragungen der Unlust- und Lustwerte auf das, was nach unserer Erkenntnis zu diesen Unlust- und Lustwerten führt, denken. Denken ist eine außerordentlich komplizierte Regulation, die hier noch nicht zur Diskussion zu stellen ist und bei den Tieren, bei denen die jetzt betrachtete Regulation schon wirksam ist, noch gar nicht anzunehmen ist. Vielmehr ist nur der ungewollte und unbewußte fördernde Einfluß, der von Lustzuständen auf alles, was mit gleichen Zuständen einmal zeitlich zusammen da war, ausgeübt wird, und ebenso der hemmende Einfluß der Unlustzustände auf alles früher gleichzeitig Vorgefallene das nächste Korrelat dieser Regulation, deren regulatorische Bedeutung

in unserem zielstrebigen Denken und Wollen längst zugunsten rein ich-gewollter Aktentscheidungen zurückgetreten ist. Aber auch in unserem Vorstellen übt ein unlustvolles Erlebnis einen hemmenden Einfluß, ein lustvolles Erlebnis einen fördernden Einfluß aus auf die Erinnerung, das Wiedervorstellen alles dessen, was damit bloß zufällig zusammentraf: Es wird ungewollt gedacht und ungewollt verdrängt.

202. E. L. Thorndike war der erste, der die Unzulänglichkeit der Erklärung des echten Lernens zielangepaßter Reaktionen durch bloße Gewohnheit häufiger ausgeführter Reaktionen und durch „trial and error" klar erkannte. Er stellte dem „Gesetz der Übung", „law of exercise" (d. h. der Gewohnheitswirkung), das er als gültig nachweisbar auch anerkennt, das „Gesetz der Wirkung", „law of effect" zur Seite: „Von mehreren Antworten auf dieselbe Lage, werden diejenigen, auf welche Befriedigung des Tieres gleichzeitig oder unmittelbar folgend eintritt, unter sonst gleichen Umständen fester mit der Lage verbunden, so daß sie bei der Wiederkehr dieser Lage auch wahrscheinlicher wiederkehren. Die Antworten, auf welche Unbehagen des Tieres gleichzeitig oder unmittelbar oder folgend eintritt, werden unter sonst gleichen Umständen in ihren Beziehungen zu dieser Lage geschwächt, so daß sie bei der Wiederkehr dieser Lage weniger wahrscheinlich wiederkehren" [Intelligence, S. 244]. Unter Befriedigung und Unbehagen versteht aber auch Thorndike ausdrücklich zunächst nur Funktionen der nervösen Regulation, nicht Seelenzustände der Lust und Unlust. Spencer legte dieser Wirkungsweise schon eine Theorie zugrunde, die gerade modernsten Ansichten ausgezeichnet entspricht (§ 192): Ein Strom nervöser Energie breitet sich durch das Nervensystem nach allen Organen aus und klingt noch lange nachher ohne sichtbare Wirkung nach. Die fördernde und hemmende Wirksamkeit geht nun auf diese noch nachklingenden Nervenprozesse. Von Baldwin und Bain wurde diese Theorie später etwas umgestaltet.

203. Nun ist allerdings diese Bedeutung des „law of effect" in Amerika nicht unbestritten herrschend, und in Amerika untersucht man am gründlichsten diese niedersten Stufen der Lernregulation. Man untersucht sie seit mehr als dreißig Jahren in Hunderten von experimentellen Untersuchungen.

allerdings mehr an Säugetieren und da vorzugsweise an Ratten. Zunächst erscheint in den Diskussionen über diese Versuche die „goal gradient theory" als ein Konkurrent. Sie wird auf Miß Washburn [the animal mind] zurückgeführt und besonders auch von C. L. Hull [goal] energisch vertreten. Hier wird der triebhaft anziehenden oder abstoßenden Schlußsituation, direkt ein Reiz zugesprochen, der rückwirkend die Reaktionsweisen, die zum Erfolg geführt haben, begünstigt. Auch hier ist anzunehmen, daß die Reihe der Reaktionswellen innerlich nachklingen, erst allmählich abebben und noch nicht ganz verklungen sind, wenn die eigentlich und originär bedeutsame Triebhandlung aktuell wird [Washburn, the animal mind. S. 332]. Direkte Triebwirkungen einer Reizsituation zu einer Reaktion, denen ja auch die anziehende Wirkung und die Fluchtwirkung angehören, sind sicher stammesgeschichtlich früher und primitiver als die fördernde oder hemmende Rückwirkung auf andere Reaktionsregungen, wie sie in beiden Theorien angenommen wird. Man kann diese Förderung und Hemmung selber als eine rein im Nervensystem verbleibende Triebwirkung auffassen. Der Unterschied zwischen der goal gradient theory und der auf dem law of effect aufbauenden besteht eigentlich nur darin, daß die erstere die Förderung und Hemmung direkt an ein Ziel mit bestimmtem Reaktionsreiz knüpft, die letztere dagegen an einen reizbedingten Zustand des Organismus ohne Rücksicht auf die zielhafte Reaktionsreizung. Nun ist die erstere doch mitunter nicht ungezwungen anzuwenden, so z. B. nicht auf einen elektrischen Reiz, wie er im Falle der Würmer Yerkes' rückwirkte. Was für eine Zielhaftigkeit und Reaktionsverknüpftheit sollte er denn haben? Was wird da erstrebt? Ich halte es deshalb für richtiger, als den allgemeineren Fall den einer rückwirkenden Förderung oder Hemmung von einem Zustand des Organismus schlechthin anzunehmen, wenn auch vielleicht in den meisten Fällen dieser Zustand mit Zielreizen und Aufforderungscharakter verschmolzen ist und diesen zugute kommt (§ 218). Diese Verschmelzung mag in ganzen Klassen von Fällen unabänderlich sein. Gerade unser Bewußtsein zeigt uns eine Wertentwicklung direkt aus zielhaften Trieben (§ 425), oft in Dissonanz zur Lust- und Unlustwirkung. Daß diese Verschiedenheit im Bewußtsein eine Weiterentwicklung der

Verschiedenheit einer Rückwirkung vom Zielhaften und vom prinzipiell zielunabhängigen Zustand ist, wird allerdings erst aus einer Untersuchung des Bewußten und des Werthaften klar werden. Aber die amerikanischen Behavioristen sind keineswegs so frei vom Eindruck der durch Selbstbeobachtung zu gewinnenden höheren psychischen Zusammenhänge, daß nicht die Verschiedenheit des aus dem Trieb entstandenen Werts und des aus Lust und Unlust entwickelten Werts auch auf den niederen Stufen riesengroß erschiene und zu zwei behavioristischen Parteien Anlaß gäbe.

204. Dann ist namentlich von Watson [Behavior] noch die reine Gewohnheitswirkung durch ein „law of exercise" als allein ausschlaggebend bezeichnet. Häufigkeit und zeitliche Nähe (recency) sollten für sich allein in allen Fällen schon die Lernwirkung erzeugen. Watson geht da von der falschen Annahme aus, daß die richtigen Handlungsweisen des Tieres bei immer wiederholten Versuchen häufiger sein müßten, da sie in jeder Reihe von Versuchen, die bis zum Erfolg führt, vorkommen. während die falschen beim zufälligen Durchprobieren schon in den ersten Versuchen nicht alle zur Ausführung zu kommen brauchen. Die richtige Handlungsweise soll also einen Häufigkeitsvorsprung haben. Das ist aber von Thorndike und Herrick überzeugend als falsch nachgewiesen [Behavior; vgl. auch mein Buch „Kausalität", S. 83]. Überdies geht aus zahlreichen Experimenten an Säugetieren und niederen Tieren hervor, daß Lernen sich gegen die durch Häufigkeit und Frische der Erfahrung erworbene und sehr fest sitzende Gewohnheit durchsetzt.

Für sich allein gänzlich unzureichend sind die Versuche, mit der Gestaltpsychologie zur Erklärung ganz auszukommen (vgl. § 167), oder auch nur in ihr den wesentlichsten Faktor zu sehen. Allerdings ist wohl zuzugeben. daß Gestaltzusammenschluß eine sehr wichtige Rolle spielt [Tolman, Behavior], aber ein Lernen kann nie durch den bloßen Gestaltgedanken erklärt werden (§ 183).

205. Nun müßten sowohl nach der Theorie des rückwirkenden Effekts wie auch der goal-gradient-Theorie die unmittelbar vorausgehenden Handlungsweisen viel mehr bevorzugt werden als die zeitlich weiter entfernt vorausliegenden. In den Labyrinthversuchen muß sich das als ein rascheres

Lernen der späteren, dem Ziel näher liegenden als der früheren Handlungen zeigen. Zahlreiche Experimente sind mit Ratten in dieser Hinsicht seit 1914 angestellt, haben aber mindestens nicht bei allen Tieren und nicht in erwartetem reichen Maße solche raschere Elimination der dem Ziel näheren Irrgänge ergeben. Aber hier müssen wir sagen, daß alle Versuche an Säugetieren an Tieren vorgenommen sind, in denen eine höhere Stufe der Verkettung innerer psychophysischer Prozesse schon anzunehmen ist, auf die wir erst im Teil 2.38 eingehen werden. Hier liegt wirklich schon Gestaltbildung (§ 226; Tolmans sign-gestalt) vor. An Würmern, in denen diese Verkettung wahrscheinlich noch nicht möglich ist, sind ähnliche Versuche noch nicht angestellt; hier würde die graduelle Abschwächung der Wirkung gemäß der Länge der Zeit zwischen Effekt und rückwärtsliegender zu beeinflussender Reaktionsweise wohl stärker hervortreten.

2.37. Der (einfache und komplexe) Akt als dynamisches Moment.

206. Der treffliche Selbstbeobachter William James [Psychologie, S. 158] unterschied im Strom des Bewußtseins einerseits substanzartige Zustände, Ruhezustände, halting-places, andererseits transitive, schwankende Zustände. Im hellsten Lichte, im Vordergrunde, im zeitweilig herrschenden, im aktuellen Zustande des Bewußtseins lösen die substanzartigen Zustände sich im allgemeinen fortgesetzt ab, in der „Franse", im unklar verschwimmenden Hintergrunde liegen Zustände beiderlei Art nebeneinander. Auch beim Ausdruck „substanzartig" hat man nicht an ein Subjekt gegenüber den Prädikaten, sondern an etwas für eine kurze Zeitspanne relativ Starres, gleichmäßig Beständiges zu denken. Wir wollen dieser Beobachtung James die weitere hinzufügen, daß die halting-places im allgemeinen durch einen Akt abrupt eingeführt werden, durch einen Aufmerksamkeitsakt, Wahrnehmungsakt, Erinnerungsakt, Denkakt, Willensakt. Transitive Zustände können zu solchen Akten führen, sind aber selbst unabhängig von einem Aktursprung; nehmen wir etwa Stimmungen, Gefühle, Deutlichkeitsschwankungen sinnlich wahrnehmungsartiger und vorgestellter Bilder hierfür als Beispiele. Palágyi [Naturphil.] war es besonders, der den Gegensatz der

Akte, des „Pulsschlagcharakters" des Geistigen, der „Intermittenz des geistigen Tuns" zu den stetig schwankenden „vitalen Prozessen" gebührend an erste Stelle setzte.

207. Das Wesentliche eines „Akts" wird sehr verschieden aufgefaßt. Man sieht erstens im Ich-Ursprung, in der Ich-Gewolltheit, in der Ich-Intendiertheit das Wesentliche, zweitens in der Richtung auf einen Gegenstand, in der Intentionalität eines bestimmten Gegenstandes, drittens in der eigentümlichen zeitlichen Punktualität, in dem Momentanen des „Einschnappens" in ein „halting-place" im Sinne James. Alle drei Momente sind in Wahrheit eng verschmolzen und erfüllen erst in der Einheit die ganze Aufgabe des Akts im psychischen Prozeß des Menschen. Die ersten beiden Momente werden sich zwar im weiteren Verlauf als bedeutsamer erweisen als das dritte, aber sie sind uns hier ferne Probleme, die erst im Teil 2.4 gründlich geklärt werden sollen. Wir beachten zunächst nur die zeitliche Eigentümlichkeit des Einschnappens. Sie ist ebenso wie die zeitlichen Eigentümlichkeiten der halting-places und der transitiven Zustände etwas dem objektiven Zeitverlauf der Geschehnisse Eingefügtes und nicht subjektive Täuschung der Introspektion, die der Behaviorismus so fürchtet.

In dieser zeitlichen Eigentümlichkeit ist der Akt offenbar eine rasch gestaltende Auslösung (§ 194). Selbstverständlich ist diese Art der Auslösung ebensowenig zeitlich genau punktuell wie die übrigen. Nur der Größendimension unseres Blicks entzieht sich das Übergangserlebnis zum zeitweilig stabilen Zustand.

208. Eine solche Auslösung ist schon der Aufmerksamkeitsakt auf eine sinnliche Reizung, etwa auf etwas Auffälliges im Gesichtsfeld. Es handelt sich hier um einen Sprung in den Vordergrund des Bewußtseins, in die alles andere aus dem Vordergrund ausschließende hohe Aktualitätsstufe. Der optisch-sinnliche Aufmerksamkeitsakt braucht bekanntlich nicht notwendig mit einer Richtung der besten Stelle des Sehens in den Augen auf dieses in den Blickpunkt der geistigen Aufmerksamkeit Tretende verbunden zu sein, wenn es auch normalerweise erst der seelischen Übung bedarf, die Augenrichtung zu unterlassen. Wichtiger ist noch, daß der sinnliche Aufmerksamkeitsakt noch nicht zugleich Wahrnehmungsakt im eigentlichen Sinne des Worts zu sein braucht, nicht das

Einschnappen in das Geltenlassen eines *bestimmten* Gegenstands. Der Aufmerksamkeitsakt bedeutet erst das Einschnappen in einen Spannungszustand auf eine Wahrnehmung hin. Dieser Spannungszustand ist auch schon ein halting-place im Sinne James'; er drängt aber nach einer weiteren und eigentlichen Lösung hin, die ihm gegenüber eine Entladung bedeutet. So können wir zum Aufmerksamkeitsakt auf zur Gestalt Drängendes im Blick auf den Nebel vor uns gereizt sein, und dann schnappt plötzlich die Gestalt eines Baumes oder eine Bergsilhouette ein. Die eingeschnappte Gestalt zeigt eine zähe Widerstandskraft, eine Selbstbehauptung, solange die Aufmerksamkeit nicht abgelenkt ist. Allerdings kann ein gegenständliches Einschnappen durch ein anderes überwunden werden. So können wir, um ein altes beliebtes Beispiel anzuführen, ein zunächst unentziffertes Weißes hinter einem von der Straße aus gesehenen Fenster sukzessive als die weiße Wand weit dahinter, als weißen Vorhang am Fenster, als den Reflex des hellen Himmelslichtes wahrnehmen. Das ist, unter dem Gesichtspunkte des Akts des Einschnappens und der Zähigkeit der Selbstbehauptung gesehen, ein beliebtes Thema der Gestaltpsychologie.

209. Wie eigentümlich stetiger Wandel des Transitiven, Aufmerksamkeitsakt und Wahrnehmungsakt verkoppelt ist, zeigt eine Betrachtung der in neuer Zeit viel diskutierten Figur 8.

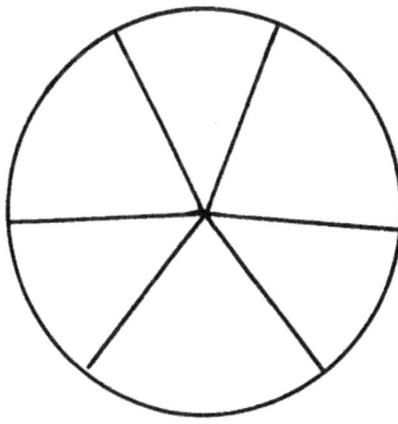

Fig. 8.

Man kann die drei schmalen Sektoren oder die drei breiten Sektoren als Figur im Kreise sehen; die anderen drei erscheinen in beiden Fällen dann als Hintergrund. Merkwürdigerweise pendelt man bei langer Beobachtung zwischen diesen beiden Auffassungen rhythmisch hin und her, und selbst ein ziemlich energischer Wille, die eine Gestaltauffassung als Wahrnehmung festzuhalten, kann die entgegengesetzte nicht dauernd am Verdrängen der ersteren verhindern. Die Darstellung durch ungleiche Kreissektoren ist deshalb so interessant, weil die Auffassung der schmalen Sektoren als Gestalt und der breiteren als Hintergrund einen gesetzlich wohlbestimmten Vorzug hat, einzuschnappen, aber die andere Auffassung setzt sich trotz dieses Vorzuges alternierend durch. Uns interessiert hier weniger der noch ungeklärte Grund dieses Phänomens als der Unterschied des Transitiven, des Aufmerksamkeitsakts und des Wahrnehmungsakts.

210. Ich zweifle nicht, daß die so wichtige Spannung und Auslösung im Bewußtsein ein Korrelat physiologischer Spannungen und Auslösungen ist, wenn wir auch vorläufig das Wichtigste noch nicht begreifen, nämlich warum dieser Prozeß uns bewußt ist. Wir wollen jetzt gleich die wichtigste Spannung und Auslösung, die eigentlich zentrale des ganzen menschlichen Bewußtseinsprozesses, betrachten, obwohl sie zum vollen Verständnis die ganze Kompliziertheit des menschlich Psychischen erfordert. Das ist die Überlegung mit ausgelöster Entscheidung. Wir betrachten sie hier zunächst nur nach ihrer dynamischen Seite. Einer Entscheidung in einer sehr wichtigen und schwierigen Erkenntnis- oder Handlungsanforderung gehen sehr viele Teilerwägungen voraus, die sich, wenn die Zeit nicht drängt, über lange Zeiträume hinausziehen und innerhalb dieser Zeit gelegentlich angestellt werden. Sie haben teils den Charakter von bloßen Erinnerungen dessen, was der Person bereits gültig ist, teils aber den von Teilentscheidungen, Ersatzentscheidungen, probeweisen Entscheidungen für die endgültige Entscheidung. Die Bewußtseinslage ist diese ganze Zeit hindurch die einer dauernden Spannung, auch wenn sie nicht beachtet wird.

211. Es gibt aber in solchen Fällen eine eigentliche, beschließende, kurzdauernde Spannung höchsten Grades, die auf den eigentlichen Entschluß hin angelegt ist. Ein Aufmerk-

samskeitsakt höchster Energie, geradezu ein Zusammenreißungsakt leitet sie ein. Wir haben ein rein auf das Problem bezogenes Bewußtsein von Gespanntheit in diesem Zustand, aber seltsamerweise berichten die verschiedensten Untersucher unabhängig voneinander, daß gerade in dieser gespanntesten Verhaltung anschauliche Vorstellungselemente gar nicht da sind. Die Versuchspersonen der Denkexperimente in der Külpeschen Schule stimmen da mit Narziß Ach [Willensakt, S. 262] und Michotte und Prüm (Arch. de Psychol., Bd. 10, 1911, S. 174) überein. Aber treffend sagt James: „Dieser Zustand des Bewußtseins ist eigenartig. Es ist eine Leere darin, aber keine bloße Leere. Es ist eine Leere, die höchst aktiv ist" [Principles, S. 251]. An Ergogrammen und an der Kohlensäureausscheidung glaubte Alfred Lehmann sogar die erhöhte Arbeitsleistung nachweisen zu können. Die Vorstellungsleere ist sehr bedeutsam. Sie zeigt, daß Vorstellen von etwas im introspektiven Sinne des Worts gar nicht das wichtigste Moment für die wesentliche Leistung des psychischen Prozesses ist. Wir können ihn auch gar nicht aus dem Verlauf der Bewußtseins*inhalte* verstehen. Es fragt sich hier, was für einen Sinn denn überhaupt das „Bewußtsein von etwas" für diesen Prozeß hat. Aber dieses Problem wollen wir erst in Teil 2.44 diskutieren.

Diese elementare Verhaltung hat anscheinend eine normale Zeitdauer, die weder durch die Schwierigkeiten der Situation wesentlich verlängert noch durch den Willen wesentlich verkürzt wird. Sie beträgt etwa eine Sekunde. Ist sie, etwa in Zeiten nervöser Erregtheit, übereilt, so haben wir das Gefühl, daß nicht das volle Gewicht dessen, wovon der Entscheidungsakt abhängen sollte, zur Wirksamkeit gekommen ist. Halten wir aber im Bewußtsein der Gewichtigkeit und Schwierigkeit des Problems die Entscheidung zurück, so löst sich der ganze Spannungszustand resultatlos auf. Alles dies gilt natürlich nur für die elementare Entscheidung.

212. Die ganze vitale Aktivität, auch außerhalb des speziell Psychischen, wird um so mehr gehemmt, je ernster und gewichtiger die entscheidungsbereite Verhaltung und die Entscheidung ist. In tiefster Entscheidung steht der Denker still. Selbst eine Tätigkeit so geläufiger subkortikaler Regelung wie das Gehen wird also gehemmt. Die pneumographische Unter-

suchung stellt Verflachung der Atemkurve fest, und selbst der Blutkreislauf erfährt Beeinträchtigung. Lehmann konnte in der Beeinträchtigung gleichzeitig beanspruchter Muskelarbeit ein Maß geistiger Arbeit geben. In der letzten und endgültig entscheidenden Verhaltung scheint uns verantwortungsbewußten Menschen das ganze Heer der uns geltenden Motive mit allen ihren „richtigen" Verflechtungen zur Wirksamkeit, zur Abwägung gekommen zu sein, aber das wollen wir hier noch nicht in Betracht ziehen.

213. Der Entschluß, der eine Verhaltung beendet, bewirkt selbst bei Willensentscheidungen nun nicht immer eine unmittelbare Handlung als motorische Entladung, sondern eine Bereitschaft zum Losschlagen für den Fall des Eintritts der richtigen Bedingung: Ich will die Handlung a vornehmen, etwa heute Nachmittag, oder sobald ich am nächsten Briefkasten vorbeikomme, oder falls N. N. mich beim Vorbeigehen gewahr wird. Das Resultat, die Entscheidung, ist also wieder eine Verhaltung, die nach Auslösung drängt, aber ganz anderer Art. Entschieden ist bereits, so daß nur noch die Entladung zu erfolgen braucht. Wir wollen diesen neuen Zustand eine Bereitschaft oder psychologisch üblicherweise eine Einstellung nennen. Die Überlastung mit solchen Einstellungen drückt bekanntlich den Geschäftsmenschen, ja jeden Kulturmenschen und bedingt das Quälende der Überorganisation. Jede Aufgabe, jede Vorbereitung, ja sogar jeder Gedanke und jedes Urteil ist dem tiefsten Wesen nach eine Einstellung [vgl. hierzu besonders Marbe, Einstellung, Schultze, Einstellung. Betz, Einstellung und Psychol., Müller-Freienfels, Beiträge und Vorstellen]. Dies werden wir für unsere weitere Untersuchung festhalten. Impuls und Hemmung sind und bleiben das aus dem physiologischen Prozeß bestimmte bedeutsamste Moment alles psychischen Prozesses bis in die höchsten und abstraktesten Regionen hinein. Selbst die logischen Funktionen der Bejahung und der Verneinung haben hier das tiefste Fundament ihres wirklichen dynamischen Gewichts und ihrer biologisch teleologischen Funktion im realen Bewußtsein und im Organismus (§ 621ff.).

214. Selbstverständlich ist Einstellung wenigstens in einfachster Form schon in den höheren Tieren wirksam. Instruktiv sind die von W. S. Hunter und anderen angestellten Expe-

rimente über „Delayed reactions": Ist ein Tier darauf dressiert, in dem durch ein Lichtsignal ausgezeichneten einer Reihe von Kästchen sein Futter zu suchen, wobei bei jeder Fütterung ein beliebig anderes Kästchen durch Signal und Futter ausgezeichnet ist, so kann man das Tier nach kurzer, wieder erloschener Signalisierung eine Zeitlang festhalten, und es führt dann doch seinen „Vorsatz" aus, gerade dies Kästchen aufzusuchen.

Dem äußeren Zwang entspricht schon beim Tier und im steigendem Maße im Menschen eine innerlich bedingte vorläufige Hemmung der Handlung, die selbst ursprünglich oft aus Akten hervorgegangen ist, auch wenn sie längst zur Gewohnheit geworden ist. Ich brauche nur an unsere praktischen Entscheidungen zu erinnern, die sich in einer langen Skala stufenweise potenzierter Aufgehaltenheit einordnen lassen, vom unmittelbar in die motorische Reaktion übergehenden Willensakt über den Willensakt unter bestimmten Bedingungen (in einer Stunde oder wenn ich am Briefkasten vorbeikomme) bis zu ganz abstrakten Maximen und Wertungen, die selbst erst wieder durch komplizierte Erkenntnis-Willensakte sich auf konkretere Willensakte beziehen.

In der verhaltenen Einstellung werden wir den ersten Ansatz zum Begriff des „Gegenstands" und des „Begriffs" sehen. Nur von hier aus ist das Verständnis des biologischen Daseins von Gegenstand und Begriff anzubahnen. Wenn wir zum Begriff des Begriffs gelangen wollen (§ 238ff.), so müssen wir uns zuerst auf die Einstellung einstellen. Selbst die „bloßen" Wahrnehmungen sind als Verhaltungen eines reaktiven Verlaufs anzusehen.

Dem physiologisch-dynamischen Charakter nach ist jede Bereitschaft, Einstellung eine „aufgehaltene Reaktion". Bei allen einigermaßen gewichtig vollzogenen Gedanken sind die Lösungsmomente durch eine ungewollte, impulsive Bewegung, durch das Initialstadium motorischer Entladung gekennzeichnet. Hierauf beruht ja, abgesehen von der Beobachtung des mehr emotional bedingten Minenspiels der Augen- und Mundpartien, das sogenannte Gedankenlesen, obwohl es sich hier bei den äußerlich bemerklichen Bewegungen nur um eine Irradiation der inneren Auslösung auf periphere Nerven handelt. Bekanntlich stützt sich Pfungsts überzeugende Erklärung der Rechenkünste des „klugen Hans" darauf, daß das Pferd auf die unbewußte Reaktion der die Lösung der Rechenaufgaben kennenden umstehenden Menschen hin mit Klopfen aufhörte [Pfungst, Pferd].

215. Zweierlei, das aber eng miteinander zusammenhängt, unterscheidet eine Entscheidung, wie ich sie in § 211/13 charakterisierte, zunächst offensichtlich von dem allmählich sich bessernden Lernen der Würmer Yerkes' (§ 199): Erstens der Entladungscharakter, das Einschnappen in eine ganz bestimmte Gestalt der Reaktion. Thorndike [Intelligence, Kap. 5], Yerkes [Monkeys] und W. Köhler [Anthropoiden] haben gleicherweise bei Affen diese Eigentümlichkeit festgestellt. Wichtiger ist aber noch die Folge: In gleicher oder ähnlicher Situation verhält sich das Tier immer gemäß der einmal getroffenen Entscheidung. Thorndike beschreibt dies als eine Überlegenheit der Affen über andere Säugetiere: „Während die letzteren gleichmäßig, ausgenommen in den Fällen der allerleichtesten Verrichtungen, einen Prozeß des graduellen Lernens durch graduelle Elimination der erfolglosen Bewegungen und graduelle Stärkung der erfolgreichen Bewegungen zutage treten lassen, zeigen diese, ausgenommen in den schwersten Verrichtungen, einen Prozeß plötzlichen Erwerbs durch rasches, anscheinend momentanes Aufgeben der erfolglosen Bewegungen und Auswahl der angemessenen Bewegungen, die an Plötzlichkeit mit den Wahlhandlungen beim Menschen in ähnlichen Verrichtungen wetteifern" [Intelligence S. 189]. Nun sind zwar die Affen und besonders die Anthropoiden besonders befähigt, aber gewiß fehlt dieser „sudden sharp drop" nicht bei anderen Säugetieren. Ein Hund läßt ihn ganz deutlich erkennen, wenn er durch ein Gitter einen Leckerbissen zu erlangen sucht, nach erfolglosen Probeversuchen aber plötzlich, mitunter nach einer auffälligen Pause, Stockung auf einem weiten Umweg um das Haus herum auf richtigem Weg schnurstracks zum Ziel eilt. Wir beachten hier nur das Abrupte dieser Regulation. Wir beachten noch weder das Komplizierte, die Bindung zu einer komplexen Handlungsgestalt, noch die vorzügliche Richtigkeit und das eigentümliche Richtigkeitsbewußtsein, wie es als Einsicht, Evidenz in unserem Bewußtseinsprozeß so häufig damit verbunden ist. So etwas ist schon damit verbunden gedacht, wenn man von einer „echten Lö-

sung" (Köhler) spricht, wenn man den viel zitierten Bühlerschen Begriff des „Aha"-Erlebnisses damit in Verbindung bringt. Das gehört erst in eine höhere Stufe der Entwicklung. Auch bei den Entscheidungen, die wir ohne Einsicht zu fällen gezwungen sind, liegen alle die gleichen eben erwähnten dynamischen Momente vor.

216. Jede aktuelle Entscheidung bildet ein positives oder negatives, ein durchsetzendes oder hemmendes Moment für alle späteren gleichartigen Verhaltungen und Entscheidungen, selbst wenn es sich zunächst nur um eine Entscheidung für eine bestimmte einzelne Handlung handelt, die eigentlich nach ihrer Ausführung erledigt ist. Daß alle solche früher erzielten Entscheidungen zur Geltung kommen, scheint überhaupt der Zweck der eigentümlichen Spannung, Verhaltung zu sein, die für die gewichtige Entscheidung so charakteristisch ist. Gerade die widerstrebenden, hemmenden Momente gegenüber einer sich durchsetzen wollenden Entscheidung werden jetzt vorzugsweise aktuell. Selz [Denkverlauf] spricht geradezu von einem Gesetz der Berichtigung (speziell bei der gnostischen Entscheidung in Denkexperimenten gefunden), von einer „Tendenz, die Aktualisierung eines mit ihr in Widerspruch stehenden Wissens, verbunden mit der Erkenntnis des bestehenden Widerspruchs, herbeizuführen". Daß alles unbewußt Geltende in der Persönlichkeit des Individuums, wie es sich in der Entwicklungsgeschichte angesammelt hat, wirklich hemmungsbereit, arbeitsbereit für alle Verhaltungen und Entscheidungen, die in langer Kette dem Individuum sich aufzwingen, ist, das unterscheidet das wache Bewußtsein vom traumbefangenen Bewußtsein, vom Bewußtsein in der Hypnose und in krankhaften Dämmerzuständen. Darin liegt wohl auch die schwere Bürde des wachen Zentralnervensystems, die der Organismus sich durch die vorübergehende Lösung vom Weltkonnex im Schlaf erleichtert. Wir bekommen von hier aus schon einen Ausblick auf die Begriffe der Persönlichkeit und der Verantwortung. Zu deren voller Klärung bedarf es aber des Grundbegriffs des „Ich", den wir erst nach weiteren psychischen Aufstufungen gewinnen können.

217. Selbstverständlich gibt es auch für das wache Bewußtsein eine ganze Skala von Bereitschaftsstufen, auf der die Einstellungen emporsteigen und absteigen. Meist, aber nicht

immer vollzieht sich dies zweckdienlich. Was höchst wichtig ist, kann trotz der Geltendsetzung vergessen werden und meldet sich im Bedarfsfalle nicht. Was in bestimmter geistiger Arbeit gebraucht wird, muß in langer Vorbereitung auf höhere Bereitschaftsstufe gesetzt werden. Was als Aufgabe der Stunde, des Tages, dem Monats, unerledigt ist, und ohne neue Aufforderung einer bestimmten Situation zu erledigen ist, lastet in besonderem Maße auf unserem Bewußtseinszustand. Jeder kennt den Zustand auf einem Besorgungsgang, der vielerlei verschiedenen Aufgaben dienen soll. Für die unerledigte Aufgabe ist in unserem Bewußtsein eine besonders hohe Bereitschaftsstufe, ein Schutz vor dem Vergessen, reserviert.

2.38. Die komplexe psychische Prozeßgestalt.

2.381. Die Mittelfunktionen.

218. Alle physiologisch latenten Einflüsse auf den psychischen Prozeß sind Hemmungen einer ursprünglichen Reaktion, bekommen aber durch das Lernen mittelbare motorische Funktion. Die „Dinge" erlangen einen „Aufforderungscharakter" für das Individuum, eine „finale Qualifizierung", eine „voluntionale Objektion" im Bewußtsein [Kurt Lewin, Vorsatz, Ach, Final., S. 292]. Sie bekommen Feindfunktion, Futterfunktion, Sexualfunktion. Daran schließen sich Mittelfunktionen, sekundäre Zielhaftigkeiten zu diesen unmittelbaren Zielhaftigkeiten hin an. Die Dinge werden zu „Dingen zu etwas", bekommen den Charakter des „Zuhandenseins". Köhler [Anthropoiden] beschreibt, wie seinen Affen jeder längliche Gegenstand, oft in sonst mangelhafter Eignung, die Stockfunktion bekommt. Wir alle erleben die Bildung solcher Mittelfunktionen in den Zeichen für den Straßenverkehr und Ähnlichem. Suggestiv und mehr und mehr noch gewohnheitsmäßig bewegen sie uns ohne Nachdenken über den eigentlichen Zweck zum Folgeleisten. Der Arbeiter, der die Fabrik für die Folterbank erklärt, auf die ihn der Kapitalismus streckt, folgt dennoch dem Aufforderungscharakter der Maschine, die ihm anvertraut ist, zur Fürsorge. So sehr die sekundär triebhafte Folgeleistung gegenüber einem rein sach-

lichen, sekundären, einmal anerkannten Aufforderungscharakter unter Vergessen und Unkenntnis der primären Bedeutung auch eine zweckmäßige Entlastung der Bewußtseinstätigkeit ist, so verhängnisvoll wird sie sich für die gründliche Aufhellung alles Gewollten und Gewerteten, wie sie die Kultur als Aufgabe an uns stellt, erweisen (§ 413/15).

219. Die Zielhandlung, von der aus sich Aufforderungscharaktere auf Reize und Reizsituationen übertragen, kann direkt als Handlung triebhaft wirken oder auch ihre Wirksamkeit durch einen positiven Lustakzent bekommen. Beides ist in der Tat wohl niemals völlig voneinander getrennt. An den unbefriedigten Trieb ist eine immer qualvoller empfundene Spannung, an die Befriedigung mindestens eine Lust der Erleichterung geknüpft, wenn auch diese Lust in der qualvollen Spannung der Unbefriedigtheit, in der triebhaften Ersehntheit viel intensiver erwartet wird als sie wirklich sich nachher erfüllt. Daß die Intensitäten des Triebs und des erfüllenden Gefühls sehr weit auseinander liegen können, zeigt, daß es sich um prinzipiell verschiedene Momente handelt. Jeder Lustzustand ist uns freilich ein Zielmoment der Bildung von Aufforderungscharakteren, aber alle unmittelbar triebhaft starken Laster zeigen eine dynamische Intensität, die weit über das Wissen künftiger Lust hinaus sich bis zur Unüberwindlichkeit steigern kann.

220. Von den Zielfunktionen aus können sich ganze Ketten von Mittelfunktionen auf diese Weise in Gedanken, verhaltenen Reaktionsbereitschaften zusammenschließen. Ein Schimpanse Köhlers [Anthropoiden, S. 136] kam z. B. von selbst auf die Lösung, mit einem kleinen Stock im Käfig einen großen Stock außerhalb des Käfigs, der mit der Hand nicht zu erreichen war, dann mit dem großen Stock eine begehrte Banane, die soweit außerhalb lag, daß sie auch mit dem kleinen Stock nicht zu erreichen war, heranzuholen. Die ganze Handlung war von der Zielhandlung aus gedanklich vorbestimmt, ehe sie ausgeführt wurde.

221. Die größte Bedeutung hat für alle spontan beweglichen Lebewesen die Lokalverknüpfung der beharrlich oder flüchtig lokalisierten Dinge der Umgebung. Sie ist so überragend wichtig, daß wenigstens bis zur Stufe der Säugetiere unterhalb der Affen die Entwicklung der Intelligenz im allgemei-

nen mit der Notwendigkeit der Raumorientierung steigt, wobei natürlich die allgemeine Organisationshöhe des Zentralnervensystems dieser Intelligenzsteigerung in den verschiedenen Tierstämmen auch eine verschiedene Grenze setzt. Das Tier trägt das System seiner individuellen näheren und ferneren Umgebung in sich als Aktionsbereitschaftssystem, und alle seine Feinde und beweglichen Beuteorganismen werden nun nach Bedarf diesem engeren und weiteren starren lokalen System eingegliedert. Wie der Mensch wird wahrscheinlich das Tier schon sich selbst diesem System erkennend einordnen, wenn es auch vielleicht wie der Mensch im einzelnen vorliegenden Falle wiederum bewußt die Umgebung egozentrisch jeweilig auf sich selbst bezieht.

222. In der Raumhaftigkeit ist das Tier sehr gelehrig. Es liegt ein ernst zu nehmender Kern in der Anekdote der Alten, daß auch die Esel Geometrie verstünden, da sie wissen, daß die gerade Linie zu einem Punkt hin kürzer ist als der Weg mit einem Winkel, daß also zwei Seiten eines Dreiecks immer länger sind als die dritte. Sie wissen es allerdings nicht in abstrakten Begriffen, wohl aber in den bewegungsschematisch vorgestellten dingerfüllten Räumen. Es ist nicht daran zu zweifeln, daß das Tier schon Anlage zu sehr komplexer Raumgliederung, und zwar wenigstens im Groben gemäß der euklidischen Gesetzlichkeit hat. Die „reine Anschauung" Kants als ein subjektiver Zwang zur Gültigkeit des Raumgesetzes für alle Erfahrung läßt sich von hier aus durchaus als angeborene, aber der Aktualisierung durch Erfahrungssituationen bedürftige Anlage auffassen, wenn auch Kant von dieser psychologischen Auffassung der Subjektivität betont abrückt. Wir können hieraus auch gute Gründe für die Auffassung ziehen, daß der Raum als Wirklichkeitsform seinen Ursprung der Gültigkeit aus den Tatsachen der Bewegung zieht, wie sie zuerst Trendelenburg präzise vertreten hat [Log. Unters., I. Bd., Teil V u. VI]. Dieser Raum hat unmittelbar Vektorcharakter, mag es auch der exakten Mathematik und dem gewöhnlichen „diskursiven Verstande" eine schwere Aufgabe sein, Kontinuum- und Vektorcharakter von sich aus zu begreifen [vgl. auch Selz, Ortskontinuum, S. 331ff.]. Im praktischen Vorstellen bleiben die Raumschemata auch für den Menschen die leichtesten Verständigungsmittel. Selbst die ab-

strakten Zusammenhänge werden für den eigenen gedanklichen Gebrauch wie für die Mitteilung mit Vorliebe in ein Raumschema transformiert. Geometrie ist trotz der boshaften ordnungsgesetzlichen Kompliziertheit des Raums leichter als Arithmetik.

223. Daß schon die Ratte ein komplexes Vektorbild ihrer gewohnten Umgebung hat und nicht etwa nur die bekannten Handlungen gemäß Erfolg und Mißerfolg aneinander reiht, zeigen manche sehr scharfsinnig angestellte Labyrinthversuche [Übersicht bei Tolman, Behavior, Kap. 11, und Munn,

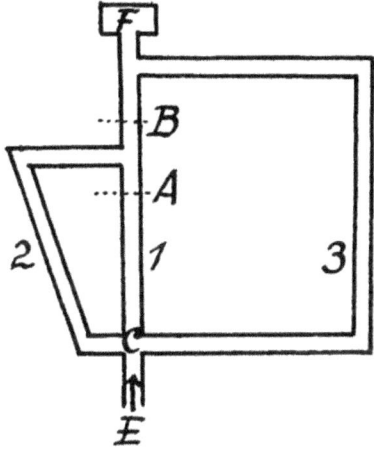

Fig. 9.

introduction, S. 311ff.]. Ich will nur ein sehr einfaches aber instruktives Experiment von Tolman und Honzik [insight] anführen. Die Ratte (Fig. 9) wählt von C aus natürlich den nächsten Weg 1 zum Futter. Wird dieser Weg bei A versperrt, so lernt sie nach links den kürzeren Weg 2 zu wählen und nicht den längeren Weg 3. Wird dann aber der Weg bei B gesperrt, so geht die von dieser Hemmungsstelle nach C zurückkehrende Ratte direkt Weg 3, der jetzt allein erfolgreich sein kann, ohne dies erst durch den Mißerfolg des Weges 2 lernen zu müssen. Sie konstruierte also innerlich das Vektorsystem. Ratten haben aber auch die Fähigkeit, sich sehr rasch umzuorientieren, wenn man die größeren Komplexe eines Labyrinths ganz anders aneinander fügt [Honzik, Maze].

224. Andererseits hat die Ratte offensichtlich schon eine richtige direkte Richtung des Ziels im Bewußtsein, auch wenn diese direkte Richtung in den Umwegen, die sie bei dem eingelernten Gelangen zum Ziel machen mußte, gar nicht vorkommt. Wie der Mensch, der sich zu einem Ziele bewegt, bei der Möglichkeit mehrerer Wege, falls er nicht kühl denkend entscheidet, sondern mehr intuitiv handelt, den Weg vorzieht, der ihn nicht so weit vom Ziel fortführt, obwohl er gar nicht kürzer ist, macht es auch die Ratte. So waren z. B. in Versuchen von Yoshiaka die Wege A und B (Fig. 10), die beide vom Eingang bis zum Futter F führten, gleich lang.

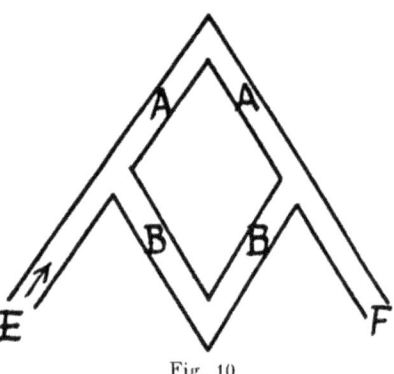

Fig. 10.

Die Tiere waren auf beide Wege unter gleichen Bedingungen etwa gleich dressiert. Dennoch wählten sie weit überwiegend den Weg B, wenn sie die freie Wahl zwischen beiden Wegen hatten. Die Tiere hatten offenbar einen Drang, möglichst in der Richtung zum Futter zu bleiben, die ihnen ungesehen als Konsequenz ihrer Erfahrung bewußt war.

Ich habe diese Beispiele auch deshalb hier angeführt, um diejenigen zum Nachdenken zu bringen, die diese Rattenversuche ohne gründliches Nachdenken für etwas psychologisch und nun gar erkenntnistheoretisch ganz Belangloses halten.

225. Der Tierpsychologe weiß, daß jede Tierart ihre eigene biologisch wohlangepaßte Genialität besitzt. Das Raum-

bewußtsein ist ein total anderes bei Bienen und Tauben als
bei Pferden und wiederum als bei Ratten. „Puzzle-box"-
Experimente, Lernversuche an Kästen, die nur durch komplizierte Griffe an Hebeln zu öffnen sind, kann man besser mit
Katzen anstellen als mit Ratten, dagegen ist die Ratte für
Labyrinthversuche gelehriger als die Katze. Affe und Mensch
haben durch die Greifhand, die ursprünglich ein Instrument
zum Klettern auf Bäumen war, die Möglichkeit zu einer neuen
Leistung gewonnen, zum Werkzeuggebrauch. Der hat das
Eigentümliche, daß Materie in völlig verschiedener Kombination zu verschiedenen Zielerreichungen verwendet werden
kann. Köhler [Anthropoiden] gibt viele interessante Beispiele hierfür. So etwas sticht bemerkenswert von der qualitativen Monotonie der Vektorzusammensetzung und Vektor-
transformation des Lokalbewußtseins ab. Gibt dieses Lokal-
bewußtsein schon erstaunliche quantitative Leistungen bei beweglichen Tieren, so gibt erst der Werkzeuggebrauch, der
durch die Hand nahe gelegt ist, eine qualitative Freiheit und
Beliebigkeit der Verknüpfung, die eine notwendige Zwischen-
stufe zur Freiheit der Begriffsbildung (§ 243ff.) darstellt.
Schon der treu empirisch untersuchende Aristoteles sah, daß
die Hand nicht *ein* Organ sei, sondern deren viele; der Mensch
kann damit viele Hilfen haben und sie nach Belieben vertau-
schen. (Über die Teile der Tiere, IV, 10.)

226. Eine scheinbar ziellose, rein spielende psychische Tätigkeit ist Hilfsaktion der „ernsten", zielbewußten. Wir können
sie deutlich schon im Tierreich unterscheiden. Ein Tier, dessen
Bedürfnisse alle gestillt sind, schnüffelt anscheinend ziellos in
einer neuen Umgebung umher. Versuche an Ratten, die man
zunächst einmal völlig befriedigt in einem Labyrinth herumlaufen läßt, zeigen, daß dies planlose Herumlaufen keineswegs
sinnlos ist. Sie konnten im ernsten Bedürfnisfall, in dem zugleich am Ziel sich Futter befand, viel schneller den richtigen
und besten Weg finden lernen [Blodgett, Reward]. Alles ziellose Sichbewegen unter ungewohnten Bedingungen, alles
Durchprobieren von Bewegungen, alles Spielen ist ein trieb-
haftes Bilden von Partialgestalten, die dann später in ernste
Situationen eingereiht werden können. Der Anreiz geht in
diesem Falle vom Aufforderungscharakter der Umgebung
und von einem inneren Tätigkeitsdrang aus. Insofern ist auch

hier schon Zielhaftigkeit festzustellen. Der Aufforderungscharakter des Unbekannten und Neuen schlechthin als solchen, den wir im menschlichen Bewußtsein als Neugier bezeichnen, und der zu einer Kostprobe des Unbekannten drängt, stammt schon aus niederer Stufe des Tierreichs (§ 93) und gehört zu den wirksamsten Organisationen des Zufalls in die zweckmäßige Handlung hinein. Wir finden ihn auch in den höchsten Gestaltungen der Kultur wieder. Es ist nicht falsch, alle rein theoretische Wissenschaft hieran psychologisch anzuknüpfen. Im menschlichen Erkennen und auch schon im bloßen Memorieren von Zusammenhängen wird er durch mehr oder weniger aktuell gewollte Zwecksetzungen gelenkt. In der bloßen Neugier, im Sichumsehen in unbekannter Umgebung tritt das rein Triebmäßige in den Vordergrund. Im zielhaften Handeln erfüllt der psychische Prozeß aber erst seinen eigentlichen Sinn. Wir wollen uns das besonders für die Untersuchung der reinen Erkenntnis merken.

Suchorganisation zeigt sich in der Unruhe, die Tier und Mensch unter der Herrschaft eines starken Triebs, eines Bedürfnisses und schon einer Umgebung mit starkem Aufforderungscharakter haben. Von der Pubertätsunruhe bis zur sozialen Erscheinung der revolutionär suchenden Haltung durch Schicksal und Not triebhaft erregter Volksmassen wäre hier viel anzuführen.

227. Alle wahllose geistige Tätigkeit in der Einsamkeit wie im sorglosen Geschwätz der Gesellschaft ist sehr wohl und wider allen oberflächlichen Schein sehr gut teleologisch fundiert. Alles ungebundene Phantasieren, alles zufällige Sicherinnern im aufgabelosen, geistig müßigen Zustand, aller zunächst noch aufgabeloser, „assoziativer" Vorstellungsverlauf an Hand der Ähnlichkeitsbeziehung und des zeitlichen Zusammendagewesenseins, alle spielende Hebung auf ein hohes Bereitschaftsniveau hat hier den Sinn. Also alles, was frühere Psychologie als den natürlichen einfachen Vorstellungsverlauf auffaßte und an den Anfang stellte, hat hier seine recht sekundäre und späte Anknüpfung an den teleologischen Aufbau des psychischen Systems.

Alle Anschauung, sowohl die sinnlich-optische, wie auch die zentral erregte innerliche Anschauung ist eine Massendarbietung an die Aufmerksamkeit und die Suchorganisation.

Der Mathematiker kann bezeugen, welche Rolle selbst in seiner, der Intention nach so ganz unanschaulichen Wissenschaft (§ 663) die Anschauung für das tatsächliche Schaffen spielt, und sei es auch nur eine schematische Anschauung. Selbst der Gestaltpsychologe, der aus enger Sicht einzig seines Prinzips die Suchorganisation als bedeutungslos anzusehen geneigt ist, kann nicht umhin, „die heuristische Funktion der Anschauung" als ihr teleologisch Wesentlichstes im Bewußtseinsverlauf anzuerkennen [Duncker, Denken S. 132].

228. Alle solche Sammeltätigkeiten füllen den „Schatz des Gedächtnisses", eines Magazins, das immer auch die zufällig richtigen Komponenten für die bewußte Gestaltbildung gibt. Alles „Nachdenken" über die Lösung einer Aufgabe bedeutet die Konzentrierung der Aufmerksamkeit auf eine Beziehungssetzung dieser bewußten Aufgabe zu der Breite dieses Schatzes. Da uns hier das Problem des Bewußtwerdens eines Faktors des psychischen Prozesses (§ 324) noch nicht beschäftigt, beachten wir den Gegensatz zwischen den bewußten Vorstellungen und den unbewußten Vorstellungsdispositionen, die trotz aller Unbewußtheit dynamische Momente des psychischen Prozesses sind, noch nicht. Daß die Aufmerksamkeit hierbei schon auf einen engeren Bereich unbewußter Vorstellungen konzentriert wird, hebt noch keineswegs die Bedeutung des Zufalls in der Entstehung dieser Dispositionen und auch in ihrer Aktualisierung auf, wenn es auch das Einschnappen des Richtigen erleichtert. An dieser Stelle ist besonders der gründlichen Untersuchungen Selz' [Geistestätigkeit] zu gedenken, der in seiner Theorie der inneren zufallsbedingten Mittelabstraktion ausgezeichnet die Bedeutung des organisierten Zufalls klarlegt, des Zufalls, „dessen Auftreten und Ausnützung nicht zufällig ist" und der ein „regulärer Faktor schöpferischer Geistestätigkeit" ist. Selz erkennt so auch besser als die Gestaltpsychologen, daß nur auf diese Weise „neue Reaktionsweisen der Organisation aus den bereits ausgebildeten zweckmäßigen Reaktionsweisen kausalgesetzlich hervorgehen und aus ihnen verständlich gemacht werden können", und daß nur so nicht „die Entstehung von zweckmäßigen Neubildungen den Charakter des Geheimnisvollen oder Zufälligen" hat.

2.382. Die Prozeßganzheit.

229. In der Gesamtantezipation einer Handlung, die im Gegensatz zum physischen Probierverfahren, der Methode des trial and error, erst einen eigentlichen Werkzeuggebrauch ermöglicht, wird der Werkzeuggebrauch vergedanklicht, in einer zielbestimmten Verhaltungs-, Einstellungsverknüpfung vorausgenommen. Das Ganze einer Einstellungsfolge, die zum Ziel führt, schnappt einheitlich ein und ist für uns Menschen und vermutlich auch für das Tier meistens mit dem Bewußtsein der Richtigkeit, der Zielgemäßheit verbunden. Wir haben so erst die eigentliche „Lösung durch Einsicht", auf die die Gestalttheoretiker so außerordentliches Gewicht legen. Wir wollen wie sie hier die erkenntnistheoretische, logische Seite, auf die gerade diese Beziehungsweise hinweist, noch beiseite lassen (§ 956ff.). Das Evidenzbewußtsein ist bei diesem Einschnappen bei Mensch und höherem Tier sicher sehr häufig, aber nicht absolut nötig. Es gibt auch ein Einschnappen in eine als gewagt bewußte Hypothese. Genau besehen, sind Teile, vor allem die Zielsituation und gewisse Geltungen, Wahrnehmungen mit Aufforderungscharakteren schon vorweg gegeben, und aus ihnen bildet sich ein Streben nach Zwischenergänzung. Ich halte die Auffassung Selz' [Geistestätigkeit] mit den fruchtbaren Begriffen der determinierten Komplexergänzung, der Mittelabstraktion und der schematischen Antezipation für fruchtbarer als die immer im generellen Begriff der „Gestaltbildung" stecken bleibenden Erörterungen der speziell so genannten Gestaltpsychologen. Experimentell hat namentlich N. R. F. Maier [Reasoning] in instruktiven Untersuchungen an Tieren und Menschen die Rolle der Fügung von Partialganzen zu einschnappenden zielbestimmten Gesamthandlungen gezeigt, wobei wiederum die dynamische und angliedernde Rolle der Aufforderungscharaktere und triebhaften Zielfunktionen (§ 218) hervortrat.

230. Für die äußerliche Beobachtung des Verlaufs, wenn auch nicht für die regulatorische Bedeutung, tritt durch die Feststellung dieses Teil 2.38 das Prinzip der fördernden Wirkung der Lust und der hemmenden Wirkung der Unlust (§ 178/80) in den Hintergrund. Stärker in den Vordergrund tritt für den Beobachter zunächst die Bestimmtheit durch das

objektiv vorgestellte Ziel. An dies Ziel hängt sich die Unruhe des Triebs, des Bedürfnisses, das aus dem inneren Zustand entstanden oder durch Aufforderungscharaktere aus der einwirkenden Umgebung geweckt wurde. Der Zielgegenstand, an den sich die ganze Kette knüpft, nicht ein so abstraktes funktionales Moment wie Lust und Unlust, ist sowohl für die subjektiv psychologische wie für die objektiv behavioristische Betrachtung, das unmittelbar Packbare. Auch der Trieb ist ja eben als „Bedürfnis" vom Ziel aus, in dem er Befriedigung findet, und an das er seiner biologisch teleologischen Funktion nach geknüpft ist, zu verstehen (§ 200ff.). Die ganze Kette der psychischen Zwischenprozesse und der Handlungen erscheint gleichsam vom Ziel aus gezogen. Man versteht so das Verlockende der goal gradient theory (§ 203), alles Voranstellens des „purposive behavior" [Tolman, behavior] und alle „Bedürfnispsychologie" [Szymanski, Bedürfnisse].

231. Mindestens beim Menschen kommt hinzu, daß die Ziele sehr oft einem Willensakt ihre Entstehung verdanken. Die ursprünglichste, wenn auch vielleicht durch viele Zwischenentscheidungen kompliziert vermittelte Quelle war natürlich immer ein Trieb oder ein Gefühl, auch wenn das Individuum dies längst vergessen hat, nicht beachtet hat oder aus theoretischer Hypothesis heraus nicht sehen will. Lewin spricht in diesem Falle, nicht gerade sehr glücklich, von einem Quasibedürfnis im Gegensatz zum echten, unmittelbar triebgeborenen Bedürfnis [Vorsatz].

Ein solcher Wille kann sich sehr gut ohne jedes fortdauernde Bedürfnis und ohne jede Verknüpftheit mit einer positiven Lust kräftig behaupten, wie einerseits die ausgesprochenen Willensmenschen im Großzügigen, andererseits die Pedanten im Kleinlichen beweisen. Es ist selbstverständlich, daß hier der Willensakt ein Ziel setzen kann, das selbst empfindlichen Schmerz und überhaupt empfindliche Unlust überwinden kann. Peterson [learning] hat dies durch besondere Versuche nachzuweisen für nötig befunden.

232. Die regulatorisch gewiß hochbedeutsame Auffassung der Gezogenheit vom Ziel wird aber wieder durch den gestalttheoretischen Aspekt verdeckt. Die gedanklich antezipierte Kette einer Handlung wird in der wirklichen Entstehung kei-

neswegs vom Ziele aus sukzessive rückwärts gebildet, sondern alle einzelnen Momente müssen schon auf einer gewissen Bereitschaftsstufe gegenwärtig sein; der ganze Verlauf schnappt dann in einem einheitlichen Akt ein.

Noch mehr verschwindet der Aspekt der Zielbestimmtheit bei zielloser Tätigkeit, auch psychischer Bewegtheit, die sich fortsetzt, selbst wenn alles eigentliche Bedürfnis gestillt ist. So erscheint vor allem die Lust-Unlustdeterminiertheit, sodann aber auch die Zieldeterminiertheit der geistigen Tätigkeit als etwas recht Sekundäres, dem assoziativen Vorstellungsfluß erst Folgendes, der Gestaltbildung nur mitunter als regulatorisch besonders wichtiges Moment Innewohnendes. In beiderlei Hinsicht sind die vielen Angriffe gegen Thorndikes grundlegende Theorie (§ 215) motiviert. Aber diese bildet eine prinzipiell unersetzliche Etappe alles Verständnisses höherer psychischer Komplikation, mag auch in den meisten Einzelprozessen das kardinale Moment der Lust-Unlustwirkung fehlen.

233. Ebenso leicht kann man aus zu engsichtiger Betrachtung der einzelnen Regulationen zu einer Verkennung der Bedeutung der Suchorganisation, des organisierten Zufalls (§ 226/28) kommen. Es ist begreiflich, daß alle Tiere, auch die niedersten, schon mit sinngemäßen Verläufen reagieren, wenn sie verschiedenartiges Verhalten und nicht etwa absolut chaotische Strampelbewegungen nacheinander durchprobieren [Lashley, brain]. Eben das sahen wir schon beim Einzeller Stentor (§ 93).

Max Weber verkennt sogar die in der psychischen Kausalität fundamentale Bedeutung der Dynamik, der Konkurrenz der Motive unter dem Eindruck der Auffassung, „daß ein konkreter Erfolg nicht als das Ergebnis eines Kampfes von einigen zu ihm hinstrebenden und anderen ihm entgegenstrebenden Ursachen angesehen werden kann, sondern daß die Gesamtheit *aller* Bedingungen, auf welche der kausale Regressus von einem „Erfolge" aus führt, so und nicht anders „zusammenwirken" mußte, um den konkreten Erfolg so und nicht anders zustande kommen zu lassen . . ." [Studien, S. 289].

Sätze von Reaktionen sind bei höheren Tieren im Lauf individueller Entwicklung reicher, zahlreicher, besser an die Umgebung angepaßt entwickelt. Sie sind bei Warmblütern (weniger bei Insekten) biegsam, passen sich der jeweiligen Situation unmittelbar an, ohne daß dies erst durch Durchprobieren jedesmal neu herausgefunden zu werden braucht. Sehr interessant ist zu verfolgen, wie bei Behinderungen, Lähmungen, Verstümmelungen unmittelbar eine bestmögliche zweckmäßige neue Reaktionsweise für die verloren gegangene einspringt. Man kann hier auf die Beobachtungen Goldsteins an Amputierten, Gelähmten, Menschen mit Prothesen und entsprechende Beobachtungen an verstümmelten Tieren hinweisen [Goldstein, Plastizität, besonders Ziffer IV]. Hier ist kaum anzunehmen, daß im Genotypus ein Reflexschema oder ein Triebschema für alle diese Anomalien vorgesehen ist; auch wird das Individuum nicht immer bei früheren Behinderungen diese Ersatzhandlungen als solche gelernt haben, obwohl sicher auf diesem Wege mancher Fall seine einfache Aufklärung finden würde. In der Diskussion dieser Tatsachen haben die Gestaltpsychologen und ihre physiologischen Verbündeten eine starke Position. In der Tat liegt hier ein interessantes Problem vor. Mir scheint die Lösung darin zu liegen, daß die betroffene Ersatzmuskeltätigkeit normalerweise immer schon gelegentlich zufällig mit einem gewissen Zieleffekt ausgelöst wurde, ehe eine ganz neuartige, nur noch mit dieser Muskeltätigkeit am besten zu lösende Leistung erfordert wurde. Eine Richtung auf einen Zwischeneffekt war schon längst in psychischer Tätigkeit ausgebildet, und nur die Bezogenheit dieses Zwischenziels auf das Bedürfnis des Endeffekts mußte dynamisch gestalthaft einschnappen. Bewegungen, die nie irgendwie bewußt mit irgendeinem Effekt wirksam gewesen sind, schnappen nicht ein, sondern werden zunächst nur unkoordiniert mit einer Erregung der Muskulatur der ganzen Körpergegend miterregt, wie z. B. die schönen Untersuchungen Bairs über das Erlernen der willkürlichen Bewegung des Ohrs zeigen. Vgl. auch die Warnung Spences [Learning] vor Unterschätzung der Versuch- und Irrtum-Wirkung beim Werden von solchen Handlungsgestalten im Habitus des Individuums.

2.383. Hypothesis und Bildfunktion.

234. Ist die Labilität der Zusammensetzung, die Notwendigkeit des Suchens in den kleineren Bruchstücken auch durch zweckmäßige Gestaltbildung eingeschränkt, so bleibt doch die

Vielseitigkeit der Möglichkeiten in der komplexen Erfolgshandlung. Eine gewinnt die Herrschaft, hemmt die anderen, bestimmt das Handeln, wird aber im Falle der Erfolglosigkeit selbst machtlos und muß bei andauerndem Bedürfnis einer anderen Handlungsgestalt weichen. Krechevsky spricht in zahlreichen Arbeiten der letzten Jahre [Hypotheses, Brain mech.] direkt von „Hypothesis" bei Tieren. „Lernen besteht aus dem Wechsel von einer systematischen, generalisierten, zielhaften Art des Verhaltens zu einer anderen und wieder einer anderen, bis das Problem gelöst ist. Der Lernprozeß besteht in jedem Punkt aus einer Serie von integrierten, zielhaften Verhaltensschematen" [Krechevsky, Hypotheses, S. 532]. Es handelt sich hier nicht um eine bloße Analogie mit der Rolle der Hypothesis in der Technik und in der Erkenntnistheorie des Neukantianismus Marburger Richtung, sondern um eine Vorstufe mit gleicher regulativer Bedeutung.

233. Akt und stetiger Prozeß greifen ineinander ein, bestimmen sich in der individuellen Handlung und in der individuellen Gesetzlichkeit der Person wechselseitig. Höchst zweckmäßig ist das Ineinandergreifen der durch subkortikale und Kleinhirnfunktionen regulierten stetigen Bewegungen wie Gehen, Schwimmen, Werfen, Schlagen und der Befehle aus dem bewußten Akt, ebenso das der unwillkürlichen, anschauungsbedingten und der willkürlichen Aufmerksamkeit, die wieder die Anschauung bestimmt.

Durch die Akte kann eine vorher und nachher immer wieder unterbewußt verlaufende stetige Handlung nach Bedarf zweckmäßig neu gestalthaft gegliedert werden [vgl. den Bd. 9, „Motorik", der „neuen psychologischen Studien". Leipzig 1933]. Die Akte verlieren bei den Wiederholungen, der Geläufigkeit mehr und mehr das Stoßweise, absorbieren immer weniger die psychische Energie. Der Zusammenhang wird automatisiert, bekommt den stetigen, flüssigen Charakter der „transitiven" Zustände im Sinne von James. Der Akt, das intermittierende Einschnappen von Geltungen, wird so unter Verkennung seiner teleologisch wichtigen Funktion für die oberflächliche psychologische Selbstbeobachtung ebenso zu etwas scheinbar Nebensächlichem wie die Lust-Unlustwirkung und die Suchorganisation. Die eigentliche psychische Arbeit kann jetzt anderen Prozessen zugute kommen, während die gewohnt gewordene, automatisierte Handlung nebenbei vollzogen wird. Diese Ökonomie ist ebenso zweckmäßig wie die immer noch bleibende Bereitschaft der automatisierten Handlung, durch die Aufmerksamkeit wieder der Kontrolle neuer Akte unterworfen zu werden. Die automatisierte Handlung wird nie so ganz dem psychischen Prozeß entzogen wie ein Reflex [vgl. besonders Mohnkopf, Automatisierung]. Wie bei einem versenkten Netz können die reparaturbedürftigen Stellen in die Webstufe des aktuellen psychischen Prozesses hochgehoben und nach der Bearbeitung wieder ins Automatische versenkt werden. Durch die Automatisierung wird aber der Erfolg der Akte, das Gelernte, dem stetigen inaktuellen Bewußtseinsverlauf und Handlungsverlauf einverleibt.

Übung und Automatisierung vollzieht sich aber nicht nur in der Handlung, sondern auch im abstraktesten Denken. Die Beschäftigung mit abstraktester Mathematik kann geläufig werden. Durch die in allen Graden vorkommende Automatisierung verwischt sich der Gegensatz zwischen „diskursivem Denken" und „stetiger Anschauung", der in der Philosophie eine so große Rolle spielt (§ 949ff.).

236. Sowohl das System der Akte wie auch die fließende Anschauung bekommen in gewissem, sehr vorsichtig zu verstehendem Sinne eine Bildfunktion, Modellfunktion: die möglichen und je nach Bedarf realisierten Reaktionsbereitschaften und bloßen Vorstellungen entsprechen der wirklichen Umgebung des Lebewesens. Das instruktivste Beispiel ist das Raumvektorsystem, in dem Tier und Mensch ihre Umgebung „kennen". Zug für Zug muß die vorgestellte Beziehung des Bildes einer wirklichen Beziehung entsprechen, soweit diese vorgestellte Beziehung „richtig" ist. Welche Schwierigkeit der hier vorausgesetzte Realismus unserer Erkenntnistheorie macht, und wie abstrakt strukturell ein solcher Bildbegriff aufgefaßt werden muß, steht hier noch nicht zur Diskussion (vgl. § 437f., 903ff.).

237. Wie verwickelt Akt und fließender Prozeß, andererseits Erfahrung und angeborene Anlage ineinandergreifen, um aus der Reizmannigfaltigkeit ein richtiges Bild der Wirklichkeit zu schaffen, ist noch wenig geklärt. Wir sind von unserer manuellen Erfahrung aus geneigt, eine möglichst wenig verzerrte Übertragung des Ordnungszusammenhanges der

Wirklichkeit vom Reiz bis zur psychischen Repräsentation anzunehmen. Demokrits Eidola, feinste Oberflächenstrukturen, die sich als wirkliche Realitäten von den Dingen lösen und unmittelbar oder durch sich fortpflanzenden Abdruck bis ins Sinnesorgan und weiter bis zum Zentralorgan fortwirken, sind eine primitivste Auswirkung dieser Tendenz. In Wirklichkeit wird alle einwirkende Form wohl ebenso abgebaut wie der Organismus fremdes Eiweiß abbaut, um es arteigen wieder aufzubauen. Was aufgebaut wird, ist selbstverständlich das, was der Organismus für seine Leistung braucht: Bilder von Dingen als Einheiten im dreidimensionalen Raumvektorsystem mit ihren „eigentlichen" Farben sind das unmittelbar als optische Wahrnehmung sich der weiteren gedanklichen Bewußtseinsverarbeitung Darbietende (§ 295). Es erhebt sich die Frage der Abgrenzung von angeborenen Gesetzen der Bildung einer „richtigen" Wahrnehmung auf Grund der ganz anders strukturierten Sinnesreizung und die Frage des Einflusses der gewohnt gewordenen Erfahrung auf die Wahrnehmungen (§ 296).

2.39. Der abstrakte Akt.

238. Zwei wichtige Regulationseigentümlichkeiten haben dem Menschen seine gewaltige biologische Überlegenheit gegenüber allen Tieren gegeben und wohl alle künftige biologische Überlegenheit an seinen Stamm geknüpft. Die eine ist die begriffliche Abstraktion mitsamt der abstrakten Zeichenfunktion, Benennungsfunktion, der Sprache im weiteren Sinne, der triebhaft angelegten Lautsprache im engeren Sinne. Die zweite ist die Knüpfung an den Ich-Begriff, an die abstrakteste und komplizierteste aller Begriffsbildungen, die trotzdem allen Menschen geläufig ist. Beide vereint sind die Unterlage dessen, was man als Vernunft und Geist zum besonderen und wichtigsten Merkmal des Menschen macht, vergöttlicht oder auch natursehnsüchtig haßt. Beides ist auch bei gewissenhaftester Kritik allein dem Menschen zuzusprechen. Obwohl die Ichfunktion, das Selbstbewußtsein wohl die Abstraktion voraussetzt, handelt es sich um zwei verschiedene und teleologisch selbständige Regulationen. Nur ein unklares Verständnis verschmilzt sie. Wir behandeln zunächst in diesem Teil 2.39 nur den abstrakten Akt.

Die prinzipielle Verhaltung der Reaktion vor der Aktentscheidung und das Neutrallassen des Reagierens auf die Wahrnehmungen sind schon in gewissem Sinne Abstraktion, nämlich Abstraktion von einem bestimmten Reaktionsverlauf. Beides ist gehemmter Strom, der nun in seiner labilen Unbestimmtheit der willkürlichen, wenn auch zielhaften Leitung durch Akte zugängig ist, in beliebige Bahnen geleitet werden kann. Aber Abstraktheit des Denkens im engeren Sinne meint nicht diese Abstraktion von bestimmter Wirksamkeit, sondern Abstraktion sehr bedeutsamer Aktarten von qualitativ *bestimmtem* Reiz, von *bestimmten* Wahrnehmungen und bestimmten reproduzierten Wahrnehmungsresiduen. Beispiele werden die gewaltige Bedeutung solcher in Bereitschaft gestellter Mittelfunktionen zeigen.

239. Keine andere Art von Tierexperimenten ist so geeignet, die Grenze abstrakten Verknüpfens, die dem Tier schon bei leichten Aufgaben gesetzt ist, klarzustellen, wie die nach der mannigfach zu variierenden Methode der vielfältigen Wahl (Multiple choice method), die namentlich R. M. Yerkes und C. V. Hamilton sehr klug ausgenutzt haben. Höhere Tiere (und auch Menschen) wurden in langen Serien von Versuchen immer wieder einer Reihe von geschlossenen Türen gegenübergestellt. Hinter einer war jedesmal das Futter oder die sonstige Belohnung. Man konnte nun für den Wechsel der richtigen Tür ein beliebiges Ordnungsgesetz befolgen und sehen, ob das Tier dies Gesetz zu befolgen lernte. Natürlich konnte jedes Tier lernen, immer wieder das Futter hinter der Tür am weitesten links oder am weitesten rechts zu suchen. Auch die zweite und dritte Tür von einer Seite aus zu wählen, konnte das Tier allmählich lernen. Hunter konnte mit mehr oder weniger Schwierigkeit Ratten, Waschbären und Affen dahin bringen, von zwei Türen immer abwechselnd die linke und die rechte aufzusuchen: lrlrlr . . . Ja sogar die Reihenfolge llrrllrr . . . war ihnen beizubringen. Das war aber die komplizierteste Reihenfolge, die das Tier lernen konnte. Am interessantesten sind wohl die Versuche C. V. Hamiltons [study, perseverance], der einzig die Regel befolgte, daß unter vier Türen niemals dieselbe Tür die richtige war wie das vorhergehende Mal. Kein einziges Tier konnte dies lernen, wohl aber schon ein Menschenkind von drei Jahren.

240. Offenbar war es bei den Versuchen Hunters nur eine Art Rhythmus der Wahl, der den Tieren beigebracht war. Bei den Versuchen Hamiltons aber mußte gleichsam bei der Wahl die *Negation* an die Tür geknüpft werden, die das vorige Mal die richtige war, und dieses denkbar simpelste abstrakte Moment war allen Tieren schon zu schwer zu lernen. Interessant ist, daß auch die Schimpansen Köhlers das Wegräumen von Hindernissen für die Erlangung des Futters, also auch eine Zwischensetzung einer negativ bedeutsamen Handlung in eine kompliziertere Handlungsreihe, nur sehr schwer in ihre Handlungshypothesis einfügen konnten, was Menschen geradezu komisch erscheint. Ratten konnten auch nicht lernen, immer nur die zuerst erleuchtete Tür zu wählen, wenn mehrere Türen zeitlich hintereinander erleuchtet wurden, ehe sie hinlaufen konnten. Der abstrakte Begriff des zeitlich Ersten war offenbar schon zu schwer [Atkins and Dashiell, Reactions].

241. Alles dies fällt offenbar schon in das Gebiet des abstrakten Denkakts. Mit Recht betrachtet man aber die Zahlerfassung als das Muster einfachen rein abstrakten Denkens. Kein Tier kann echt zählen, nämlich so, daß es willkürlich beliebigen Gegenständen der Reihe nach die bloßen Aktmomente des „Ersten", „Zweiten" usw. zuordnet und nun aus dieser Zuordnung irgendwelche Folgen für die Behandlung der Gegenstände zieht. Tauben ließen sich höchstenfalls darauf dressieren, daß sie nur zwei Körner aus einem Haufen Körner picken durften [O. Köhler usw., Taube]. Das Tier scheint sich bei höheren Zahlen nur an der Verschiedenheit des Gruppenbildes der „Zweiheit", der „Dreiheit", der „Vierheit" orientieren zu können. Die alle haben etwas anschaulich Besonderes, das auch bei Änderung der räumlichen Lage der Einzelstücke ähnlich bleibt. Ein Vogel merkt, daß von vier Jungen im Nest eins fehlt. O. Köhler usw. konnten als äußerste Leistung erreichen, daß Tauben erlaubte Fünfkörnergruppen von verbotenen Sechskörnergruppen unterschieden [Taube]. Katz und Revesz [Hühner] konnten es sogar erreichen, daß Hühner aus einer Reihe von Weizenkörnern, von denen nur jedes dritte lose war, die übrigen aber festgeklebt und nicht loszureißen waren, tatsächlich jedes dritte Korn pickten. Offenbar hatten die ersten beiden Körner vom Rande aus oder von der erzeug-

ten Lücke aus und ebenso das dritte eine gestaltliche Besonderheit für das Huhn. Auf jedes vierte Korn ließen sich Hühner nicht mehr dressieren, wie überhaupt alle solche primitive Gestaltleistung etwa bei der Vierheit oder Fünfheit ihre Grenze zu haben scheint. Eine solche Unterscheidung von Mengengestalten ist aber kein Zählen. Noch dem vierjährigen Kinde macht das Zuordnen der Zahlreihe zu beliebigen Gegenständen große Schwierigkeiten, wie oft festgestellt ist.

242. Die Zahl ist ihrem Wesen nach das bloße Abstrakt der Aktfolge. Das Individuum entscheidet, die folgenden gefällten Akte zu „zählen", d. h. mit Zahlwörtern zu bezeichnen, wobei der einzelne Akt nun den Namen des Ersten, Zweiten usw. bekommt und ein besonderes Individuum mit besonderen Ordnungseigenschaften wird.

Akte mit dem vollen Charakter der Aktualität können nicht zu mehreren gleichzeitig gefällt werden, wie wiederholt konstatiert ist [Pauli, Enge]. Aus dem diskreten Charakter des Akts, aus der Notwendigkeit des zeitlichen Anfangs beim Zählen, aus der Überzeugung, prinzipiell „immer weiter" zählen zu können und aus der den Reihencharakter bedingenden Unmöglichkeit einer Gleichzeitigkeit von Akten ist der Ordnungscharakter der natürlichen Zahl bedingt (§ 687). Obwohl die Mathematik längst ihren allgemeineren Charakter als Ordnungslehre gewonnen hat (§ 662ff.), ist sie selbst in der Wissenschaftspraxis — und nach Überwindung des Geometrizismus erst recht — auf der natürlichen Zahl aufgebaut (§ 768).

243. Auch dem Menschen ist diese Operation mit dem bloßen Akt als solchem nur durch die willkürliche Zuordnung eines Namens zu etwas anderem, durch die Symbolfunktion, die Bezeichnungsfunktion, die Benennungsfunktion, die Sprache im weitesten Sinne des Worts möglich. Angeborene Mitteilungsfunktion bestimmter, triebhaft festgelegter Art gibt es zahlreich auch im Tierreich. Tiere mit Lautäußerungen haben mitunter eine Vielheit von Varianten zur Verfügung, die verschiedenen seelischen Erregungen zugeordnet sind, offensichtlich dem biologischen Zweck der Benachrichtigung anderer dienen und vom Sexualpartner, von den Jungen, von den Artgenossen verstanden werden. Die Warnrufe gewisser Arten von Tieren geben schöne Beispiele dafür, daß Tiere auch diese

Rufe ganz anderer Arten verstehen lernen. Sprache im vollen Sinne dieses Wortes, d. h. im Sinne *willkürlicher* Zuordnung eines sinnlichen Symbols hat nur der Mensch. Der Mensch gibt Namen. Die Lautsprache ist aber das organisch und psychisch besonders bevorzugte Mittel hierfür. Etwa vom dritten Lebensmonat ab hält das Kind seine langen Lallmonologe, in denen es seine Sprachwerkzeuge sensomotorisch einübt [Bühler, Kind, 4. Kap. § 16]. Immer mehr werden fremde Laute mit den bekannten eigenen Lautäußerungen nachgeahmt. Nun bemächtigt sich die Bedeutungsfunktion, der Benennungstrieb dieses Materials. Von der willkürlichen Benennung von Affekten und Wünschen geht das Kind mit oder ohne Unterstützung der Umgebung zur Benennung von Dingen über. Ein leidenschaftlicher Benennungstrieb macht sich breit. Daß dieser Trieb nicht an die Lautsprache gebunden ist, zeigt am schönsten die Erziehung der taubstummen und blinden Helen Keller. Ihre Lehrerin Miß Sullivan kam mit der Siebenjährigen durch ein Tastalphabet in seelischen Kontakt, in dem sie ihr an der Pumpe die Bedeutung des Worts „w-a-t-e-r" beibringen konnte. Spontan erwachte der Benennungstrieb. Helen wollte den Namen für die Erde, die Pumpe, das Gitter, die Lehrerin wissen und so rastlos immer weiter.

244. Die Symbolfunktion ermöglicht beliebige, willkürliche Zuordnungen, ermöglicht Symbolsetzung für geistige Funktionen und für Zuordnungsregeln dieser Symbole. Am instruktivsten ist hier wieder die Arithmetik. Auf dem Zählen bauen sich zunächst stufenweise die eine Vielheit von Akten zusammenfassenden symbolisch bezeichneten Funktionen des Addierens, Multiplizierens usw. mit ihren Inversionen auf. Es bauen sich die Stufen der Abstraktion gegenüber diesen Funktionen auf. Für das Rechnen mit bestimmten Zahlen, das als Übungsbeispiel für alles Rechnen gleicher Art dient, tritt das Rechnen mit „Zahl überhaupt" bedeutenden Buchstaben (Beispiel: $(a+b)^2 = a^2 + 2ab + b^2$). Für das Rechnen mit bestimmten Funktionen tritt zweckhaft das Rechnen mit „Funktionen überhaupt" (Beispiel: $d(fx.gx) = fx.dgx + gx.dfx$, wobei f und g irgendwelche Zahlfunktionen überhaupt bedeuten).

Immer bedeutet eine Generalisation einer abstrakten Funktion, die Bezeichnung des Generellen durch Zeichen und die Bestimmung von Funktionen höherer Stufe für diese neue

Zeichenreihe den schwersten Anspruch an die Fassungskraft. Sehr interessant ist in dieser Hinsicht z. B. die Gruppentheorie der Mathematik, die zum wesentlichen Teil ordnungstheoretisch recht primitiv ist, die der Schüler an anschaulichen Beispielen auch leicht begreift, die aber als abstrakte Lehre der generell gültigen Beziehungen bloßer Beziehungen ohne Rücksicht auf substantielle Elemente so schwierig ist.

243. Alle Generalisation ist die Setzung eines Einen für ein Vieles. In unmittelbarer Wahrnehmung und im primitiven psychischen Prozeß funktioniert die Gleichheit im Vielen unmittelbar. Das Gelb fungiert in einem Prozeß unmittelbar als dieselbe Art Gelb wie in früherem Zusammenhang, Mensch fungiert wie Mensch, körperliches Ding wie körperliches Ding. Durch Symbolsetzung für das Gleichbleiben eines mehr sinnlichen oder mehr funktionalen Moments vereinheitlicht, konkretisiert sich für uns der generelle Begriff, wird das Eine im Vielen eine durch einen individuellen Akt bestimmte Einheit.

Von der Funktion und vom Akt aus gesehen, kann man sagen, daß das Generellere früher da ist als das Besondere und gar als das Individuelle. Es ist eher die Frage zu stellen, ob etwa ein besonderer Indivuationstrieb da sei, als die Frage nach dem Dasein der Universalien. Die individuelle Mutter ist auch nur etwas, was als Wahrnehmung und als Moment des psychischen Prozesses immer wiederkehrt, und es fragt sich, was Individuation überhaupt bedeutet (§ 601ff.).

246. In der Generalisation, in der Setzung von Einheiten für ein Vieles erschöpft sich nicht das Leistungsgebiet „abstrakter", symbolbezeichneter Akte. Wir können Systeme sinnesabstrakter und zielabstrakter, bloß gedanklicher Einheiten willkürlich und doch ordnungsgesetzlich und zielbewußt entwerfen und dann erst zu der Erfahrung in Beziehung setzen. Die Vereinigung von Freiheit und Willkür mit der ordnungsgesetzlichen Bindung und der Ziel- und Sinnhaftigkeit können wir allerdings erst in Teil 3 und 4 gründlich begreifen. Aber mit diesen abstrakten Systemen und ihrer ordnungsgesetzlichen (mathematischen) Behandlung kann der Mensch Raum, Zeit und Dynamik bis ins unermeßlich Große und unermeßlich Kleine beherrschen. Er kann denkend und wollend und nicht nur infolge ungekannter Zweckmäßigkeit

seiner Instinkte für sein Sein nach 40 Jahren und für ein Sein in Amerika sorgen; er kann ebenso über den Zustand vor 500 Millionen Jahren und den Zustand jenseits des Milchstraßensystems denken. Durch das zielbewußte Wollen treten hier Reinigungsprozesse auf, d. h. Anpassungen an den reinen Sinn des „Denkens", die nachher wieder den zweckunbewußten Charakter des schlechtweg Richtigen, des grundlos Einleuchtenden annehmen. Wie hier Zweck, Aufgabebewußtsein, Richtigkeit verknüpft sind, bedarf einer besonderen Untersuchung, die wir im dritten Teil aufnehmen wollen. In aller seiner Subjektivität hat aber der sinnesabstrakte Begriff Realität (§ 286, 434ff.), psychische Realität, ist er ein Wirkliches neuer Art und höchster Wirksamkeit. Hier brechen wir diesen Gedankengang ab. Wir haben ja auch die Problematik des Ich, des Gegenstandsbewußtseins, des Bewußtseins überhaupt (im Gegensatz zur über die Bewußtheit hinausgehenden Gesamtheit des psychischen Prozesses) noch vorläufig zu untersuchen vermieden, nehmen sie aber im nächsten Abschnitt 2.4 in Angriff.

247. Abstrakt, wenn auch uns geläufig ist nun auch die Übertragung der Gefühlsfunktionen und Gefühlsbeziehungen in ein bloß gedankliches, symbolisch vertretendes System. An die Stelle des unmittelbar fördernden oder hemmenden Gefühls der Lust und Unlust, der Neigung und Abneigung treten Wert und Unwert, die durch Akte bestimmt werden. An Stelle der Intensität der positiven und negativen Wirksamkeit treten die gedanklich vorgestellten Stärkegrade auf einer vom Wertindifferenzpunkt nach der positiven Wertseite und der negativen Unwertseite sich unbegrenzt erstreckenden Skala von Wertgrößen. Auch die Triebe werden wertbestimmt. Diese Werte treten als gedankliche Einheiten in Verknüpfung miteinander und mit Gegenständen aller Art, bilden Wertgegenstände, Güter. Besonders die Zeitbestimmung der Realisation wird nach einem unüberwindlichen triebhaften Gesetz ein Mitbestimmer der Wertstärken. Zukunft wird prinzipiell anders und triebhaft höher bewertet als Vergangenheit, die Zeitdauer des Künftigen wird ein Multiplikationsfaktor des Werts. Die Nähe und Ferne des Künftigen spielt eine Rolle usw. Durch das gedanklich bewertete Künftige entsteht erst eine gedachte Finalität im Gegensatz zur ungedachten, unge-

wollten biologisch teleologischen Struktur des psychischen Prozesses. Zustände werden mannigfaltig wertbestimmt, gleichsam wertdurchblutet. Aus den mathematisierten Urwertgesetzen heraus setzt der Mensch sich eine Axiologie, eine Mathematik der Werte (§ 420). Werte werden Werten, Unwerte Unwerten addiert, Unwerte von Werten subtrahiert. Werte treten in fundamentalgesetzliche Beziehungen zum Handeln, das selber Gegenstand einer gedanklichen Abbildung und eines Akts wird.

248. Aus dem Wertcharakter des Zukünftigen ist anscheinend auch die Gegenständlichkeit der abstrakten Zeit ursprünglich und den Menschen angeboren entstanden und geläufig geworden. Die zukünftige Zeit ist die lebendige Zeit. „Anschaulich" dargestellt wird sie aber nur symbolisch durch die ältere Dimensionalität des Raumes (§ 223f.) in der Gestalt der eindimensionalen Linie. Wie der Raum wird auch die Zeit einer Mathematik unterworfen, die durch den Wegfall der Mehrdimensionalität bedeutend einfacher wird und als leichterer Spezialfall der anschaulich stetigen Gebilde in der Geschichte der Mathematik nicht dieselbe Rolle spielt (§ 774f.

Die Zukunft wird mit Zahl und Maß in beliebiger Größe bestimmt. Tod und prinzipielle Lebenshinfälligkeit werden sehr abstrakte und doch sehr reale Wirklichkeitsmomente. Sie fangen an, in biologisch unvorbereiteter Weise die Gedanken des Menschen zu beherrschen, wie überhaupt die biologische Angepaßtheit in ihrer Angewiesenheit auf Jahrtausende der raschen Entwicklung der Gedankenabstrakte im Kulturmenschen nicht folgen konnte.

249. Die ersetzende Wertgröße braucht nicht mehr die zeitliche Gegenwart des Gefühls. Der Mensch kann Lebensmittel einkaufen, ohne Hunger zu spüren, und ohne einen instinktiven blinden Hamstertrieb zu haben. Der Mensch kann Werte von einer Größe denkend bewältigen, denen gegenüber gar keine entsprechende Gefühlsintensität möglich ist. Er kann in sorgsamer Abwägung in einer einzigen Entscheidung über seine ganze Zukunft entscheiden, und der Feldherr kann in einer einzigen kühlen Entscheidung über das Leben von Tausenden und das Schicksal des Vaterlandes, das ihm noch über das Leben der Tausende geht, bestimmen. So wird das Weitdenken des Menschen (§ 246) durch eine Weitwertung erst

nutzbar gemacht. Selbstbeobachtung zeigt, daß gerade bei den schwersten Entscheidungen normaler- und zweckmäßigerweise das Lust-Unlustgefühl in seiner Unmittelbarkeit am meisten schweigt. Im bloßen Wertgegenstandsbewußtsein fällt der Feldherr seine Entscheidung, und nur leise klingt mahnungsbereit das unmittelbare Gefühl als dunkler Hintergrund an. So erst verstehen wir richtig die feine Bemerkung Diltheys: „Wert ist gegenständliche Bezeichnung durch den Begriff. In ihm ist Leben ausgelöscht."

250. Der Mensch hat durch die gedankliche Bewältigung seines zukünftigen Schicksals an unmittelbarer Sicherheit gewonnen. Ein Vogel an der Futterstelle oder Wasserstelle schaut sich vor und nach jedem Bissen oder Schluck scheu nach allen Seiten um. Ein Mensch, besonders ein Kulturmensch, braucht das nicht. Dafür lastet die fernsichtige gedankliche Sorge als ein schwerer Druck auf ihm, beherrscht sein Gemüt, wird zum Wesentlichen der menschlichen Seele. In steigendem Maße wird der Mensch sich der Verantwortung seiner Hypothesis bewußt. Das steigert sich bis zur Sorge für alle Zukunft der Menschheit, einer Verantwortung, die uns erst seit Nietzsche richtig auf der Seele lastet. Der Mensch ist kein blindwagender Neuerer mehr, obwohl das Wagen nicht ausgeschaltet ist, ja mit der Weite des Gesichtspunkts immer wachsende objektive Weite gewinnt (vgl. § 988ff.).

251. Eine Folge ist, daß der ganze psychische Prozeß einen vorwiegend gedanklichen Charakter bekommt. Alle praktische und werthafte Entscheidung ist den Gesetzen des Denkens unterworfen. So wird im intellektualisierten Menschen Thorndikes Gesetz des Lust-Unlust-Effekts noch mehr zurückgedrängt, durch die erstarrte Wertgeltung abgelöst. Und doch sichert sich auch jetzt noch das Gefühls- und Triebleben seine fundamentale Funktion. Immer noch begleitet das Gefühl leise die Entscheidung, ist es bereit, bei Gefahr einer den Grundtrieben und -gefühlen entfremdeten Entwicklung pantherartig aufzuspringen. Furcht und Hoffnung, die triebhaft auf die Zukunftsvorstellungen verlagerten Lust- und Unlustgefühle, behalten ihre Rolle ebenso wie die unlustvolle Spannung des Unbefriedigtseins und das lockende Behagen der Befriedigung. Liebe und Haß, irrational triebhaft wie die Todesfurcht, bleiben lebendig. Aus dem Erkennen logischer

und werthafter Dissonanz und aus dem Ichbewußtsein erwachsen neue starke Gefühle von größter Wichtigkeit. Wie daraus biologisch teleologisch und doch zugleich kausal bestimmt die geschlossene Persönlichkeit erwächst, werden wir im nächsten Teil 2.4 sehen.

252. So wie die Gefühle können aber auch andere funktionale Momente des psychischen Prozesses selber vergedanklicht, symbolisch vertreten werden und in die Verknüpfungen des gedanklichen Systems eintreten. Der Mensch hat die Fähigkeit, Vieles seines psychischen Prozesses zum Gegenstand der Aufmerksamkeit und der gedanklichen Beziehungsetzung zu machen. Die Verhaltungen aller Stufen und die Akte selber werden Gegenstand eines Aufmerksamkeits- und eines gedanklichen Entscheidungsakts. So wird der Bewußtseinsprozeß selber gedanklich beherrscht wie die Umgebung, die Welt, in der der Mensch sich befindet. Der Mensch kann sich selber seelisch kennen und willentlich regieren. Was ist das Aktive dieser Selbstbeherrschung? Welchen Sinn diese Frage überhaupt hat, werden wir im nächsten Teil 2.4 erst feststellen. Der Mensch hat die Fähigkeit der Reflexion. Er hat eine angeborene Anlage zu dieser wichtigen Gedankenbildung. Der scharfsinnige Franz Brentano [Psychologie, II. Buch, 2. u. 3. Kap.] hat dies so ausgedrückt, daß mit jedem psychischen Akt ein inneres Bewußtsein verbunden sei, zwar nicht als ein besonderer Akt, aber doch im Akte schon eingeschlossen, so daß der Akt ein „sekundäres Objekt" im Akt selber ist. In einem neuen Akt kann dies sekundäre Objekt zum primären werden; die Aufmerksamkeit wendet sich erst damit dem „psychischen Phänomen" zu. Der Mensch hat innere Wahrnehmung. Warum nur bestimmte Momente des psychischen Prozesses in dieser Weise zum gedanklichen Gegenstande werden, und was es vollständig bedeutet, daß sie *Gegenstand* werden, das können wir ebenfalls erst im nächsten Teil klären.

Ohne hier schon darauf eingehen zu können, was eigentlich ein gedankliches Moment, als psychische Realität vollständig bestimmt, ist, sehen wir aus den letzten Betrachtungen, daß es sich um die entscheidende Wendung zum System des Geistigen, zu einer höheren Ganzheitsstufe über einem System eines niederen Regulatorischen handelt. Um hier die Grundstruktur zu gewinnen, bedarf es zunächst eines gründlichen Verständnisses des gedanklichen Moments „Ich", das trotz seiner subtilen Eigenart die höchste Bedeutung als Realität im menschlichen Seelenleben gewonnen hat. Die eigentlich tiefsten entscheidenden Fragen, was Bewußtsein überhaupt ist, was das Ich ist, was Gegenstand ist, die Fragen, die uns zur Klarheit in der Problematik unseres ersten, einleitenden Teils verhelfen sollen, werden damit erst in Angriff genommen, aber sie lassen sich nur lösen durch die gründliche Untersuchung in diesem Teil hindurch. Ich hoffe, daß der Leser sich von ihrem Studium nicht durch die Meinung abhalten lassen hat, das alles sei noch gar nicht Psychologie als Lehre vom seelischen Ich und seiner Gegenstandsbeziehung.

2.4. Der Kosmos des individuellen Geistes und die Vollständigkeit des Kosmos der Seele. — Das Ich und seine Gegenstände

2.41. Das Ich.

2.411. Aporie des Ich.

253. Das Ich gebührenderweise in die Thematik der Untersuchungen einzubeziehen, habe ich bisher vermieden. Nur aus der Gedanklichkeit, Begrifflichkeit, wie sie als ein aktuelles Moment psychischer Regulation im vorigen Unterabschnitt festgestellt wurde, ist der Zuweg zu seinem Verständnis zu finden. Dieses äußerst schwierig zu analysierende Moment bildet einen Knotenpunkt im Stufenaufbau der Wirklichkeit, von dem alle Entwicklungslinien des Geistigen und Kulturellen ausgehen, und der in neuer Betrachtungsweise das Recht hat, als primär zu gelten. Der Ichbegriff bedeutet die tiefste Tiefe philosophischer Thematik. Von hier aus wird sich auch manches Rätsel oberflächlicherer Schichten lösen. Man könnte eine jede Philosophie wohl daran messen, wie vollkommen sie das Ichmoment in die gebührende Grundstellung einzusetzen weiß. Daß der Positivismus in seinen tatsächlichen Gestaltungen die Bedeutung des Ichmoments entweder ganz übersieht oder ablehnt, für eine verfehlte metaphysische Speku-

lation erklärt, ist sein schwerster Mangel. Auch die Vertreter einer Lehre vom Stufenaufbau der Wirklichkeit, Hobbes, Comte, Spencer und neuestens Kaila [Beiträge], haben mit dem Ich-Moment in ihrem System nichts anzufangen gewußt.

254. Ebenso fassungslos steht ihm meistens ernste, nüchterne empirische Psychologie gegenüber. Als man das Schlagwort einer „Psychologie ohne Seele" prägte, glaubte man sich hierauf noch etwas einbilden zu können; man meinte mit diesem Schlagwort eine Psychologie ohne einheitliches Ich-Moment, denn „Seele" als Gesamtheit der realen Bewußtseinsinhalte eines menschlichen Individuums hatte man selbstverständlich und definierte man auch ganz genau. Der scharfsinnige David Hume ist wohl als der Autor einer so wenig scharfsinnigen, darum aber um so häufiger wiederholten Auffassung von der Seele, die mit dem „Ich" einfach identifiziert wurde: Ich und Seele seien nichts weiter als das Bündel oder Zusammen aller Vorstellungen; die Stetigkeit der Veränderung der Vorstellungsgesamtheit gebe allein Anlaß zur Annahme eines identischen Ich, wie wir ja auch eine Maschine als immer identisch dieselbe ansehen, wenn nur nacheinander einzelne Teile ausgewechselt werden, bis darin schließlich kein Teil von der ursprünglichen Maschine mehr ist. Häufiger noch sucht man einen engeren Komplex innerhalb des Psychischen als das Ich, als „eigentlichen Träger und Kern des Seelenlebens" festzustellen, und da meistens wieder oberflächlicherweise das, „was sich aus der ganzen Fülle seiner Bestandteile als besonders beständig oder als besonders wichtig erweist" [Ebbinghaus, Grundzüge I, S. 13]. In gleichem Sinne sprechen die Gestaltpsychologen gelegentlich von einem „Ichkomplex", ohne auf seine nähere Untersuchung auch nur flüchtig einzugehen. Aber Gestaltpsychologie hat ihre Rolle als Führerin für uns beendet; sie kann uns für unsere weiteren Untersuchungen nichts mehr geben. Viele Psychologen haben sich damit begnügt, schlechtweg die Tatsache eines Ich als Erfahrung hinzustellen: Wir müssen ein Ich zu den Inhalten der Seele hinzunehmen, das selbst nicht wieder in dieselbe Reihe mit den Gegenständen unserer Akte und Anschauungen gestellt werden kann.

255. Aber woher nimmt ein solcher Begriff sein Recht, seinen Sinn? Handelt es sich um trügerische Scheinrealität?

Dem Positivisten liegt dieser Verdacht nahe. Und doch ist sich der gewissenhafte Denker unklar bewußt, daß es sich um etwas von höchster Bedeutung handelt. So läßt man das Ich-Moment meistens als einen vorläufig unbezwingbaren, unverdaulichen Brocken zurück. „Ich habe dann nur das vage Bewußtsein eines Unerschöpflichen, Unbeschreiblichen, und insofern allerdings eine einfache, weil ganz abstrakte und unbestimmte Vorstellung. Jede Einzelbestimmung, die ich etwa versuche, erweist sich sofort als unangemessen ..." So dokumentiert Ebbinghaus die Fassungslosigkeit [Grundzüge I, S. 16]. Und doch liegt die Funktion und Struktur des Ich trotz aller Subtilität sonnenklar zutage, wird von jedermann in höchster Präzision denkpraktisch betätigt und ist von scharfsinnigen Denkern längst festgestellt. Ich erwähne hier nur die Arbeiten Theodor Lipps' seit der letzten Jahrhundertwende, die immer noch das Gründlichste und zugleich besonnen Allseitigste in bezug auf das Ich enthalten, besonders die erste geniale kleine Schrift seit der großen Wendung seines psychologischen Denkens [Selbstbewußtsein]. Freilich präsentiert sich dies Ich und diese allseitige Ichbezogenheit alles Psychischen, ganz besonders in der rücksichtslosen Darstellung des späteren Lipps, als etwas absolut Unnatürliches gegenüber den niederen Stufen des Natürlichen, vor allem der biologischen und nervös-regulatorischen.

Eingegliedert in den Stufenbau des Seins muß aber das Ich und seine Funktion dennoch gedacht werden. Paul Häberlin nennt mit Recht den Anspruch einer „Psychologie ohne Seele" ein Eingeständnis psychologischer Schwäche [Geist, S. 3]. Aber das Hinnehmen des vom Standpunkt der unterbauenden Stufe Unverständlichen als bloßer Gegebenheit, wie wir es bei Lipps, Simmel usw. finden, ist auch schwer verträglich mit der Gewordenheit des Psychischen und Geistigen in der Welt. Das kann nach allen Zeichen nicht der letzte Schluß der Erkennbarkeit sein (vgl. Teil 2.14). Die letzten Richtlinien des Erkennens können freilich nur aus dem größeren, allgemeineren Zusammenhang auch für die Psychologie zu bestimmen sein. Ich gebrauche Häberlins eigene Worte: „Was würde man von einer Physik sagen, die einen einzelnen Körper aus ihm allein begreifen wollte, ohne die an ihm festzustellenden Eigentümlichkeiten in umfassenderem, ja universalem Zusammenhang zu betrachten. Die größere Schwierigkeit solchen Beginnens für die Psychologie darf nicht ein Vorwand dafür sein, den Versuch überhaupt nicht zu machen, und damit das oberste Prinzip aller Wissenschaft von vornherein preiszugeben" [Geist, S. 3/4].

256. Oft wieder begangen ist ein Weg, durch eine Art Raffinierungsverfahren die natürlich materiell und die naturwissenschaftlich Denkenden in den Ichbegriff einzuführen. Lipps [Selbstbewußtsein] und Rickert [Gegenstand, S. 1ff.] sind ihn in verschiedener Weise gegangen. Man denkt beim Ich zunächst etwa an den Leib oder an den beseelten Leib, das psychophysische Ich, das durch ein natürliches gesund biologisch zentriertes Werten eine starke Werthaftigkeit bezieht. Man besinnt sich dann darauf, daß der Körper erst durch seine sekundäre Werthaftigkeit für psychisch geborene Werte seine Ichangehörigkeit bekommen hat, und daß man diese sekundäre Bedeutung sehr wohl in Frage stellen kann und auch tatsächlich weltanschaulich negiert und in Unwertigkeit für das Ich verkehrt hat. Der Leib ist nur schmerzlich-glückliche Ursache und Mittel für das Ich. Die Seele, das Psychische in seiner Gesamtheit wird das echte und reinere Ich. Und doch gehört auch nicht das ganze Psychische eigentlich zum Ich. Alles Vorstellen hat einen Gegenstand, der als immanent wohl dem Kreis des Psychischen angehört, aber doch dem Ich gegenübersteht, außer ihm steht, eben als sein Gegenstand. Aber Gefühl und Wille scheinen Momente des Ich selber zu sein, allerdings in verschiedener Weise. Vielleicht sieht man in einem von beiden das Wesen des Ich. Die Gefühle im weitesten Sinne, der auch die Strebensgefühle, die Gefühle der Aktivität umfaßt, sind für Lipps und Oesterreich die Qualitäten des Ich. „Das Gefühlsich überhaupt also ist das Ur-Ich oder macht überall den letzten und eigentlichen Sinn des Wortes Ich aus" [Lipps Selbstbewußtsein, S. 39]. Für Wundt ist dagegen das Ich nichts als die Einheit des Wollens [Vorlesungen, S. 250]. Deutlich zeigt sich aber trotz dieser einseitigen Charakterisierung auch bei Wundt die wichtige Bedeutung des Gefühls, bei Lipps die des Willens. Richtig ist die tiefere Ichverknüpftheit des Emotionalen und auch des Willensmäßigen, und doch konstituieren beide noch nicht das Ich. Selbst die eigentlichsten Gefühle, die Schmerz-Lust-

Gefühle sind, gründlich erfaßt, nur Ansprüche an das wertende Ich. Das größte Leid und die stärkste Lust können vom Ich abgewiesen werden. Der Buddhist weist Leid und Lust überhaupt und prinzipiell als falsch ab. Mag dies billig oder unbillig sein, richtigerweise steht jedenfalls das Ich selbst über diesen Ansprüchen. Das Ich will auch Herr über alle Gefühle und alle Triebe sein, selbst über die Todesfurcht. Ein schlapper Gefühls- und Triebmensch wird mit Recht verachtet. Andererseits ist aber auch der Wille ein Dekret, ein Befehl, ein Produkt des Ich. Es handelt sich hier so wenig um das Ich selber wie die Entscheidung eines Gerichts das Gericht selber ist. Was ist nun aber das eigentliche Ich, das noch hinter allen psychischen Dingen und Funktionen als letzter Richter, Entscheidender und Ursprung alles Aktiven steht?

2.412. Der Ichinhalt als waches Geltungssystem.

257. Wir dringen in das Wesen des Ich tiefer ein, wenn wir auf die psychologische Tatsache der Entscheidung, des Akts zurückgreifen (Teil 2.37). Ichursprung, Ichgewolltheit bezeichneten wir schon in § 207 als ein wesentliches Moment der Entscheidung in einem Akt, das wir damals vorläufig unbeachtet lassen wollten. Ichursprung hängt nun wesentlich damit zusammen, daß in jedem Akt das ganze System des als geltend Festgesetzten, das dauernd das Entscheiden kontrolliert, zur Wirkungsmöglichkeit gekommen ist und als zur Wirkungsmöglichkeit gekommen bewußt ist. Eben das ist offenbar die Bedeutung der Verhaltung, der Pause, der aktiven Stockung im Bewußtseinsfluß, die die entscheidende Überlegung charakterisiert, daß alle Geltungen ihr Veto gegen die Entscheidung einlegen und sie eventuell endgültig verhindern oder nur vorläufig hemmen, zur neuen Überlegung und Abwägung zurückwerfen können. Sachlich betrachtet bedeutet die Auffassung, daß das Ich entschieden und entschieden habe, soviel wie daß alle Geltungen, die entscheidungsbereit im Leben aufgespeichert sind, wach gewesen sind, und daß irgendeine einzelne Einspruch erhoben hätte, wenn sie dazu gemäß dem gesamten System unwiderlegten Anlaß gehabt hätte, nicht durch eine widerlegende Überlegung be-

schwichtigt wäre. Es muß hier schon bemerkt werden, daß dies seltsame Totalitätsmoment in Wahrheit nur eine Tendenz ist, die sich wohl niemals voll verwirklicht. Aber in weitem Maße besteht das Gesetz der Berichtigung (vgl. § 216: Selz) in der Tat, und im allgemeinen kommen die entgegenstehenden und noch lebendigen und unvergessenen Geltungen bei ernsthaften Entscheidungen zur Wirksamkeit.

Wir können jetzt mit einem gewissen Recht sagen: Das entscheidende Ich ist das einheitliche, abgewogene, harmonisierte, im Leben widerspruchsfrei gemachte Ganze aller Geltungen in der Seele des Menschen. An der Entwicklung und Ausbalancierung dieses Geltungssystems arbeitet ja die menschliche Seele ihr Leben lang, und als dies System entwickelt sich dies Ich in beständiger Reaktion gegenüber den Einwirkungen der Welt. Alle Entscheidungen des Ich sind selbst wieder Neubildungen, Erweiterungen oder Umgestaltungen des Ich selber, entweder direkt und gewollt oder doch als Präjudizfälle, denn jede einmal gefällte Entscheidung beharrt im allgemeinen für das eigene Ich im Charakter der Richtigkeit, so lange sie nicht durch einen neuen Entscheidungsakt umgestoßen, vernichtet wird. Allerdings läßt das Ich im Falle des launischen und des spielerischen Verhaltens die Zügel locker und die Entscheidungen in diesem Zustande haben nicht die gleiche Ichbeständigkeit; überhaupt müssen wir hier in der Erörterung des Prinzipiellen uns das Eingehen auf manche modifizierende Eigenart versagen.

258. Eine ernste Entscheidung ist mindestens im Augenblick ihrer Fällung vom Bewußtsein der bestmöglichen Richtigkeit begleitet. Bestmöglich ist sie in bezug auf das eigene Ich. Es kann die Sachlage und auch die Beziehung zum Ich zu kompliziert sein, als daß Gewißheit dieser vollkommenen Richtigkeit bestehen könnte, und doch muß die Entscheidung gefällt werden. Auch in diesem Falle ist es mir meinem Ich gemäß bewußt, daß es für mich richtig ist, nach bestem Wissen und Gewissen und doch zugleich wagend in undurchsichtiger Sachlage zu entscheiden. Wir sind andererseits gewiß nicht mit unserer ganzen Persönlichkeit bei den kleinen Entscheidungen des Alltags, aber gerade diese Leichtfertigkeit gegenüber dem Geringfügigen ist uns in diesen Fällen als ichrichtig bewußt.

259. Jede Aktentscheidung, so besonders auch jede Willenshandlung kann nur durch unser Ich sich vollziehen. So tritt das Ich trotz seines gedanklichen Charakters als gewichtigstes reales Moment unseres Bewußtseins auf. Lehrreich ist die sorgfältige Analyse eines Menschen, der von einem leidenschaftlichen Trieb, etwa zum Alkohol, überwältigt wird. Sagen wir da mit Recht, daß es doch nicht sein eigentliches und gutes Ich sei, das seine Handlung entscheidet, sondern eben der ichfremde Trieb, die Leidenschaft? Aber doch können wir sagen, daß er nicht zur Flasche greifen kann, ohne daß ein Ich in ihm „ja" dazu sagt, und sei es auch nur ein jämmerlich scheues und schielendes Ich, das in den Augenblicken des Unterliegens im Menschen wach wird und auch seine Gründe und seinen inneren Zusammenhang hat, oder das in fortgesetzten seelischen Kämpfen sich gegenüber dem „besseren" Ich notdürftig konstituiert und nachher ebenso notdürftig wieder zugunsten des besseren Ich umgebrochen wird.

Das Ichbewußtsein tritt nur dann zurück, wenn vollstes Vertrauen zu den letzten objektiven Gründen der Entscheidung herrscht. Vorurteilsfreie Selbstbeobachtung zeigt, daß wir z. B. bei einer mathematischen Arbeit uns nur des Gegenstands und seiner theoretischen Entscheidungsgründe wirklich recht bewußt sind. Wir müssen also die vorsichtige und doch so völlig treffende Formulierung Kants bewundern: „Das ‚ich denke' muß alle meine Vorstellungen begleiten können".

2.413. Anomalien des Ich und des Ichbewußtseins.

260. Das ist das Wesen des Ich selber, und alle vorher erwähnten Ichbegriffe klammern sich sinnfremd an ein allzu konkretes Gebilde. Sie begehen auf anderer Stufe denselben Fehler wie die primitiven Denker, die das Wesen der Seele im Atemhauch oder in anderen materiellen Bestandteilen des Körpers sahen. Dieses sehr subtile Ich ist auch dem primitiven Menschen in seinem subtilen Wesen denkpraktisch ganz geläufig, wenn er es auch nicht begrifflich und ausdrücklich analysieren kann. Nur in bezug auf dies Ich konnte Augustin, als er mit Entsetzen sah, daß sein Traum-Ich auch nach seiner

Ichwandlung noch ungehemmt voll sexueller Laszivität war, fragen: „Bin ich denn nicht ich, Herr, mein Gott?" (Conf., Buch X, Kap. 30). Aber er beruhigt sich: „. . . und ich finde, eben wegen dieser Verschiedenheit von mir selbst, daß ich dies nicht getan habe, wiewohl es mich schmerzt, daß es gewissermaßen in mir geschehen ist".

Hier ein Exkurs: Wir sehen deutlich, daß im denkpraktischen Gebrauch „Ich" tatsächlich eine Begriffsmolluske gefährlich vieldeutigster Art ist, und daß nur in feinfühligstem denkpraktischen Gebrauch die Gefahr des Vermengens der variierten Bedeutungen vermieden wird. „In mir!", da ist wie in vielen anderen Stellen bei Augustin das Ich tatsächlich die Gesamtheit des Psychischen, des Bewußtseinsprozesses. Man wird auch in meinen Ausführungen hier über das Ich genug Stellen finden, an denen „Ich" in diesem Sinne gebraucht wird. Es gibt auch genug Fälle, in denen im Gebrauch das Ich selbst die psychophysische Einheit ist: „Ich bin verwundet." Es wäre Pedanterie, hier nicht auf den gesunden Takt des Lesers im Gebrauch dieser verschiedenen Ichbegriffe zu vertrauen, aber es kommt mir selbstverständlich darauf an, *den* Ichbegriff sauber herauszuarbeiten, der Grundbegriff geisteswissenschaftlichen Denkens und Zentralpunkt der Aporien des Teils 1 ist.

261. Welche reale Bedeutung dieses Ich hat, wird uns erst klar, wenn wir die Zustände betrachten, in denen das Ich nicht wach ist, also für den zur Zeit aktuellen psychischen Prozeß überhaupt nicht da ist. Der Traum und krankhafte Dämmerzustände haben das gemein, daß das Gesetz der Berichtigung nicht funktioniert. Massen unserer persönlichen Geltungen schlafen oder sind gelähmt, so daß sie nicht hemmend, berichtigend eingreifen können, wo sie einzugreifen haben. Daher kommt das in sich Widerspruchsvolle des Traumes und der Widerspruch in beiden Fällen zu manchem, was sonst feste Maxime der Persönlichkeit ist. Es wird etwas getan, was die wirkliche und wache Persönlichkeit energisch mißbilligen und hemmen würde. Es gibt auch alle Übergänge bis zum normalen Wachzustand. Der Alkoholrausch zeigt diese Übergänge. Er zeigt auch besonders, daß man Ichgegenwärtigkeit, Ichwachheit und Ichganzheit so wenig bis ins Kleinste exakt abgrenzen und präzisieren kann, wie etwa die

Temperatur, das Volk (§ 354), das Bewußtsein (§ 324f.). Alle diese Begriffe sind wohl begrifflich scharf zu präzisieren, aber ihr Gegenstandsgebiet ist nicht scharf abzugrenzen.

262. Von der Ichwachheit hängt der wichtige ethische und juristische Begriff der Verantwortlichkeit und der Zurechnung ab. Eine Tat wird dann und nur dann einem Ich zugerechnet, wenn es in seiner Ganzheit und im gesunden Zustande bei der Entscheidung der Tat sein Veto hätte einlegen können, wenn also die Tat als völlig bedingt durch das einheitliche und gesunde Ich des Menschen gelten kann (§ 1035f.). Es ist eine Konsequenz dieses Gedankens, daß eine Strafe des Ich nur für eine zurechnungsfähige Tat berechtigt ist, daß sie für eine Tat in ichlähmender Trunkenheit nur gerechtfertigt wird, wenn der sich betrinkende Mensch sich sagen mußte, er könne sich im Folgezustande strafwürdiger Handlungen schuldig machen.

263. Vom tatsächlich fehlenden Ich beim Handeln, Wollen, Urteilen ist das fehlende und anomale Ichbewußtsein zu unterscheiden. In Traum- und Dämmerzustand und ichlähmender Trunkenheit kann sehr wohl ein recht ausgeprägtes Ichbewußtsein auftreten. Friedrich Hacker [Traum, S. 75ff.] meint, das Selbstbewußtsein fehle im Traum eigentlich vollständig, aber er verwechselt da Ichbewußtsein und reale Ichwirksamkeit. Erst im normalen und wachen Zustande bekommt der Mensch hinterher die Auffassung, daß sein Ich gar nicht wach war.

Den Zustand fehlenden Ich*bewußtseins*, des Bewußtseins einer Bezogenheit der Vorstellungen, Gefühle und Handlungen auf das Ich bezeichnet man als Depersonalisation. Alles Handeln, Sprechen, Denken erscheint als von selbst und mechanisch vor sich gehend, alles „kommt nicht aus der Tiefe des Ich". Alle aktive Gefühlsteilnahme erlischt; die Wirklichkeit des Gesehenen wird ohne persönliche Betroffenheit erlebt. Hier ist allerdings immer noch ein Ichbewußtsein lebendig, mindestens bei dauernderen derartigen Zuständen: Man fühlt ja *sich* leidend unter diesem Zustand. Dieses Ich hat sich nur von dem aktuellen Erlebnisverlauf getrennt. Es fehlt das Bewußtsein der Verknüpftheit der Handlung und des sensoriellen Gefühls mit dem Ich. Man muß diesen Leidenden ihre Handlungen auch zurechnen. Schwer in Mitleidenschaft gezogen wird bei andauerndem Leiden die Fortentwicklung der Persönlichkeit, die vom Bewußtsein des eigenen Wertentscheidens abhängt. Die Kranken sind geistige Einheit nur noch auf Grund der bereits erworbenen Persönlichkeit. Es ist das sehr interessant für eine Untersuchung, warum wir denn zu der Einheit unseres Geltungssystems noch das *Bewußtsein* dieser Einheit haben (§ 307ff).

264. Andere krankhafte Zustände, von denen es aber alle Übergänge zum normalen Zustande gibt, sind die Zustände der Ichvermehrfachung und der Besessenheit. Das Extrem bilden die Kranken, in denen mehrere Ichs alternierend oder auch nebeneinander das Handeln beherrschen, sich gegenseitig als fremd, als verschieden betrachten, sich nur die Handlungen und die Gefühle zurechnen, die unter ihrer eigenen Herrschaft vollzogen und erlitten sind. Das ganze Gehaben der Kranken drückt bis in die feinsten Nuancen in jedem der Zustände eine andere Persönlichkeit, einen anderen Charakter aus, und selbst die geistigen Fähigkeiten können total verschieden sein: das eine Ich kann indolent, das andere sehr gewitzigt sein. Die verschiedenen Ich können einander kennen oder auch nichts voneinander wissen. Im ersteren Falle werden Charakter, Fähigkeiten, Taten des anderen Ich kritisiert wie die eines Fremden.

265. Die „Besessenheit" unterscheidet sich von diesen Fällen dadurch, daß das eine Ich sich als das echte Ich des Individuums selber glaubt, das andere als fremdes, oft als tierisches, übermenschliches oder teuflisches Individuum auftritt, sich aber ebenso der Sprach- und Handlungsorgane bemächtigt und eine innere Geschlossenheit und Folgerichtigkeit entwickelt. Die Art und Häufigkeit dieser Besessenheit ist von geläufigen weltanschaulichen und religiösen Vorstellungen abhängig. Auch die Ichkristallisation vollzieht sich in weitem Maße glaubensgemäß. Zur Zeit Christi war die Besessenheit eine weit verbreitete Erscheinung, und erst mit dem 18. Jahrhundert wird sie ganz selten. Gemäß volkstümlichen Vorstellungen fährt in die Japaner ein Fuchs, der nun fuchsgemäß aus dem Menschen mitspricht und Zwiesprache mit dem eigenen Ich des Menschen halten kann. Über die seltsamen Komplikationen, die dadurch entstehen, daß nur eine

Körperäußerung, ja nur ein Bewußtseinsstrom, der denn doch immer nur einem Ich angehörig bewußt zu sein scheint, mehreren Ichs zur Verfügung steht, vgl. besonders Janßen [Ich, S. 25/93].

Von hier aus sind die Übergänge zum Daimonion Sokrates' und Goethes, zur Entfremdung gegenüber dem alten, schlechten, unbekehrten Ich, dem „alten Adam" und vielem anderen gegeben, auf das ich nicht eingehen will. Alles das sind mildere Fälle der Abspaltung vom Ich.

266. Dies soll zeigen, daß das eine und einheitliche Ichbewußtsein in jedem individuellen psychischen System keineswegs etwas a priori Selbstverständliches für Psychisches überhaupt ist, wie man aus phänomenologischen (§ 959) Erwägungen wohl zuweilen annimmt, in der Denkweise des Palmström von Christian Morgenstern: „Denn so schließt er messerscharf: Daß nicht ist, was nicht sein darf." Jede gewissenhafte Untersuchung von Ich und Persönlichkeit muß sich mit diesen anomalen Zuständen beschäftigen, denn sie führen uns oft im Verständnis auch des Gesunden in seiner Tatsächlichkeit weiter als die Blickbegrenzung auf das Gesunde und Normale, über dessen tatsächliche Einfügung in den Kosmos der Wirklichkeit wir uns leicht täuschen. Speziell in bezug auf das Ich-Moment zeigen uns diese Tatsachen, daß die Begriffsbildung „Ich" ihrem Wesen nach ein recht spätes Entwicklungsprodukt des tatsächlichen psychischen Regulationsprozesses ist, das viele Anomalien zeigt, ohne daß darum der Charakter dieses Prozesses notwendig verloren gehen muß. Die Anomalien ordnen sich sehr gut in das Gefüge der Ausfallserscheinungen höherer, abstrakterer Funktionen in der Geisteskrankheit ein (§ 189). Auch andere Tatsachen, z. B. Traumerlebnisse, zeigen, daß wider alle transzendentale Fundamentalität des Ich die Ichbindung eines bestimmten Erlebniskomplexes gar nicht so primär ist. Im Traum kann ein affektiver Zustand ohne großes Aufsehen vom Ich auf eine andere Persönlichkeit und umgekehrt übertragen vorgestellt werden. Die Ichbindung ist vorstellungsgemäß nur ein funktionales Moment neben anderen. Das alles tut allerdings der tatsächlichen fundamentalen Bedeutung des Ich für alles Geistige und auch für alles höhere menschlich Psychische (§ 307ff.) keinen Abbruch.

2.414. Das eigentliche Ich.

267. Wir haben aber immer noch nicht die tiefste Bedeutung des Ichbegriffs erschöpft, nicht seine tatsächliche Subtilität erfaßt. Alle unsere Wertgeltungen unterwerfen wir ausnahmslos beständig der Jurisdiktion unseres Ich und halten wir prinzipiell für vom Ich verwerfbar. Das bedeutet nun nicht etwa, daß die Masse der übrigen mitentscheidenden und das Ich zusammensetzenden Geltungen eine einzelne unterdrücken, wie ein hungriges Wolfsrudel ein krankes und schwaches Individuum des Rudels zerreißt, sondern das eigentliche Ich steht unserem Bewußtsein noch als Richter und etwas anderes über den wirklichen Geltungen. Was ist eigentlich dieser oberste Richter, was ist sein Entscheidungskodex, und worauf ist der Rechtsanspruch von beiden begründet?

Sehr verbreitet ist die Auffassung, in jedem Menschen sei eine besondere, ihm eigentümliche ideale Ichgestalt von Natur und Geburt vollendet mitgegeben. Diese hat zwar mit vielen entstellenden Tendenzen zu kämpfen und kommt niemals ohne Narben dieser Kämpfe und vielleicht auch niemals ohne häßliche Verbiegungen zur Entfaltung im Leben. Die entstellenden Tendenzen kommen aus irgendetwas im Menschen selber, werden aber nicht diesem eigentlichen Ich selber zugerechnet. Ich wiederhole den schon an anderer Stelle [Ganzheiten, S. 239] von mir zitierten höchst prägnanten Ausspruch Wilhelm von Humboldts: „Jede menschliche Individualität ist eine in der Erscheinung wurzelnde Idee, und aus einigen leuchtet diese so strahlend hervor, daß sie die Form des Individuums nur angenommen zu haben scheint, um in ihr sich selbst zu offenbaren. Wenn man das menschliche Wirken entwickelt, so bleibt, nach Abzug aller dasselbe bestimmenden Ursachen, etwas Ursprüngliches in ihm zurück, das, anstatt von jenen Einflüssen erstickt zu werden, vielmehr sie umgestaltet, und in demselben Element liegt ein unaufhörlich tätiges Bestreben, seiner inneren eigentümlichen Natur äußeres Dasein zu verschaffen" [Geschichtsschreiber, S. 54].

Pfänder spricht in eingeengterer charakterologischer Betrachtung, also beschränkt auf den Wollens- und Fühlenshabitus von einem Grundcharakter der Menschen [Grundproblem]. Pfänder ist die Entwicklung der Persönlichkeit eine „Auszeugung" dessen, was schon als Wesen des Menschen von Anfang an in der Seele keimhaft enthalten ist [Seele].

268. So erscheint uns in der Tat unser Ich, wenn wir es mit ruhigem geistigen Auge an sich selbst, ohne theoretische Erwägung seiner Daseinsmöglichkeit im empirischen Weltganzen, ohne seine tatsächliche Entstehungsmöglichkeit betrachten. Der entwickelte Mensch pflegt sich immer als irgendwie verbogen, als im Leben verkümmert zu betrachten. Seinem eigentlichen Wesen nach hätte er ein ganz anderer werden müssen, wenn er sich aus den richtigen eigenen Entscheidungen entwickelt hätte, und wenn nicht die schlechten Triebe „daneben" gewesen wären. Satanologie und metaphysisch fundierter Sündenglaube sind auf der Auffassung aufgebaut, daß der Mensch in seinem eigentlichen Kern selbstverständlich ein guter sei, und das nimmt jeder zunächst von sich an. Selbst die Lehre von der Erbsünde, die Lehre vom verderbten alten Adam, der nur durch eine äußere, höhere und reinere Macht aus seiner Verderbnis erlöst werden kann, setzt voraus, daß die Verderbnis als ein unglückliches, dem eigentlichen Wesen des Ich fremdes Verhängnis in dies Ich hineingekommen sei, und doch spricht wiederum eine sehr vernehmliche Stimme dafür, daß die Verderbnis letzten Endes von diesem eigentlichen Ich selbstverschuldet sei, und wäre es auch nur durch eine Schlappheit oder einen Leichtsinn dieses Ich.

269. Zahlreiche Varianten gehen zurück auf das vielzitierte Wort Pindars: „Γένοι' οἷος ἐσσὶ μαθών", werde kennen gelernt habend, was für einer du bist". Man unterschlägt meistens das „μαθών" als einen Zusatz, der nicht zum Tiefsinn des Satzes gehört. Aber einerlei wie Pindar selbst hier gedacht hat, richtig ist, daß wir nicht allein unser Wesen selbst erst mühsam entziffern müssen, sondern obendrein unser eigentliches Ich nur im Kennenlernen der Welt, des Nicht-Ich erst richtig feststellen und kennen lernen können.

Sowohl im „werde, der du kennen gelernt habend bist" Pindars wie im „sei du" in Ibsens Peer Gynt sehen wir besonders schön, wie molluskenhaft vieldeutig der Ichbegriff und infolgedessen auch der Dubegriff ist (vgl. § 260). Das Ich als Verwirklichungsziel ist das eigentliche Ich im jetzt von mir in Betracht gezogenen Sinne; das Ich, an das als aktiv Entscheidendes appelliert wird, ist das wirklich entscheidende Geltende im Ich. Nur so ist der Widersinn im Ausdruck beseitigt zu fassen. Ebenso kann das eigentliche Ich sich auch vom Ich als psychischer Ganzheit abheben. Im Begriff des „Sich-Selbst-Verstehens" ist wenigstens in weitem Maße das eigentliche Ich gemeint, im Begriff des „Sich-Selbst-Beobachtens" das Ich als seelische Ganzheit. Vgl. hierzu besonders Günther [Sichselbstverstehen S. 130ff.].

270. Unklar schwankt das Ichbewußtsein des Menschen zwischen diesem idealen Ich und dem in der Welt gewordenen und als so wenig ideal bewußten Ich. Der Mensch identifiziert sich in seinem Selbstbewußtsein in den Stunden tiefster Selbstbesinnung mit seinem vermuteten idealen Ich, geht mit seinem gewordenen Ich hart ins Gericht und kann es verächtlich behandeln. Alle Selbsteinschätzung, besonders die abfällige Ichbeurteilung ist nur dadurch möglich, daß er im Interesse seines eigentlichen Ich mit seinem gewordenen Ich wie mit einer fremden Person verfährt. Aber in den praktischen Entscheidungen, in den Einzelfällen muß er sich mit seinem häßlichen gewordenen Ich, das gerade jetzt entscheidet, identifizieren. Der Wille entscheidet sich aus diesem Ich, und eine Willensentscheidung kann sich nur als ichbewußt durchsetzen; die quergestreiften Muskeln gehorchen nur einem wenigstens instantan eindeutigen Ichbewußtsein und Ichwillen. Es kann aber auch zur Abspaltung eines Komplexes des Sündigen, des Verdorbenen aus dem Ich kommen, und die ethisch-religiösen Bewußtseinsformen der Besessenheit (§ 265) erfahren von hier aus erst ihre volle Aufklärung. Bei der Beurteilung anderer Personen sind wir im allgemeinen viel eher geneigt, ihre gewordene Persönlichkeit oder wenigstens die dauernderen Momente derselben als ihr Ich schlechtweg aufzufassen.

271. Aus dieser Idee der Doppeltheit eines idealen und doch eigentlichen Ich und des realen gewordenen und im einzelnen entscheidenden Ich ist nun manche Eigentümlichkeit unseres Selbstbewußtseins zu verstehen: Zunächst das eigentümliche Bewußtsein eines Sollens, dessen Befehlsursprung im Ich selber, das auch gehorchen „soll", liegt. Diese „Personalunion von gehorchendem und befehlendem Willen" spielt nament-

lich in Rickerts Metaphysik des autonomen Sollens eine grundlegende Rolle. Theodor Lipps sagt hierüber: „Dieser Geber des Gesetzes nun kann nicht „ich", d. h. dieses individuelle Ich sein. Wie soeben gesagt, ist dies ja der Empfänger des Gesetzes; und dieser und der Geber desselben stehen sich gegenüber, ... Und doch ist er nicht etwas außer mir. Denn in mir höre ich das Gesetz oder werde ich der Norm inne. Der Geber des Gesetzes ist also mir, diesem individuellen Ich einerseits transzendent, andererseits doch „mir" immanent. Sofern er aber dies letztere ist, ist er doch ich..." [Lipps, Fühlen, S. 224].

272. Im eigentlichen und normativen Ich liegt eine Tendenz zur Verabsolutierung. Es wird ja als die letzte und höchste Instanz aller Entscheidungen überhaupt gefühlt, vorgestellt und gedacht. Für unser geistiges, wertschaffendes Bewußtsein kann es von keiner Empirie abhängig sein, weder von Zufälligkeiten der Veranlagung noch von Zufälligkeiten der Erfahrung, des Erlebens. Es ist ja selbst das Höchste, das von sich aus alles dies beurteilt. Namentlich wenn es sich um das erkennende Ich und die Norm des Erkennenwollens handelt, liegt die Tendenz nahe, es völlig von der Wirklichkeit zu trennen, ihm keine Realität, bloß Idealität zuzusprechen (Rickert), oder es als ein transzendentales Ich dem „weltbefangenen" Ich gegenüberzustellen (Husserl). Letzte Grundlagen aller theoretischen Gültigkeit sind ja gewollten, werthaften, ichhaften Ursprungs. Kant war der kühne Bahnbrecher einer transzendentalen Auffassung auch des Ich. Folgenträchtig wurde der von ihm geschaffene Begriff des „Bewußtseins überhaupt". Gemeint war von Kant damit nur Bewußtsein in seiner allgemeinen, begrifflichen Bedeutung im Gegensatz zu zufälligen, individuellen Konkretionen von Bewußtsein in zufälligen einzelnen Menschen. Um die Subjektivität des Geltungsursprungs der Kategorien vor empirischer Zufälligkeit wahren und sie ins apriori Notwendige erheben zu können, mußte die subjektive Bedingtheit der Geltung eine Abhängigkeit vom generellen Begriff und nicht vom zufälligen Sein eines Bewußtseins sein. So allein wurde sie für Kant objektiv konstituierend und nicht nur zufälliger Meinung unterworfen. Nun kann Vernunft eine und dieselbe, der Gesetzgeber für alle Ichs trotz der Immanenz im Ich sein.

Dies Ich selber ist kein empirisches mehr. Es ist bekannt, wie von hier aus eine innere Dialektik der Problemlage zu Fichtes und Hegels metaphysischer und religiöser Auffassung dieses Ich als überempirischer Weltvernunft trieb, und wie eine gleiche Sachlage mit gleicher dialektischer Macht den modernen Neukantianismus diese Entwicklung zu Fichte und Hegel nochmals durchmachen ließ.

273. Aber selbstverständlich wird auch das höchste Prinzip des Praktischen verabsolutiert. Auch Lipps glaubt konform mit philosophischer Tradition die Doppeltheit von Geber des Gesetzes und Gehorchendem in mir nur so lösen zu können: Dieser Gesetzgeber für mich ist die Vernunft, insofern sie meinen Willensurteilen Gesetze gibt, die praktische Vernunft, und sie ist zugleich das mir bewußte Moment der endgültigen Freiheit in mir [Fühlen, S. 224]. Es ist verständlich, daß dem Menschen, dem es heiliger Ernst um das Ethos ist, dieses Ethos unmittelbar in das eigentliche Ich eines jeden Menschen versenkt zu sein scheint. Das wurde philosophisch bedeutsam zu allen Zeiten. Dennoch sperrt sich das Ichbewußtsein, das nicht durch Spekulationen beeinflußt ist, gegen diese Selbstverständlichkeit des Ethischen. Es hat Bewußtsein der Selbstwahl auch noch gegenüber dem Ethos, selbst wenn es ihm heilig ernst ist, es anzuerkennen.

Aber auch durchaus nicht-ethische psychische Eigentümlichkeiten sind aus diesem Bewußtsein des eigentlichen Ich abzuleiten. Auch der skrupellose Geschäftemacher, dem der rücksichtslose Egoismus und Antagonismus des Geschäftslebens als das unzweifelhaft Richtige aller praktischen Vernunft erscheint, hat das quälende Gefühl eines Falschhandelns seines empirischen Ich gegenüber dem eigentlichen Ich, wenn er in einer altruistischen Bewegtheit einmal zugunsten eines Geschäftskontrahenten gegen sein eigenes Geschäftsinteresse entscheidet. Das Bewußtsein des eigentlichen und normativen Ich ist an sich keine Brücke zu einer absoluten Wertewelt und zu einem absoluten Ethos, sondern ist auch mit einer von Grund aus unethischen Persönlichkeit verträglich.

274. Aus dem Gedanken, daß alles Gegenständliche, prinzipiell auch alles, was wir als unser Ich gegenständlich auffassen, der Jurisdiktion des Ich notwendig unterworfen sein

muß, und daß das eigentlichste Ich notwendig jenseits aller Gegenständlichkeit liegen muß, resultiert schließlich der Begriff des reinen Ich. Natorp hat diesen Begriff bis zu seiner letzten Konsequenz verfolgt [Psychologie, 2. Kap.]. Das Ich ist nichts als das absolute Subjekt. Man objektiviert es, macht es zum Nichtich, wenn man es als Gegenstand denkt, ihm irgendwelche Bestimmungen anheftet. Es ist nur der absolut leere Beziehungspunkt, Einheitspunkt für alles Bewußte. Bewußt sein heißt: Gegenstand für ein Ich sein. Das Ich kann überhaupt nicht zu einem Problem der Psychologie gemacht werden. Natorp erlebte den Triumph, daß Husserl, der früher nach Art Brentanos die psychische Gegenständlichkeit und die Intentionalität unter ausdrücklicher Ablehnung eines reinen Ich untersuchte, später ausdrücklich das selbstverständliche Recht des reinen Ich Natorps anerkannte [Log. Unt., II, S. 259ff.].

273. So Verlockendes auch alle diese ab § 272 entwickelten Gedankengänge haben, so sehr widersprechen sie doch einem natürlichen Ichbewußtsein und sind sie bewußtseinstheoretischen Spekulationen entsprungen, die dem erkenntnispraktischen Sinn und bewußtseinsgesetzlichen Telos des Ichbegriffs nicht gemäß sind. Es ist zunächst gegenüber dem Begriff des „reinen Ich" Natorps zu bemerken, daß an das reinste Ich immer noch mindestens das abstrakte Moment des Richtigen oder doch des als richtig Vermeinten als wesentlich gebunden ist. Das ist der letzte abstrakte Kern eines Ichbegriffs überhaupt, aber es ist doch ein objektives Moment, und Natorps reinstes Ich als absolut Nichtobjektivierbares ist lediglich künstliche Theorie. Denn unser Ich hat uns ganz gewiß noch einen konkreteren Inhalt. Unser Ich dekretiert aus sich selbst Entscheidungen, und in diesen *unseren* Entscheidungen sind wir uns als durchaus verschieden von allen anderen Ich bewußt, ohne daß diese Entscheidung darum in bezug auf unser Ich selbst unrichtig sein müßte. Das ist unabhängig davon, daß unser Ich nur sehr schwer als begrifflich klar gefaßter Gegenstand zu fixieren ist. Nicht begrifflich artikuliert ist es uns doch als Bestimmtes bewußt. Die Ganzheit des Ich wird auch verfehlt, wenn man nur ein generelles „Bewußtsein überhaupt" damit meinen will, ein Subjekt der Vorstellung „ohne Unterschied des Zustands des Subjekts". Erst recht

wird es verfehlt, wenn man überhaupt nur ein „transzendentales Ich" meint, ein Subjekt nur der transzendentalen, notwendigen und allgemeingültigen Objektbestimmtheiten, eine in unserer individuellen Vernünftigkeit wirksame Vernunft überhaupt. Nein, wir sind uns nicht diese blutleere Abstraktion.

Hier muß eine empiristische Linie der Ichauffassung, die von Leibniz bis zu Dilthey führt, zu ihrem Recht kommen. Leibniz machte in seinem principium identitatis indiscernibilium eine Begriffsbestimmung des Individuums überhaupt aus der inhaltlichen Besonderheit eines Ich, indem er alles wahrhaft Seiende nach Art eines Ich auffaßte und in der begrifflichen Bestimmtheit der *inneren* Eigenschaften allein das sah, was ein Individuum zu *einem* Individuum machte. Diese Auffassung verkennt zwar die fundamentale Beobachtung der externen Relation für alle Individuation (§ 608ff.) und hängt mit dem schwersten Fehler Leibniz' im logischen Aufbau des Weltbilds zusammen: der Verkennung der Fundamentalität der Relation. Aber uns kam es ja auch nur auf das gute Recht der Annahme individueller Besonderheit alles dessen an, was wahrhaft „Ich" zu heißen hat.

Herder und Wilhelm von Humboldt machen diesen Gedanken zur Grundlage ihrer Geistesphilosophie: Jeder Mensch soll seine ihm allein angehörige Persönlichkeit so rein und vollkommen wie nur möglich begreifen, in Wechselwirkung mit der Welt auswirken lassen und zum reichsten und vollkommensten Ausdruck bringen. So sollen dann auch wieder ganze Völker ihre einheitliche Individualität pflegen. Aus dem Konzert dieser vielen selbstgetreu und objektiv allseitig entwickelten einzelmenschlichen und volklichen Persönlichkeiten geht die schöne Harmonie der ganzen geistigen Welt hervor (zur Rolle dieses Gedankens in Pädagogik und Ethik vgl. § 1029).

2.415. Teleologie und Aporien des Ich.

276. Jetzt erst sind wir imstande zu begreifen, welche raffinierte Teleologie in der Entwicklung eines Ichbegriffs überhaupt liegt. Bei „Teleologie" haben wir hier ganz allein an die biologische Teleologie des Teils 2.2 zu denken. Erst durch die Idee eines eigentlichen Ich bekommt auch der Be-

griff eines gewordenen Ich Sinn. Durch eine Verknüpfung beider wird dem Menschen die Voraussetzung dafür gegeben, an sich selbst, d. h. an der Berichtigung seines eigenen werdenden und schon gewordenen Ich zu arbeiten, indem diesem Ich dauernd wenigstens der abstrakte Begriff eines Ideals seiner selbst bewußt ist, das allerdings immer erst zu bestimmen gesucht wird. Alle Gefühle, Triebe und Geltungen werden dem Richtigkeitsbegriff unterworfen. Wie alles Gegenstandsbewußtsein und speziell auch alles Bewußtsein der Momente des psychischen Prozesses (Gefühle, Strebungen usw.) für eine Überprüfung und Berichtigung Sinn hat (§ 292ff., § 299ff.), so hat auch das Bewußtwerden des gewordenen Ich seinen Sinn durch die dauernde Überprüfung. Der geistige Mensch macht sein Ich, wie es geworden ist, zum Gegenstande, d. h. doch letzten Endes zum Gegenstande von Erwägung und Entscheidung. Das ist der Sinn des „Selbstbewußtseins", das man, im Begriff der „Vernunft" mit anderen besonderen Fähigkeiten menschlichen Bewußtseins, besonders der Fähigkeit zu abstrakten Begriffen (Teil 2.39) vermengt, als den Grund der Überlegenheit des menschlichen Bewußtseins gegenüber allem tierischen ansieht.

277. Wir begreifen auch die für jede vernünftige Logik so seltsamen Aporien dieses Ich. Von Aktenscheidungen aus besehen, ist es uns als eigentliches Ich selbstverständlich rational. Alles soll rational gültige Wertgröße sein. Die Sokratik ist auf diesem Aspekt des Ich aufgebaut (§ 429). Und doch ist es in verschiedenster Hinsicht nicht rational faßbar. Schon die letzten Wertgründe sind irrational. Sie ruhen im Emotionalen. Eine wichtige Eigentümlichkeit ist, daß das Ich sich in seinem Entscheiden frei weiß. Es ist ja selbst in seiner Fülle der ganze Ursprung aller Entscheidung und als solcher bewußt. Aber diese Freiheit, die so eng mit dem Entscheidungsursprung aller Geltung und zugleich mit geisteswissenschaftlichem Denken zusammenhängt, werden wir im Teil 3.2 ausführlich in Betracht ziehen.

Dieses Ich hat mir selbstverständlich schöpferischen Charakter. Es ist aus sich Ursprung der Gestaltung des eigenen Wertsystems und darüber hinaus der Gestaltung der selbstgewollten Kultur und der Umwelt, soweit sie kulturellen Charakter hat. Dieser schöpferische Charakter wird auch auf die Gestaltung durch das fremde Ich, das ich hypothetisch als seiend anerkenne, dessen Leistung ich verstehe, ausgedehnt. Es wird ausgedehnt auf das soziale Ich, dem ich mich zugehörig oder auch nichtzugehörig weiß, auf das objektiv Geistige, das ich selbst billige, oder das ich selbst wenigstens durch Ichs gebilligt „verstehe". Geist und Vernunft sind mir prinzipiell schöpferisch. Geist und Vernunft sind aber prinzipiell ich-haften Charakters.

278. Wir begreifen auch eine andere Seltsamkeit: Dieses unser Ich ist uns manchmal etwas in individueller Entwicklung Gewordenes, ziemlich erstarrt, aber immer noch biegsam. Dann ist es auch wieder etwas Werdendes, etwas erst zu Gestaltendes, das noch gar nicht wirklich da ist. Wir haben uns selbst noch nicht völlig erreicht. Und doch ist es uns schließlich auch wieder etwas uns von Anfang unserer Existenz an fest bestimmt Mitgegebenes, das wir allerdings als Erkanntes unseres Bewußtseins erst suchen müssen, wie wir auch sonst die Wahrheit in gewagter Hypothesis aus Daten erraten müssen. Die erste dieser drei Eigentümlichkeiten betrifft das gewordene Ich, die zweite und dritte aber meinen das eigentliche Ich, das uns unser legitimes Ich ist.

Alle diese Seltsamkeiten machen den Ichbegriff gerade für unser naturwissenschaftliches Denken so schwer verdaulich, so sehr perverser philosophischer Spekulation verdächtig, während er den Geisteswissenschaften so sehr Fundament ihres gedanklichen Systems ist, daß sie dies Wunderbare als phänomenologisch selbstverständlich voraussetzen. Weitere Aporien sind die der Realität dieser Gegenständlichkeit „Ich", besonders des eigentlichen Ich, daraufhin dann der Beziehung zur Genotypik, zu den biologisch zu untersuchenden „Anlagen". Darauf gehen wir in Teil 2.417 ein.

2.416. Die Entwicklung der individuellen Persönlichkeit.

279. Der Gedanke eines eigentlichen Ich erst bedingt die Entwicklung einer bewußten Persönlichkeit, und was in bezug auf das eigentliche Ich als richtig getroffen bewußt ist, das bleibt ein Moment des Persönlichkeitsbewußtseins. Es bleibt immer weiteren Ausbaus und der Korrektur gewärtig im Kampf mit anderen widersprechenden Seiten der sich

entwickelnden Persönlichkeit, es kann ganz unterliegen und für nichtig erklärt werden, aber nur im Namen des eigentlichen Ich. Dies eigentliche Ich ist ein Ideal der vollständigen Berichtigtheit aller Tendenzen im Geltungssystem des Menschen. Freilich bleibt diese Idee nicht immer siegreich. Der Mensch kann einem übermächtigen Trieb unterliegen und sich des Unterlegenseins bewußt sein, obwohl er momentan in seiner Nachgiebigkeit den Trieb ganz in sein Ich aufnehmen muß, um auch nur diese Nachgiebigkeit wirksam werden zu lassen (§ 259). Es resultieren die komplizierten gebrochenen und die labilen Persönlichkeiten, auf die wir in diesen prinzipiellen Ausführungen aber nicht eingehen wollen.

280. Der Mensch wird so der Schöpfer seines Ich. Wie in dieser Selbstschöpfung Gestaltung, Suchlabilität und Kampf der Motive in den Entscheidungen zusammenwirken, soll hier nicht nochmals erörtert werden. Wir knüpfen an das in § 234 Gesagte an: Für das einzelne Handeln hat schon das höhere Tier eine als richtig vermutete Hypothesis: *eine* Möglichkeit gilt als die richtige. Der Mensch, in höherem Grade mit steigender Kultur, gestaltet aber sein abstraktes Wertesystem (§ 847) individuell in Setzungen, durch Hypothesis in der ursprünglichen Bedeutung des Wortes. Machen wir das an einer Gegenüberstellung zweier Fiktionen deutlicher: Ein kroatisches Bauernkind des 17. Jahrhunderts wird von Janitscharen mitgenommen, selbst zum Janitscharen erzogen und nun ein fanatischer Mohammedaner und brutaler Bekämpfer der Christen mit dem Schwert. Wäre er nicht geraubt, — ein Spiel ganz äußerlichen Zufalls, — so würde er vielleicht in einer Jesuitenschule zu einem ebenso fanatischen, aber vergeistigten Verfechter des katholischen Glaubens. In beiden Fällen würde diesem Menschen das Geistig-Objektive seiner religiösen Wertung als der Hauptzug seines Ich erscheinen, und doch ist gerade das etwas Zufälliges, etwas, was der Mensch aus äußerlicher Bestimmtheit als seiner Persönlichkeit gemäß sich zugrunde gelegt hat, aber ganz gewiß nicht seine eigentliche Persönlichkeit selber. Die wahre persönliche Konstante in allen ihm möglichen erfahrungsgemäßen Entwicklungen seiner Persönlichkeit ist etwas so Abstraktes und Blasses, daß es ihm unmöglich als sein Ich gelten kann. Es ist, wenn wir uns bloß an die obige begriffliche Beschrei-

bung halten, vielleicht eine Tendenz zur Heftigkeit und Entschiedenheit, die wir als Fanatismus bezeichnen. Zweifellos ist das im weitesten Sinne Emotionale der Persönlichkeit etwas unmittelbarer von Geburt an ihr Angehöriges, etwas schwerer ganz zu Verwischendes als das gegenständlich Tendenziöse und Intentionale. Nicht ohne Grund glaubt man im Charakter eher den *Grund*charakter fassen zu können als im übrigen einer Persönlichkeit eine Grundpersönlichkeit. Aber dieser Charakter ist dem Menschen selber ein recht sekundärer und nur formaler Zug seines Ich. Was dem Menschen selbst sein Persönlichstes zu sein scheint, ist zwar immer durch eine ureigenste Komponente mitbestimmt, wird aber erst voll gestaltet durch die Welt, das Wirkliche und die Reaktion gegenüber dem Wirklichen. Es wird in wagender Hypothesis geschaffen. Namentlich der fanatische Mensch kann mit dem Kampf für sein ichgemäß vermeintes Ideal das Verderben dessen verursachen, was seinem Ich innigst gemäß ist.

281. Und doch ist wiederum die Entwicklung der Persönlichkeit neben der biologischen Anpassungs- und Höherentwicklungsfähigkeit durch die Genotypik, neben der Vererbungs-, Mutations- und Selektionsgesetzlichkeit, aber zweifellos in Abhängigkeit von ihr, das größte Meisterstück der kosmischen Gestaltung der Welt. Aus einer durch zufällige Kombination von Genen zweier verschiedener Individuen gebildeten Gesamtheit von Erbanlagen wird eine geschlossene individuelle Persönlichkeit. Aus dem „häßlichen Bündel von Gefühlsdispositionen und Trieben", das wir als Ausgangspunkt der Wertbildung zu denken haben, wird ein geistiger Mikrokosmos. Was bedingt die Einheit, die Harmonie, da doch die Triebe in Widerstreit liegen? Gewisse Triebe und Gefühle, die zur Beseitigung alles Unharmonischen drängen. Das sind vor allem die Triebe und Gefühle, die sich an logische Einstimmigkeit und Dissonanz knüpfen. Jede Unstimmigkeit in unserer Erkenntnis und in unserer Persönlichkeit erweckt ein dauerndes und um so mehr quälendes Mißbehagen, das uns anstachelt, durch gedankliche Hypothesis die Harmonie im Wissen und in unserer gedachten und anerkannten Persönlichkeit herzustellen. Jede erzielte Einstimmigkeit erweckt ein anhaltendes Gefühl der Befriedigung.

das dem Erzielten einen erhöhten persönlichen Wert gibt.
Erfolgswert im Einzelnen des Lebens stärkt diesen Trieb und
dies Gefühl. Man studiere die Entwicklungsdarstellungen,
die Biographien daraufhin. Reich wird die Persönlichkeit
durch die Auseinandersetzung mit der unübersehbaren Mannigfaltigkeit der Umwelt, aus der immer neu objektivierte
Gefühle erwachsen. Aber eine neue Harmonie, nämlich die
Harmonie mit der Gemeinschaft kommt durch die Sozialgefühle und die Ehrgefühle hinzu (vgl. § 335/39). Die sind
von besonders starker und anhaltender Wirksamkeit. Schon
das Bedürfnis der Gefühlsgemeinschaft und der Übertragung
von Gefühlswertfundamenten auf andere Personen und auf
die Gemeinschaft ist von starker und anhaltender Gefühlswirkung. Aber der große Trick unserer Veranlagung ist, daß
stärkste und nachhaltigste Gefühle sich an ein objektives
Wertbewußtsein unseres eigenen Ich binden. Die konkreteste
und faßlichste objektive Grundlage dafür ist die Wertung des
eigenen Ich durch die anderen Menschen, die Volksgenossen
und die persönlich Nahestehenden. Schärfer als irgendein
sinnlicher Schmerz brennt auf die Dauer das Bewußtsein der
Verachtung durch den Kreis, in dem man leben muß. Glücklicher als eine Aussicht auf dauernde Befriedigung aller Genußmöglichkeiten macht die Ehre, die das Ich genießt. Tiefer
kann noch im innerlich veranlagten und entwickelten Menschen das Ehrgefühl gehen, das sich an das wirklich die Handlungen entscheidende Ich vor dem Richterstuhl des vorgestellten eigentlichen Ich, des eigenen Werte-Ideals knüpft
(§ 1008). Das sind Triebe, die gewaltig zur Anpassung an die
Gemeinschaft und an die gewählte soziale Richtschnur des
Wertens zwingen, und die von einer klugen Gemeinschaft
ausgenutzt werden, das Gemeinschaftsinteresse zum Interesse
der Einzelpersönlichkeit zu machen.

282. Aber das sind nur für die individuelle und die soziale
Harmonisierung der Persönlichkeit besonders wichtige Gefühle und Triebe, nur die wichtigsten Richtgefühle. In diesem
Rahmen eröffnet sich eine noch unermessene Perspektive
weiterer Teleologie der Persönlichkeitsentwicklung. Es ist
interessant zu sehen, wie unüberwindliche Triebe, die der im
ganzen sonst so starken Persönlichkeit widersprechen, in kluger Nachgiebigkeit trotz des Widerspruchs aufgenommen und

so gut es geht angepaßt werden. Zweckmäßig ist letzten Endes die Energie der Gestaltung von Persönlichkeit überhaupt trotz der für jeden Unparteiischen offensichtlichen Fragwürdigkeit der Selbstentscheidung: Halbheit und Zaudern sind größere Mängel als die Möglichkeit des Fehlgriffs. Zweckmäßig ist der ganze Persönlichkeitswandel in seinem typischen Verlauf: Spiel, Labilität, Anpassungsfähigkeit, Tendenz auf Reichtum, Allausbreitung der Interessen in Kindheit und Jugend, mächtiger Einbruch der Erotik und Sexualität, die sich als etwas gänzlich Neues in der bereits ziemlich gefestigten Persönlichkeit Platz schaffen muß: Festigkeit, objektive Zielzentriertheit des reiferen Alters. Zweckmäßig ist auch die immer neue allseitige Regenerationsfähigkeit der Persönlichkeit in gänzlich veränderten Lagen. Der Sturz aus einer gehobenen sozialen Stellung in hilflose Bedürftigkeit, in Vagabundentum und Verbrechertum geben da vorzügliche Beispiele völliger Neugestaltung. Zweckmäßig ist das eigenartige Spiel der vorwärts drängenden Spannungen. Bedürfnisse, Gefühle der Insuffizienz, die immer wieder die zähen konservativen Trägheitskräfte brechen. Zweckmäßigkeiten kann man bis in die kleinsten Einzelheiten verfolgen wie etwa in den Kristallbildungen der Liebe um die geliebte Person, die Stendhal in seinem Buch „de l'amour" so lebendig beschreibt. Man übertreibt kaum, wenn man sagt, in der geistigen Gestaltung, in der Persönlichkeitsbildung zeige sich eine neue Dimension biologisch zweckmäßiger Gestaltung des Individuums, die der ganzen körperlichen Entwicklung in allem ihrem Reichtum sich gleich reich an die Seite stelle.

283. Diltheys knappe Darstellung der Persönlichkeitsentwicklung [Ideen, S. 139ff.] ist auch heute noch das Beste, was über das Prinzipielle der Persönlichkeitsentwicklung gearbeitet ist. Zweierlei ist in seiner Darstellung grundsätzlich bedeutsam: Erstens die Einsicht, daß Triebe und Gefühle das Agens sind, das die Entwicklung vorwärts treibt. Freilich wußten auch Hegel und sein Antipode Schopenhauer schon, daß nur die Triebe das dynamische Moment im seelischen Individuum sind, aber erst Dilthey hat in ihnen auch das Agens der Persönlichkeitsentwicklung erkannt. Wichtiger noch ist, daß Dilthey ganz entschieden eine empirisch *autonome* Ganzheitsentwicklung der Persönlichkeit des weltlichen,

empirischen Individuums angenommen hat. *Empirisch* subjektive Kräfte sind maßgebend. Der teleologische Zusammenhang in concreto ist erworben, steigert sich selbst durch die mannigfaltige Erfahrung und durch Anpassung der autogenen Gestaltungen zu immer größerem Reichtum, größerer Lebensfülle. Dilthey sieht wenigstens in dieser Arbeit auf der Höhe seines Lebens nicht nach absoluten Werten in einem Ideenreich jenseits aller Empirie. Alle bewußte Teleologie entwickelt sich immanent im empirischen Individuum.

Allerdings sind die Grundlagen dieser bewußten, gewollten, ichhaften Teleologie, die mannigfachen Trieb- und Gefühlsanlagen mit ihren Tendenzen auf Harmonie überhaupt bei Abhängigkeit des wirklichen Inhalts der Persönlichkeit von der Umwelt selbst wieder von der so gar nicht ursprünglich bewußten, gewollten und ichhaften biologischen Teleologie abhängig. Das ist uns nach unserem Teil 2.3 kein Rätsel mehr. Aber es ist uns auch kein Rätsel, daß die ichgewollte Teleologie sich an die Gefühle und Triebe, vor allem aber an eine befriedigende Hypothesis bindet, und daß das biologische Telos ihr nur ein Objekt unter anderen und mitunter gar ein verworfenes Telos ist. Das letztere ist so wenig merkwürdig wie auch sonst die Bindung der biologischen Reaktion an ein sekundäres Zielmoment, das unter Umständen die biologische Zweckmäßigkeit verfehlt. Die objektive, die tatsächliche Abhängigkeit der selbstbewußten Teleologie von der biologischen Teleologie lag freilich dem rein geisteswissenschaftlich eingestellten Dilthey so fern wie alles biologische Denken überhaupt.

284. Die Richtgefühle, die mächtig zur Harmonisierung der Persönlichkeit in sich und in bezug auf die Gemeinschaft drängen, sind nicht allmächtig. Aus eigener Anlage, aus dem Ursprünglichsten der Ichentwicklung selber kann in Hypothesis des eigenen Telos die Persönlichkeit innerlich und auch äußerlich eine asoziale Entwicklung nehmen, so daß alles Gemeinschaftsdienliche als eine Verfehlung gegen das eigene Ich auftritt. Vor allem auch braucht der Drang nach innerer logischer und werthafter Widerspruchsfreiheit nicht siegreich alle Dissonanzen zu beseitigen. Wenn im menschlichen Leben sich Hypothesis auf Hypothesis häuft, bleibt gar manche Dissonanz unbemerkt, und manche zuerst schmerzende Disso-

nanz wird beschwichtigt, wird gewohnt und unbewußt. Andere aber sehen sie. Das ist einer der Anlässe zu der beliebten Klage über die Irrationalität der menschlichen Persönlichkeit trotz aller Ganzheitlichkeit im Sinne Diltheys. Aber weitere Anlässe sind die nie ganz zu vereinheitlichende Vielheit von Urtrieben nebeneinander, die nie völlige Angepaßtheit an die Umwelt, das nie völlig mit dem Glücksstreben harmonisierende Ausleben des triebmäßigen, vor allem auch des sozialen, altruistischen Strebens, die Irrationalität der Triebe vor dem Forum des Glücksstrebens und wiederum beider, der Triebe wie des Glücksstrebens vor dem Forum der reinen Ratio. Irrational erscheint dem Menschen selber auch die Abhängigkeit seines eigenen Ich von der biologischen Teleologie, die ihm selbst keineswegs primär gültig ist.

2.417. Realität und Idealität des Ich.

285. Eine Realitätsuntersuchung bei einem so subtilen Einzelgegenstand wie dem Ich erfordert eigentlich eine Untersuchung des Realitätsbegriffs überhaupt, und die ist erst im erkenntnistheoretischen Problemkreise anzustellen (§ 434ff., vgl. auch § 246). Aber die Realität des Ich ist, gerade weil sie infolge der Subtilität des Gegenstands so sehr Angriffen aus positivistischen Kreisen ausgesetzt ist, so dringend hier zu klären, daß ich das Resultat der erkenntnistheoretischen Untersuchungen vorweg zugrunde lege. Ist das Ich, ist vor allem das „eigentliche Ich" nicht nach allem bisher Erörterten eine „bloße Idee", ein Ideal, wenn auch ein biologisch-teleologisch sehr zweckmäßiges Ideal, das im Individuum, im Bewußtseinsprozeß als Richtbegriff der seelischen Entwicklung und der Wertentscheidung sich bildet? Untersuchen wir zuerst nur das gewordene entwickelte Ich, das Entscheidende der Akte daraufhin.

286. Bei der Leugnung der Realität des Ich, wie es tatsächlich in unseren Entscheidungen wirkt, liegt tatsächlich ein recht enger Pflastersteinrealismus nach Art der Materialisten und älteren Positivisten vor: Das einzig Reale im Aufbau der Ganzheiten sollen allemal nur die Elemente und die Komplexe dieser Elemente sein, und das durch diese Elemente determinierte Wirklichkeitsmoment ist nur unsere Idee in

bezug auf diese Realitäten. Wirklich ist aber jedes einen in Raum und Zeit individuellen Zustand auszeichnende Moment. Ist das elektro-magnetische Feld nicht etwas ebenso Reales wie die Elektronen- und Protonenkomplexe? Ist der Druck des Gewichts bei völlig ruhendem Gleichgewicht, ist die Temperatur nichts Reales, obwohl sie nur eine abstrakte Durchschnittsgröße der durcheinander sich bewegenden Moleküle ist? Mit demselben Recht können wir den Korpsgeist in einer sozialen Körperschaft, können wir die historisch werdende, gestaltende und absterbende Gotik etwas Reales nennen; es sind zeitlich und räumlich als wirklich wirksam anzuerkennende Momente. Mit demselben Recht ist auch dem gewordenen Ich Realität zuzusprechen, nun aber eine Realität von höchster wert- und denkpraktischer Bedeutung für den Menschen selber, für andere Menschen und für die Gemeinschaft. Ja, für uns als Entscheidende hat Descartes recht, daß dies Entscheidungsbestimmende, insofern Denkende prinzipiell gewisser Realität hat als alle irgendwie sonst bestimmte Gegenständlichkeit, Materie, Empfindungen, Vorstellungen oder sonst etwas, über deren Geltungsanspruch als so Bestimmtes das entscheidende Ich zu Gericht sitzt. Was die spezielle inhaltliche Bestimmtheit dieses Ich ist, mag freilich ebenso bezweifelt werden wie die anderen Gegenständlichkeiten.

Eine solche Realität wird nicht dadurch beeinträchtigt, daß es sich nur um mögliche Wirkungen unter bestimmten Umständen handelt. Jede „Kraft" ist nur die gesetzliche Möglichkeit der Reaktion unter bestimmten Umständen. Das gilt für unsere Muskelkraft wie für den Druck eines Körpers auf einer im Gleichgewicht ruhenden Waage. Dennoch sind Druck und Muskelkraft Realitäten.

287. Wie steht es aber mit der Realität des eigentlichen Ich? Gewiß wird man Realität nicht dem eigentlichen Ich so, wie der Mensch selber es als das richtige *meint*, zusprechen. In Wahrheit ist das wohl immer nur ein vermeintes Ich. Erinnern wir uns an unser Beispiel des kroatischen Bauernkindes (§ 280)! Das Reale, das bei guter gründlicher Weite des Realitätsbegriffs anzuerkennen ist, kann nur die wirkliche genotypische geistige Anlage sein, aber diese Anlage gemäß den Richtkräften harmonisiert gedacht (§ 281) und bezogen auf

die ganze Breite möglicher Umweltsverhältnisse und Entwicklungen in gesetzlichen Wechselwirkungen mit diesen möglichen Umwelten. Die harmonisierenden Richtkräfte, zur Harmonisierung zwingenden Gefühle und Triebe gehören ja selbst mit zum genotypisch angelegten System des eigentlichen Ich, und die Beziehungen zu normalen Umweltsmöglichkeiten sind Momente dieses angeborenen eigentlichen Ich. Gewiß bleibt, wenn man gebührenderweise die Umwelt selbst nicht zum Ich zählt, nur ein formal blasses und abstraktes Moment. Dieses Moment erscheint dem Menschen selber nicht als sein eigentliches Ich (§ 280), aber es ist dennoch das wahrhaft Reale des eigentlichen eigenen Ich. Für sich selbst hat man sich allzu sehr auf die gewagte Hypothesis der eigenen Zielwerte festgelegt. Aber fremden Personen können wir vorurteilslos genug gegenüberstehen, in der Beziehung des geistigen Genotypus zu Entwicklungsmöglichkeiten und möglichen Umgebungen *ihr* Ich zu sehen. Diese genotypische Anlage ist das reale eigentliche Ich des Menschen, und wir täuschen uns, wenn wir mit einem Ichbegriff, mit einer Annahme eines existierenden Ich selbst diesen tiefsten eingeborenen Ursprung unserer Ichentwicklung noch überwinden zu können meinen, wenn wir dies eingeborene Ich von einem noch richtigeren Ich aus kritisieren zu können meinen. Wir haben allerdings das Bewußtsein, als hätten wir ein Ichideal selbst diesem genotypisch Ursprünglichsten unseres Ich gegenüber. Aber daran sind zwei Irrtümer schuld. Einmal pflegen wir uns mit unserer Hypothesis des für uns fundamental Richtigen so zu identifizieren, daß wir von ihr aus dem biologisch ursprünglichen Anlagenkomplex unserer gewordenen Persönlichkeit selbst skeptisch gegenüberstehen wollen. Andererseits aber stellen wir uns unter genotypisch ursprünglichem Ich nur den rohen, unharmonisierten Anlagenkomplex vor, wie er durch kombinatorische Zufallsmischung uns vererbt zuteil geworden ist. Unser genotypisches Ich ist aber der in sich berichtigte, in sich harmonisierte Anlagenkomplex, das gemäß allen Umweltmöglichkeiten aus eigener Richtigkeit angemessen gestaltete Ich, und über das hinaus gibt es keine Richtigkeit unseres Ich. Selbst wenn es sich als richtig herausstellen sollte, daß unser Ich sich einer Macht, vielleicht einer auchgeistigen Macht außer sich zu beugen hat, so muß das doch in unserem ursprünglichsten Ich irgendwie als richtig angelegt sein, daß wir uns dieser Macht beugen. Etwas, was noch in die aus eigenen Motiven richtig harmonisierte Anlageneinheit als etwas anderes von außen hineinwirkt, ist ein Zwang des Nicht-Ich oder wäre ein absoluter Zufall, und beides gehört in keiner Weise zu unserem Ich.

288. Man kann wohl behaupten, daß das Ich, sowohl das gewordene wie das angeborene eigentliche Ich, seinem Wesen nach aus angelegten Möglichkeiten besteht, letzten Endes den Möglichkeiten des entwickelten Ich, in dieser Sachlage so und in jener Sachlage dagegen so zu handeln. Das verstößt nicht gegen den Realitätsbegriff, wie wir im vorigen Paragraphen sahen. Beim eigentlichen Ich kommt obendrein die Vielheit von Möglichkeiten an Entwicklungen, unter jeder in Betracht kommenden Umweltseigenart anders, in Betracht. Denken wir an das Beispiel des kroatischen Bauernkindes. Ganz richtig bezeichnet Theodor Lipps einmal das Ich als den „Zusammenhang von Möglichkeiten eines Bewußtseinslebens". Alle diese Möglichkeiten gehören schon als wesentliche Begriffskomponenten zu einem real zu denkenden Ich. Sie gehören so gut dazu wie die Tendenz zur Fortbewegung des gedrückten Körpers für den Fall der Beseitigung der die Bewegung vereitelnden Hemmung zum realen Sein eines Drucks gehört. Durch die Fülle der Gestaltungen unter den unermeßlich mannigfaltigen Umweltsmöglichkeiten erhält das Ich selber eine unermeßliche Tiefe des Inhalts. Man kann diese innere Tiefe mit Heraklit der ganzen Seele zuschreiben (§ 306): „Der Seele Grenzen kannst du nicht ausfinden, und ob du jegliche Straße abschrittest; so tiefen Grund hat sie" (Diels, Fragm. 45).

289. Die Entwicklung zur festen, starren, wenn auch nicht unerschütterlichen Persönlichkeit bedeutet eine Einengung der Möglichkeiten, die in dem eigentlichen Ich des Menschen anfangs angelegt sind. Das gewordene Ich ist somit eine ärmere Wirklichkeit aus dem größeren Reichtum der Möglichkeiten. Aber man kann andererseits auch die bloßen Möglichkeiten des genotypischen „eigentlichen" Ich als Leeren der Wirklichkeit auffassen. Insofern ist das genotypische Ich ärmer als das in verwickelter Anpassung an die Wirklichkeit

voll gestaltete, gewordene Ich. Insofern hat das vielzitierte Goethewort „geprägte Form, die lebend sich entwickelt" recht. Entwicklung ist nur unter dem als zweiter Faktor die Gestalt mitbestimmenden Einfluß der Welt möglich. Eine in großem Format wirklich gewordene Persönlichkeit gestaltet sich nur in einer weiten Welt. Was in dem Goethewort nicht mit zum Ausdruck gekommen, wenn auch verträglich mit ihm ist, das ist die dem Individuum selbst wie jedem Beurteiler bewußte Fehlentwicklung der gewordenen Persönlichkeit: Die Entscheidungen fallen nicht immer dem eigentlichen Ich gemäß aus, und jede einmalige Entscheidung ist ein Präzedenzfall, der für alle gleichartigen Entscheidungen Geltung gewonnen hat, erst durch eine neue Entscheidung wieder umgestoßen werden kann und mit der Geläufigkeit mehr und mehr diesem Umgestoßenwerden einen zähen Trägheitswiderstand entgegensetzt.

2.42. Die Gegenstände des Ich.

290. Alles Bewußte hat uns neben der Bezogenheit auf ein Ich noch eine zweite durchgehende Bezogenheit, nämlich die auf Gegenständlichkeit. In den §§ 220/25, 236 haben wir diese Eigentümlichkeit genetisch, physiologisch kausal und biologisch teleologisch begriffen, ohne auf die Ichbezogenheit Rücksicht genommen zu haben. Gehen wir jetzt zur Bewußtseinserscheinung des Gegenstands, zum Gegenstand, den die Introspektion findet, über.

Der Begriff der „idea", der Vorstellung, so wie ihn die großen kontinentalen Philosophen Descartes, Spinoza und Leibniz gebrauchen, ist schon ganz und gar an der Gegenstandsbeziehung orientiert. Vorstellung ist Meinen von etwas, was nicht dieser Bewußtseinszustand des Meinens selber ist. Franz Brentano arbeitete in seinem genialen Frühwerk [Psychologie] im Anschluß an Aristoteles und die Scholastiker den Gedanken der Intentionalität als Charakteristikum alles Psychischen heraus: „Jedes psychische Phänomen ist durch das charakterisiert, was die Scholastiker des Mittelalters die intentionale ... Inexistenz eines Gegenstands genannt haben, und was wir, obwohl nicht mit ganz unzweideutigen Ausdrücken, die Beziehung auf einen Inhalt, die Richtung auf ein Objekt (worunter hier nicht eine Realität zu verstehen ist), oder die immanente Gegenständlichkeit nennen würden. Jedes enthält etwas als Objekt in sich, obwohl nicht jedes in gleicher Weise. In der Vorstellung ist etwas vorgestellt, in dem Urteile ist etwas anerkannt oder verworfen, in der Liebe geliebt, in dem Hasse gehaßt, in dem Begehren begehrt usw." Edmund Husserl, dem als Schüler Brentanos dieser Gedanke geläufig war, machte ihn zum Grundstein einer Wesensgesetzlichkeit a priori alles Bewußtseins als eines Korrelats jeder übrigen Wesensgesetzlichkeit a priori und jedes empirisch Geltenden (§ 27f.), während Brentano ihn als eine empirische psychologische Erfahrung ansah. Karl Bühler hat das Verdienst, die Intentionalität in den Vordergrund der empirischen psychologischen Forschung gestellt zu haben. Eine Reihe von Schülern sind ihm gefolgt, und unter ihnen hat Egon Brunswik neuerdings wiederum in scharfsinnigen eigenen Untersuchungen [vgl. besonders Wahrnehmung] und Schülerarbeiten die Bühlersche Auffassung fortgeführt. Theodor Lipps ergänzte den Gedanken Brentanos durch den Aufweis, daß das Ich der ebenso unerläßliche Gegenpol der Gegenständlichkeit ist. Kein Ich ohne Gegenstände, aber auch kein bewußter Gegenstand ohne das Ich! Die Gegenstände fordern von uns, richtig gedacht, gewertet, gewollt usw. zu werden, aber das Ich richtet auch Forderungen an die Gegenstände. Das Ich kommt zu seinem gleichgewichtigen Recht aller Gegenständlichkeit gegenüber, und in der Analyse des Ich liegt das größte Verdienst Lipps'. Psychologie wird Wissenschaft von Bewußtseinsgegenständen und auch zugleich vom Ich. Das Buch von 1903 [Gegenstände] wurde der reifste Ausdruck dieser Denkweise.

291. Ich will noch nicht auf Einwände gegen diese Auffassung eingehen, z. B. den, daß doch etwa in der stillen Heiterkeit der Seele oder einer dumpfen Stimmung, der Langweil, in der Tat gar keine Gegenstandsbeziehung vorliegt (§ 309, 323ff.). Das Verständnis der Intentionalität bedarf einer Anknüpfung an den Begriff des Akts und auch der Wirklichkeit, besonders der umgebenden Wirklichkeit. In § 236 sahen wir schon, wie zweckmäßig die ganze dauernde individuelle Umgebung des Tieres in einer wohl funktionierenden „Erfahrung" reaktiv und strukturell abgebildet wird.

für die neuen entscheidenden Akte als Material erhalten bleibt und den Handlungen gangbereit ist. Wir müssen jetzt noch ein Moment, aber ein sehr wesentliches hinzufügen: Dieses Bild ist uns ein ichkontrolliertes, ja, von den Anfängen vor der Entwicklung des Selbstbewußtseins abgesehen, ein durch das Ich geschaffenes, und das trotz der Bindung an die ichunabhängige empirische Umwelt. Diese Bindung ist ja eine freiwillige des Ich, eine, die das Ich im Interesse seiner Ziele eingeht. Die Ziele legt es ja selbst biologisch gesunder Weise in diese Umwelt. Das Ich ist Herr der Entscheidung über das Wirklichkeitsbild, aber in wohlberechtigtem Verfolg seines eigenen Interesses an dieser von ihm unabhängig zu nehmenden Wirklichkeit unterwirft es freiwillig die Struktur seiner Bewußtseinsgegenstände der durch die Empfindungen zum Bewußtsein kommenden Wirklichkeit (§ 433ff.). Durch die Untersuchungen des Abschnitts 2.41 wird das im Psychischen wirksame Abbild erst als „Gegenstand", d. h. als Gegenstand eines Ich verständlich. Eben ein Begreifen dieser Ichbezogenheit hatten wir ja damals so empfindlich noch vermißt (§ 252).

292. Ebenso wichtig wie die Anknüpfung an das Ich ist zum Verständnis der Gegenständlichkeit die Anknüpfung an den Akt. Gegenstände sind Gegenstände durch und für den Akt. Durch die Aktbezogenheit wird es verständlich, daß jede Gegenständlichkeit ein „Führen-zu-etwas" ist (§ 218ff.). Durch den Akt mit seinem Wesen der Gültigsetzung eines dem Ich gegenüberstehenden Etwas wird die eigentümliche Sonderbedeutung des Diskreten, des Nichtstetigen, des Punktuellen für alle Gegenständlichkeit ihrer tiefsten Bedeutung nach klar: Entscheiden kann ich nur über Einheiten als Ganzes, und selbst ein stetiger Verlauf kann nur als eine solche gemeinte Einheit vom Ich anerkannt oder verworfen werden. Hieraus ist wieder die Vorzugstellung des Mathematischen, des Zahlenwesens für alle Erkenntnis bedingt (§ 748). Erst recht sind aus dem Wesen des Akts die Momente der Richtigkeit, der Falschheit und der Neutralität, der Unentschiedenheit zu verstehen (§ 569ff.). Ja, man kann die Meinung rechtfertigen, die Folge, gegenseitige Bezogenheit, relative Struktur der Akte sei das tiefste materiale Fundament des Vorgestellten, der wahre mind-stuff.

Wir können aus der fundamentalen Bedeutung der Entscheidung durch den Akt auch verstehen, daß der gedachte Gegenstand den unbedingten Erkenntnisprimat gegenüber dem simultan komplex wahrgenommenen Gegenstand hat, und daß das Denken das Recht hat, die anschauliche, simultan gegebene Wahrheit zu korrigieren und umzustoßen. Im Akt, speziell im Denkakt entscheidet das Ich endgültig die Gegenstandsrichtigkeit; alle tatsächliche Wahrnehmung ist nur Anspruch auf Richtigkeit. Nur im Denken hat das Ich wahrhaft die volle Freiheit der Entscheidung gemäß den gewollten Grundsätzen der Erfahrungsrichtigkeit. In der Wahrnehmung waltet noch der Zwang des vom Ich Unkontrollierten. Mag die angeborene Regulation in der Wahrnehmung auch noch so raffiniert der Wirklichkeit angepaßt sein, so ist die Freiheit einer gedachten Neuanpassung an die zeitliche Erfahrungsreihe doch das Höhere (vgl. §§ 715ff.).

293. Andererseits wird durch die Intentionalität das Verständnis des Aktbegriffs erst vollendet. In § 206ff. betrachteten wir zunächst den Auslösungscharakter, in § 237ff. die Ichentsprungenheit und den Tätigkeitscharakter des Akts; jetzt kommt die Intentionalität des Akts zu ihrem Recht. Brentano hat sie in allzu einseitiger Auffassung zum Wesentlichen gemacht. Von ihm ist diese einseitige Auffassung auf Husserl übergegangen. In dieser Auffassung werden auch die transitiven (§ 206), anschaulichen Vorstellungen, die ohne tätige Beteiligung des Ich im Bewußtsein aufsteigen, Akte; liegt doch in ihnen das Intentionale besonders deutlich ausgesprochen. V. d. Pfordten [Geist, S. 224ff.] hat diese unzulängliche Auffassung schon kritisiert. Nur scheint er selber mir das zeitlich Punktuelle zu sehr in den Vordergrund zu stellen und zu übertreiben. Mit Recht hat man demgegenüber das Entscheiden des Ich, das als eigentlicher Kern der Tätigkeit, des Handelns zu gelten hat, meistens als das Wesentlichste betont. Hier leitet die Wortabstammung richtig: Im Agere, Handeln liegt als Wesentliches das Entscheiden des Ich. Gerade dies Moment wußte vor allem Husserl zunächst nicht zu würdigen. „Der Gedanke der Betätigung muß schlechterdings ausgeschlossen bleiben" [Log. Unt. II, 1. Aufl., S. 337f.]. Auch später, als Husserl das „primitive Ich als notwendiges Beziehungszentrum" „zu finden gelernt" hatte [Log.

Unt. II, 2. Aufl., S. 361], bleibt der Tätigkeitscharakter von ihm unbeachtet, wie überhaupt trotz eines Idealismus gewisser Art auch jetzt das treibende Moment eines wahrhaft schöpferischen Idealismus von ihm nicht verstanden wurde.

294. In der Wahrnehmung, der Schau der Wirklichkeit ist allerdings in der Tat schon ein wunderbar gesiebtes und sowohl der praktischen Brauchbarkeit angepaßtes als auch in hohem Grade adäquates Bild der Wirklichkeit dem Ich zur Benutzung überliefert. Wir bemerkten schon im § 218ff. den dynamischen, einstellenden Charakter aller Vorstellungsdaten. Die Wahrnehmungen erscheinen uns unmittelbar eingebettet in Raum und Zeit. Wir haben Wahrnehmungsgegebenheit in Dingheiten. Wir haben z. B. nicht die optische Wahrnehmung einer Farbfläche vor unseren Augen, etwa mit vielen Farbgrenzen, sondern wir sehen unmittelbar *den* Tisch, *die* vier Stühle, *die* Vase mit *den* Blumen; diese Dinge sind in größere einheitliche Teile eingeordnet und *haben* auch wieder einheitliche Teile. Das ist nicht nur gedacht, sondern auch schon unmittelbar in der Wahrnehmung enthalten. Wir sehen direkt konstante Dinge, denn nur so können wir in Zukunft damit arbeiten. Es erhebt sich daraufhin das wichtige Erkenntnisproblem der Genidentität: Was ist Grund und berechtigtes Kriterium, im wandelnden Prozeß die Identität *eines* Gegenstands anzunehmen. Das ist nun schon eine erkenntnistheoretische Frage zu der unmittelbar sich aufdrängenden Wahrnehmung von Genintentität hinzu.

295. Die Wahrnehmungsdinge haben schon in der Wahrnehmung eine Dingkonstanz gegenüber allen wechselnden Perspektiven. Sie haben eine anschauliche Größenkonstanz gegenüber der unmittelbar wirkenden Größenverschiedenheit der Reize auf die Netzhaut beim Sehen aus verschiedenen Entfernungen: wir sehen direkt das Ding in seiner wahren Größe, nicht etwa erschließen wir die wahre Größe aus der Projektionsgröße auf die Netzhaut, die uns ja gar nicht bewußt wird. So haben wir auch die unmittelbare Wahrnehmung eines plastischen Körpers, trotzdem wir die verdeckten Partien nicht sehen; wir haben nicht etwa die Wahrnehmung einer Fläche, aus der wir die Körperlichkeit erst erschließen. Beim Herumgehen um ihn bleibt die Wahrnehmung identisch; sie bereichert und korrigiert sich für uns nur. Wir haben

eine Wahrnehmung zur Hauptsache nur von der „eigentlichen Farbe" der Dinge, d. h. von der Remittenz des Lichtes auf ihnen, unbewußt ist in der optischen Wahrnehmung der Dinge der den farbigen Netzhauteindruck total verändernde Einfluß der verschieden hellen und mitunter auch verschiedenfarbigen Beleuchtung fast ganz abgezogen. Nur bei stärkerer Abweichung von der Normalbeleuchtung sehen wir wider alle Netzhautgegebenheit die Beleuchtung als etwas Besonderes „auf" den Dingen, wie wir ja auch den Schatten „auf" ihnen als etwas Besonderes sehen. Es wird also das für uns Wichtige unmittelbar gesehen. Die Beleuchtung ist unwichtig, aber die „eigentliche" und beständige Farbe der Dinge ist wesentlich für die Beurteilung der Umgebung [Katz, Farben]. Dagegen ist die Entfernung eines Dings ein ebenso wichtiges Moment wie seine wirkliche Größe, und deshalb wird die Größe des Netzhauteindrucks psychisch unmittelbar mit den zwei Komponenten der wirklichen Größe und der wirklichen Entfernung beantwortet, während der Beleuchtungsfaktor sich für unser Bewußtsein nur wie eine undingliche Stimmung über das Ganze legt.

Immer wird die bedeutsame Dinghaftigkeit wahrgenommen, mag sie nun wie bei Tastung und Geschmack als eine körperberührende, wie beim Geruch als eine lufttraumerfüllende, wie beim Optistischen und Akustischen als eine ferndingliche erscheinen. Immer gibt es noch feine Divergenzen, wie das Ferntasten mit dem Stock zeigt. Das Unwichtige wird dem Bewußtsein entzogen, wie z. B. das Spiel unserer einzelnen Muskeln, die „kinästhetischen Empfindungen" bei unseren Handlungen.

Diese Eigenart des Psychischen reicht tief in das Tierreich hinab. Eigene Versuche [Burkamp, Fische] haben mir gezeigt, daß schon Fische die eigentliche Farbe der Dinge wiedererkennen, selbst wenn sie im Netzhauteindruck durch Beleuchtung in eine ganz andere verkehrt ist.

296. Durch die Erfahrungsanpassung wird die Gegenstandserscheinungsgesetzlichkeit plastisch. Das Denkwürdigste sind da die Versuche der Amerikaner Stratton [Vision] und, neuerdings, Ewert [Study]. Stratton trug wiederholt, einmal acht Tage lang, ein invertierendes Linsensystem vor den Augen, so daß das Bild auf der Retina nicht mehr, wie

normal, umgekehrt war, sondern wieder aufrecht stand. Natürlich sah er alles auf dem Kopfe stehend; aber sukzessive, besonders in Verbindung mit praktischer Aktivität, standen immer mehr Partien der physischen Wirklichkeit unmittelbar aufrecht, und nach dem Ablegen der Brillenkonstruktion mußte er sich wieder in die normale Zuordnung einüben, was freilich sehr rasch ging.

Durch Gewohnheit kann gedanklich Erfahrenes in immer neuer Erfahrung die Wahrnehmung mitgestalten. Da die Erfahrungsbeeinflussung und die stereotyp angeborene Komponente der Wahrnehmungsgesetzlichkeit in den einzelnen Wahrnehmungen gleich unmittelbar und ohne Bewußtsein der Herkunft das Wahrnehmungsbild gestalten helfen, sind sie unmittelbar ununterscheidbar. Wie weit die nativistische oder die empiristische Auffassung richtig ist, d. h. wie weit das unmittelbare Wahrnehmungsbild des erfahrenen Menschen, das ja allein psychologisch zu untersuchen ist, durch angeborene Anlagen oder durch gedankliche Erfahrung gestaltet ist, ist deshalb sehr strittig. Jedenfalls sind beide Momente weitgehend beteiligt, und nur die Grenze ist problematisch (§ 237). Die *angeborenen* Bildungsgesetze sind, so weit sie abbildend richtig sind und für den Gebrauch des Bildes zweckmäßig auswählen und umbilden, unmittelbar durch biologische Teleologie bedingt zu denken, so wie wir sie im Teil 2.2 untersuchten. Soweit sie erfahrungsbedingt sind, gilt zwar nicht für die spezielle Erfahrung, wohl aber für das Funktionsgesetz des Lernens dasselbe. Es handelt sich um ein Lernen, dessen gnostisches und biologisch-teleologisches Verständnis alles erfordert, was wir im Teil 2.3 untersuchten. Beide, angeborene Gestaltsgesetzlichkeit und gelernte Gestaltung, sind wesentlich durch die Gesetze gestaltlichen Einschnappens mitbestimmt (§ 229).

297. Wir haben ein mehr oder weniger vages Bewußtsein größeren oder geringeren Wahrscheinlichkeitsgrades bei unseren Gültigkeitsmeinungen, der einem objektiven Wahrscheinlichkeitsgrad entsprechen soll, ein stärkeres oder geringeres Sicherheitsbewußtsein, das mit der Erinnerung des Gemeinten verschmolzen bleibt. Praktisch sehr vorteilhaft, aber auch für eine gründliche Rechenschaftsablage über unsere Entscheidungen schlimm ist die Tatsache, daß sich leicht ein

Bewußtsein voller Sicherheit, voller Gewißheit einstellt, ein Evidenzbewußtsein. Die Wahrnehmung neigt zum Einschnappen einer Auffassung mit sinnlicher Evidenz selbst bei sehr unsicher zu erfassenden Gegenständen, das psychologisch oft studiert ist (vgl. § 180). Von diesem sinnlichen Evidenzbewußtsein ist ein gedankliches Evidenzbewußtsein zu unterscheiden. Eine optische Täuschung kann sinnlich mit Evidenz sich aufdrängen, aber vom denkenden Ich als Täuschung mit voller Gewißheit abgewiesen werden, jedoch auch die gedankliche Überzeugung neigt dazu, als „vollkommen evident" bewußt zu werden: Ein intellektuelles Evidenzbewußtsein schnappt ein und begleitet nun jede Erinnerung an diesen Gegenstand. Wir können es auch in der erweiterten Bedeutung des Ausdrucks „Gefühl" (§ 300) als Evidenz*gefühl* bezeichnen. Die Dinggeltung erscheint uns als absolut gewiß und unumstößlich, vom Gewißheitsgrad „1", obwohl uns eine Zumutung, unser ganzes Vermögen oder unser Leben in einer Wette für diese „absolute" Gewißheit einzusetzen, gar bald lehren würde, daß wir auch noch ein erfahrungsmäßig sehr wohl berechtigtes denkpraktisches Mißtrauen selbst gegen solche gedanklichen „Evidenzen" haben. Ich bemerke hier schon, daß diese Eigentümlichkeit der absoluten Evidenz in der fundamentalsten Begründung der Logik und in der Erkenntnistheorie eine außerordentlich wichtige und nach meiner Überzeugung verhängnisvolle Rolle spielt (vgl. Teil 6.3).

2.43. Die Ichzentriertheit des psychischen Gegenstands.

298. Alle Gegenständlichkeit ist einer psychischen Aufgabe, Leistung gemäß organisiert (Teil 2.381). In aller Leistung des Gegenständlichen liegt die Abbildungsfunktion enthalten (§ 236). Alle Gegenständlichkeit überhaupt ist durch Bedingungen der Aufgabeleistung einer Erkenntnis mitbestimmt (Teil 4). Alle Gegenständlichkeit besonderer Art ist durch eine eigentümliche Erkenntnisaufgabe gerade dieser Art Gegenständlichkeit „für uns" mitbestimmt. Der physische Gegenstand ist seiner Aufgabe gemäß am Raum orientiert (§ 221/24), erhält dadurch seine Besonderheit. Der psychische Gegenstand ist gemäß dem denkpraktischen Sinn einer Erkenntnis des Psychischen für uns am Begriff des Ich orien-

tiert. Es war eine ichfremde, in gewissem Sinne „für uns" unnatürliche Objektivität, die uns im Teil 2.3 veranlaßte, aus der tragenden biologischen Schicht heraus das Psychische zu entwickeln. Das hatte für unsere philosophische Aufgabe sein gutes Recht. Jetzt aber, nachdem wir das Ich (2.41) gründlich gegenständlich kennen gelernt haben, gilt es, die „natürliche" Ichbezogenheit des Psychischen, wie es sich uns denkpraktisch zweckmäßig gibt, zu begreifen.

299. Alle psychischen Gegenstände geben sich in einer inneren Anschaulichkeit als ichbezogen. Gerade so hat es Sinn, daß etwas als Moment des psychischen Prozesses bewußt wird. Der Wille ist uns die unmittelbare Entscheidung und Entschiedenheit durch das Ich; man nennt Wille einerseits die Entstehung der Geltung unmittelbar aus der Ichdynamik im punktuell gedachten Akt nach dem zeitlich ausgedehnten zur Entscheidung drängenden Zustand der Unentschiedenheit (§ 207ff.), aber auch den dauernden Zustand der Geltung, der die Folge des Willensaktes ist, immer bei passender Gelegenheit handlungsbereit und wieder entscheidungsbereit ist, aber sein Geltungsrecht vor dem Richterstuhl des Ich aus dem Entscheidungsakt gezogen hat.

300. Die Klasse der Gefühle können wir enger und weiter fassen. Wir können mit „Gefühl" nur das algedonische Gefühl meinen, das Lust-Unlust-Moment, dessen Funktion darin besteht, daß es das Ich unmittelbar zur Wertung seiner momentanen Wirklichkeitseinbettung zu zwingen tendiert. Es ist ein naturhaft originär sich aufzwingender positiver oder negativer Wertanspruch, den das Ich freilich willentlich ablehnen kann, aber bei größerer Stärke nur schwer als die Aufmerksamkeit festhaltenden tatsächlichen Angriff verdrängen und auch in schwächeren Fällen meistens nicht dauernd beseitigen kann. Im natürlichen, im kindlich ursprünglichen Zustand gibt das Ich ihm ohne Widerstand nach, ist dies Gefühl eine Urzelle der Wertgestaltung im Ich selbst, und auch später, das ganze Leben hindurch ist diese Urzeugung von Wert in weitem Maße unmittelbar wirksam.

Gefühl überträgt sich ebenso unmittelbar zwanghaft auf alle erwarteten, als künftig wirklich vorgestellten gleichartigen Zustände. Es wird zum Erwartungsgefühl der Furcht und der Hoffnung, einem seltsamen an etwas nur Vorgestelltes, noch Irreales gebundenen und doch in seiner Zwanghaftigkeit auf unser Werten so realen starken Gefühl. In dieser Bezogenheit auf künftige Wirklichkeit erfüllt sich biologisch-teleologisch überhaupt erst eigentlich der Anspruch des algedonischen Gefühls an unser Ich; gerade in dieser Bezogenheit wird es realen Wert gründend und dem Ich aus dessen Eigenheit anerkennbar (§ 419).

Gefühl im weiteren Sinne bedeutet aber hier hinzu noch unmittelbar auf Dinge und auf Zustände an ichjenseitigen Dingen sich beziehende, sich dem Ich aufdrängende Wertansprüche, also Wertansprüche, die nicht wie die des algedonischen Gefühls in der Positivität oder Negativität des Ichzustandes selber liegen. Darunter fallen die Gefühlszustände der Liebe, des Hasses, des Wünschens, Strebens, Sehnens und viele andere Nuancen, auf deren Unterscheidung ich hier nicht eingehen will.

Gefühl im weitesten Sinne ist schließlich jeder Anreiz zu subjektiver Reaktion, wenn auch bewußtseinsmäßig ganz undifferenzierter und unanalysierbarer, sich aber als qualitativ spezifisch abhebender Art (§ 319).

301. Eine dritte Bedeutung, unter der etwas als Moment des Psychischen uns bewußt wird, ist allgemein die der Bezogenheit zu objektiver Geltung. Es ist dies allerdings eine sehr weit und locker zusammengefaßte Gruppe. Es gehört dazu schon jede „bloße" Vorstellung eines Gegenstands, die zwar in sich die Anknüpfungspunkte trägt, in irgendeinem objektiven Zusammenhang zu gelten, sei es als eine Wirklichkeit in Raum und Zeit oder als ein begriffliches Moment in einem abstrakten Denk- oder Wertzusammenhang oder als ein psychisches Etwas irgendwelcher Art, aber noch keinen Anspruch auf Geltung dem Ich aufzunötigen tendiert. Das ist die reine Phantasievorstellung. Hier hinzu können die verschiedensten Ansprüche auf objektive Richtigkeit kommen: der Anspruch der Erlebtheit (also Erinnertheit), der Wahrgenommenheit, des in einer bestimmten Zeit, in einem bestimmten Wirklichkeitszusammenhang Wahrseins, des generellen Wahrseins, des möglichen oder wahrscheinlichen Wahrseins usw.

302. Eine besondere Betrachtung verdient in dieser Hinsicht die Wahrnehmung. Wir können das Wesen der Wahr-

nehmung damit treffen, daß wir sie als die durch den wirklichen Gegenstand selbst gerade jetzt und ohne Vermittlung der Erinnerung verursachte und in dieser Verursachtheit uns bewußte Vorstellung eines real existierenden Gegenstandes bezeichnen. Das ist eine sehr komplizierte Funktion, und doch ist kein Moment dieser Definition überflüssig. Daß ein so verwickeltes funktionales Etwas so sehr im Bewußtsein hervortritt, liegt an der Wichtigkeit für die gnostische Aufgabeerfüllung der Erkenntnis: Auf eine Wahrnehmung muß jede gnostische Gestaltung zurückgehen, selbst die Erkenntnis des Seelenlebens; auch die „innere Wahrnehmung", in der Psychisches sich unmittelbar selbst als wirklich vorhanden dem Ich aufdrängt, fällt unter den obigen Wahrnehmungsbegriff. Daß alle obigen Bestimmungen nötig sind, sehen wir an Bewußtheiten, die ihnen nicht genügen. Ein Gefühl wird erst dadurch, daß es als etwas real Vorhandenes dem Ich sich aufgedrängt hat, ein Wahrgenommenes. Eine Phantasievorstellung, die mir auch als solche gilt, ist ohne Geltungsbewußtsein in bezug auf einen realen Gegenstand und deshalb nicht Wahrnehmung. Eine Erinnerung an ein früheres Erlebnis hat wohl dieses Bewußtsein der Realität des Gegenstandes, aber sie ist nicht jetzt unmittelbar durch diesen Gegenstand selbst verursacht. In der Halluzination und im Traum ist wohl das Bewußtsein der Verursachtheit durch den realen Gegenstand selbst gegeben, aber es ist falsch; der Gegenstand existiert nicht und deshalb handelt es sich nicht um Wahrnehmung. In der Illusion und der Sinnestäuschung ist das vermeinte Sein des Gegenstandes seinem wirklichen Sein nicht ganz entsprechend; immerhin ist der vermeinte Gegenstand real und verursachend da, und man versagt deshalb selbst der Illusion nicht die Bezeichnung „Sinneswahrnehmung".

Die Wahrnehmung hat mit der Halluzination und dem Traum den gleichen Bewußtseinscharakter gemeinsam; erst eine gedankliche Reflexion *über* diesen Bewußtseinszustand gibt *uns* einen Unterschied, und in *rein* psychologischen Betrachtungen wird deshalb meistens kein Unterschied zwischen ihnen gemacht, obwohl uns prinzipiell ein solcher Unterschied sehr wichtig ist. Es handelt sich in beiden Fällen um einen Anspruch besonderer Art auf Richtigkeit, und eben das ist das eigentümliche rein psychologische Wesen der Wahrnehmung. Dieser Anspruch ist uns immer und prinzipiell durch Denkakte abweisbar und korrigierbar. Selbst das vulgäre menschliche Ich ohne psychologische Bildung weiß immer und kann sich im Bedarfsfalle immer bewußt machen, daß seine gemeinten Wahrnehmungen trotz einer gewissen Zwanghaftigkeit prinzipiell der Korrektur und Zensur des Denkens unterworfen sind. Sie sind nur an das Ich gerichtete Geltungszumutungen.

Es ist mit Recht oft bemerkt, daß in jeder Wahrnehmung das Wahrgenommene etwas Reales jenseits des Wahrnehmungsakts selber sein müsse, ja mehr noch, daß dieses reale Wahrgenommene zeitlich dem Wahrnehmungsakt vorausgehen müsse. Es liegt das in der Tat im Begriff der Verursachtheit durch den wirklichen Gegenstand selber als einer Komponente des Wahrnehmungsbegriffs.

303. „Empfindung" hat in moderner wissenschaftlicher Geklärtheit dieses Ausdrucks die Bedeutung des einer elementaren Reizung entsprechenden räumlichen und zeitlichen Elementarteilchens der Wahrnehmung. Diese Bedeutung lebt unklar, verworren, mit anderen Bedeutungen vermengt schon im vulgären Sprachgebrauch. Von „Empfindung" spricht man sinngemäß nur in der physischen Wahrnehmung. Im Rückgang auf die „reinen und einfachen Empfindungen" glaubte man die elementarsten Aufbauelemente der Wahrnehmungen in ursprünglichster Bewußtseinsgegebenheit zu bekommen. Die Gestaltpsychologen (§ 179/85) haben uns gezeigt, wie wenig eine solche Auffassung sich mit psychologisch beobachtbaren Tatsachen verträgt. Es ist eine verhängnisvolle Täuschung der Ende des 19. Jahrhunderts und auch noch später herrschenden Psychologie, daß die Wahrnehmungen aus solchen einfachen und reinen Empfindungen aufgebaut seien (§ 173). Daß eine qualitativ bestimmte reine und einfache Empfindung, die man sich künstlich verschafft, einer bestimmten Stelle des Wahrnehmungsgebildes entspricht, ist lediglich gedanklich erschlossen, wenn auch oft richtig erschlossen. Die Wahrnehmung ist nach Gestaltgesetzen zu begreifen, aber nicht als Konstruktion aus Empfindungsklötzchen. Im Empfindungsbegriff, wie ihn die Psychologie vom Wahrnehmungsbegriff und vom Gefühls-

begriff getrennt hat, hat die deskriptive Beschreibung der Bewußtseinsgegebenheiten sich durch erkenntnistheoretische Erwägungen weitgehend täuschen lassen: Man hat einfachere Wahrnehmungen, die für die Geltungskritik einer Wahrnehmung wichtig sind, zu deren aufbauenden Elementen gemacht.

304. Die alte Einteilung der psychischen Gegebenheiten in Vorstellungen, Gefühle und Willenszustände hat ihre sehr gute Berechtigung. Das sind aber nicht drei Arten von Elementen nebeneinander, sondern drei verschiedene Funktionseigentümlichkeiten, die uns in seelischer Anschaulichkeit unmittelbar bewußt sind. Man kann sogar in jedem Bewußtseinsinhalt sowohl die Vorstellung als auch das Gefühl und auch das Willentliche sehen. Es ist durchaus dem Sinn des Bewußtseins gemäß (§ 308), zu behaupten, etwas sei erst dann bewußt, wenn es vom Ich bemerkt wird, d. h. zum Vorstellungsgegenstand geworden ist. Selbstverständlich ist jeder Wille als Bewußtseinsmoment, d. h. nicht bloß als erst zu erinnernder Wille auch ein vorgestellter Wille, und ein Gefühl, das wir noch gar nicht bemerkt haben, nicht zum Vorstellungsgegenstand geworden ist, ist überhaupt nichts Bewußtes. Es ist aber eine alte Psychologenweisheit, daß in jedem Beachtungszustand Willentliches steckt. Nie fehlt das Willensmoment völlig. In allem steckt auch ein bloßer Wertanspruch des Geltenlassens auf das Ich und somit ein Gefühlsmoment im weitesten Sinne. Nur steht freilich eins dieser Momente in der Regel stärker im Vordergrund, und man bezeichnet deshalb mit einer einseitigen Aufmerksamkeitswendung auf dieses vorwiegende Moment das ganze Bewußtseinsgegebene als Gefühl, Wille oder Vorstellung.

305. Interessant sind die Fälle, in denen die verschiedenen Momente sich in einem Bewußtseinsgegebenen ungefähr die Waage halten, so daß eine nicht in begrifflicher Klassifikation befangene Auffassung hier gemischte Bewußtseinsgegebenheiten konstatiert. Stumpf hat 1907 eine interessante Abhandlung [Gefühlsempfindungen] geschrieben, in der er die Mischklassen von Gefühl und Empfindung untersucht. Er bezeichnet als Gefühlsempfindungen „die rein körperlichen Schmerzen ... ob sie nun von außen oder vom Innern des Organismus stammen; dann das körperliche Wohlgefühl in sei-

nen allgemeineren und spezielleren Formen, unter den letzteren die Lustkomponente des Kitzels, das durch Jucken entstehende Gefühl und die Sexualgefühle; endlich die Annehmlichkeit und Unannehmlichkeit, die sich mit Empfindungen aller oder der meisten spezifischen Sinne, mit Temperatur, Gerüchen, Geschmäcken, Tönen, Farben, in den verschiedensten graduellen Abstufungen verknüpft finden" [Über Gefühlsempfindungen S. 1/2]. Eine genaue Analyse wird überzeugen, wie und warum diese Bewußtseinsgegebenheiten zwei Klassen angehören, und daß überhaupt die vorwiegende psychische Funktion die Klassenzugehörigkeit bestimmt. So kann man aber auch Zwischenklassen sowohl von der Klasse der Vorstellungen wie auch der Gefühle zu der Willensklasse angeben. Jedes als von mir gewollt Vorgestellte und jeder Wunsch geben Beispiele der ersteren oder der letzteren Mischklasse. Die Funktion ist begrifflich klar und gibt einen klaren Klassenbegriff, aber die sich aufdrängenden Bewußtseinseinheiten sind vielseitig genug, um mehreren Funktionen zu genügen und zu mehreren Klassen gehören zu können, mehr oder weniger eigentlich immer zu gehören.

306. Mit Recht hegt man die Auffassung, daß das Bewußtseiende für ein Ich eine Einheit, Ganzheit besonders hohen Grades ist, viel höheren Grades als jede biologische Ganzheit oder gar die anorganische Ganzheit etwa eines Atoms. Dilthey betont es besonders. Nicht Gedächtnis macht diese ganz besonders hochgradige Einheit des Bewußten aus, sondern die Bezogenheit auf das eine entscheidende Ich als Anspruch auf die Entscheidung und als Resultat dieser Entscheidung. Wir verstehen, warum das Ich als ein bloßer Beziehungspunkt des Psychischen erscheint, wie wir es auch verstanden haben, daß das Ich selber doch wieder eine unermessene Tiefe hat (§ 288).

2.44. Sinn des Bewußt-Seins.

307. Moritz Geiger [Unbewußtes] hat einmal ausgezeichnet dargelegt, daß der Bereich des Bewußten sich keineswegs mit dem Bereich des psychischen Prozeßverlaufs deckt, daß der Letztere viel weiter reicht. Wir fragen: Warum wird denn manches vom psychischen Prozeß bewußt, manches nicht? Ja, was bedeutet denn überhaupt das „Bewußtwerden"?

Schon mancher war der Meinung, Bewußt-Sein sei ein für den psychischen Prozeß, wie er tatsächlich im Leib stattfindet und eine große Wirksamkeit guter, aber auch verderblicher Art für den Leib hat, ganz überflüssiges Epiphänomen, eine seltsame Abspiegelung in einem Schein, der in der in sich kausal geschlossenen Welt nichts Wirksames bedeutet. Die Bedeutsamkeit, die ich dem Bewußten für das Ich im Teil 2.43 zusprach, zeigt aber, daß ich keineswegs dieser Meinung bin, nachdem das Ich selber als ein sehr wichtiges funktionales Moment des psychischen Prozesses aufgefaßt ist.

308. Auch der Behaviorist Tolman kann nicht umhin, dem Bewußtsein einen funktionalen Sinn zuzuschreiben, natürlich ohne es auf das Ich zu beziehen. Bewußtsein ist ein „running-back-and-forth", ein Zurück-und-vorwärts-Durchlaufen als Zwischenspiel des zielhaften Verhaltens. Sein Funktionswert ist, Feldstrukturen Nachdruck und Kraft zu geben, Areale des Lagefelds einzuzeichnen [Behavior S. 208]. Aber wir fügen jetzt hinzu: das alles nur für eine Entscheidung des Ich. Wir sehen zunächst, daß das Bewußte etwas Objektives für das Ich sein muß. Die Beziehbarkeit auf objektive Geltung (§ 301) muß ein wesentliches Moment dessen sein, das dem Bewußt-Sein einen Sinn gibt und es allgemein charakterisiert.

Lipps kennzeichnet treffend das Bewußte: „Über alle Bewußtseinsinhalte habe ich in dem bezeichneten Sinne Macht; allen gegenüber erlebe ich mich in diesem Sinne als beherrschend: ich kann sie in höherem oder geringerem Grade mir innerlich nahe bringen, inniger oder weniger innig mir aneignen, mehr oder minder in meinen geistigen Besitz bringen. Es ist diese obgleich nicht schrankenlose Freiheit des Apperzipierens, diese meine Spontaneität den Bewußtseinsinhalten gegenüber, die sie alle in eigentümlicher Weise als innerlich oder geistig „mein" erscheinen läßt. Und das Bewußtsein dieses „mein", das ist das Bewußtsein, sie seien Bewußtseinsinhalte. Die „Bewußtseinsinhalte" sind die Elemente dieser Machtsphäre des Ich" [Selbstbewußtsein, S. 12]. Bewußt-Seiendes ist „im Griff des Ich".

Durch das Ich erfüllt das Bewußte auch, dem Ich nicht bewußt, einen Sinn für das biologische Telos. Deshalb wird auch dem Ich nur das als Bewußtes geboten, worin es etwas für das ganze Individuum zu leisten hat. Wir sahen schon in § 294/96, wie fein angepaßt allein das Brauchbare zum Gegenstand des Ich wird. Von den verschiedensten Philosophen (Noiré, Stern, Dewey, Bergson) wird ein sehr plausibler, wenn auch mehr aus der Theorie als aus psychologischer Beobachtung gezogener Gedanke vertreten: Bewußtsein „tritt nur dort auf, wo es auf Grund der persönlichen Teleologie erforderlich ist, und dies gilt nur für die Fälle des Konflikts. Solange das Leben des Menschen glatt, in angeborener Treffsicherheit oder in der Bahn der Gewöhnung verläuft,..., funktioniert das Leben unvermittelt und ungebrochen und bedarf nicht der inneren Spiegelung. Erst da, wo sich innere und äußere Unstimmigkeiten ergeben, springt aus der Reibung der Funke des Bewußtseins hervor" [Stern, Kindheit, S. 289/90].

Dem Ich selbst ist dieser Sinn des Bewußten allerdings nicht mitbewußt. Dem Ich ist das Bewußte nur das ihm Gegebene in bunter Vielheit. Dadurch gerade bekommen die aus „Elementen" konstruierende Psychologie alten Stils (§ 173/75) und ebenso der zwangsläufig auf das psychisch Gegebene blickende engsinnige Positivismus (§ 887) ihre methodische Zuversicht.

309. Man vergegenwärtige sich das Verhältnis des Ich zu seinen Gegenständen sorgfältig. Man wird finden, daß die Bewußtseinsinhalte aus einem ganz anderen Grunde selbstverständlich nur *einem*, nur *ihrem* Ich unmittelbar gegeben sein können, als etwa dem logischen Grunde, aus dem die Eigenschaften notwendig einem Dinge angehören. Es ist ein bedenklicher Fehler der Philosophie Leibniz', daß sie diesen Unterschied zu verwischen suchte.

Wir verstehen nun erst Brentanos Auffassung ganz aus dem Sinn des Bewußten, wenn er die Intentionalität zum Charakteristikum des Psychischen überhaupt machen will (§ 290), und wenn er alles nicht vorstellungsmäßig Apperzipierte in der von den psychischen Phänomenen verschiedenen Klasse der physischen Phänomene unterzubringen sucht.

Man hat oft von unbemerkten Empfindungen und Gefühlen gesprochen und dabei auf die Fälle verwiesen, in denen wir erst gleich hinterher darauf aufmerksam werden, daß wir Bestimmtes, etwa das Schlagen der Uhr, als Vorstellungsinhalt gehabt haben. Hier liegt in der Tat eine Grenzschwierigkeit der Klasse „Bewußtes" vor. Soll man unbemerkte Empfindungen und Gefühle dieser Art Bewußtes nennen? (§ 323).

310. Ein anderes Grundmoment des Bewußten spielt in dieser letztgestellten Frage eine Rolle. Bewußtsein ist immer durch einen Anspruch an das Ich gekennzeichnet (§ 304), wenn auch das Ich die Macht hat, diesen Anspruch anzunehmen oder abzulehnen. So wird das Gefühlsartige des Bewußten das eigentliche Charakteristische. Von Natur ist das Ich normalerweise mit diesem Anspruch einverstanden. Es bedarf einer Opposition, um ihn abzuweisen. Ich bezweifle, daß selbst der vollendetste indische Asket es ununterbrochen unterlassen kann, naturhaft mit den momentanen Gefühlsansprüchen im Einvernehmen zu werten. Gefühl hat damit eine natürlich Ichnähe, und wir verstehen die Meinung Lipps' und anderer, in den Gefühlen das natürliche Ich selber zu suchen: Ich kann wohl mich selbst als erfreut oder betrübt erklären; aber wenn ich die Empfindung von etwas Blauen habe, kann ich mich nicht blau empfinden. Selbst die am engsten gegenstandsverschmolzenen Gefühle wie die beim Genuß einer Speise oder beim Schmerz eines Schlages haben ihre Lust und Unlust eigentlich auf das Ich und seinen Zustand bezogen. Die Gefühlskomponente ist freilich mit dem Gegenstand verschmolzen vorgestellt, aber auf das Ich bezogen, insofern sie gerade die *Gefühls*komponente dieser Dinge ist. Aus diesem Zusammenhang und dieser Einstellung heraus kann man verstehen, wenn es scheint, das *Gefühl* sei recht eigentlich das Erlebnis, der wirkliche Bewußtseinsinhalt im Gegensatz zum erlebnisjenseitigen Vorstellungsmäßigen. Diese Trennung des wirklich erlebten Gefühlsmäßigen und der Vorstellung dieses Gefühls kann man machen, auch wenn normalerweise dies Erlebnis selbst andauert, während der Blick des Ich, Erlebnis und Vorstellung zu einer Einheit verschmelzend, sich ihm zuwendet. Im Prinzip kann man ja immer das gefühlsmäßige Erlebnis von der gegenständlichen Auffassung trennen. Diese nicht unrichtige Trennung der Erlebnisse vom aufmerksam objektiv Erfaßten finden wir bei den verschiedensten Analytikern des Psychischen, so bei Lipps, bei Reininger [Psychophysik], bei Ludwig Klages.

Höchst bedeutsam trotz der phantastischen Einseitigkeit wertender Stellungnahme ist hier die Auffassung Klages': Das Erlebnis ist in Reinheit an sich selbst unbewußt. Bewußtsein ist Werkzeug des Geistes, mit dem er sich im Akt der Kenntnisnahme parasitär an das Leben ansaugt. Bewußtsein und Ich werden vom Erleben prinzipiell getrennt. Kein Erlebnis ist bewußt, und kein Bewußtsein kann etwas erleben [Geist, 1, S. 229]. Das Leben und Erleben geht in schöner Sicherheit ohne Bewußtsein seinen Gang. Das Bewußtsein stört, lähmt, vergegenständlicht, zerstört das Leben, mumifiziert es im Tresor der Erfahrung, ohne selbst lebendig zeugen zu können. Offenbar liegt bei Klages die geheime Idee eines zweiten anderen Ich vor, in dessen Sinne er bewußtseinsloses Leben, Seelisches, Pathos in der Gesamtindividualität positiv wertet, den Widersacher Geist und das Bewußtsein negativ wertet. Dies Ich ist ein ideales Ich, denkt vermeintlich nicht selber und hat auch kein Bewußtsein, während das geistige Ich, das allein von Klages als Ich bezeichnet wird, wohl Bewußtsein hat, aber für ihn nicht lebt, nur ein toter Golem ist.

In der Tat haben sorgfältige systematische Selbstbeobachtungen ergeben, daß zwar die Beachtung in einem größeren Zusammenhang das Gefühl erst recht lebendig macht; die Zuwendung der Aufmerksamkeit des Ich macht den Anspruch des Gefühls, der nur im Zusammenhang mit seinen objektiven Verflechtungen wirksam ist, erst recht aktiv, und *diese* Lebendigkeit des Gefühlslebens ist trotz Klages nichts anderes als die Lebendigkeit des Anspruchs an das Ich des gegenständlich erfassenden Bewußtseins. Trotz aller spezifischen Ichinnewohnung ist das Gefühl auch in seiner Bewußtseinslebendigkeit zugleich einem gegenständlichen Pol verbunden. Auch so rein subjektive Gefühle wie Freude und Verdruß sind uns als Freude und Verdruß über etwas Objektives lebendig; infolge einer verschiedenen Objektgebundenheit können zwei so einander widersprechende Zustände wie Freude und Verdruß zeitlich miteinander für uns da sein, und nur im Ausnahmefall wird uns unsere Stimmung ganz ohne Beziehung auf Objekte bewußt. Aber bei einer Untersuchung, in der das Gefühl zum gedanklichen Untersuchungsgegenstand wird, tritt wenigstens für den zarteren Gefühlsverlauf das, was Klages so lebendig beschreibt, ein: Es stirbt ab [vgl. hierzu Titchener. Textbook, S. 23. Wundt, Grundzüge, II, S. 311. Störring, Gefühl, S. 18, besonders Wohlgemuth, Pleasure]. Dies gilt für das einzelne Gefühl; aber auch das ganze dauernde Gefühlsleben leidet leicht durch eine einseitige Kultivierung der Objektivität.

311. Man darf nie außer acht lassen, daß alle bewußten objektiven Geltungen und alle „bloßen Vorstellungen" von einem Hof von mehr oder minder bewußten Momenten umgeben sind, die mehr oder minder zu diesen Vorstellungen und Geltungen gehören, wobei diese Zugehörigkeit selber objektiven Geltungscharakter oder bloßen Phantasiecharakter haben kann. Allerwichtigst ist uns hier das Moment der subjektiven psychischen Gegebenheit und auch der *besonderen Art* psychischer Gegebenheit, der Art der Eingebettetheit in den psychischen Prozeß, die bei jeder Objektzuwendung, vielleicht nur ganz leise, mit anklingt, vielleicht aber auch nur auf sehr hohe Bereitschaftsstufe gehoben ist (§ 324), so daß bedarfsgemäß eine Rückwendung, eine Reflexion auf die Subjektivität von dieser Objektgegebenheit aus möglich ist. Wer einen Gegenstand vorstellt, „weiß" auch, daß er eine Vorstellung dieses Gegenstands hat, wobei dieses „Auchwissen" einem recht verschieden aufdringlichen Bewußtseinszustand entsprechen kann. Wer den gegenständlich vorgestellten Zusammenhang als wahr geltend, als erinnert, als empfunden, als zweifelhaft, als bewertet, als zurzeit mit irgendeinem emotionalen Moment behaftet vorstellt, kann auf alle diese Modifikationen mit einem wenigstens bei aufmerksam beachteten Vorstellungen immer gleichen vollen Evidenzbewußtsein des Dagewesenseins reflektieren. Schon für Spinoza lag das im Wesen des Habens einer Idee, einer Vorstellung. Wer etwas weiß, weiß auch zugleich, daß er es weiß, weiß auch, daß er weiß, daß er es weiß und so in unendlicher Iteration. Man sieht hier besonders deutlich, wie das Evidenzbewußtsein bei vollzogener und prinzipiell immer möglicher Reflexion auf eine Subjektivität, Psychizität in bezug auf das aktuell Vorgestellte an Stelle der wirklich bewußten Mitgegebenheit treten kann und in der Theorie auch tritt. Brentano dagegen in seiner Lehre vom sekundären Objekt bleibt mehr im Bereich des Bewußtseinsgegebenen: Es „scheint die innere Erfahrung unzweifelhaft zu zeigen, daß die Vor-

stellung des Tones mit der Vorstellung von der Vorstellung des Tones in so eigentümlich inniger Weise verbunden ist, daß sie, indem sie besteht, zugleich innerlich zum Sein der anderen beiträgt" [Psychologie, S. 179]. Brentano nennt den Ton das primäre, das Hören selbst das sekundäre Objekt des Hörens. Aber dies sekundäre Objekt bedarf eines neuen Akts, um selbst zum primären Objekt zu werden.

312. Daß das Bewußtseinsmoment eines Gegenstands nur die Subjektivität und die bewußte Ichgegebenheit, der gegebene Anspruch an das Ich ist, führt nun zu manchen Aporien und Unklarheiten.

Ich sehe freilich keine Schwierigkeit darin, daß das Bewußtsein uns selber bewußt wird, wie z. B. Natorp [Psychologie] und Geiger [Unbewußtes, S. 51]. Ist doch die Vorstellung eine die Struktur der Wirklichkeit und einer möglichen Wirklichkeit abzubilden bestimmte Funktion (§ 301), und es ist selbstverständlich auch möglich, daß die abzubildende Struktur eine Teilstruktur des vergangenen, des gegenwärtig noch andauernd gemeinten und des zukünftig gemeinten Zustands der Psyche selber ist. Daß ganz besonders in den letzten beiden Fällen Hypothesis unvermeidlich ist, sei hier noch einmal wieder hervorgehoben. Das alles ist nach § 213/14, 218/21, 234, 252, 298/99, 308 kein Problem mehr.

Wohl verständlich ist die lockende Auffassung, alles Gegenständliche in aller Welt, alle Welt selber sei ja eigentlich Bewußtseinsinhalt. Alles Gegenständliche ist doch prinzipiell zunächst nur ein Anspruch von etwas bloß Vorgestelltem an unser entscheidendes Ich, ist doch bloße Vorstellung. Daß unser Ich sein Placet der Geltung dem in der Vorstellung gelegenen Geltungsanspruch gibt, macht die Sachlage doch nicht anders, gibt doch kein Recht, dies Gegenständliche nun nicht mehr bewußt zu nennen. Genau so wenig vermag das die Zwanghaftigkeit, mit der sich ein solcher Anspruch in der Wahrnehmung durchsetzt. Alle Welt ist nur meine Vorstellung.

Eine erste Ausscheidung aus dieser All-Eingeschlossenheit im Bewußtsein ist gegeben, wenn wir alles in seiner begrifflichen Eigenheit Raumgegenstandszentrierte (§ 221/23) vom in seiner begrifflichen Eigenheit Ichzentrierten (§ 298) abtrennen und so zwei verschiedene, in sich in weitem Maße strukturell geschlossene Gegenstandsgebiete gestaltet vorstellen. Wir trennen die physische Welt von der psychischen Welt. Nur die letzte ist jetzt Bewußtes, wobei wir als „Psychisches" nur den psychischen Prozeß, wie er bewußt ist, auffassen (§ 299ff.). Wir können aber auch strengere Anforderungen an den Bewußtseinsbegriff und die bewußte Subjektivität stellen: Das primäre Objekt einer Vorstellung (§ 311, Brentano) ist doch kein Bestandteil des jeweiligen Bewußtseinszustandes selber; wir können ja prinzipiell nur etwas erfassen, was jenseits dieser Vorstellung selber liegt (§ 302). Ob das etwas Psychisches oder etwas Physisches ist, gibt ja keinen wesentlichen Unterschied. Etwas wirklich dem Bewußtsein Angehöriges kann nur etwas sein, was gerade *jetzt* gegenwärtig ist. Da aber doch das Vorstellen ein jetziger Bewußtseinszustand ist und zum Vorstellen ein vorgestelltes Etwas gehört, wird der Begriff des der Vorstellung „immanenten Objekts" aufgestellt, das eine „mentale Inexistenz" hat, das eine „bloß objektive Realität", — „objektiv" im mittelalterlichen Sinne des Ausdrucks genommen, — eine Bewußtseinszustandsrealität hat. Wir sehen am Brentano-Zitat des § 290 schon, daß Brentano selbst ursprünglich in Gefolgschaft einer scholastischen Tradition mit dem Begriff des immanenten Objekts arbeitete. Später hat er sich zu Husserls Negierung dieses Moments, zu einer Beziehung der Intentionalität direkt auf den akttranszendenten Gegenstand bekehrt, was ja auch zu der grundlegenden Unterscheidung von primärem und sekundärem Objekt bei allem Vorstellen viel mehr paßt. Ob eine solche Objektivitätsgestaltung wie „das aktimmanente reale Objekt" richtig ist oder nicht, läßt sich nur nach einer gründlichen erkenntnistheoretischen Untersuchung der Realität entscheiden (§ 433ff.). Dadurch wird sie aber in der Tat als zulässig entschieden, wenn man die freie Wahl von Realbegriffen ausnützt. Es fragt sich nur, wie weit es zweckmäßig ist, mit einer solchen Realität im scholastischen Sinne „objektiven" Realität zu arbeiten.

313. Subjektivität hat aber noch andere Dimensionen. Es hat sein gutes Recht, das bewußtseinsimmanente Objekt als ein Subjektives gegenüber dem aktjenseitigen Objekt anzusehen. Es hat aber auch sein gutes Recht, die Empfindung, wenn man sie schon als Bewußtes ansieht (vgl. dagegen

§ 303), als das Subjektive gegenüber dem gesamten akttranszendenten und auch aktimmanenten Wahrnehmungsgegenstand anzusehen. Schon Kant meinte [Vernunftkritik 1.2211]: „Eine Perzeption, die sich lediglich auf das Subjekt als die Modifikation seines Zustandes bezieht, ist Empfindung (sensatio), eine objektive ist Erkenntnis"; zu der letzteren rechnet er auch die objektive Wahrnehmung. Und doch ist das Gefühl wieder das Subjektive gegenüber der Empfindung. Kant selbst sagt an anderer Stelle [Urteilskraft, § 3]: Gefühl sei „das was jederzeit bloß subjektiv bleiben muß und schlechterdings keine Vorstellung eines Gegenstandes ausmachen kann", dagegen sei „Empfindung eine objektive Vorstellung der Sinne". Sir William Hamilton bezeichnet das Gefühl als „subjektivisch subjektiv", also gleichsam als subjektiv in zweiter Potenz. Es hängt das Einleuchtende dieser Auffassung damit zusammen, daß das Gefühl ein Wertmoment des Ich selber zu sein tendiert (§ 310), während selbst die Empfindung demgegenüber noch einen Objektivierungsanspruch bedeutet (§ 303).

314. Dem Leser mag schon aufgefallen sein, daß in diesem Teil 2.44 das Willensmoment des Bewußtseins gar keine Beachtung gefunden hat. Der Wille ist in der Tat wohl das wichtigste Moment des psychischen Prozesses und spielt eben deshalb in allen Betrachtungen vom Teil 2.37 an bis zum Teil 2.71 die größte Rolle. Für die Aktenscheidung, die prinzipiell immer eine Willensentscheidung ist, funktioniert der psychische Prozeß überhaupt allein. Den Willen konnten wir in seiner psychischen Funktion schon in Teil 2.37 gründlich verstehen, nicht aber die Vorstellung. Die Bedeutung des Willens für die Selbstkontrolle zwingt auch einem weiten Bereich der subjektiven Erscheinung unserer Psyche vorzugsweise den Willenscharakter auf. Wir sahen allerdings wiederum schon in § 211, daß gerade die entscheidende Phase des Willenslebens, die zugleich die Phase stärkster Aktivität und fundamentalster Aufgabeerfüllung des psychischen Prozesses überhaupt ist, nach übereinstimmender Feststellung geübter Versuchspersonen im allgemeinen ohne Bewußtseinsinhalt ist. Bewußt waren vor der Entscheidungsspannung die Willenstendenz, das Ziel und die Motive mit allen gegenständlichen Hilfskomponenten. Bewußt ist nachher nach

Bedarf der entschiedene und aktionsbereit ruhende Wille. Der muß ja ein immer revisionsbereiter Anspruch an das spätere Ich bleiben. Bewußt ist aber nicht der Wille in dem eigentlichen Entscheidungsakt. Geiger, der in einer schönen Untersuchung [Unbewußtes] den Bereich des realen Psychischen viel weiter erstreckt als den Bereich des Bewußten, kann gerade den Willen als Hauptargument benutzen, um zu zeigen, daß es im psychischen Prozeß etwas gibt, dessen Realität nicht durch dies Bewußte erst Dasein gewinnt, das also nicht im Gegen-Stand-Sein aufgeht [S. 42f.]. Treffend weist Geiger darauf hin, wie schief der Wille von Wundt aufgefaßt wird, wenn er als ein Aktivitäts*gefühl* und ein Aktivitäts*erlebnis* bezeichnet wird, somit in der Vergegenständlichtheit sein Wesen gesehen wird [Unbewußtes, S. 75/76]. Es ist das um so bezeichnender dafür, wie der Aufbau auf Vorstellungselementen und vorstellungsmäßig gedachten Gefühlen die Psychologie in der zweiten Hälfte des 19. Jahrhunderts beherrschte, als Wundt selbst eine ausgesprochene Aktualitätsauffassung des Seelenlebens zu haben glaubte.

315. Mit der Auffassung vom Bewußt-Sein, Vorstellungsgegenstand-Sein, Erlebnis-Sein haben wir nun eine total andere Struktur des Psychischen bekommen als bei der Auffassung von der biologischen Funktion her, die den Teil 2.3 ganz beherrschte. Da stand die Motorik und Verhaltung, die Einstellung, das Bedürfnis im Vordergrund. Dies sind alles keine unmittelbaren, primären Klassen der *Bewußtseins*phänomene. Auch wenn man das Willensartige so in den Vordergrund stellt wie Geiger, hat das Psychische eine Struktur über den bloßen Erlebnisverlauf hinaus, aber es ist doch ein ganz ichzentrierter Zusammenhang, wie er zwar nicht bloßer Erlebniszusammenhang ist, aber doch nach der Methode des späten Lipps und Diltheys und aller vulgären Praxis der Auffassung des Psychischen einleuchtet. Von *meiner* Entwicklung im Teil 2.3 kann man dagegen nicht sagen, daß sie „einleuchte". Daß sie doch wahr ist wie die beiden anderen, und daß eine Klarstellung in dieser Hinsicht höchsten Wert für umfassende Erkenntnis unseres Seins im Kosmos hat, wenn auch nicht für die Selbstkontrolle in den kurzsichtigen Zielsetzungen des Alltags, überlasse ich dem Urteil des vorurteilsfreien und gründlichen Lesers.

Nun müssen wir noch zwei ergänzende Betrachtungen zu der des Wesens des Bewußten hinzu anstellen, nämlich über das Afunktionale (§ 2.45) und über das Unbewußte (2.46).

2.45. Das Afunktionale im Bewußten.

316. Es darf nicht übergangen werden, daß der Bewußtseinsinhalt für uns noch eine Qualitätsmannigfaltigkeit hat, die unserer rationalen Analyse nicht durchdringlich ist. Man vergegenwärtige sich das reine Urblau, wie es uns der klare Himmel zeigt, ohne jede Bezogenheit auf Raum und Zeit, ohne Ähnlichkeitsbeziehungen. Es ist im Gegensatz zum Funktionalen, das im Prinzip jedem Denktüchtigen zugängig ist, etwas, was dem Blinden, dem, der diesen Erlebnisinhalt nie gehabt hat, prinzipiell nicht zu beschreiben ist. Gerade bei den Empfindungen ist dies Afunktionale, „rein Hyletische" (Husserl) so eindringlich, daß man von hier zweckmäßig ausgeht, um so etwas nur Schaubares dem, der es psychologisch noch nicht beachtet hat, zugängig zu machen. Von hier aus sieht man es in den Gefühlen und dann mindestens als eine schwache Aura in allem Gegenstandsbewußtsein. Immer zeigt es in den Komplikationen einen neuen Charakter gegenüber dem in den Elementen. Ein Moll-Akkord und ein Mischgefühl zeigen eine besondere afunktionale Qualität, die nicht in der Funktion des Gefühlsmäßigen aufgeht. Man versteht leicht, wie aller auf bloß gegebenen Elementen aufbauenden Psychologie es nahe lag, gerade dieses Afunktionale zur Materie des Psychischen zu machen, wozu freilich hinzukam, gerade in den Empfindungen dieses Hyletische zu suchen. Alles andere wird gewollte, gedachte oder intuitiv sich daran geltend machende Funktion dieses „Materials" des Bewußtseins: Mögen die Physiker ihre Realität funktional setzen, wir Psychologen bauen aus dem Gegebenen und seinen Beziehungen auf. Man fängt mit den isolierten Empfindungen und Gefühlen an und geht stufenweise zum Komplexeren und Funktionalen über. So ist noch das Lehrbuch der experimentellen Psychologie von Froebes geordnet. Wenn Husserl dies Afunktionale als die bloße sensuelle *Hyle* bezeichnet, liegt bei ihm noch dieselbe Auffassung zugrunde [Ideen, § 85].

317. Wie mag der psychische Prozeß, der doch nur im biologisch funktionalen Entwicklungsgang allmählich gesetzmäßig funktional geworden ist, zu diesen afunktionalen Momenten gekommen sein, deren wir uns als prinzipiell nicht auf Funktionales reduzierbar bewußt sind? Was sind diese afunktionalen Momente überhaupt? Sind sie so unreduzierbar einfach, wie sie zu sein scheinen? In dieser Einfachheit würden sie ein Fremdkörper im Aufbau des Psychischen innerhalb des biologischen Kosmos sein, der niemals darin nach Gesetzen des Biologischen hätte erwachsen können. Man begreift, daß Dubois-Reymond gerade in der schlichten einfachen Sinnesempfindung, nicht in der geistig teleologischen Struktur die Grenze der Naturerkenntnis und ein unlösliches Welträtsel sah [Vorträge]. Auch Karl Bühler stellt einmal die Frage, „aus welcher biologischen Notwendigkeit Empfindungen entstanden sind" [Kind, S. 448]. Meint er die Empfindungs*funktion* (§ 303)? Da wäre uns jetzt die Frage vom Sinn der Ichzentriertheit her nicht schwer zu beantworten (§ 302f.). Oder meint er das Hyletische der Empfindung? Da scheint allerdings die Antwort unmöglich zu sein. Daß das Hyletische überhaupt nichts als Schein ist, wie Demokrit annahm, ist doch wohl nicht anzunehmen. Anderseits möchte ich es doch für unberechtigte Verallgemeinerung halten, es in der ganzen Welt, sogar im Leblosen, zugrunde liegend anzunehmen, wie z. B. Kaila versucht [Beiträge]. Leibniz nahm an, es handele sich eigentlich nur um für uns verworrene, unanalysierbare Seinsstrukturen, die er sich rein strukturell und funktional dachte. So wie das einförmige Rauschen des Meeres in Wahrheit die Gesamtheit der Töne ist, die von den vielen Wasserelementen ausgingen, so sei auch das Weiß, das in schlichter Einfachheit uns Vorstellung wird, nur eine Resultante aus Funktionen, aber für uns Menschen eine unanalysierbare „sensation confuse" (vgl. z. B. in der Verteidigung seines Système nouveau gegen Lami, Gerh. IV, 573/76). Die Weiße des Schnees sei nichts als die Vielheit der Lichtreflexe aus vielen konvexen Spiegeln, wie die Weiße des Schaums zeigt.

318. Diese Physikalität wird gewiß nicht dem psychischen Charakter des Afunktionalen gerecht, aber doch läßt sich vielleicht die Auffassung verteidigen, daß das Hyletische die

verwickelte Mannigfaltigkeit des Anspruchs ist, die sich unanalysierbar, aber doch als Gesamtheit bemerkbar, unserem Ich meldet. Man denke nur an das Mannigfaltige offenbar funktionalen Charakters, das unanalysierbar in konkreten Gefühlen wie etwa dem der Demut steckt und ihnen den Schimmer des Gehaltvollen und Reichen gibt. Ein solches Bewußtsein der Fülle in diesen Phänomenen hat nun alle Übergänge bis zum Bewußtsein der schlichten absoluten Homogeneität wie etwa im reinen Blauempfinden. Auch schon innerhalb des Nichtemotionalen der Empfindungen gilt dasselbe. Revesz hat das Prinzip der multiplen Natur der Sinneswahrnehmungen aufgestellt (vgl. z. B. Zeitschr. f. Psych., Bd. 134, S. 34): Komponenten (nicht Elemente) mannigfaltiger Art sind aus unseren Empfindungen herauszuhören, im Klang z. B. Höhe, musikalische Tonalität (Qualität), Klangfarbe, Vokalität. Die Analyse verliert sich für uns in einer unabgrenzbaren Weite, und diese Analyse zeigt deutlich funktionale Momente. Wer kann bestimmen, wo die Funktion noch vorhanden, aber nicht von uns analysierbar ist? Wo in Wahrheit noch Funktion oder nur noch Hyle ist?

319. Es könnte sein, daß dem jungen erwachenden Selbstbewußtsein alles objektivierte Phänomen wie die Empfindungen und alles Emotionale zuerst ein diffuser und selbstverständlich unanalysierbarer Anspruch wohl überwiegend gefühlsartigen Charakters ist. Es könnte sein, daß die modalen Verschiedenheiten der Sinnesgebiete, des Optischen, des Akustischen usw., voneinander und von den Gefühlen sich erst im Kontakt mit der Erfahrung allmählich scharf trennen. Die Synästhesien beruhen wohl im weiten Maße auf inneren Verwandtschaften und nicht auf gewohnten Assoziationen; die selbst für den Erwachsenen noch sehr stark merkbaren Ähnlichkeiten z. B. zwischen tiefen Tönen und dunklen Farben, hohen Tönen und hellen Farben deuten auf eine ursprüngliche gemeinsame Wurzel. Solche Verwandtschaft scheint um so stärker sich geltend zu machen, je weiter wir in der Kindheit zurückgehen. Durch die tatsächliche psychische Funktion, durch die Leistung für das Ich mag sich die modale Divergenz erst herausgebildet haben, wie ja das Hyletische auch im fortschreitenden Leben mehr und mehr zurückzutreten scheint. Es wäre möglich, daß die Empfin-

dungen durch die Leistung für die Objektivität sich mehr und mehr vom Emotionalen abgrenzen und nur die spezifisch ihnen immer eigentümlichen „Gefühlstöne" behalten. Sie werden weitgehend emotional neutral, weil sie für eine andere Leistung eingeübt werden. Ihr Hyletisches bekommt eine Zeichenaufgabe, Symbolfunktion für Objektives (Helmholtz). Es ist aus der Eigenart der Gefühlsfunktion, nur Anspruch auf Reaktion zu sein (§ 300), sehr gut erklärbar, daß uns das Unanalysierbare als etwas Gefühlsmäßiges vorkommt. Horwicz vertrat in seinem heute noch lesenswerten Hauptwerk [Analyse] den Gedanken, daß die „Materie" der Empfindungen gefühlsartigen Charakters sei. Durch mehr und mehr verfeinerte Anpassung sind sie etwas Besonderes und emotional atroph geworden.

„Gefühl" muß man allerdings hier in einem so weiten Sinne nehmen, wie Felix Krueger es so eindringlich nahe legt [Gefühle, besonders S. 14/18]. Gefühle sind danach nicht auf die Lust-Unlust-Reihe beschränkt, sondern sind „nichtgleichgültige", „warme" Komplexqualitäten verschiedenster psychischer Ganzheiten. „Die Komplexqualitäten sind um so gefühlsartiger, je mehr von dem jeweiligen Gesamtganzen der betreffende Komplex umfaßt, je unschärfer er von dem „Hintergrunde" des übrigen, gleichzeitigen Erlebens sich abhebt und — unter sonst gleichen Umständen — je weniger durchgreifend er in sich selbst gegliedert ist" [S. 15].

320. Aber es scheint mir nicht, daß das Problem des Daseins von Hyletischem mit den Gedankengängen § 318/19 schon ganz befriedigend gelöst ist. Die satten, ganz und gar positiv eigenartigen rein hyletischen Qualitäten wie etwa des reinen intensiven Blau sind etwas Positives neben dem Negativen einer unanalysierten Funktion. Hier liegt ein Unverständliches in der Wirklichkeit, das wir nicht in das System des Funktionalen, das den Kosmos des Wirklichen ausmacht, eingliedern können. Aber hier besteht das Argument, daß die Behavioristen so gern anführen, wahrhaft zu recht: Soweit es sich wahrhaft und im strengsten Sinne des Worts nur um endgültig Afunktionales handelt, hat es keine Bedeutung für unsere Problematik, die sich ganz im Bereich des Funktionalen bewegt. Alle Wirklichkeitsfrage (§ 433ff.) und alle Sinnfrage (§ 410) ist eine durch und durch funktionale Frage.

2.46. Das Unbewußte.

321. Ich denke, wir haben einen Fehler vermieden, wenn wir uns in Teil 2.44 erst einmal klarmachten, was denn Bewußt-Sein bedeutet, ehe wir uns jetzt daran machen, festzustellen, was alles als „unbewußt" bezeichnet werden kann. Daß man üblicherweise diesen Fehler macht, hängt damit zusammen, daß man aus erkenntnistheoretischen und auch aus psychologisch-konstruktivistischen Gründen (§ 173) das elementar Bewußte für etwas ganz problemlos und einfach Gegebenes ansah.

322. Nimmt man gerade das Hyletische, Afunktionale des Bewußten als das Element seines konstruktivistischen Aufbaus (§ 316), so wird schon das gegenständlich Bewußte, das nicht aus diesen afunktionalen Elementen besteht, zu einem schwierigen Problem. Man pflegte und pflegt so etwas als „unanschauliche" Vorstellung zu bezeichnen. Dazu ist zu bemerken, daß der Ausdruck „anschaulich" hier etwas anderes bedeutet als „sich als intuitiv wahr gebend" (§ 302, 939ff.). Namentlich als die sogenannte Würzburger Schule Külpes und andere Forscher etwa 1905/08 aus systematisch und experimentell angestellten Selbstbeobachtungen die Existenz solcher Momente im Bewußtseinsstrom unzweifelhaft feststellen zu können glaubten (Messer, Bühler, Ach usw.), war dies Problem eine Zeitlang aktuell. Zentral erregte Vorstellungen von Dingen sind ihrer Materie und ihrem gegenständlichen Meinen nach Rekapitulationen von Sinneswahrnehmungen. Obwohl ja tatsächlich eine Quasi-Optizität, -Akustizität usw. bei den zentral erregten Vorstellungen, die ja gar nicht als wahrhaft gesehen, gehört vorgestellt werden, mitgegeben ist, so ist doch dies funktionale Moment des Gesehenseins, Gehörtseins usw. nicht das, was man bei den unanschaulichen Vorstellungen vermißte, sondern das Hyletische, das Afunktionale (Teil 2.43), das die Empfindungen so deutlich kennzeichnet und nach alter Auffassung die Empfindung selbst zu sein schien. Auf dem Empfindungs- und Gefühlsmaterial aufbauenden Psychologen wie Wundt und G. E. Müller schien die Annahme der Existenz solcher ganz unanschaulicher Vorstellungen etwas Absurdes zu sein, aber nur mit der Auffassung des Bewußten als etwas Afunktio-

nalen und aus Afunktionalem Aufgebauten steht das im Widerspruch. Nimmt man diese Auffassung nicht an, so liegt gar kein Widerspruch im Begriff der unanschaulichen Gedanken und Vorstellungen im hier vorausgesetzten Sinne dieses Ausdrucks. Freilich könnte es sich bei der Rückbeobachtung des Bewußtseinsverlaufs um ein Entschlüpfen des hyletischen Moments handeln, aber die gehäufte Versicherung des Fehlens dieser afunktionalen Momente im Denken bei gewissenhaften Selbstbeobachtern, vor allem aber die sehr energische Selbstbekundung des gedanklich funktionalen Moments gegenüber der Unfindbarkeit des hyletischen Moments spricht doch mindestens für Bedeutungslosigkeit des Hyletischen für das Denken.

323. Aber wenn man von Unbewußtem spricht, so meint man nicht diese „Unanschaulichkeit", sondern das Fehlen eines gerade gegenwärtigen Anspruchs an das Ich und infolgedessen auch eines Im-Griff-des-Ich-Seins (§ 308, 310). In § 309 hatten wir schon den Fall der unbemerkten Empfindungen und Gefühle, die doch etwas in diesem Sinne Unbewußtes darstellen. Vom Standpunkte eines psychischen Realismus, der eine psychische Realität über die Realität des Bewußtseinsgegebenen hinaus annimmt, liegt hier kein so schwieriges Problem vor. Man kann den Begriff eines Anspruchs an das Ich aufstellen, der die Aktivität, die Aufmerksamkeit des Ich nicht wirklich erreicht hat, aber nach Veränderung des ganzen psychischen Zustands doch gleich hinterher als sicher dagewesen konstatiert werden kann.

324. Das Bewußtsein ist keineswegs ein genau abgegrenzter Bereich, zu dem etwas Wirkliches wenigstens in einem bestimmten Zeitpunkt ganz gehört oder ganz nicht gehört. Ein Erinnertes tritt nicht in einem Zeitpunkt in unser Bewußtsein ein und verschwindet erst recht nicht plötzlich daraus. Es gibt alle Übergangsstufen der Bewußtheit. Wenn wir eine schwierige, komplizierte wissenschaftliche Arbeit in wochenlanger Tätigkeit ausführen, so setzen wir in mindestens ebenso wochenlangen Vorstudien alles Dazugehörige in „Bereitschaft". Wenn wir endlich ausarbeiten, ist alles Dazugehörige auf erhöhter Bewußtseinsstufe, ohne daß wir zu sagen geneigt sind, daß es in vollem Sinne des Worts bewußt ist. Es befindet sich aber schon im Griff des Ich, und wir sprechen ihm, wenn wir nicht voreingenommen sind, schon einen geringen Grad

der Bewußtheit zu. Wenn wir uns rasch vergegenwärtigt haben, was wir zur exakten Ausarbeitung eines einzelnen Absatzes brauchen, so ist dies alles freilich im Zeitpunkt des Formulierens auch nicht im höchsten Grade bewußt, aber es ist doch stärker bewußt als im vorigen Falle. Das Gleichnis der „Fransen" des gegenwärtig Vorgestellten „am Rande des Aufmerksamkeitsfeldes", das James so schön durchführt, verdeutlicht den allmählichen Übergang zur vollen Bewußtheit, und selbst diese volle Bewußtheit kann verschiedenen Grades sein, von der Schwäche zuweilen im satten trägen Zustand bis zur schrillen Eindringlichkeit im Gefühl höchster Gefahr. Solche Stufung ist schon vor aller innerer Wahrnehmung aus dem Sinn des Bewußtseins vermutbar und erscheint nur vom Standpunkt einer Kastenauffassung des Bewußtseins seltsam. Eine ganz andersartige Stufung nach dem Gesichtspunkt psychisch funktionaler Bestimmtheiten zeigt Westphal [Aufgaben].

325. Es gibt auch keine scharfe Grenze zwischen einer bewußt ausgeführten und einer automatisierten Handlung. Der Entscheidungsakt wird auch auf Grund unbewußter Gegenstandsmomente vollzogen, wenn nur diese vorher hinreichend das Ich angesprochen haben (§ 211). Besonders verblüfft hatte früher, als man die Entscheidung noch als einen Prozeß unter bloßer Beteiligung von Bewußtseinsmomenten ansah, daß bei einem Vergleichsurteil das eine der beiden verglichenen Glieder weit zurück im Gedächtnis liegen und unbewußt bleiben kann, ohne daß das Urteil wesentlich erschwert wird; nur seine Stellenbestimmtheit auf der Vergleichsskala ist schwach mitbewußt. Eine klassische Erkenntnisaporie entsprang schon dem Problem, wie man sich denn an etwas zu errinnern suchen kann, was einem gar nicht bewußt ist, also wie man sich absichtlich auf einen bestimmten Gegenstand besinnen kann. Entweder hat man ihn schon bewußt und braucht sich nicht zu erinnern, oder man weiß überhaupt nicht, was man bewußt machen will. In Wahrheit ist auch das kleinste Bewußtseinsgeschehnis nicht im Bewußtsein kausal beschlossen und auch nicht einmal durch den jeweiligen Bewußtseinsinhalt verständlich.

326. Aus der Eingebettetheit des Bewußten in den Organismus und seine Teleologie und demgegenüber aus dem ich-

gebundenen Sinn des Gegenstandsbewußtseins erwachsen zwei ganz verschiedene Grenzrichtungen des Bewußten gegenüber dem Unbewußten. Einmal kann das Unbewußte im gegenständlich Ungewußten gesehen werden, im Gegenstand, der gänzlich außerhalb des Bereichs meines Ichs, wohl gar außerhalb meines Gedächtnisses liegt. Oder man sieht die Grenze innerhalb des psychischen Regulationsprozesses: Unbewußt ist die teleologische Regulation des Organismus, die nicht mehr durch den bewußten Appell an das Ich und die jetzige Entscheidung dieses Ich bedingt ist. Unbewußt ist die zweckmäßige Funktion meiner Organe; unbewußt ist der Reflex; unbewußt ist die Adaptationsleistung der Behinderten und Amputierten (§ 193); unbewußt ist die so staunenswerte Angepaßtheit unserer optischen Wahrnehmungen an die Abbildungsaufgabe in bezug auf wirkliche Dinge (§ 294/96), deren mindestens teilweise erlernte Teleologie Helmholtz zur Annahme „unbewußter Schlüsse" in der Wahrnehmung veranlaßte. Unbewußt ist sogar der Trieb an sich selbst, insofern er die Willenshandlung zu gestalten sucht, ohne gewollt und als gewollt bewußt zu sein.

Diese Verschiedenheit in den Größenordnungen und Dimensionen, in denen man die Grenze des Unbewußten und Bewußten sucht, bedarf nach unseren Feststellungen über den Sinn des Bewußtseins und überhaupt des psychischen Prozesses keiner Erklärung mehr.

2.47. Schlußbemerkungen über das Psychische.

327. Aus der Gesamtperspektive der Teile 2.3 und 2.4 heraus gilt es nun, einige unzulängliche schematische Auffassungen des Psychischen zu beseitigen. Ich erwähnte schon die falsche Auffassung, das Bewußte decke sich mit der Gesamtheit des psychischen Prozesses. Wir müssen es als unrichtig zurückweisen, das Psychische sei etwas in sich kausal Geschlossenes und Abgeschlossenes. Wir müssen die Zumutung zurückweisen, das Psychische oder das Bewußte sei dem Physischen als etwas dinglich völlig Heterogenes gegenüberzustellen. Dieser Fehler fand seinen extremsten philosophischen Ausdruck in der Zweisubstanzentheorie des Descartes, der Annahme einer Zweiheit des Ausgedehnten und des Bewußten.

328. Jetzt erst können wir rückschauend richtig übersehen, warum eine Psychologie vom Trieb, von dynamischen Momenten, die nicht ursprünglich gewollt und bewußt sind, uns viel gründlicher über das Wesen des psychischen Prozesses aufklärt als eine Psychologie vom subjektiven Aspekt des Bewußten aus. Hier ist die starke Seite der „hormischen Psychologie", deren bedeutendster Vertreter William Mc. Dougall ist, und der sich auch der besonnene neuere Behaviorismus Tolmans (§ 176) sehr genähert hat, während die Gestaltpsychologen (§ 179/85) mit Ausnahme von Kurt Lewin bei aller ihrer Weite des Blicks allzu einseitig am zwar wichtigen, aber doch für das Verständnis des Psychischen sekundären Moment der Gestaltung hängen bleiben. Wir begreifen jetzt, warum eine konstruktivistisch aus Bewußtseins-, Vorstellungselementen aufbauende Psychologie alten Stils (§ 173/75) so wenig Verständnis des psychischen Prozesses in seiner Ganzheit gibt, aber die sogenannte geisteswissenschaftliche (§ 178) und die Brentano-Lippssche (§ 177) Psychologie im Grunde ebensowenig. Sie halten die Bewußtseinsgegebenheit fälschlich für das fundamental Aufklärende des Ganzen.

Was ist denn das Bewußte? Was dem Ich unmittelbar im Griff ist (§ 308). Warum zieht ein Strom von Gegenständlichem ganz oder fast ganz ohne Gewolltheit, nach Assoziationsgesetzen durch unser Bewußtsein? Weil die Spieltätigkeit „bloßen Vorstellens" eine wichtige, wenn auch im ganzen sekundäre Rolle als Suchorganisation spielt. Von ihr aus ist der psychische Prozeß in seinem Wesen nicht zu verstehen, wohl aber von der Erregung, von der Hemmung, von der Auslösung, von den dynamischen Momenten, vom Trieb aus (Teil 2.34 bis 2.39). Das sei auch das letzte Wort über die modernen Grundrichtungen der Psychologie (Teil 2.32).

329. Hier müssen wir einen kurzen Blick auf die üblichen Theorien der Beziehung des Psychischen und Physischen zueinander werfen, die alle gleich primitiv sind. Selbst die Identitätstheorie, die beides als Erscheinung derselben Wirklichkeit erachtet und dem realen Zusammenhang am nächsten kommt (§ 298ff.), gibt in der üblichen Darstellung doch nur ein rohes Schema der Korrelation der generellen Begriffe Psychisches, Physisches und Reales, das keinen Sinn der Beziehung dieser drei Begriffe zeigt. Sie wird weder der in

Einzelheiten wohl zu erforschenden Gewachsenheit des Psychischen im biologisch Körperlichen (Teil 2.3 bis 2.44), noch dem Sinn der geistig kategorialen Grundlagen aller Wirklichkeitsstruktur (Teil 4 bis 5.5) gerecht.

Weit unzulänglicher sind aber die Theorie des psychophysischen Parallelismus und die der Wechselwirkung zwischen Psyche und Physis. Die Wechselwirkungstheorie orientiert sich einzig daran, daß zwischen gewissen Bewußtseinszuständen und gewissen physischen Zuständen herüber und hinüber Kausalbeziehung anzusetzen ein Recht besteht, und sieht in solchen Kausalbeziehungen die ganze Lösung des Problems der Beziehungen von Physischem und Psychischem. Die Parallelismustheorie begnügt sich mit der Konstatierung des gesetzlichen zeitlichen Parallelgangs beider Arten von Wirklichkeitsmomenten. Beide Auffassungsweisen haben in einer Fülle von Einzelfällen ihren guten Sinn, ohne aber die Verwickeltheit der Beziehung zu treffen und als Theorien Brauchbares zu leisten, auch nur zur Klärung der Fundamentalbeziehung (vgl. besonders § 208ff.) etwas beizutragen.

330. Jetzt erst haben wir gesehen, was alles unklar, verworren unter der Etikette „Vernunft" mitgemeint ist, wenn man in der Vernunft das den Menschen vor dem Tier mit seinen Instinkten Auszeichnende sieht. Aber nein, wir sahen noch nicht alles. Was wir in Teil 3 und 4 studieren werden, kommt noch hinzu. Ganz falsch ist es aber, wenn man meint, den Instinkt habe nur das Tier, nicht der Mensch. Der Instinkt des Tieres ist nichts anderes als unser Trieb. Auch die Triebe (Instinkte) der Tiere sind durch Lernprozesse (Teil 2.35 bis 2.38) modulationsfähig, wenn auch nicht in so raffinierter Methodik wie durch den menschlichen Geist. Gewiß fallen uns die Triebe der Tiere mehr auf, da das nervöse Regulationssystem bei ihnen trotz des Mangels an „Vernunft" sich so trefflich auf Grund der Instinkte zu einer großen Leistungsfähigkeit im engen Kreise ihrer Lebensinteressen zusammenschließt. Im allgemeinen sind die Instinkte bei Tieren mehr an speziell bestimmte biologisch zweckvolle Handlungen angepaßt als beim Menschen. Besonders gilt dies von den Instinkten der Insekten.

Triebe unterscheiden sich von Reflexen dadurch, daß in den Trieben das Ziel des Strebens und die Willenstendenz uns wohl bewußt ist und nun mit unseren Ichwertungen sich auseinandersetzen muß. Triebe gehen in Gefühle im erweiterten Sinne des Worts (§ 300, 3. Abs.) allmählich über. Triebe schlagen bei uns ans Ich, während Reflexe in ihrer ganzen Wirkungskette jenseits des Bewußtseins verlaufen. Triebe bleiben uns aber unheimlich irrational, da ihr Sinn nicht durch unser Ich bestimmt ist, sondern höchstens auf Umwegen durch unser Denken als biologische Zweckhaftigkeit erschlossen wird. Für die Triebe spricht, wenn wir Lust- und Unlustkomponenten von den Triebmomenten ausschließen, nicht einmal die Rationalität des Algedonischen (§ 300, 1. Abs.; § 417ff.).

Mit den Gefühlen haben sie gemein, daß aus ihnen die dynamische Wucht der Werte für die Entscheidungen stammt, während die Erkenntnisstrukturen nur in der Steuerung und der Übertragung dieser Dynamik ihre biologisch primäre Aufgabe haben. Aber das ist etwas, was seit Hegel und Schopenhauer geläufig ist, ja eigentlich schon in Platons Gegenüberstellung des „Lenkers" νοῦς zu den beiden „niederen" Funktionen des Mutartigen und der Begierde zu finden ist.

331. Immer bleiben drei fundamentale Anknüpfungspunkte für die Gestaltung des Bewußten trotz aller Ichzentriertheit und Gegenstandszentriertheit gewahrt. Sie sind durch die Aufgabe, durch die biologisch regulatorische Bedeutung des psychischen Prozesses bedingt.

Der eine Anknüpfungspunkt ist die Reizwirkung aus der Umwelt, an die sich das Lebewesen und auch die seelische Regulation in ihrem individuellen Funktionsbereich anzupassen haben, und Aufgabe des Seelischen ist ja individuelle Anpassung (§ 170). Mit Erfahrung hebt alle psychische Organisation an, und auf sie ist sie angewiesen (§ 441ff.); darum braucht jedoch nicht alles aus ihr zu entspringen und der Zweck des Psychischen nicht in der Erfahrung beschlossen zu sein. Aber alles Werten bleibt an die nur durch Erfahrung zu fassende Wirklichkeit gekettet (§ 419).

Der zweite Anknüpfungspunkt ist die Handlung. Nur in Beziehbarkeit auf Handlung kann Psychisches einen biologischen Sinn haben. Das braucht allerdings noch nicht zu bedeuten, daß der psychische Einzelprozeß notwendig direkt in Handlung ausmünden können muß. Wissen hat meist nur auf weiten Umwegen Anwendbarkeit. Das Individuum braucht sich dieser prinzipiellen Anwendbarkeit nicht bewußt zu sein, ja mag sie geradezu für das Erkennen negieren. Es genügt die tatsächliche Beziehung zur Anwendbarkeit, die durch die triebhafte und ungewollt zweckmäßige Struktur des Psychischen, speziell durch die Kategorialstruktur des Erkennens (Teil 4), die Triebstärke des Handelns und die Zukunftsbezogenheit der wertbildenden Gefühle (§ 300, Abs. 2) gewährleistet wird.

Der dritte Anknüpfungspunkt ist ein dynamisches Moment, das in seiner Anlagebedingtheit die biologisch teleologische Richtigkeit der psychischen Funktion verbürgt. Diese dynamische Aufgabe erfüllen Trieb und Gefühl. Ohne diese dreifache Anknüpfung ist auch die Erkenntnistheorie (Teil 4 und 5) nicht gründlich zu verstehen.

332. So wie sie uns erscheinen, von uns benannt werden, sind die Motivgruppen unseres Wertens und Handelns zwar durch unser Gefühls- und Triebleben in erster Linie bestimmt bewußt. In ihre begriffliche Determination gehen aber schon die Wirklichkeitsbestimmtheiten und die Handlungsbestimmtheiten ein. Nur so sind sie sinngemäß bewußt.

Ich will nicht auf die ganze Vielheit der Motiventwicklung im einzelnen eingehen. Ich will nur die drei wichtigsten Motivgruppen anführen, damit der Leser sich an ihnen diese dreifache Bestimmtheit der Motivation klarmachen kann: Hunger, Liebe und Ehrsucht. Die dritte wird meistens vergessen, weil sie nur komplizierten biologischen Sinn hat (§ 281). Aber motivationstheoretisch entspringt sie ganz primär aus dem Selbstbewußtsein.

333. Durch alle drei Anknüpfungspunkte (§ 331), Umwelt, Handeln und Triebkraft, ist nun ein neuer Zentralbegriff des Psychischen bestimmt: die Leistung. Leistung ist Durchsetzung des aus dem dynamischen Trieb und Gefühl bestimmten, gemäß der Wirklichkeit zielrichtig gestalteten, im Handeln sich realisierenden Richtigen. In Teil 2.43 betrachteten wir alles Psychische als ichbezogen. Jedes psychische Moment ist aber auch ein Leistungsmoment. Wiederum ist es Dilthey, der ausgezeichnet zeigt, wie alle Kulturgebiete der Macht, der Wirtschaft, der Kunst usw. bis herunter zum Sport und Sammlertum an der Leistung orientiert sind. Ja,

über Dilthey hinaus können wir sagen, daß jeder „Strukturzusammenhang" überhaupt nur ein Leistungszusammenhang ist. Die Leistung hat unmittelbaren Bezug auf das Ich; das Ich bestimmt sich selbst den Gradmesser der Leistung. Die Leistung hat aber auch in ganz anderer, dem Ich nicht ursprünglich bewußter Weise den engsten Bezug auf biologische Teleologie. Auch die subjektiv gewertete und gewollte Leistung ist ihrer genetischen Bedingtheit, ihrem objektiven Daseinsgrund nach eine Leistung für Art und Individuum, für deren Dasein in der Welt. Durch die in allmählichem, langem Prozeß in biologischer Gesetzmäßigkeit gestaltete, im allgemeinen und unter naturgemäßen Verhältnissen wohl angepaßte Wirkungsweise der Triebe und Gefühle, durch ihre Konzertwirkung werden die subjektiv bewußten Werte und Leistungen im allgemeinen richtig den biologischen Zielen konform: die Seele arbeitet für die biologische Teleologie des Individuums und der Art. Und doch ist dadurch, daß bewußte Teleologie nicht unmittelbar das biologische Telos zum bewußten tiefsten Zweckfundament hat, die größte Gefahr einer Entfremdung gegenüber dem biologischen Zweck eingegangen: in der stürmischen Kulturentwicklung, in der unerhörten Schärfung und Kultivierung des Intellekts im Laufe von ein paar Jahrtausenden konnte der Mensch in seiner eigenwilligen Wert- und Zielsetzung zu Wertsystemen kommen, die der biologischen Zweckmäßigkeit geradezu entgegenwirken. Meine Kulturziele machen sich gegenüber den niederen biologischen Zielen selbständig, sagt selbstgefällig der Mensch, die Kultur reinige sich in ihrem eigenen Wesen vom bloß biologisch Zweckmäßigen. Natürlich kann in ein paar Jahrtausenden biologisch-teleologische Wirkungsweise nicht folgen, nicht ihrerseits schon sich von diesen Auswüchsen der Kultur reinigen. Wir kommen in Teil 2.54 hierauf zurück.

334. Es versteht sich, daß die sämtlichen Funktionen der Seele nur in harmonischer Ganzheitsbezogenheit ihre subjektiv gewertete und ihre biologisch-teleologisch objektive Aufgabe leisten. Aber wir wollen nicht in Bewunderung der Ganzheitsbezogenheit schwelgen, sondern den Zusammenhang begreifen. Alle Achtung vor dem Ideal des Humanismus, die harmonische Ganzheit der Seele und des Geistes walten

zu lassen, sie zu pflegen, auf daß der Baum menschlicher Kultur gedeihe; aber unsere gefährliche Lage in der Welt, vor der wir uns verantwortungsbewußt nicht die Augen verschließen dürfen, erfordert Erkenntnis im einzelnen und Meisterung auf Grund dieser Erkenntnis. Der wollen wir hier dienen.

Noch haben wir die objektive Bindung unseres subjektiven Telos an die biologische Teleologie und unsere subjektive, gewollte Bindung unseres subjektiven Telos an die objektive biologische Teleologie nicht hinreichend geklärt. Wir holen das in den Teilen 3, 6 und 7 nach.

Daß die ganze bewußte Teleologie, die ganze Geistigkeit denselben Gesetzen der Vererbung, Mutation und Kombination unterworfen ist wie alles Körperliche, habe ich nicht ausdrücklich konstatiert, und zwar aus demselben Grunde nicht, aus dem unsere Physiologen das im 16. Jahrhundert Aufsehen erregende Ergebnis der Forschungen nicht mehr konstatieren, daß der Adelige dasselbe Blut hat wie der Bürgerliche.

2.5. Der soziale Kosmos und der objektive Geist

2.51. Die Sozialtriebe.

335. Durch die persönliche Freiheit geistiger Gestaltung und die Geistesmacht bekommt das Menschlich-Soziale gegenüber allem Tierisch-Sozialen eine weit größere Komplikationsfähigkeit und weit raschere und labilere Gestaltungsfähigkeit (§ 159f.). An sich ist die Sozialgebundenheit der Teleologie des Handelns ganz und gar biologisch-teleologisch begründet und aus der kosmischen Einordnung aller biologischen Teleologie wohlverständlich. Das Triebleben dient schon vor aller Vergeistigung und unabhängig von ihr der Sozialgestaltung, wo diese Sozialgestaltung im Interesse der Daseinsbehauptung des Typus, der Art liegt (§ 159). Stellen wir zunächst die Anpassung des Trieblebens des *Menschen* an das Soziale in ihren Einzelheiten fest.

336. Triebhaft werden schon durch bestimmte Wahrnehmungszusammenhänge Gefühle geweckt. Mimik der Mutter,

überhaupt umgebender Menschen ist so etwas Wahrgenommenes, auf das der Säugling mit Lust oder Unlust, mit Lächeln oder Angstgebärde reagiert. Man muß es nach sorgfältigen Beobachtungen als ausgeschlossen ansehen, daß vom Säugling etwa schon ein Rückschluß aus der Verbindung der eigenen Mimik des Lächelns mit eigener Lust auf das Gegebensein von Lust der Umgebenden bei deren Mimik des Lächelns vollzogen wird. Diese zuerst reflektorische Konformität des Ausdrucks und damit auch des Gefühls leitet schon zu den Sympathiegefühlen und zum emotionalen Verstehen und schließlich zum Verstehen überhaupt der anderen über. Sie wird später als richtig angekettet bewußt und beibehalten. Es bedarf da ebensowenig eines besonderen Konstatierens der Richtigkeit, wie es nötig ist, daß das Kind bei den angeborenen Funktionen bildhaft optischer Wahrnehmung der Umgebung jemals in seiner Entwicklung die Richtigkeit dieser Funktionen konstatiert.

Es bleibt dauernd das Leben hindurch eine Suggestibilität im eigentlichen Sinne. Inmitten einer heiteren Gesellschaft wird jeder einzelne selbst heiter gestimmt, selbst wenn er sich geflissentlich von dieser Gesellschaft seelisch ausschließt. Die Wut einer Volksmenge teilt sich direkt jedem Anwesenden mit. Es handelt sich hier um eine natürliche Triebeigentümlichkeit des Menschen wie bei der nur scheinbar entgegengesetzten Gesetzlichkeit: Die bewußt eigensinnig hervorbrechenden Reden einer schizothymen Person reizen selbst die zum Widerspruch, die eigentlich und in vorurteilslosem Denken dem Redner wohl eher recht als unrecht geben würden. Dieser Kontakt mit den Mitmenschen wird ein starkes Bedürfnis, was wir erst dann merken, wenn wir ihn dauernd entbehren müssen.

337. Von dieser Suggestion unterscheidet sich nun die echte Sympathie, das Mitgefühl, die Tatsache des Mitleids und der Mitfreude, des Mithasses und der Mitliebe, der Mitfurcht und der Mithoffnung. Hier ist das Wissen um die Gefühlslage des anderen der Anlaß einer gleichen Gefühlslage, bezogen aber auf das Ich des anderen, zunächst nicht aus eigenem Gefühlsgrund und Interessenkreis geltend bewußt. Diese Geltung für das andere Ich wird aber dann triebhaft als Gefühlswert für das eigene Ich bejaht: Wir leihen dem anderen Ich unser

Werten zu unserem Fühlen hinzu. Ist dies Werten aufrichtig, so wollen und handeln wir auch im Sinne des Gefühlswerts im anderen Ich, und damit wird dieses Mitgefühl erst eine sozial bindende Macht. Das ist ein triebhafter Altruismus, auf den seit Hume zahlreiche Ethiker die Ethik aufbauen wollen (§ 1011ff.). Dieser triebhafte Altruismus nimmt triebhaft engere Bindungen und Zielgestaltungen an. Das auffälligste Beispiel hierfür ist der sexuell erotische Altruismus. In enger Triebbestimmtheit führt die Liebe zu ganz bestimmten Handlungen und Daseinsgestaltungen, die oft gar nicht im Interesse der geliebten Person liegen.

Triebhaft fühlt so der Mensch auch das Wohl und Wehe, das Gedeihen oder den Niedergang des sozialen Organismus, dem er sich als angehörig bewußt ist: der Familiengemeinschaft, der Verwandtschaft, des Dorfes, des Staats, des Volks, der Kulturgemeinschaft engerer und weiterer Art, der ganzen Menschheit. Er fühlt in seiner Seele wirklich die Freuden und Leiden des sozialen Ganzen, so wie sie in diesem Ganzen wären, wenn es eine seelenbegabte Person mit biologisch angepaßtem Fühlen wäre. Als Beispiel der Stärke dieses Triebs erwähne ich die gewaltige Erregung vor wenigen Jahren in Peru und Columbien, Staaten gleicher Sprache, Kultur und Rasse, die erst vor 120 Jahren sich fast zufällig als Staaten voneinander sonderten, um ein für beide organisch ganz unwichtiges Grenzgebiet und Grenzstädtchen.

338. Eine Anpassung anderer Art erwächst aus den Ehrgefühlen, die durch das Bewußtsein des Gewertetwerdens durch andere triebhaft bedingt sind. Der Mensch entwickelt in seinem Bewußtsein eine Kenntnis der fremden Persönlichkeiten, mit denen er verkehrt. Dies Bild der anderen, auf das er emotional reagiert, gestaltet sich in groben Zügen schon aus Physiognomie, Mimik, ersten Worten des anderen; es bereichert sich mit den Erfahrungen im Laufe des Verkehrs. So tragen wir eine Menge fremder Ichs in unserem Bewußtsein, und wir wissen, daß auch unser Ich derart von anderen im Bewußtsein getragen wird. Dadurch entsteht ein Spiegel-Ich, an das sich stärkste und nachhaltigste Gefühle und ein so starker Wert knüpfen können (§ 281), daß das originale Ich ganz darunter erstickt. Das „Du" wird somit ein wichtiges Korrelat des Ich. Gegenständlich, als primäres Objekt, tritt

es vielleicht noch eher auf als das Ich. Ist es doch von vornherein wahrhaft schon Objekt und bedarf nicht einer Rückwendung der Aufmerksamkeit zu einem „sekundären Objekt" (§ 311).

339. Das Gewissen ist wieder eine andere triebhafte Sozialanpassung. Das echte Gewissen hat auch in seiner individuellen und Sozialgenese nichts mit der Furcht vor Strafe oder Verachtung zu tun; Bentham, Westermarck und andere Positivisten sind in dieser Hinsicht auf irriger Spur. Auch stammt es nicht, wie Adam Smith meinte, aus der Annahme eines unparteiischen Beobachters, durch den wir unser eigenes Handeln beurteilt denken, und den wir dann in der eigenen Brust fingieren. Schließlich hat das Gewissen seinem Ursprung nach nichts mit religiösen Gedanken und Gefühlen zu tun. Ein Mensch, der aus Fahrlässigkeit oder Verblendung ein großes Unglück verschuldet und nun Gewissensbisse hat, denkt gar nicht an Religiöses, wie der Fromme sich gern die Sache zurechtlegt. Dieser Mensch kann durchaus irreligiös sein. Die entgegengesetzten Meinungen beruhen auf Übertragung heterogener Motive, an deren Motivkraft der über sein Gewissen nachdenkende Mensch je nach Geistesrichtung glauben kann, und die dann auch tatsächlich damit verschmelzen, das Gewissen verstärken, wie diese Motive auch ohnehin schon wirksam sind, nur eben an sich nichts mit Gewissen zu tun haben. Dagegen steht es in engem Konnex mit der echten Sympathie (§ 337). Wenn eine vollzogene oder auch nur beabsichtigte Handlung, ja selbst eine bloße Willensregung, ein Wunsch die altruistische und soziale Gefühlsbindung verletzt, steigt unmittelbar triebhaft ein qualvolles Gefühl des eigenen Unwerts auf, gemessen an diesem altruistischen und sozialen Gefühlswert, ein Gefühl, das dauernd am Menschen nagen kann. Es ist eine Eigentümlichkeit unserer Triebveranlagung, daß es, genau genommen, als psychische Realität nur das schlechte Gewissen, das böse Gewissen gibt. Das gute Gewissen ist als psychischer Zustand nur das Fehlen jeder Spur schlechten Gewissens oder eine behagliche Selbstgefälligkeit, eine Zufriedenheit mit dem eigenen Sein und Handeln, gemessen am Wertsystem des eigentlichen Ich (Teil 2.414). Freilich neigt man auch wieder dazu, mit „Gewissen" den dauernden Zustand der Emp-

findlichkeit gegenüber Gewissensbissen, nicht etwa den psychisch tatsächlichen und bewußten Zustand, die Gewissensregung zu verstehen.

Das Gewissen, die Furcht vor dem Gewissen, und die Selbstwertung aus dem Gewissen sind schärfste Bindemittel an das soziale Handeln. Sie haben vor dem Ehrbewußtsein im Sinne von § 338 das voraus, daß sie unabhängig von der Kenntnisnahme der Tat, des Willens oder der Regung durch andere Personen wirken, daß sie im tiefsten, einsamsten Kämmerlein der Seele wirken. Sie binden das Ethos unmittelbar an das eigen geglaubte eigentliche Ich, nicht an das Spiegel-Ich. Freilich kann der Mensch aus gewollter Zielsetzung und Wertsetzung auch dies Gefühl wie irgendein anderes Gefühl abweisen, es als für sich und aus seinem eigenen Ich heraus für falsch und unberechtigt erklären. Er kann ein Bösewicht, ein harter Egoist, ein skrupelloser Geschäftemacher sein wollen und sein. Daß der Anspruch eines Gewissens an ihn bleibt, hat es mit anderen Gefühlen gemein, und in diesem Falle ist der Anspruch tatsächlich leichter dauernd zum Schweigen zu bringen als bei sinnlichen Gefühlen (vgl. § 273).

340. Im Gegensatz zum Gewissen sind Schamgefühl und Eitelkeit aus dem Bewußtsein des Spiegel-Ich entstanden. Sie sind an den Schein geknüpft und stehen den Ehrgefühlen näher. Manche Eigentümlichkeit der Wertgestaltung durch diese sozial bindenden Gefühle erklären sich daraus, daß der Verkehr der Menschen untereinander mehr auf einen Antagonismus der Interessen als auf die soziale Bindung eingestellt ist und demgemäß auch die Spiegelung des fremden Ich ausfällt. Es erklärt sich leicht, daß unbedeutende Mängel wie Falsch-angezogen-sein in der Gesellschaft oft mehr zur Scham veranlassen als eine ethische Verfehlung, daß man lieber als ein Schurke statt als ein Dummkopf erscheinen möchte. Hier möchte ich auch dem fingierten „unparteiischen Zuschauer in der eigenen Brust", dem Adam Smith so viel soziale Bedeutung zumißt, seine Stelle anweisen: Wir haben Scham und Eitelkeit vor uns selber, was etwas ganz anderes als Gewissen ist.

341. Jenseits von dem allem stehen nun die berechnet egoistischen Motive der Bindung an das Soziale. Nur in der Gesellschaft kann der Mensch seine egoistischen Ziele erreichen.

Nur in sozialer Anpassung kann er Achtung gewinnen, zu Ehrenstellen aufsteigen, die ihn befriedigen. Nur im Anschluß an den Geist seiner Gemeinschaft kann er geistig und ehrgewinnend wirken. Er muß auf die Meinung der anderen lauschen; er kann nur dann von einer Äußerung sich Erfolg versprechen, wenn sie im ganzen Kreise, dem er angehört, geistige Resonanz finden kann, wenn sie dem herrschenden Geist dieses Kreises konform geht. Steigen wir in noch vitalere Bedürfnisse hinunter: Nur in den Institutionen der Gesellschaft findet er Schutz und Sicherheit seiner Person; das war das Motiv, das die individualistische Philosophie der Neuzeit, vor allem Hobbes', zum Fundament der freiwilligen Bindung des Individuums an den Staat machte.

342. Allem Bisherigen stehen aber nun wieder antagonistische soziale Gestaltungsmomente gegenüber. Wir studieren sie am besten an der Wirtschaft. Durch Konkurrenz, Angebot und Nachfrage reguliert sich im Gegenstreben der einzelnen Personen, Betriebe, Betriebszweige das Gleichgewicht, das zwar nach den verschiedensten Richtungen pendelt, aber doch um eine Mittellage der zweckmäßigsten wirtschaftlichen Leistung herum. Durch die Richtigkeit für seinen eigenen Nutzen zwingt die Gesamtwirtschaft den einzelnen Betrieb, so viel und so Geartetes zu schaffen, als angemessen ist, zwingt sie den einzelnen Menschen, Bürobeamter und nicht, wie er möchte, Schriftsteller zu werden. Die Gesamtwirtschaft züchtet die leistungsfähigen Betriebe und merzt die leistungsunfähigen aus. Daß diese Funktion nicht ohne schwere Schäden für andere Ganzheiten, für Volk und Staat sich vollzieht und deshalb der Kontrolle bedarf, ändert nichts daran, daß sie wirklich etwas leistet. Der Versuch im kommunistischen russischen Staat, einen solchen Antagonismus zwischen den Betrieben auszuschalten, hat durch seine jämmerlichen Resultate diese Leistung erst richtig gezeigt. Es ist ein Antagonismus, wie er nur im Kampf innerhalb einer Biozönose in der Natur etwas Gleichartiges hat (§ 104; vgl. auch mein Buch „Ganzheiten", Kap. 15).

343. Das sind also die psychischen Gesetze in den Individuen selbst, die das Individuum zur Bindung an das **Wohl** anderer und des sozialen Ganzen nötigen, die zugleich dem Ganzen eine Eigengesetzlichkeit gewährleisten, welche nun ihre

bestimmenden Momente in sich selbst oder doch jenseits der Gesetzlichkeit in den einzelnen Individuen bekommt. Das Individuum muß im Interesse des Ganzen sorgen. Das Individuum muß seinen Intellekt, sein Fühlen, sein Werten und sein Wollen in den Dienst des Ganzen stellen, und Gefühl und Wert werden so, wie das soziale Ganze sie haben müßte, wenn es eine Seele hätte. Im Staatsleben, im Leben jedes Vereins geht die Sache so weit, daß die einzelnen Posten, in denen das Ganze organisiert ist, das wahrhaft Entscheidende für die Funktion zu sein scheinen, und daß Menschen nur nach Bedarf in diese Posten als unwesentliches Material hineinschlüpfen. So ging die Tragödie des Kampfs zwischen Kaisertum und Papsttum im 12. und 13. Jahrhundert ihren eigenen Gang aus den eigenzentrierten Ansprüchen dieser Institutionen heraus, einerlei, ob nach Gunst der Lage der Papst einen ihm genehmen Kaiser oder der Kaiser einen ihm genehmen Papst machte. So erklären sich die vom individuellen Seelischen aus so verständlichen Entwicklungsgänge des Ganzen, etwa des Römischen Reiches vom stadtrömischen Volksstaat bis zum Kulturschutzstaat des 4. Jahrhunderts n. Chr., der Gotik von der romanischen Periode bis zur Abwendung zur Renaissance. Die charaktervollen Männer, die sich dem Gebotenen entgegenstemmen, sind meistens fast machtlos, obwohl ihr Trachten vielleicht ein Leuchtfeuer für die Schätzung einer fremden fernen Zukunft werden kann; aber die im Sinne des Sozialwesens Strebenden sind erfolgreich, werden die großen Männer ihrer Zeit.

344. So konnten wir das menschlich-soziale Ganze neben den anorganischen (Teil 2.12) und biozönotischen (§ 78) Beispielen als ein besonders klares, durchsichtiges Beispiel für die Totalkausalität einer Ganzheit, die dennoch zugleich restlos durch Partialkausalität, durch die Gesetzlichkeit der nächstniederen kosmischen Stufe bedingt ist und doch wieder jedem Teilnehmer das Gesetz der Ganzheit aufprägt, anführen (§ 79/81). Hier ist der Zusammenhang der höheren und der niederen Stufe offensichtlich. Nur der Hiatus vom Anorganischen zum Organischen und der vom seelenlos Organischen zur Psyche waren die großen schwierigen Probleme. Allerdings ist die Totalkausalität, die autonome Entwicklung der sozialen Ganzen aus ihrer eigenen Ganzheit heraus die

für unsere Denkpraxis wichtigere gegenüber der Partialkausalität. Wir können gar nicht einmal den Einzelfall, die Entwicklung eines sozialen Ganzen aus den Einzelgeistern verstehen, schon, weil wir gar nicht die völlige Kenntnis aller Einzelgeister erlangen können. Durkheim hat recht für die Untersuchung der Einzelfälle, wenn er sagt: „Jedesmal wenn ein soziales Phänomen unmittelbar durch ein psychisches Phänomen erklärt wird, kann man dessen gewiß sein, daß die Erklärung falsch ist" [Methode, S. 12]. Und doch muß selbst Durkheim vom Sozialeffekt zugestehen: „Er ist eine Resultante des Gemeinschaftslebens, ein Erzeugnis der Wirkungen und Gegenwirkungen, die sich zwischen den individuellen Psychen abspielen" [S. 34].

2.52. Der objektive Geist.

345. Seit der Philosophie der Geisteswissenschaft des alten Dilthey und seit der tiefsinnigen Essaysammlung „Lebensanschauung" (1918) des alten Simmel betont man in philosophischen Werken besonders stark die Transzendenz des menschlichen Geistes, sein Hinausentwerfen über sich in den verschiedensten Richtungen, die man alle gemeinsam als Kulturrichtungen bezeichnet. Alle diese Jenseitssetzungen fallen unter den Begriff der Hypothesis, der subjektiven, ichgewollten, im Denkakt originär zu entwickelnden, wenn auch in der Anschauung und Wahrnehmung aller Art mitunter schon angeboren und zweckmäßig vorweggenommenen oder in ihr automatisierten Setzung durch das Ich. Namentlich die Neukantianer Marburger Richtung haben die fundamentale Bedeutung dieser Hypothesis ausgezeichnet verstanden. Auf diese Grundtatsache der Hypothesis werden wir immer wieder zurückkommen. Auf diese Hypothesis ist das Rätselhafte der Intentionalität, der „Gegenständlichkeit" (Teil 2.42) zurückzuführen. Wir sahen in § 223, 234, wie im Tier schon in primitiver Handlungsgebundenheit diese Hypothesis wichtig geworden ist.

Wir setzen Wirklichkeitszusammenhänge jenseits unseres Akts, jenseits unseres Seelischen, jenseits unseres Leibes als gültig. Wir sahen schon in § 248f., wie die abstrakte generalisierende Symbolsetzung unseres logischen und mathematischen Denkens eine unermeßliche Weite des räumlichen, zeitlichen und abstraktionspotenzierenden Horizonts erlaubt. Der Mensch setzt seine Werte jenseits seiner unmittelbaren Lust- und Unlustgefühle. Er entscheidet sich bewußt und gewollt für ein bloß gedachtes, wenn auch möglicherweise künftig wirkliches Glück, das er während der Entscheidung gar nicht fühlt (§ 247ff.). Er setzt und anerkennt Werte jenseits der Lust- und Unlustabwägung. Die Gesetzlichkeit und Problematik dieser Transzendenz des Wertens wollen wir erst im 5. Teil „Ethos" untersuchen, zugleich mit ihrer Rechtfertigung vor dem Ich. Die einzelnen Transzendenzen der vielfältigen Kulturrichtungen lassen wir hier bewußt noch als eine Lücke unserer Untersuchung. Erst wenn diese Lücke geschlossen ist, können wir erkennen, daß es ein Irrtum von Simmel [Lebensanschauung S. 37f.] war, anzunehmen, daß in der Kulturschöpfung und im Arbeiten an der Kultur der Geist und das Leben sich über die vitale Zweckmäßigkeit prinzipiell erhebe. Zum Verständnis von alledem ist es nicht nötig, die Zuflucht zu einer metaphysischen Erklärung zu nehmen. Behalten wir nur genau in Erinnerung, was in Teil 2.381 und in § 248f. über die Entwicklung des Abstrakten gesagt ist, und beachten wir nun hinzu, daß die eigenwillige Hypothesis des Ich aus dessen vital keineswegs aller Kulturentwicklung gewachsenen Veranlagung zu den avitalsten Gestaltungen kommen kann, wie wir in Teil 2.54 untersuchen wollen. Hier ist der Punkt, an dem der trefflich scharfsinnige alte Simmel sich vom vergeistigten Avitalismus der Kulturentwicklung blenden und in einen bequemen Metaphysizismus abgleiten ließ [vgl. besonders Lebensanschauung. S. 94].

346. Schon aus der dringend erstrebten und erreichten Harmonisierung des ganzen Geltungssystems, aus der Eigentümlichkeit, daß nur aus dem Bewußtsein einer voll zur Wirksamkeit gekommenen Ausgeglichenheit aller Geltungen heraus das Entscheiden überhaupt als ich-entsprungen, als durch das Ich verantwortlich gelten kann (§ 216; Teil 2.412), ist bedingt, daß Geistigkeit den Charakter einer besonderen und vorzüglichen Geschlossenheit für uns trägt. Diese Geschlossenheit scheint uns sogar viel ausgeprägter zu sein als eine kühl objektive Betrachtung von außen rechtfertigt. Simmel

sagt treffend: „Des fragmentarischen Charakters unseres Weltbildes werden wir uns unendlich viel seltener und unvollkommener bewußt, als es sachlich angemessen wäre, weil formende Kräfte in uns rastlos diese Stücke zu einem Ganzen, unter den besonderen, für sie möglichen kategorialen Voraussetzungen zu verweben streben" [Geschichtsphil., S. 57].

347. Dies geschlossene System der Geltungen ist der Geist, in diesem Falle selbstverständlich zunächst der subjektive Geist des einzelnen Menschen. „Geist" ist im Grunde dasselbe wie „Ich", nur freilich mit anderer Betonung des für den Inhalt des Begriffs Entscheidenden, mit stärkerer Verlagerung des Gewichts auf den Systemcharakter. Aber auch das Letztere wird nicht allgemein festgehalten. Wenn man sagt, der Geist sei das spezifisch Aktive, sei das Schöpferische, so betont man mit „Geist" offensichtlich gerade die Herrschaft über die Systemgeltung.

Alles wird für uns vergeistigt. Das ist uns schon nach unseren Ausführungen in Teil 2.39 kein Rätsel mehr. Erhält doch das ganze Reich des Bewußten für uns seinen Sinn aus der prinzipiellen Dienststellung zum Geist (Teil 2.44). Alles Vergeistigte hat die Tendenz, sich in geschlossenen Ganzheiten zusammenzuballen und von anderen geistigen Ganzheiten abzugrenzen. So zentriert sich „autonom" die Wissenschaft, die Kunst, die Religion, die Wirtschaft und was sonst noch alles. So zweckmäßig das auch dafür ist, daß der Mensch in seinen Einzelentscheidungen das isoliert beisammen hat, was für eine Entscheidung dieser besonderen Art besonders wichtig ist, so ist diese Neigung doch der Fluch eines wahrhaft gewissenhaften Wirklichkeits- und Weltbildes. Aber gehen wir hier nicht näher darauf ein, daß in der Liste derer, die gar nichts dagegen haben, daß die „Gebiete des Geistes" sich autonom aufbauen, „das Logische, die Erkenntnis, das große Gebiet des Ethos, des künstlerischen Schaffens, des Glaubens usw.", die achtunggebietendsten Philosophen zu finden sind: Dilthey, Spranger, Rickert, die Marburger. Übersehen wir hier nicht, daß auch jeder Roman, jedes Theaterstück, jedes Gedicht, jedes Gespräch für uns seinen eigenen Geist hat, für uns sich zu einer eigentümlichen geistigen Ganzheit zusammenschließt.

348. Selbstverständlich wird auch das Reich des Geistigen selbst vom Ungeistigen abgeschlossen gedacht. Das Ungeistige ist erstens das Emotionale und Triebhafte, das noch nicht vergeistigt ist, obwohl es an das Ich Anspruch erhebt. Selbstverständlich ist, genau besehen, Geist nicht ohne dies Seelische möglich, aber der geistig abschließende Mensch hat aus dem Geist und der Seele getrennte Ganzheiten gemacht, und nun entwickelt sich die jeden verantwortungsbelasteten Menschen beschämende Wertgestaltung, daß man entweder den Geist als das Gute im Menschen ansieht, das von der sündigen natürlichen Seele befreit werden muß, oder daß man mit Klages den Geist als den schädlichen Parasiten an der Seele ansieht.

Geist greift aber auch andererseits durch das Material, das Gerät, das Abbildungsmittel geistiger Struktur, das Kommunikationsmittel (Sprache), das Fixiermittel (Schrift) ins Ungeistige hinein.

In der Denkpraxis freilich wird diese Abgeschlossenheit doch wieder durchbrochen. Im „Geist" einer Zeit, eines Romans, nun gar eines bildenden Kunstwerks spielt das Gefühlsmäßige unmittelbar, nicht erst in der Wertgewordenheit, eine sehr wichtige Rolle. „Geist" ist denn doch im begrifflichen Gebrauch eine Begriffsmoluske, die aus denkpraktischer Angemessenheit den Rahmen sprengt, in den Klages diesen Begriff für seinen persönlichen agitatorischen Gebrauch eingezwängt hat.

349. Was aber den Geistbegriff wesentlich vom Ichbegriff unterscheidet, ist die Tendenz auf seinen Gebrauch für eine Einheit der Geltung in einer bestimmten oder unbestimmten Gruppe von Personen. Geist tendiert an sich schon dahin, überindividuell zu gelten. Es gibt sehr primitive Grundlagen einer solchen überindividuellen Einheit: Ein Glaube, daß wir alle die eine, auf Grund von für uns alle gleicherweise geltenden Erkenntnisgesetzen erkennbare Welt als Haupterkenntnisgegenstand haben (§ 436), gibt schon einen rein erkenntnismäßigen Untergrund einer in gewissem Sinne einheitlichen Geistigkeit. Ferner wissen wir uns alle auf wesentlich dieselbe Weise fühlend, wertend und wollend. Das gibt eine Wertstruktur, die die Neigung verstärkt, suggestiv mit dem Nächsten und in abgeschwächtem Grade auch mit

dem Fernsten mitzuwerten und mitzuwollen. Aber die ganze Skala der sozialen Triebe und Gefühle, die wir in Teil 2.51 betrachteten, bewirkt in erster Linie, daß gerade der Geist des Menschen sozialisiert wird.

Entscheidend für die überindividuelle Einheit des Geistes ist aber, daß gerade das abstrakte Denken, also Geist im extremen Sinne eines Klages auf der Folge- und Kombinationseinheit von Akteinheiten beruht (§ 749/51). Alles rein Ordnungstheoretische mit Einschluß alles Mathematischen bezieht seine absolute Zuverlässigkeit daher, daß wir uns über die Folgen und Beziehungssetzungen von bloßen Denkeinheiten als solchen, ohne Rücksicht auf den Inhalt dieser elementaren Denkeinheiten, niemals täuschen, wenn wir die angenommene Identität oder Verschiedenheit dieser Denkeinheiten und ihrer Beziehungen nur sicher festhalten und wiedererkennen (§ 753). Aus der abstrakten Ordnung der Denkeinheiten erwächst so ein untrügliches allgemeingültiges geistiges Gebiet, dem alle Denkinhalte sich fügen müssen: das Gebiet des Exakten, des Mathematischen. Gerade das ist das Zentralgebiet des echt Geistigen, wenn auch ein Hegel gerade dieses Zentralgebiet gering schätzt. Man versteht unter Hinzunahme der Gründe des vorigen Absatzes jetzt, wenn Nicolai Hartmann sagt: „Den Gedanken aber, den einer hat, kann man als denselben denken, wenn man ihn erfaßt; es ist zwar ein zweiter Denkakt, Akt eines anderen Bewußtseins, aber es ist derselbe Gedanke" [Geist, Sein, S. 61]. Es handelt sich in diesem Falle um das Reich der Vorstellungen an sich, Sätze an sich und Wahrheiten an sich Bolzanos, das man durchaus nicht als metaphysisch anzusehen braucht, um es als sinnvoll und bedeutsam einzusehen. Aber zum Begriff des objektiven Geistes kommen wir erst durch die soziale Bindung und Wandlung des Geistes. Die sozialen Triebe, die wir in Teil 2.51 feststellten, bedingen nun auch in allen gewagten geistigen Setzungen, die keineswegs so gesichert und stabil sind, eine überindividuelle geistige Einheit des Beharrens und des Fortschreitens.

350. Von Hegel ist der Ausdruck „objektiver Geist" geprägt und dieser Begriff zum Hauptpunkt seiner Philosophie gemacht. Dadurch, daß individuelle Geister immer in genügender Zahl bereit sind, ihre geistigen Funktionen der still-

schweigend, ausdrücklich oder gar gesetzlich in einer Gemeinschaft oder Gesellschaft gültigen Zielsetzung und Mittelgeltung zur Verfügung zu stellen, im Sinne dieser Zielsetzungen geistig weiterzubauen, bekommt und behält soziale Zielhaftigkeit im Gegensatz zur biologischen einen geistigen Charakter, beharrt sie, verändert sie sich, bricht sie vor einer anderen zusammen wie individuelle Zielsetzungen, aber nun zeitlich und räumlich oft weit über die Spannen individuellen Daseins hinaus. Der einzelne Mensch muß, um sich selbst durchzusetzen, erraten, was dem objektiven Geist gemäß ist. Er muß so dafür arbeiten, daß der objektive Geist immer reinlicher sein jeweiliges Ideal verwirklicht, es auch vielleicht immer mehr übertreibt, andere Tendenzen verletzt, so daß er schließlich den Sturz infolge seiner eigenen Einseitigkeit herbeiführt. Der räumlich und zeitlich sehr wohl existierende (§ 838) objektive Geist hat jeweilig eine Individualität, die wie die jeder Einzelperson in *ihrer* Komplikation niemals wiederkehrt. Wie der einzelne Mensch seine Geistigkeit als Berufsmensch, als Amateur mehrerlei Sports, Sammlungen, Studien, als Familienfürsorger, als Staatsangehöriger nebeneinander mit mancherlei Überschneidungen kultiviert, so richten sich auch objektive Geistigkeiten wie Künste, Religion, Staatsgewalt, Recht usw. in derselben Gemeinschaft ein. Sie tendieren wie im Einzelgeist zu einer Widerspruchsfreiheit untereinander, zu einer einheitlichen Strebungsrichtung in ihrer Zeit und Gemeinschaft, ohne sie wahrhaft vollständig zu erreichen. Diese problematische Einheit des objektiven Geistes hat ebenso wie die einzelnen objektiven Geistesgebilde eine Geschichte, denn im allgemeinen kann alle künftige Geistigkeit nur in bereits bestehender sozialer geistiger Gestaltung die nötige Resonanz finden. Seit Hegel ist mit gutem Recht die Auffassung herrschend, daß das Geschehen im objektiven Geist, das Hegel und seine Nachfolger allzu optimistisch als einen notwendig richtigen Fortschritt auffaßten, der wahre Inhalt der Geschichte in *dem* Sinn ist, in dem wir sie als *Welt*geschichte auf die Geschichte der dokumentierten Kulturzeit begrenzen. Wichtig ist, daß im allgemeinen das Richtige sich dauernd erhält, und daß das Richtige sich fremden Völkern aufnötigt. Das als richtig Bewußte der Geistigkeit eines fremden Volkes kann ein Bewußtsein der geistigen

Inferiorität des eigenen Volkes hervorrufen, kann fremde Geistigkeit in Bausch und Bogen mit einem Nimbus des Besseren umgeben, so daß sie ganz und gar, auch in ihren an sich wenig überzeugenden Seiten übernommen wird. So erst bildet sich eine einheitliche Geschichte des objektiven Geistes über die Grenzen der Völker und über den Untergang von kulturtragenden Völkern hinweg. So ging der „Weg des einen objektiven Geistes" von den Orientalen über die Griechen, die Römer, die romanisch-germanischen Völker.

351. Eine wichtige Rolle spielt nun die physische Symbolik der Sprache und der Schrift. Freilich ist nicht alle Symbolik an Geistigkeit im engsten Sinne des Wortes gebunden; für Mimik des Gesichts, Tonsymbolik (Musik), visuelle Abbildung ist diese Geistigkeit im strikten Sinne nicht das Wesentliche. Aber die Lautsprache des Menschen überträgt korrekt abbildend die echt geistige Struktur der Gedanken. Alles Gedankengut kann durch Jahrtausende hindurch mündlich wesentlich unverändert überliefert werden, wie die indischen Brahmanenschulen zeigen. Aber nun liegt der Druck des Überlieferten, dem der einzelne memorierend seine geistige Tätigkeit opfern muß, zu schwer auf dem späteren Zeitgeist. Erst die Schrift, welche die Wort-, Silben- und Lautsymbole ihrerseits wieder in graphischen Zeichen symbolisiert und durch die modernen Vervielfältigungsmethoden immer mehr unbegrenzt reiches Gedankengut in beliebiger Auswahl fast allen Personen zugängig macht, hat allmählich den heutigen Zustand geschaffen: der objektive Geist entwickelt sich, wenig behindert durch die Fülle des Überlieferten, aus seinen eigenen Bedürfnissen und Modesüchten weiter. Er benutzt das junge graphisch fixierte Geistesgut, soweit es ihm konform und modern empfunden wird. Viele Individualgeister sind beschäftigt, im Interesse seiner Fortbildung das ganze Gedankengut der Vergangenheit, das in Originaldokumenten und möglichst treuen Vervielfältigungen hierzu bereitgestellt, in besonderer Tätigkeit für den lebendigen Geist in die Denkweise der Gegenwart übersetzt wird, nochmals daraufhin durchzudenken, wie weit es etwa wieder lebendig gemacht werden könnte. Der objektive Geist wird gestärkt durch die richtige Überzeugung, das nur in seinem historischen allmählichen Werden der Daseinsgrund aller seiner einzelnen jetzt

lebendigen Gestaltungszüge begriffen werden kann, und daß nur *der* Einzelmensch voll geeignet ist, an seiner Weiterbildung mitzuwirken, der die Geschichte des Geistes in sich aufgenommen und durchschaut hat. Das ist die Abbildung der Vertikalstruktur des objektiven Geistes in der Horizontalebene der Gegenwart, die wir als das historische Bewußtsein bezeichnen.

2.53. Die überindividuellen Ganzheiten Rasse, Volk, objektiver Geist, Staat.

352. Es ist jetzt sehr wichtig, daß die Ganzheiten der Rasse, des Volkes, des objektiven Geistes und des bisher noch unerörterten Staates überindividuelle Ganzheiten ganz verschiedenen Charakters nebeneinander sind. Sie sind nicht übereinander geordnet wie die großen Stufungen des Anorganischen, Organischen, Seelischen, Sozialen. Sie haben ihre eigentümlich verschiedene Selbstbehauptungskraft und Herrschaftsenergie, die mit ganz verschiedenen Mitteln in ganz verschiedenem Tempo arbeitet. Sie geraten miteinander in Konflikt wie die Staaten untereinander, die Völker untereinander, die Kulturen untereinander.

353. In § 156 was uns der Biotypus einfach ein bestimmter Genotypus, der ja in sich die Tendenz zu einer Vervielfältigung, zu einem Vorkommen in vielen Exemplaren hat. Bei „Rasse" denkt man nun ganz besonders an diese Vielheit, die nach biologischen Gesetzen die Tendenz zu einer Gleichförmigkeit und einen Expansionsdruck besitzt. Eugen Fischer betont in seiner Rassendefinition deshalb die Homozygotie gewisser Gene, das Fehlen von erheblichen Allelen (§ 98) innerhalb einer umfassenden Population [Baur-Fischer-Lenz, I, S. 250]. Ein englisches Komitee von Anthropologen und Soziologen (Grafton Elliot Smith usw.) definierte 1934 Rasse: „Eine Rasse ist aus einer oder mehreren untereinander im Fortpflanzungsverkehr stehenden Indivuengruppen zusammengesetzt, deren Nachkommen eine Anzahl eingeborener Eigenschaften besitzen, die sie von anderen Gruppen unterscheiden. Die erwähnten eingeborenen Eigenschaften sind gewöhnlich in der Allgemeinheit der studierten Individuen vorhanden und nicht pathologische Züge oder Züge (wie etwa rotes Haar), die

nur einen ziemlich kleinen Prozentsatz der Population charakterisieren." Hier ist das Vorkommen von Varianten innerhalb der Rassen, besonders in Zügen, die nicht rassisch wesentlich sind, betont. Was aber hier nicht zum Ausdruck kommt und auch nicht allgemein in den Rassebegriff hineingenommen wird, sind die Angepaßtheiten durch einen Ausleseprozeß. Der mag ein langsam natürlicher Ausleseprozeß mit einer im allgemeinen langsamen Rassenschöpfung, aber auch der künstliche Ausleseprozeß des Züchters sein, der die Rassen unserer Haustiere und -pflanzen schuf. Rassen unterscheiden sich in teleologisch recht gleichgültigen Zügen, sind aber in weitem Maße auch durch Anpassungs- und Leistungsbestimmtheiten charakterisiert. Rassen bleiben auch nach Rassenmischungen zu gemischten Populationen bemerkbar. Ganz besonders menschliche Populationen mit ihren Volksballungen aus verschiedenen Rassen zeigen Rassenverschmelzung, wenn auch meistens Verschmelzung verwandter Rassen. Eine solche Volksvereinheitlichung ist noch nicht als Rassenvereinheitlichung anzusprechen, wenn auch zweifellos durch einen Ausleseprozeß allmählich eine „Sekundärrasse" (Aichel) entsteht. Diese Sekundärrassen sind letzten Endes nur dadurch für uns von primären Rassen verschieden, daß wir ihre Entstehung an primären Rassen noch mehr oder weniger klar geschichtlich verfolgen können. Selbstverständlich sind alle Rassen in Wirklichkeit sekundär.

354. „Volk" bezeichnet eine zweckmäßige und durch bindende Kräfte herbeigeführte Nähr-, Wehr- und Fortpflanzungseinheit vieler Individuen (§ 159, 160, 162). Volk wird in der Menschheit durch den Einheitswillen der Einzelgeister bedingt. Volk ist die im sozialen Bewußtsein der einzelnen Individuen lebendige, als real bewußte und von den Einzelnen gewollte und versorgte Schicksalsgemeinschaft. Ihr ursprünglicher und eigentlicher Zweck ist die Selbstbehauptung der biologischen Interessen, die Selbstbehauptung einer mehr als familiengroßen Gemeinschaft. Menschenvölker können sich aus wesentlich verschiedenen Rassen selbstgewollt oder unter dem langsamen verschmelzenden Einfluß der geschlechtlichen Verbindung oder einer befehlenden Macht neu bilden. Die Germanenscharen, die in das römische Reich einbrachen, fühlten sich gewollt als Volkseinheit, auch wenn sie aus ver-

schiedenen früheren Stämmen hervorgegangen waren und ganz rassenfremde, nichtgermanische Elemente in sich aufgenommen hatten. Die Inder und die Schweizer sind zu einem Volk geworden. Das ist im allgemeinen nicht so im Tiervolk: Gerade bei den wirksamsten Volksbildungen, bei den Bienen und Ameisen, ist Volkseinheit auf engster Blutsverbundenheit aufgebaut, ist sie Großfamilie. Gewiß wird es ursprünglich auch in Menschenvölkern so gewesen sein, und auch heute noch ist Rassengleichheit neben Sprachgemeinschaft und Zusammenwohnen im selben Raum und Wirtschaftsgebiet das stärkste volksvereinheitlichende Motiv. Aber es gilt nicht absolut. So wurde z. B. der gründliche Ethnologe Karl von den Steinen dadurch, daß er und die Bakairi seine Zugehörigkeit wollten, zum Angehörigen des Stammes der Bakairi; nur eben war sein eigenes Wollen nicht echt und insofern seine Zugehörigkeit nur Schein. Dennoch wirkt das Volk im wesentlichen als eine Fortpflanzungseinheit und ist als solche vom objektiven Geist und von jeder bloß sozialen Zweckeinheit etwa einer Erwerbsgesellschaft, einem Amateurverein, einem Staat verschieden. Volk zielt auf die Ewigkeit seines überindividuellen biologischen Daseins und setzt so die alte Tendenz der Großfamilie fort, auch wenn es durch rassische Verschmelzung erst geworden ist.

355. Der Ursprung des Volkes im Willen des Einzelnen läßt das Volk schon als ein Gebilde des objektiven Geistes denkbar erscheinen. Weit mehr gilt das aber von der überindividuellen Ganzheit des Staates. Der Staatsbegriff hat sich erst in der Hochkultur seit fünf bis sechs Jahrtausenden deutlich vom Volksbegriff gesondert. Der Staat ist die Gewaltorganisation gegenüber einer Vielheit von Menschen. Diese Menschen brauchen sich nicht eines Volkes Angehörige zu wissen. Neger und Weiße bilden in der USA. gewiß keine Volkseinheit. Die Menschen brauchen sich auch nicht in allseitiger Fortpflanzungsgemeinschaft zu befinden. Ein Staat kann prinzipiell verschiedene Kasten umfassen. Ein Staat hat aber immer Gewaltmittel, die einzelnen zum Gehorsam zu zwingen. Ein Staat tendiert dahin, ein kodifiziertes Recht zu schaffen, um die ihm Unterworfenen nicht im Unklaren über den Gegenstand des Gehorsams zu lassen und selbst eine feste Richtschnur der Machtausübung zu haben. Der Staat

hat prinzipiell Ewigkeitstendenz über das Dasein aller Individuen hinweg. Ein Staat muß sich auf Selbstbehauptung im Kampf mit äußeren Mächten und gegenüber inneren sozialen und individuellen Machtverkürzungen einstellen. Der Staat muß nach einem Territorium mit seinen Hilfsmitteln und Machtmitteln streben. Staat ist an sich lediglich die sinnleere Machtpotenz, die von ganz verschiedenen Gestaltungen des objektiven Geistes entwickelt oder auch dienstbar gemacht werden kann. Ganz gewiß sind die ursprünglichsten Staaten aus Völkern allmählich erwachsen, dienten sie ursprünglich dem Volksinteresse, waren sie nur durch die Zwanghaftigkeit vom Volk unterschieden. Aber es fehlt nicht an erfolgreichen staatsbildenden Kräften aus religiösen, weltanschaulichen, wirtschaftsidealen (Sowjet-Union), wirtschaftspraktischen und geographisch machtpraktischen Gründen, die eine völkliche Grundlage negieren oder zu negieren suchen. Jede mit Machtansprüchen an ihre Teilnehmer operierende Einheit objektiven Geistes tendiert nach einer quasistaatlichen Konsolidierung, und sei es auch nur im Rahmen des bestehenden Staates, dem sie sich unterordnen muß. Konsequente Staatsentwicklung zielt aber im Interesse eigener Macht und Sicherheit auf Souveränität, auf volle Unterworfenheit aller anderen sozialen und individuellen Machtansprüche unter der Staatsgewalt. Der Staat als an sich sinnleere Machtorganisation kann ein sehr wechselndes Schicksal durchmachen, kann in die verschiedensten Hände, in den Bereich der verschiedensten objektiv geistigen und individuellen Machtgelüste fallen. Zu allen Zeiten wurden Staaten die Beute egoistisch wertender Personen und Familien, ja fast ihr rechtmäßiges Eigentum. Personen balgen sich um die Staaten, zerreißen im Familieninteresse Staaten und ballen Staaten zusammen. Gemäß der individualistischen Tendenz seit der Renaissancezeit wird der Staat für die philosophische Theorie zu einer bloßen Schutzorganisation der Individuen und ihrer individuellen Freiheit, die so groß zu lassen ist, als es sich mit der Sicherheit des Staates und der Freiheit der anderen Personen verträgt. Diese Theorie wurde von den Staaten im eigenen Interesse weitgehend übernommen, um eine sichernde Wertposition im Werten der Individuen zu gewinnen, deren massenhafte Anerkennungsunlust dem Staate gefährlich werden könnte. Die Individuen sind ohnehin der Gewalt als solcher leicht feindlich gesinnt.

356. Alle diese verschiedenartigen überindividuellen Ganzheiten stehen nun in mannigfaltigen Förderungs- und Hemmungsbeziehungen zueinander. Sie gestalten sich einzeln nicht allein aus sich selber, sondern auch sich gegenseitig. Wir sahen schon in § 162, wie Rasse und Volk einander keineswegs immer dienlich sind, obwohl in natürlich biologischen Verhältnissen im großen und ganzen Volksganzheit der Rassenganzheit dienlich ist und von den Gesetzen der Rassenselbstbehauptung gefördert, getragen wird. Gedeih und Verderb der Rasse und des objektiven Geistes durch ihre Wirkung aufeinander wird ein Hauptthema des nächsten Teils 2.34 bilden. Ebenso bestimmen objektiver Geist und Volk objektiver Geist und Staat, Staat und Volk sich gegenseitig den Abschluß und Zusammenschluß zu Einheiten, wie auch die Entwicklungsrichtung. Selbstverständlich spielen in die Gestaltung noch ganz andere Dinge hinein. So ist z. B. der Schweizer Staat in reinster Ausprägung aus einer physisch-geographischen Bestimmtheit zum abgeschlossenen Staate geworden, nämlich aus dem Gebirgs- und Paßcharakter des Geländes. Aber diese Staatseinheit hat eine Volkseinheit geschaffen, und die Volkseinheit wieder eine besondere objektive Geistigkeit, wenn diese objektive Geistigkeit sich auch nur als eine Nuance innerhalb der objektiven Geistigkeit des europäisch-amerikanischen Geistes besondert. Ich vergesse auch nicht, welche große Bedeutung die Spracheinheit und neuerdings auch die Schrifteinheit für die Bildung von Volkseinheit und zweiter Hand von Staatseinheit hat. Aber dieses Moment ist nicht so allmächtig, wie die Philologen glauben. Das Beispiel einerseits der Schweiz, andererseits des amerikanischen und englischen Volks zeigt es. Sprache ist schließlich auch nur ein Teil des objektiven Geistes, wenn auch ein wichtiger Teil. Im Grunde kann man ja auch den Begriff des Staates dem des objektiven Geistes einordnen.

357. Alle diese überindividuellen Ganzheiten haben eine Selbstbehauptungstendenz auf Grund ganz verschiedener Kräfte nebeneinander und zum Teil gegeneinander. Sie haben eine ganz verschiedene zeitliche Extension des Trägheitswiderstands gegeneinander. Wir können eine Reihe von der

trägsten zur zeitlich labilsten Ganzheit aufstellen: Rasse, Volk, Staat, objektiver Geist. Und doch erschwert die ganz heterogene Maßgröße der Veränderung die Vergleichung. Man kann den Wandel des objektiven Geistes von der klassischen Antike des 5. Jahrhunderts v. Chr. bis zur Gegenwart kleiner empfinden als die Rassenverschlechterung in wenigen Kulturjahrhunderten.

Alle diese Ganzheiten sind labil und bildsam, wenn sie nur an ihrer weichsten Stelle kräftig angegriffen werden. Der Tier- und Pflanzenzüchter weiß die Rasse zu modeln. Selbstverständlich sind Menschenrassen ebenso zu modeln; nur hat man sie noch nie so energisch anzutasten gewagt, wie der Züchter sein Züchtungsobjekt behandelt.

358. Die Andacht und der Gehorsam Hegels dem objektiven Geist gegenüber übertreiben sowohl die notwendige Sinnrichtigkeit wie auch die Unwiderstehlichkeit der wirklichen langfristigen Gestaltung objektiver Geistigkeit. Objektive Geistigkeit ist zunächst überhaupt nur unter Voraussetzung vieler verwickelter ganz unseelischer Momente der Umwelt und ebenso verwickelter und biologisch-teleologischer triebhafter Anlagen, die der Population, zum Teil der ganzen Menschheit gemeinsam sind, „richtig". Da entwickeln sich freilich Kulturerrungenschaften, die jedes Volk, das sich in menschlich geistiger Weise in der Welt behaupten will, übernehmen muß. Kulturerrungenschaften, die nur in und von noch raffinierteren Kulturerrungenschaften „aufgehoben" werden können. Wehrtechnik und Sprach-, Schrift- und Drucktechnik behaupten sich auf ihrer Entwicklungsstufe und entwickeln sich in eigenartiger Richtigkeit weiter. Für die Technik der Massenlenkung, der sozialen Machtorganisation kann man auf Grund der in dieser Hinsicht gleich gebliebenen Seiten individueller Geistigkeit dasselbe verfechten. Auch die Zeit vom 6. bis zum Beginn des 11. Jahrhunderts in Europa, die kulturell so leistungsarm war, fast tot zu nennen ist, hat dieses Erbgut im wesentlichen wohl bewahrt. Aber alle Hypothesis von Idealen, die nicht in dieser Weise scheinbar ewige Grundlagen in der offensichtlichen Zweckmäßigkeit hat, ist sehr weich, wenn sie nur an ihrem schwachen Punkte gefaßt wird. Dazu gehören religiöse, künstlerische, philosophische, weltanschauliche Geistesgestaltungen, konsequente Theorien aller Art.

Gerade an diese Dinge denkt man beim Begriff des objektiven
Geistes ja in erster Linie. Zwischen ihnen und der ersteren
Gruppe objektiver Geistigkeit gibt es natürlich alle Übergänge. Auch die zweite Gruppe zeigt einen zähen Widerstand
verschiedener Stärke. Sie zwingt die Individuen unter sich
(§ 340). Je nach Eigentümlichkeit ihres Wesens überlassen
sich die Geistigkeiten dieser zweiten Gruppe einem Mode-
wandel wie etwa die Künste oder sind sie stark konservativ
wie die Religionen. Dennoch zeigen die Erfahrungen, daß
zwar nicht ein einzelner Mensch, aber eine entschlossene Mino-
rität, die ein ganzes Volk durchdringt, die von ihrem Ideal als
allein Richtigem überzeugt ist, die rücksichtslos die Macht
gebraucht, die jedem Einzelnen nur in ihren Geleisen Lei-
stungsmöglichkeiten läßt, den objektiven Geist in ihrem
Machtbereich wie Wachs gestalten kann. Die Möglichkeit
einer Leistungssphäre für den Einzelnen ist ja das wichtigste
Druckmittel der verschiedenartigen objektiven Geistigkeiten
gegenüber den Launen der Individuen (§ 343). Es war der
entscheidende Gedanke von Georges Sorel, daß die sozial-
gestaltende Macht ziffernmäßiger Mehrheit nur als ein Produkt einer zufälligen parlamentarischen Sozialinstitution
besteht und der Glaube an sie als natürlich richtiges Mittel
sozialer und staatlicher Gestaltung als ein falsches Idol anzusehen ist.

2.54. Kultur- und Völkergeschichte.

2.541. Aufstieg der Kultur.

359. So gehen die überindividuellen Ganzheiten ihren un-
berechenbaren Gang, wenn man auch hinterher „verstehen"
kann, daß es so kommen konnte, und im vollendeten Sieg des
vertraut und lieb gewordenen Daseienden den Finger der
Vorsehung zu sehen glaubt. Die Geschichte der Staaten,
Völker und Kulturen seit etwa 5000 Jahren pflegt man als die
*Welt*geschichte zu bezeichnen. Diese Bezeichnung ist ein Re-
likt aus der Zeit vor 100 Jahren. Allerdings geben wichtige
Kulturerrungenschaften der Entwicklung in diesem winzigen,
jüngsten Zeitraum von 5000 Jahren ein Gepräge raschesten
Fortschreitens subjektiv teleologischer Gestaltung objektiver
Geistigkeit, die allerdings zugleich in Dissens zu biologischer

Teleologie gerät. Mir scheint eine zu allseitigen Mitteilungszwecken geeignete Schriftentwicklung, wie sie von den Sumerern im Euphrat-Tigris-Lande geschaffen zu sein scheint, den Hauptanstoß zu einer erstmaligen Großstadtkultur und Großmachtstellung gegeben zu haben. Von einem Machtzentrum aus konnten klare, umfangreiche Befehle und Gesetze zur Machtorganisation weiter volkreicher Länder wirksam ausgehen, aus allen Teilen Berichte ans Zentrum gelangen und die wirtschaftlichen Kräfte organisiert und ausgenutzt werden. Rein quantitative Machtgröße weiteren Ausmaßes wurde Machtverstärkung. Zugleich konnten gedankliche Institutionen und ihre Wirkungen fixiert und aufbewahrt werden. Sie dienten als immer bereitliegender Ausgangspunkt für jeweilige Anpassung an neue Fälle und Ausprobungen von Verbesserungen. Es war das auch der Anlaß einer fixierten Geschichte, die gedanklich zu unserer Kenntnis gekommen ist, wenn diese Quelle auch für die ersten Jahrtausende recht spärlich fließt.

360. Damit war aber auch die Vorbedingung eines gründlichen Wandels der Sozialgestaltung gegeben. Im Zentrum ballten sich Volksmassen zusammen. Die Volkseinheiten der unterworfenen Menschenmassen der Provinzen und teilweise selbst im Machtzentrum lockerten sich. Gewohnt gewordene und ertragene physische Gewalt über die Bewohner ersetzte oft das Volksbewußtsein. Volk und Staat konnten weitgehend getrennt sein. In den Horden- und Stammeskriegen des Zustands vor der Hoch-, Großstaats- und Großstadtkultur wurden die unterliegenden Völker ausgerottet oder verdrängt, wie Indianer- und Negerkriege noch bis vor kurzem zeigten. In den unwirtlichen Wüsten, Urwäldern und Gebirgen finden wir mitunter die verdrängten Völker noch unter ärmlichen Lebensbedingungen. Sieg und Erweiterung führte unter Kulturverhältnissen mehr als bisher bloß zu einer Unterwerfung der Besiegten. Völkerverschmelzungen und Völkerneubildungen mögen dagegen schon im Hordenstaat primitiver Fügung und kleinen Umfangs häufig genug gewesen sein und die genotypische Struktur der Völker heterozygot, buntscheckig genug gemacht haben (§ 162).

361. Vor allem ist nun der Boden einer etappenweisen Aufstufung der Kulturvoraussetzungen gegeben. Die Stufen

addieren nicht, sie multiplizieren die Kultur, indem immer eine neue Dimension der Gestaltungsmöglichkeit für die ganze Kultur hinzugefügt wird. Die Kommunikationsmittel aller Art von der Keilschrift bis zum Rundfunk, von der gepflasterten Straße bis zum Flugzeug, die Organisationstechnik aller Art, die Technik der Erziehung bis zur speziellsten Bedürfnissen angepaßten Erziehung, die Methodik der Wissenschaft, die Methodik der seelisch-geistigen Ausgestaltung in der Kunst sind solche teils ziemlich abrupt einsetzende, teils sich langsam entwickelnden Aufstufungen. Mir scheint es auch bei strengster Selbstkritik keine perspektivistische Täuschung zu sein, wenn der Kultur, in Bausch und Bogen betrachtet, ein immer rascherer Gang im Laufe ihrer 5000 Jahre zugeschrieben wird (vgl. hierzu § 389).

362. Der Ehrgeiz des Individuums (§ 281, 338) bekommt eine neue objektive Bezogenheit. Der objektive Geist wird wertvoll, wird wohl gar zum höchsten Wert, wird als ganz selbständig wertvoll verehrt und infolge des Hangs zum Abschluß geistiger Gegenstandsgebiete zu autonomen Ganzheiten geformt. Reine Wissenschaft wird eine wohlbegründete Forderung (§ 494ff.), und mit einer unbehaglichen Unsicherheit billigt man der Kunst aus Konsequenz gleiche Autonomie zu (§ 1119). Staat und Volksbewußtsein pflegen die objektive Geistigkeit in ihrer Bewährtheit und lassen ihr wohlbedacht Freiheit der Entwicklung. Das Individuum findet hier „Ewigkeitswerte": Alle künftige Kultur kann nur auf den erzielten Kulturfortschritten weiterbauen. Die Arbeit der Person kann nicht in Äonen untergehen. Das Individuum kann seine reiche, individuelle Gestaltung als einzig wertvolle Selbstentwicklung auffassen und genießen (§ 1029). So wird der Kultursteigerung die feste Basis im Kräftespiel der Individuen bereitet.

363. Zu diesem labilen individuellen Kräftespiel kommen nun zwei notwendige und doch so ganz verschiedene stabilere Voraussetzungen der Kultur. Die eine wird von den Institutionen gebildet, die ich schon in § 361 erwähnte. Sie gehören den Gebilden der Kultur selbst an. Eigentlich ist die ganze gewordene Kultur selbst stabiler Grund der künftigen höheren Kultur. Sie wird, vom biologischen und persönlichen Standpunkt aus gesehen, äußerlich von Generation zu Generation weitergegeben. Sie besitzt in ihrer offensichtlichen Dienlich-

keit eine Sicherheit gegen den Rückschritt, solange die genotypische Tüchtigkeit der Rasse nur einigermaßen erhalten bleibt. Eine zweite notwendige Basis ist aber die biologisch ererbte Anlage der Kulturträger, die genotypische Geeignetheit der Rasse. Nicht die individuellen Persönlichkeitsstrukturen der einzelnen Kulturträger sind hier zu beachten. Die sind wesentlich schon durch die äußerlich überlieferten Kulturformen mitgeformt. Selbstverständlich bedarf eine Kultur mindestens zur lebendigen Weiterentwicklung eines gut angepaßten Anlagensystems, wenn auch zum Einfügen und Einleben in die Kultur viel geringere Anlagenkonformität genügt.

2.542. Verfall und Zusammenbruch von Kulturen und Völkern.

364. Steigende und veränderte Kultur stellen andere Anpassungsforderungen an die Veranlagung der kulturtragenden Individuen, auch wenn es sich um die Rasse handelt, welche die Kultur geschaffen hat. Selbstverständlich kann sich die Rasse in den biologisch gesehen so kurzen Zeiten nicht an die Bedürfnisse einer so plötzlich emporgeschossenen Kultur anpassen. Aus der Dissonanz kann im Individuum ein Zivilisationshaß und Kulturhaß erwachsen (§ 1112f.). Und doch wird man die Lasten der Organisation nicht wieder rückgängig machen wollen.

Unvergleichlich schwerer aber wiegt die Störung und Zerstörung der dienlichen Struktur des individuellen Triebsystems und der Rassenveranlagung für die Selbsterhaltung der Rasse und des Volks und damit schließlich auch der Kultur. Sie wirkt um so schwerer, als die Individuen unmittelbar emotional die Gefahr für die Rasse, für das Volk, für die Kultur gar nicht fühlen. Rasse stirbt schmerzlos.

365. In der modernen Gesellschaft dient mehr und mehr ein rücksichtsloser wenn auch am besten gut getarnter Egoismus vorzüglich, um zu „arrivieren", um persönliche und familiäre Sicherheit, Wohlhabenheit, Ehrbefriedigung, Wirkungsgröße zu finden. Die Erfolg bedingende Wirtschaftsdynamik wird ohnehin schon am besten auf einer Antagonistik der Kräfte aufgebaut (§ 342). In der unübersehbaren

Weite des Großstaats- und Großvolksverbandes versagt der Gemeinschaftstrieb infolge mangelnden Bewußtseins sichtbarer Verbundenheit zugunsten des individuellen Egoismus, des Familienegoismus, des Sorgens für die Verwandtengruppe und die Bundesbrüderschaft. Der Glanz des objektiven Geistes fasziniert gerade das geistig regsame, leistungsfähige Individuum, drängt es zu einer individualistischen „Selbstentwicklung". Der lockende Genuß der Kultur, der Gestaltungen des objektiven Geistes regt den Egoismus in weiteren Kreisen an. In dem erschwerten Kampf um die für die steigenden subjektiven Bedürfnisse hinreichend erachtete Existenzbasis wird der wirtschaftliche und gesellschaftliche Egoismus zu immer größerer Rücksichtslosigkeit gesteigert. Kostspielige Differenziertheit des objektiven Geistes und des Genusses der Kultur und steigender Wohlstand sind die wirksamsten Förderer dieser Steigerung subjektiver Bedürfnisse.

366. Schlimmer und kaum wieder gut zu machen wird für Volk und Kultur auf die Dauer die Verderbnis der rassischen Voraussetzungen, die alle Kultur und Volksenergie tragen. Eindeutig genug reden ja gerade in der Gegenwart die statistischen Daten, obwohl das Individuum in sich selbst nichts Bedrohliches fühlt. Die Schwervereinbarkeit der Familienpflege mit höchster Leistung für den objektiven Geist und für die Gemeinschaft, mit verstärktem Genuß der Kulturgüter, mit der Pflege der Selbstentwicklung treibt gerade die Tüchtigsten und Regsamsten zum Cölibat oder doch zur Beschränkung der Nachkommenschaft. Die verantwortungsvolle Fürsorge für die Kinder treibt gerade die ethisch Besten, die Verantwortungsvollen zur Beschränkung der Kinderzahl. Der Ehrgeiz ist auf die Stellung in der Gesellschaft gerichtet, die wieder vom kulturellen Aufwand abhängig geworden ist, und der verträgt sich wieder nicht mit dem notwendigen Aufwand für eine größere Kinderzahl. Der kulturelle Aufwand wird standesgemäß in einem gehobenen Gesellschaftskreise bis an die Grenze des Möglichen getrieben, so daß gerade mit Erhöhung des sozialen Standes und auch des Einkommens das subjektive Gefühl wirtschaftlicher Auskömmlichkeit und infolgedessen die Kinderzahl abnimmt.

Infolge der bloßen Unterworfenheit der unterlegenen Völker, der bloßen Herrschaft der siegenden Völker über die unterworfenen, ist die Selektion von Völkern für die biologische Ausbreitung, die Daseinsbehauptung in der Wirklichkeit belanglos, dagegen nur die Selektion der Individuen und Familien populationsgestaltend wirksam. Die siegenden Völker müssen bei der unvermeidlichen Populationsmischung ihre höhere kulturelle Stellung geradezu mit dem zahlenmäßigen Rückgang und dem Untergang ihrer Rasse bezahlen. In den Populationen der Kulturvölker opfern sich in den Kriegen die von Natur Gemeinschaftsdienlichen, Charaktervollen und Wagemutigen und überlassen, unabhängig von Sieg oder Niederlage, das Feld des Volkserbes, die Gestaltung der künftigen Generation den Schwachen, Feigen, sich Duckenden. In den innerpolitischen Herrschaftskämpfen werden von den Siegern die führenden Geister, die Wagenden, die aktiv Rebellierenden, die besten Persönlichkeiten der Gegenpartei ausgerottet; der zum Beherrschtwerden brauchbare charakterlose Geistespöbel bleibt übrig.

367. Es ist schon eine Eigentümlichkeit biologischer überindividueller Wandlung des genotypischen Guts, daß die fehlende Auslese, die Aselektion eine langsame Verschlechterung des Erbguts bedingt. Mutanten sind überwiegend schlechte Mutanten und verschlechtern das Erbgut, wenn sie nicht ausgemerzt werden. Die Kultur zeitigt aber nicht nur Aselektion, sondern sogar überwiegend Kontraselektion, Bevorzugung der schlechten Teile der Population für die Bildung der künftigen Generationen. Die in § 366 aufgeführten Selektionsmomente sind wohl die wichtigsten unter denen, die einen mindestens für soziale und völkische Leistung wenig opferwilligen und schließlich einen kulturell überhaupt wenig leistungsfähigen Menschentypus biologisch gesetzlich züchten, und zwar in einer für natürliche biologisch generative Verläufe kurzen Zeit, in wenigen Jahrhunderten. Die in § 365 aufgeführten Kräfte der sozial traditionellen Gestaltung subjektiver Geistigkeit in den Individuen der Gesellschaft zielen in weitem Maße in die gleiche asoziale Richtung des Phänotypus der Gesellschaft, wenn auch Staat und Gemeinschaft kunstvolle Institutionen schaffen, die individuellen Geister an das Gemeinschaftsdienliche zu binden. Diese äußerlich traditionelle Entfremdung des Individuums gegenüber dem Gemeinschaftsdienlichen geht meistens noch schneller vor sich als die durch

die biologischen Erbwerte. Beides wirkt aber zusammen, einen eigentümlichen Phänotypus der Völker quantitativ zu begünstigen. Alle immer von neuem wiederholten Kulturentwicklungen führen zu ihm mit individuellen Varianten. Eine gegen die Gemeinschaft apathische unter jeder beliebigen Regierung sich duckende Fellachenbevölkerung, die auch am Kulturfortschritt spießerhaft mehr und mehr nur passiv Interesse nimmt, füllt Völker, Länder und Staaten. Sie klebt zäh am Boden, denn das gibt noch die günstigsten Bedingungen für Daseinsfestigkeit und starken Nachwuchs. Sie entwickelt sich in den Städten nach einem Aufgehen in die Fürsorge für die notwendigen Lebensbedürfnisse und in den gemeinschaftsdienlichen Stellen nach einer beamtenhaften Geschmeidigkeit, Brauchbarkeit und Zaghaftigkeit hin.

2.543. Rhythmik der Kultur.

368. Alles in den §§ 359/67 Besprochene ist Ursache eines eigentümlich rhythmischen Verlaufs der Weltgeschichte mit vielen Varianten, Abschwächungen und Abweichungen. Kultur kann sich unter günstigen Voraussetzungen rasch entwickeln und steigert vor allem aus eigener Dynamik heraus das Tempo der Entwicklung (§ 361). In den Generationen der Kultur werden aber sowohl die in den Individuen dynamisch wirksamen Momente der uneigennützigen und wagenden Leistung für die Gemeinschaft und schließlich auch für die Kultur rasch geschwächt. In der Kultur schwinden die gemeinschaftsdienlichen und kulturgünstigen Erbanlagen. Kulturen erstarren deshalb schließlich, bewahren im allgemeinen ihren objektivierten und institutiven Bestand, verehren ihn, arbeiten aber nicht mehr über ihn hinaus. In emsiger Kleinarbeit arbeiten die seelisch immer noch kulturgeneigten Menschen zunächst nach erprobter Methode an der inneren Durchgestaltung ihrer Kultur fort; ihr geistiges Interesse und ihr Ehrinteresse hält sie vorläufig noch daran fest. Aber auch das erlahmt schließlich; „junge Völker" übernehmen das Kulturgut und heben es auf eine neue und ihnen artgemäße Stufe.

369. Eine Variante dieses Entwicklungsganges ist aber die, daß rohe Völker, oft in geringer Kopfstärke, aus unkultivier-

ten Gegenden und Verhältnissen in die schwach gewordenen Kulturvölker und Kulturstaaten einbrechen, die Herrschaft an sich reißen, die Unterworfenen aber nicht verdrängen, meistens sogar zahlenmäßig in der Minderheit bleiben, mit den Unterworfenen zu einem Volk verschmelzen, nach intimerer geistiger Eindringung bewundernd sich in das Kulturgut der Unterworfenen einleben, von den Unterworfenen kulturell assimiliert werden. Nun aber entsteht aus dieser Verbindung des hohen Kulturbodens mit den unverdorbenen Kultur- und Gemeinschaftstrieben und den unverdorbenen Erbanlagen der „jungen" Volkselemente meistens ein stärkerer oder schwächerer neuer Aufschwung der Kultur, eine neue Kulturblüte verschiedensten Ausmaßes, oft ganz neuer Dimensionen, wobei aber nach den Gesetzen der seelischen Triebentwicklung in der Kultur (§ 365) das natürlich gemeinschaftsdienliche individuelle Triebleben sehr bald sinkt. Die genotypisch ausgezeichnete Herrenschicht wird ebenfalls rasch aus der Gesamtheit des Genotypischen der Population eliminiert (§ 366), besonders weil sie ohnehin meistens nur eine Minderheit des Rassengemisches bildet. Der Zyklus des Aufblühens, des Erstarrens und Ersterbens einer Kultur und der Untergang des Kulturvolks können sich nun wiederholen. Besonders das in allen Richtungen geographisch, außenpolitisch so exponierte Euphrat-Tigris-Land zeigt in seiner überviertausendjährigen Geschichte gerade diesen Typus am deutlichsten, wenn auch gerade hier die immer neuen Völkerschübe wegen der Häufigkeit am wenigsten kulturelle Abhebungen der Epochen verursachten. Erst 1258 brannten und mordeten die Mongolen das damalige Kulturzentrum des Zweistromlandes, Bagdad, vollständig aus, getreu dem sehr zweckmäßigen Prinzip ihres großen Dschingis-Chan, keine zusammengeballte zahlreiche Kulturbevölkerung mehr hinter sich als Gefahrenzentrum am Leben zu lassen. Seit der Zeit gibt es eigentlich keine Kultur im Zweistromlande mehr, da die Mongolen selbst kulturunfähig waren und sich dort auch nicht ansiedelten. Die kargen, aber Menschendasein nicht ganz ausschließenden Steppen Arabiens und Innerasiens und die nordischen Randgebiete mit nicht zu spärlicher menschlicher Siedlung waren die Gegenden, in denen die Eroberervölker in unaufhörlichem, aufreibendem, alles individuell und gemeinschaftsdienlich Untaugliche vernichtendem Kampfe mit der Natur und zwischen den einzelnen kleinen Horden und Stämmen zu einer wohlangepaßten, gesunden, sozial empfindenden kampf- und tatenfrohen Rasse nach biologischen Gesetzen langsam heranreiften. Diese Rassetüchtigkeit war natürlich je nach rassischem Ausgangsmaterial und Heimatgebiet sehr verschiedenen Charakters. Man vergleiche die innerasiatischen Mongolen mit den Germanen. Diese Völker unterscheiden sich aber immer in einer Leistungstüchtigkeit, die sichtbarlich ursprünglich nicht in Erscheinung tritt, von den im alten Hordenkrieg unterlegenen und verdrängten und in ebenfalls sehr karge Umwelt geratenen Völkern der Urrassen (§ 360), die keine Zukunft wieder erlangen.

370. Nun aber kommt der Übergang des objektiven Geistes auf räumlich, bald auch zeitlich ganz getrennte Völker hinzu. Von China bis zum antiken Rom und mittelalterlichen Islam haben wir in allen Ländern, die einer üppigen Kultur günstige Bedingungen bieten, das gleiche Schauspiel des Aufblühens, Erstarrens und Untergehens. Natürlich hat der Kulturgang in jedem Fall seine besondere Note, sei sie durch die rassische und geographische Besonderheit, sei sie durch die jeweiligen Sonderbedürfnisse auf der Stufe des objektiven Geistes bedingt. Nicht immer läßt sich die Mitwirkung der Rassenverschlechterung bei Niedergang der Kultur so deutlich nachweisen, wie Seeck [Untergang] sie so eindringlich und doch leider mit so begreiflich geringem Eindruck auf die zeitgenössische Philologenwelt für die klassische Antike klargestellt hat. Für die anderen älteren Kulturen mangelt es noch an unserem Interesse und vor allem an Dokumenten einer rassischen Veränderung, die so ganz jenseits des üblichen kulturellen Gesichtskreises der beobachteten Kultur und des beobachteten Gelehrten liegt. Diese Degeneration mag auch infolge des raschen Eintritts der Katastrophen (§ 369) und besonderer Lage der Fortpflanzungsbedingungen nicht immer so rasch stark gewirkt haben wie die umweltlich sozial bedingte Entartung des Trieblebens der Individuen (§ 365). Auf die Dauer war sie aber das wirksamere Moment.

371. Durch die Rhythmik der Kulturen der letzten fünf Jahrtausende in immer fremden und neugeborenen Völkern unter immer neuen Richtsetzungen wird die eigentümlich bio-

logisierende Gesamtauffassung der Kulturgeschichte erklärlich, der Spengler in seinem meteorgleich berühmt gewesenen Buch [Untergang] im Anschluß an Frobenius' Gedanken einer „Kulturmorphologie" den extremsten Ausdruck gegeben hat: Es gibt nicht „die Kultur", sondern eine Folge und teilweise ein zeitliches Nebeneinander von geographisch getrennten spezifisch verschiedenen Kulturen. Jede Kultur hat nur ihr gemäße Ausdrucksformen in Künsten, Wissenschaften, Sozialformen usw.: „Jede von begrenzter Lebensdauer, jede in sich selbst beschlossen, wie jede Pflanzenart ihre eigenen Blüten und Früchte, ihren eigenen Typus von Wachstum und Niedergang hat. Diese Kulturen, Lebewesen höchsten Ranges, wachsen in einer erhabenen Zwecklosigkeit auf, wie die Blumen auf dem Felde" [I, S. 29]. Die wahren und echten biologischen Grundlagen spielen in Spenglers Philosophie der Kultur gar keine Rolle. Ihm ist es ein fundamentalstes, keiner weiteren Erklärung bedürftiges Gesetz, daß eine Kultur zugrunde geht und eine neue entsteht. Unserer abendländischen Kultur werden selbstverständlich noch ungeborene Kulturen folgen [S. 253]. Hegels absolute Unterworfenheit alles wirksamen Tuns der Einzelmenschen unter den einen objektiven Geist wird bei Spengler wie bei Frobenius zu einer Unterworfenheit unter den jeweiligen Kulturgeist. Spengler gegenüber ist aber zu betonen, daß der eine „objektive Geist", den er so geringschätzig als perspektivische Beschränktheit abtut, eine mindestens so brauchbare Begriffsbildung ist wie seine Vielheit von Kulturseelen. Beide führen aber verabsolutiert, ohne Erkenntnis ihrer unter höherer Perspektive ephemeren und bloß durch zufällige Gegebenheiten bedingten Angemessenheit zu verhängnisvollen praktischen Konsequenzen. Will Spengler uns doch zumuten, daß wir als Angehörige einer Kultur im Greisenzustand uns greisenhafte Ziele setzen, um überhaupt noch etwas leisten zu können. Spenglers Philosophie bedeutet zugleich eine verhängnisvolle Einengung des Blicks auf den isoliert betrachteten Kulturverlauf ohne Beachtung und Verständnis seiner biologischen, psychologischen, individualgeistigen, volklichen Getragenheit, genau wie die Theorie der autonomen Bedingtheit des Werdens und Aussterbens von Tierstämmen die biozönotische Bedingtheit dieses Werdens und Sterbens verkennt (§ 136). Spenglers Kulturbiologie ist ein schlimmes Spiel mit äußerlichen, rein formalen Analogien zwischen dem biologischen Individuum und dem beobachteten Kulturverlauf innerhalb der Kulturvölker. Der ursprünglichen und sinngemäßen biologisch teleologischen Bedeutung nach hat das Volk und mit ihm seine Kultur prinzipiell ewig zu sein. Ein Zusammenbruch ist ein sinnwidriges Versagen und nicht etwa eine teleologisch vorgesehene Gesetzlichkeit wie die Vergreisung und der Tod des Individuums (§ 158). Daß dies Versagen typische Erscheinung in den letzten 5000 Jahren war, ändert daran nichts. Das zu verkennen, ist um so schlimmer, als die kurzsichtige Kulturphilosophie Spenglers sichere und absolute Geltung und schwerwiegende praktische Konsequenzen beansprucht.

2.544. Moderne Entwicklung der Kultur.

372. Nun zeigt sich aber in neuer Zeit immer stärker eine Kräfteverschiebung des Wettlaufs zwischen traditionellem Kulturfortschritt und Verfall der individuell dynamischen Kräfte und rassischen Anlagen zugunsten des ersteren. Schon das römische Reich mußte auf eine jämmerliche Stufe der Kraftlosigkeit und rassischen Verdorbenheit heruntersinken, ehe es den Germanen im Westen, den Arabern im Osten unterlag. Die romanisch-germanische Kultur stieg erst mit dem Beginn des 11. Jahrhunderts auf, aber nun mit immer verstärktem Tempo bis zur Gegenwart. Sie war nur im 13. Jahrhundert durch die Mongolen ernstlich bedroht, vom 14. bis 17. Jahrhundert weniger ernstlich und in immer abnehmendem Maße durch die Türken. Sie steht heute fester als je. Spielend wird das letzte rohe Naturvolk in seiner eigenen vertrauten und verteidigten Heimat überwunden. Ein Volk kann überhaupt nur noch Aussicht auf Raum an der Sonne haben, wenn es wie das japanische mit großer Energie den Höchststand der Kultur sich erwirbt.

373. Offensichtlich ist, daß die kulturellen Machtmittel durch die Steigerung der Kultur so außerordentlich gewachsen sind, daß ohne sie auch die natürliche Leistungsfähigkeit des tüchtigsten Volkes unzulänglich ist. Aber die Kultur hat in der Neuzeit auffallenderweise auch zu einer Ertüchtigung der sozialen, volklichen und kulturschöpferischen Triebbasis

im Individuum und infolgedessen auch zu einer Veredelung der sozialen Institutionen geführt, wie sie der an ihrer kulturellen Zukunft verzweifelnden Spätantike gar nicht mehr im Bereich des zu Erhoffenden zu liegen schien. Des Rätsels Lösung liegt wieder in der wachsenden Macht des Intellekts, in der Vernunft, dem Einzigen, das den Menschen vor den Tieren auszeichnet (§ 330), und in den Institutionen der Vernunft. In uns allen versenkt sind allerdings unmittelbare Bindungen an das dem Gemeinschaftsleben Dienliche, die wir erst im Teil Ethos (6) richtig würdigen können. Aber das erklärt das Novum gerade in der modernen Kultur noch nicht. Die steigenden Kulturmittel wirken jedoch auf eine Breite der gebildeten und nachdenkenden Schicht im Volke; infolgedessen gibt es eine breite Schicht von nicht egoistisch Interessierten, die ihre Zielsucht, ihre Aktionsleidenschaft dem Gemeinschaftswohl widmen. Die eigentümlich sozial einigenden Kräfte (§ 336/38, 341) richten die an sich zunächst divergierenden Kräfte gleich, einigen sie in einem einheitlichen Strom. Seit der Reformationszeit sehen wir mächtige Volkskulturbewegungen im wahren Sinne dieses Wortes. Die große französische Revolution war die erste machtvolle und mit Recht viel bestaunte vollendete Tat, aus der Vernunft heraus dem Volkswohl und dem sozialen Kulturinteresse Recht zu verschaffen gegenüber egoistischen Herrschaftsmächten. Es macht nichts, daß man diesen ersten erfahrungslosen Versuch hilflos und täppisch in eine erbärmliche Pöbelherrschaft ausarten ließ. In breitem sozialen Wirken wachsen jetzt immer wieder die Kräfte, die dem Richtigen sein Recht verschaffen, und jeder „Realpolitiker" mußte damit rechnen. Sie haben im Laufe des letzten Jahrhunderts an Macht gewonnen.

374. Mit der Empfindlichkeit der Entscheidenden für alles Ideale wächst die Empfindlichkeit für die volklichen Ideale, die sozial haltbarer sind als alles objektiv Geistige. Es ist vielleicht geschichtlicher Zufall oder Folge von Hemmungen durch das Feudalsystem, daß sich im Mittelalter keine romanisch-germanische Universalmonarchie durchsetzte. Seit Beginn der Neuzeit aber war den Völkern ihre staatliche Macht und ihre völkische Kultur das wohlverteidigte Ideal. Sie wahrten und steigerten systematisch ihre Wehrhaftigkeit, sie

entwickelten ihre Hilfskräfte in einer Weise, wie es durch die Liebe zum objektiv Geistigen und durch den Individualegoismus nie geschehen wäre. Die raffinierte Differenzierung der Institutionen kam selbstverständlich doch dem objektiven Geiste zugute, wie ein Vergleich der europäischen Geschichte mit der indischen und chinesischen zeigt.

Wir sehen, daß heute die typischen Fellachenvölker wie das ägyptische, indische, chinesische, die heute nicht umhin konnten, die ganze europäische Kultur zu übernehmen, zu lebendigem kulturellen Leben und volklicher Tatkraft erwachen. Überall findet sich jetzt eine genügend breite, sich volklich verantwortlich fühlende Schicht.

373. Wir müssen uns aber klar machen, daß damit zwar der äußerlich traditionell bedingten Erschlaffung des gesunden sozialen Trieblebens im Volke (§ 365) ein Gegengewicht geboten wird, aber der Verfall der Rasse nur noch beschleunigt wird. Die rassisch degenerierenden selektiven Tendenzen (§ 366) waren nachweislich im späten Mittelalter und auch anfangs in der Neuzeit im großen und ganzen unbedeutend. Noch im 18. Jahrhundert hatten die meisten Kulturtüchtigen, noch Mitte des 19. Jahrhunderts die Pastorenfamilien oft eine große Kinderzahl. Erst in neuester Zeit rasch steigend werden die Kulturtüchtigen aus den niederen Volkskreisen gründlich ausgelesen und in die höheren Kulturberufe befördert. Dadurch wurde der fortschreitende Mangel an kulturtüchtigem Erbgut für das aktive Kulturschaffen bei weitem überkompensiert und der Kulturfortschritt noch mehr zu einem immer rascheren Tempo gebracht. Aber die Rassendegeneration nimmt auch ein immer rascheres Tempo an, da der soziale Aufstieg Ursache des Aussterbens der Familie ist. Ich glaube, daß das letzte Jahrhundert hier schlimmer gehaust hat als die ganze Zeit unserer Kultur bis ins 18. Jahrhundert. Aller Voraussicht nach müssen die immer raffiniertere Kulturorganisation, immer raffiniertere Pädagogik, immer raffiniertere Auslese der schöpferischen Kräfte und deren Aufstieg in die leitenden Stellen einmal und wahrscheinlich sehr bald von der Verschlechterung des Rassenmaterials überholt werden. Der Zusammenbruch muß dann um so schwerer sein, als er durch Kulturorganisation und Kulturfortschritt länger aufgehalten ist, wie auch schon der Zusammenbruch der grie-

chisch-römischen Volkskultur anscheinend schließlich schwerer war als der primitiverer orientalischer Kulturen.

376. Der Sondercharakter der modernen Zeit zeigt noch ganz andere allgemeinste Züge: Nur ein Kulturvolk wird die modernen Kulturvölker, wenn ihre kulturtüchtigen rassischen Bestandteile verbraucht sind, ablösen können; der Vorsprung des Kulturvolks ist heute so groß, daß niemals ein Volk, das sich kulturell nicht wenigstens nahe an den jeweiligen Gipfel der Kultur herangearbeitet hat, den Sieg davontragen wird. Aber nun kommt etwas anderes Beispielloses in Betracht: In wenigen Jahrhunderten wird wahrscheinlich *eine* Kultur und *eine* Auslesrichtung alle Völker vom Nordpol bis zum Südpol beherrschen. „Junge" Völker wird es nicht mehr geben. Wo mag da noch das Volk zu finden sein, das an der durch eigene Schuld, durch eigene Fahrlässigkeit degenerierten Kulturmenschheit das Strafgericht vollzieht? Das ist wahrlich ein ernsteres Problem für eine höchste und weitschauendste Zukunftsbetrachtung als das, mit dem Klages sich beschäftigt: die Frage der Erstickung der Seele durch den Geist.

377. Von der Perspektive genotypischen Wandels, der eigentlich biologischen Perspektive mit ihrer Rechnung nach Jahrtausenden und Jahrmillionen aus gesehen, ist der Sondercharakter der modernen Zeit etwas fast so ephemer Zufälliges wie die Rhythmik des Kulturaufstiegs und Kultursterbens infolge eines dem Kulturaufstieg unangepaßten Genotypus. Hier mit Spengler absolut fundamentale „Kulturgesetzlichkeit" zu sehen, ist ebenso verfehlt, wie wenn man in der eigentümlich zyklischen Strudelbewegung in einer zufälligen Flußbettgestaltung allgemeinste physikalische Gesetze sehen wollte. Auch für die Degeneration früherer Kulturvölker kam ja immer nur eine kleine Zahl von Jahrhunderten in Betracht, in denen biologische Anpassung nicht erfolgen konnte. Ich glaube aber nicht, daß diese Entwicklung der Hochkultur eine Entwicklungssackgasse ist wie die Entwicklung der überspezialisierten Tiere in der Stammesgeschichte. Zu groß ist die sachliche Überlegenheit der Kultur. Diese neue Errungenschaft des Geistes wird noch wahrscheinlicher nie wieder rückgängig gemacht als die gleichwarme Körpertemperatur der höchsten Tiere. Aber einmal muß das wirkliche Dasein von Kultur sich an den genotypischen Appa-

rat und seine Gesetzmäßigkeit angepaßt haben, sei es durch weise Vorsicht und Rücksicht des kultivierten Denkens oder durch Katastrophen von einem Ausmaß, das die Kulturkatastrophe der sterbenden Antike weit in den Schatten stellt. Oder stecken noch tiefere Seinsgesetze hinter unseren biologischen, Gesetze, von denen wir so wenig wissen, wie die Antike von den genotypischen Gesetzen wußte? Aber hüten wir uns, hier zum bequemen Faulbett einer Vorsehung unsere Zuflucht zu nehmen, zum Ausweg eines verantwortungsscheuen Optimismus. Im Weltlauf ist die ganze Kultur und das Spitzenvolk der Menschheit wie die Menschheit selber rein objektiv etwas so Unbehütetes wie jedes Tiergeschlecht, wenn diese Ganzheiten, die uns so ans Herz gewachsen sind, sich nicht selbst aus sich und aus unserer Fürsorge in guter Anpassung das künftige Dasein verschaffen.

378. Gerade aus unserem gegenwärtigen und künftigen objektiven Geist, der immer noch in weitem Ausmaß biologisch gesunden Trieben verbunden ist, könnte aber auch eine wirksame Herrschaft über die rassische, genotypische Entwicklung entspringen. Die Menschheit könnte ihren eigenen Genotypus lenken gemäß den rassischen und volklichen Zielen und in weitsichtiger Schutzabsicht für ihre Kultur. Die Erkenntnis der objektiven Tatsachen, die diese Zielsetzung ermöglichen, liegt vor, der Blick der Kulturbestimmenden und Sozialgestaltenden kann heute weitsichtig genug sein, und an der alle früheren Eingriffe in die Kultur- und Sozialgestaltung übersteigenden Tatkraft braucht es nicht mehr so unvermeidlich zu fehlen. Ein Novum besonderer Art würde allerdings eintreten. Unsere Wertung müßte sich in verantwortungsvoller Zucht an nicht subjektiv quälendes, sondern nur objektiv berechnetes Unheil knüpfen, wie sie aus der natürlichen Wertverankerung des Menschen im Fühlen nicht ungezwungen hervorgeht. So zuchtvoll mußte ja auch das mathematische Denken der exakten Naturwissenschaft auf ebenso naturfremde Methoden aufgebaut werden (§ 794/97). Nicht ganz hänge ich mehr an der pessimistischen Überzeugung, daß eine wirksame Einsicht, ein wirksames Wollen zu spät kommen wird. Aber vor der Ethik und Praxis müssen wir jetzt erst in das Gebiet des Sinn- und Wertaufbaus steigen (Teil 3).

2.6. Überschau des Kosmischen

2.61. Überschau.

379. Gewiß zieht sich allgemeinste strukturelle und funktionale Gleichartigkeit durch die ganzen Folgen der kosmischen Aufstufungen der Wirklichkeit. Überall, selbst auf den anorganischen Stufen (Teil 2.12), besteht das Gesetz der Selbstbehauptung des mit Selbstbehauptungskräften auf Grund der bestehenden elementaren Gesetze Ausgestatteten. Bis in die höchsten Stufen des objektiven Geistes und der sozialen Ganzheiten ist dies Gesetz maßgebend. Überall sehen wir das Ganze der Einheit höherer Stufe den einzelnen Elementen niederer Stufen im individuellen Fall die Bestimmtheit ihres Daseins vorschreiben. Und doch bedarf die höhere Stufe immer des Daseins der niederen Stufe. Die Wirksamkeit der höheren Stufe besteht nur deshalb, weil Individuen der niederen Stufe in reicher Zahl da sind. Ja, mehr noch: die Gesetzlichkeit der höheren Stufe ist ganz und gar abhängig von der bestehenden Gesetzlichkeit der niederen Stufe. Ohne die wäre sie selbstverständlich nicht.

380. Die höhere Stufe greift tief in die Daseinsgestaltung der niederen Stufe ein. Das Leben, der menschliche Geist, die menschlichen Staaten und Gesellschaften haben „das Antlitz der Erde wesentlich verändert", wie man heute zu sagen pflegt. Geist und Gemeinschaft haben den Biozönosen, den Lebensgemeinschaften der Erde eine ganz andere Struktur gegeben, haben gewollt oder ungewollt viele Arten ausgerottet, andere neu geschaffen oder total verändert. Der Geist hat den nichtpsychischen Organismus der Menschen verändert. Die modernen staatlichen und wirtschaftlichen Gemeinschaften haben die Seele und den Individualgeist der heutigen Menschen gar sehr von denen der alten Germanen verschieden gemacht. Ein jedes Gebilde höherer Stufe ist eine Organisation der Sphäre niederer Stufe zwecks ihrer eigenen Selbstbehauptung. Es benutzt aber die Gesetze der niederen Stufen, die es nicht umstoßen, wohl aber zu seinem eigenen Nutzen lenken kann. So ist es auch schon im Anorganischen beim Atom, beim Kristall, beim Nebeltröpfchen. Die höhere Stufe gibt den Geschehnissen eine Spezialgesetzlichkeit, in der die

Gesetze der niederen Stufe für uns kaum wiederzuerkennen sind. Sie beseitigt nicht letzthin die Ganzheiten niederer Stufe, denn damit zieht sie ihr eigenes Daseinsfundament weg. Sie wird sogar den Organisationen niederer Stufe dienlich, insofern die Ganzheiten niederer Stufe ihr selber zugute kommen. So sorgen die menschliche Gemeinschaft und der objektive Geist für alle niederen Stufungen bis hinunter zu den physikalisch-chemischen Gestaltungen der Leiber, der Stoffe und Energien. Innerhalb der existierenden unteren Stufen gesehen, hat dies Verhältnis das Ansehen einer Symbiose, einer wechselseitigen Dienlichkeit und Fürsorge. Die existierende höhere Stufe bestimmt schließlich, was für Organismen niederer Stufe existierend bleiben. Aber die existierenden niederen Stufen bestimmen erst, was für höhere Stufen Dasein gewinnen. Man vergesse hierbei niemals, daß letzten Endes Kampf der Vater aller Dinge ist. Nicht nur muß sich in jeder höheren Stufung das Individuum und die Art ihr Dasein behaupten, sondern die Stufe selber muß sich behaupten gegenüber niederen Stufen und Aufstufungen ganz anderer Art. Gar manche biologische Art, die seinerzeit Herrin ihrer Biozönose war, hat einer aus ganz andersartigen Ausgangsorganisationen hervorgegangenen Art weichen müssen, die eine vortreffliche Neuerung erworben hatte (§ 136). Dasselbe finden wir bis zu allen überindividuellen geistigen Ganzheiten. Die Rückwirkungen der höheren Stufe können aber auch der tragenden niederen Stufe verhängnisvoll sein und damit der höheren Stufe selbst den Boden entziehen. Die Teile 2.342 bis 2.344 behandelten ja den Fall, der uns am meisten am Herzen liegen muß.

381. Dennoch sehen wir, wie von der Stufe des Lebens an die Errungenschaften, die entschiedenste Dauerdienlichkeitserrungenschaften sind, mit einer staunenswerten Zähigkeit festgehalten werden und ein Fortschritt nur über sie weg, nicht an ihnen vorbei erzielt wird. Die Suchorganisation des Cenotypus (Teil 2.23) ist die erste deutlich erkennbare Errungenschaft dieser Art. Die Organisation des individuellen Lernens in bezug auf die individuell zufällige Umgebung (Teil 2.36) ist die zweite, wenn wir von den zahlreichen unbedeutenden Zwischenstufen im nichtseelischen Biologischen absehen. Der Akt mit seiner Entsprungenheit aus dem wachen

ganzen Ich kann als die dritte große Stufe gelten (Teil 2.37 usw.). Zahlreiche Untermomente wie das abstrakte Denken, die Symbolfunktion sind da schon einbegriffen (Teil 2.39). Objektive Geistigkeit und Kultur können wir auch als solche unumgängliche Stufen ansehen. Wir sehen, daß die wichtigsten Stufen von einer Mannigfaltigkeit weniger wichtiger Stufen durchsetzt sind. Die bei weitem größte Bedeutung hat die unterste Dauerdienlichkeitserrungenschaft, die Suchorganisation des Genotypus. Wir müssen zwar noch Vorstufen für sie, noch primitivere Formen der Suchorganisation als den doch schon recht komplizierten Vererbungs- und Mutationsapparat voraussetzen (§ 109).

2.62. Geschichte vom umfassendsten Standpunkt.

382. Begreifen wir diese Vorstufen mit ein, können wir sagen: Mit der Suchorganisation des Genotypus beginnt die Geschichte in der Welt, und zwar gerade in dem Sinne, den Hegel für den Geschichtsbegriff in erste Linie stellt: Eine neue Stufe ist immer nur auf Grund einer primitiveren Stufe möglich; diese primitivere Stufe bleibt, verschwindet und veredelt sich in der höheren. Sie ist in diesem dreifachen Sinne in der höheren „aufgehoben". Gerade in der primitivsten Stufe sehen wir den wirklichen Grund, die natürliche Bedingtheit dieser seltsam scheinenden Tatsache: Ein Suchen neuer dienlicher Strukturierung auf Grund einer schon bebestehenden selbstbehauptungsfähigen und suchdienlichen, deshalb auch unumgänglich komplizierten Struktur ist die Voraussetzung der neuen höheren Struktur. Nun ist jede höhere Stufe das Produkt der Suchorganisation nächst niederer Stufe. Es ist zwar einseitig, aber nicht falsch, jede neue Stufe überhaupt als nichts anderes denn als eine raffiniertere Suchorganisation in neuen Dimensionen anzusehen. Im Anorganischen aber gibt es anscheinend keine Geschichte in diesem Sinne. Der treffliche Hegelianer Adolf Lasson pflegte in Vorlesungen zu sagen: daß Timur-Leng riesige Pyramiden aus den Schädeln erschlagener Feinde errichtete, sei keine Geschichte. Genau in demselben Sinne kann man sagen, daß alles anorganisch-geologische, meteorologische und stellare Geschehen keine Geschichte ist. Denn aus Zusammenhängen, wie sie in der Natur sich millionenfach wiederholt finden

und. ohne daß sie erhalten bleiben oder sich fortpflanzen, immer von neuem bilden, gestalten sich anorganische Ganzheiten, wie sie sich auch immer wieder neu und von selbst bilden werden, ohne Abhängigkeit von den bereits bestehenden Ganzheiten dieser Art. Kristalle gleicher Art bilden sich unabhängig voneinander immer wieder. Sterne entwickeln sich und vergehen neben anderen Sternen. Mit dem Leben tritt zuerst das ein, daß nur aus einer suchorganisatorisch strukturierten Gestaltung eine höhere suchorganisatorische Gestaltung hervorgeht, und daß die hochorganisierten Gestaltungen dieser Art auf Grund ihrer vielstufigen Stammesentwicklung ebenso hochorganisierte und noch höher organisierte hervorbringen. Oder sollte in der Tiefe subatomarer Stufe, in der wir noch unbekannte anorganische Ganzheitsstufen nur ahnen (§ 59), geschichtliche Entwicklung uns unbekannt vorliegen? Das ist zwar nicht ausgeschlossen, aber doch mangels aller Zeugnisse eine phantastische Spekulation. Es ist andererseits eine nur aus der geisteswissenschaftlichen Einseitigkeit Hegels und der Hegelianer verständliche Enge des Blicks, wenn sie die Geschichtlichkeit erst mit dem objektiven Geist anfangen lassen.

383. Die biologische Stufe ist für geschichtliche Betrachtung die letzthin tragende Stufe aller höheren Stufen. Das gibt ihr eine Stellung auch als tiefste objektiv unerläßliche Wertbasis. In Teil 2.54 trat uns ihre Bedeutung bis in die höchsten und uns teuersten Ganzheiten entgegen, wie ja überhaupt die niedere historische Stufe für alle auf ihr aufgebauten höheren als unerläßlich tragend sich erweist. Die Gesundheit und kulturelle Leistungsfähigkeit speziell der biologischen Stufe unseres Daseins ist in der größten Gefahr. *Deshalb* ist gerade zu ihren Gunsten die größte und opferwilligste Tatkraft einzusetzen. Dennoch darf ihre Wichtigkeit speziell für unsere Praxis und ihre *historische* Anfangsstellung nicht den Blick dafür trüben, daß weltlich-objektiv sie genau ebenso von noch tieferen Stufen des Kosmischen geboren und getragen ist, wie alles Höhere aus ihr stammt. Gerade auf Grund ihrer jetzt aktuellen Bedeutung hat sich heute ein Biologismus vorgedrängt, der die subjektive und praktische Bedeutsamkeit in eine objektive absolute Fundamentalität umfälscht. Man darf nicht das als der nüchtern

und vorurteilsfrei zu ergründenden objektiven Wirklichkeit letzten und befriedigenden Schluß auffassen, daß alles aus den Tiefen des Lebens, „aus den Lebensuntergründen aufbricht", gar daß alles Anorganische der Welt nur Werdemittel und Überbleibsel des Organischen, des Lebens sei. Das ist wider die strenge Wahrhaftigkeit geglaubt.

Aber doch werde ich andererseits nachweisen, daß die Kategorien a priori aller Erkenntnis wider alle scheinbar so unwiderlegbare Argumentation der Idealisten nicht diesem Strom des Historischen entrückt und übergeordnet sind, sondern im Gegenteil ihre hohe Bedeutung und werthaft apriorische Sonderstellung aus diesem Strom heraus empfangen (Teil 4, vgl. besonders § 818ff.).

384. Aber selbst daß die Entwicklung nur durch alle einzelnen Hauptstufen der kosmischen Entwicklung hindurch, nicht an ihnen vorbei geht, ist nur tatsächlich, nicht notwendig. So wie die Entwicklung in den kleinen Stufungen des Biologischen und des Kulturellen sich in eine Sackgasse verrennen kann, so daß aus weit niederen Stufen, aus undifferenzierteren Gebilden der Fortschritt hervorgeht, der die erstere Entwicklungsrichtung abwürgt, so ist es gemäß einer wahrhaft gründlichen Erkenntnis wenigstens möglich auch für die bedeutendsten, einschneidenden Aufstufungen, die dem Erfahrungsschein nach für die Ewigkeit vollzogen sind. Geist überhaupt und Leben überhaupt könnten vielleicht nicht durch astronomische Katastrophen, sondern auch durch ganz andere dauerdienliche Gestaltungsrichtungen am Leben oder am Geist vorbei zugrunde gehen, von denen wir noch keine Ahnung haben. Alles, was wir gewahr werden, ist ja nur, daß diese Stufen allerdings durch ihre Dauerdienlichkeit sich den Charakter einer einzigen *tatsächlichen* Durchgangsstellung zu Höherem verschafft haben. Wir wissen aber nicht, daß sie die einzig möglichen Durchgänge sind, und daß sich nie im Einschneidendsten derselbe tragische Verlauf des Erwürgtwerdens durch Parvenus aus geringen Anfängen einstellt, den wir im Kleinen so oft in Natur und Kultur finden. Das ist selbstverständlich eine Sorge, die uns praktisch ganz fern liegt. Umfassendste Erkenntnis der Wirklichkeit und Wirklichkeitsgesetzlichkeit, wie sie dem Kulturmenschen bitter not tut, hat aber auch dies zu umfassen.

2.63. Labilität und Zufall.

385. Eine Labilität entscheidender Geschehnisse, die eine uns erwünschte Vorausberechnung so schwer, fast unmöglich macht, ist ein bedeutsames, ein für die Anpassung und den Fortschritt geradezu gefordertes Charakteristikum aller geschichtlich sich aufstufenden Ganzheiten von der primitivsten organischen Stufe an. Der durchweg maßgebende Grund dafür ist der, daß mit der Labilität die Wirksamkeit der Suchorganisation steigt (§ 106, 192), und die Suchorganisation ist der Boden historischer Aufstufung. Vergleichen wir fortschreitende westliche Kultur mit der bisher stagnierenden fernöstlichen oder mit primitiven Kulturen, so finden wir im modesüchtigen Wechselspiel des objektiven Geistes eine neue Form der Labilisation. Kulturlabilisation, die zwar unser Ethos der Verantwortung peinlich berührt (§ 1080), aber ihre Rolle für Suchorganisation gut spielt. In der wechselnden Konzentration aller in Wechselermunterung gesteigerten Kraft einer ganzen Generation auf *einen* Punkt gewährleistet sie das Herausholen des Äußersten aus dieser einen Tendenz und organisiert und intensiviert so ein soziales Probierverfahren.

Labilität ist eine Vorbedingung für das Daseinkönnen und das gelegentliche Dasein des Richtigen. Labilität schlechthin war das Einzige am Lebendigen und Seelischen, das Demokrit als Problem auffiel, und das er durch die Wirksamkeit der feinen, glatten, runden Feueratome zu erklären suchte.

Labilität bedeutet für uns wahrnehmende, denkende, rechnende Menschen meistens Zufall in ganz bestimmtem, subjektivem Sinne, bedeutet Unmöglichkeit der Berechnung. Der Zufall in diesem Sinne ist also ein Korrelat der historischer Entwicklung dienenden Labilität. Aber es ist ein Irrtum, gerade in dieser Zufälligkeit das Wesentliche der Suchorganisation zu sehen. Das Reden vom „organisierten Zufall", vom „Zufall in der organischen und geschichtlichen Entwicklung" führt uns leicht auf eine Gedankenbahn, die hier gar nichts zu sagen hat. Bedeutsam ist vielmehr die Mannigfaltigkeit, die Streuung der Fälle bei wiederholtem Vorkommen.

386. Viel schlimmer ist es allerdings, hier von einer Freiheit zu sprechen. Gerade da wird die Vieldeutigkeit des Zufall-

begriffs zu einer verkehrten Eindeutigkeit verengt. Jetzt meint man nicht eine Unbestimmbarkeit des Einzelfalls für unsere Erfassung, sondern eine objektive, wirkliche, absolute Unbestimmtheit durch die zurzeit gegebene Sachlage. Dieser Zufall ist für die Suchorganisation aber gar nicht als Voraussetzung nötig. Für verfehlt halte ich das Bestreben Bergsons, aus der im Laufe der biologisch-geistigen Aufstufungen immer erneuten und vermehrten Labilität eine in immer neue Bereiche wachsende Indeterminiertheit zu machen [Ev. Cr. S. 137]. Gewiß scheinen nach neuesten Forschungen einzelne Quantensprünge die Mutationen in den Genen auszulösen. Gewiß besteht dadurch eine direkte Beziehung der Heisenbergschen Ungenauigkeitsrelation zu *dieser* Stufe der Labilität. Ob aber in dieser Heisenbergschen Ungenauigkeitsrelation selbst nun wirklich eine Aufhebung des strengen Kausalgesetzes vorliegt, ist noch sehr fraglich (vgl. hierzu § 535).

387. Immer wieder aber finden wir auch eine Einschränkung der Streuung, eine Regulation der Labilität. Bei der Mutation scheint allerdings keine solche Regulation in qualitativer Hinsicht zweckmäßig zu sein. Da gibt es keine Regel a priori, warum Möglichkeiten der Abwandlung des Genotypus auszuschließen seien. Alles nur Mögliche wird in der vorsichtig langsamen, der Bewährbarkeit durch Generationen hindurch Zeit lassenden Weise (§ 101) ausprobiert; nur die unvermeidliche Enge des Bereichs von Mutationsmöglichkeiten, den die (physikalisch-chemische?) Konstitution der Gene zuläßt, schränkt hier ein, aber auch nur für die jeweilig erreichte Stufe der Wandlung erheblich (§ 101, 3. Abs.). Bei den Suchorganisationen der Bewegung des Individuums (Teil 2.22) sehen wir aber immer eine sehr zweckmäßig die durchschnittlich brauchbarsten Bewegungen auslesende Einschränkung der möglicherweise eintretenden Fälle. Ebenso bedeutet im Psychischen die enge gesetzmäßige Bindung der Triebe und Gefühle an das im allgemeinen dem Organismus und der Art Dienliche eine zweckmäßige Vorauslese. Alles Geistige ist mit solchen starren Kanalisierungen, wahren Vorurteilen, durchsetzt. Die Geltungssetzung durch den Akt (§ 216), die Automatisierung des Gewohnten und Bewährten (§ 235), die Bildung der festen Persönlichkeit, des festen Charakters (Teil 2.410) bis zur weitgehenden Erstarrung im Alter, alles das sind

raffiniert zweckmäßige sekundäre, erst im individuellen Leben sich bildende, dem individuellen Dasein angepaßte Einengungen der Labilität des Verhaltens. Groß ist in allen diesen Fällen die Gefahr einer falschen Auslese, einer verfehlten Bindung an einen engen Bereich, namentlich bei neuen Daseinsbedingungen, auf die der Biotypus nicht vorbereitet ist. Die Kulturentwicklung ist ja der für uns ernsteste Fall dieser Art.

388. Neue Suchorganisationen fügen sich im allgemeinen den alten langsamen Suchorganisationen ein und geben der Entwicklung in einer neuen Dimension ein beschleunigtes Tempo. Schon von den ersten Anfängen aller Entwicklung an gilt die Regel, daß die historischen Errungenschaften sich in ihrer Leistungsfähigkeit nicht addieren, sondern multiplizieren (§ 361). Die geologisch dokumentierte Entwicklung, Reichergestaltung der Tier- und Pflanzenstämme rechnet nach Jahrmillionen. Die Menschwerdung unserer affenartigen Vorfahren rechnet nach Jahrhunderttausenden. Vorgeschichtliche Kulturentwicklung rechnet nach Jahrzehntausenden. Die Hochkulturentwicklung der letzten 5000 Jahre rechnet kaum mehr nach Jahrtausenden, und innerhalb dieser kleinen Spanne von 5000 Jahren, die nicht einmal den hunderttausendsten Zeitteil seit Beginn des Cambrium, der ältesten Schicht mit hinreichenden paläontologischen Zeugnissen, füllt, sehen wir wieder eine unverkennbar dauernde Beschleunigung des Kulturfortschritts (§ 361). Andererseits müssen wir beachten, daß im Cambrium bereits eine reiche Fülle so kompliziert organisierter Organismen wie die Trilobiten existiert; die Entwicklung vom Einzeller mit voll entwickeltem genotypischen Suchapparat bis zu den Trilobiten des Cambrium dauerte vermutlich viel länger als die ganze spätere, durch paläontologische Zeugnisse für uns anschaulich verfolgbare Entwicklung. Und wiederum hat die Geschichte bis zur vollen Entwickeltheit des genotypischen Suchapparats (§ 109 a), mag sie sich auf der Erde oder sonstwo abgespielt haben, vermutlich viel länger gedauert als alle spätere Geschichte. Ist doch dieser Apparat selber erst das offensichtlich leistungsfähige Instrument der Anpassung und Differenzierung. Aber hier gerät unsere Betrachtung schon in recht unsichere Spekulation.

Ich halte es aber für abwegig, in dieser dauernden Beschleunigung ein metaphysisches absolutes Prinzip zu sehen. Zu deutlich sind ihre natürlichen Gründe zu sehen, wenn man sie wahrhaft vorurteilsfrei überdenkt. Bedenklich wäre es vor allem, hier mit einer selbstverständlich immer weiter gehende künftige Beschleunigung zu rechnen.

2.64. Letzte Bemerkungen zu den Hiatus in den Wirklichkeitsaufstufungen.

389. Wie erstaunlich anders ist wenigstens nach jeder der beiden Hauptstufungen, der vom Anorganischen zum Organischen und der vom Nichtseelischen zum Seelischen, jedesmal Aspekt und Gesetzlichkeit! Nur ganz abstrakte funktionale Momente gehen durch die Gesetzlichkeit aller Stufen, so wie sie uns erscheint, hindurch (Teil 2.61). Simmel, der Rationalist, stieß mit rationalistischem Scharfsinn so oft an die Irrationalitäten der Aufstufungen, daß die Bloßlegung von Irrationalitäten ihm schließlich Freude, Lebensberuf und eine Art Religionsersatz wurde. Und doch zeigt sich, daß selbst in diesen beiden Fällen der Hiatus sehr wohl zu überbrücken ist, wenn man nur gründlich genug ins Einzelne dringt und sich nicht vom oberflächlichen Aspekt blenden läßt. Die Theorie der „emergent evolution" (§ 66) ist selbst in den beiden Hiatus verfehlt, wenn sie so aufgefaßt wird, daß etwas absolut Neues als durch alles Bisherige nicht Bestimmbares geschichtlich auftritt. Verfehlt ist auch die Meinung, an einer ganz bestimmten Stelle der Entwicklung müsse plötzlich der Begriff des Lebens oder der des Seelischen oder der des Geistes anzuwenden sein: „Kommt noch ein geringes an dem Leben eigener Struktur hinzu, so ist das Lebewesen fertig. Für die Psyche nehmen wir das Gleiche an. Überschreiten die physiologischen Vorgänge in der Hirnrinde um ein Weniges an Quantität oder Intensität oder Strukturmannigfaltigkeit eine bestimmte Schwelle, so ist das Bewußtsein da" [Hempelmann, Tierpsychologie, S. 621]. Lukas macht sogar zum Hauptthema eines ganzen Buches die Frage, wann zuerst die Seele und das Bewußtsein in der Entwicklungsreihe der Tiere auftritt [Psychologie]. Nein, in beiden Fällen, beim Leben wie beim Bewußtsein haben wir ein allmähliches Gewachsensein, eine allmähliche Differenzierung innerhalb der nächstniederen Stufe anzunehmen, ohne daß da an irgendeiner Stelle etwas gänzlich Neues auftritt.

390. Die objektiven Gründe für die Übertreibung des Hiatus an diesen beiden Stellen sind in den beiden Fällen sehr verschieden. Zwischen leblosen und lebendigen Organismen fehlt mindestens die Beobachtbarkeit der Zwischenstufen (§ 109 a). Der Vorhang der Schau geht für uns erst auf sehr hoher Stufe der Entwicklung auf. Aber wären alle Übergangsstufen zwischen dem Bakterium und dem Menschen, die ja in allen wesentlichen Phasen des Werdegangs heute noch leben, ebenfalls ausgestorben und auch paläontologisch nicht zugängig, so würde man hier noch viel bestimmter einen Hiatus sehen und für unüberbrückbar halten. Nach dem Wiederaufgehen des Vorhangs für uns, nach der ungeschauten Entwicklung bis zu den Bakterien sehen wir alles Organische bestimmt durch die unserem subjektiven Zweckdenken so ähnliche und in unser subjektives Zweckdenken auch wirklich aufgenommene Dauerdienlichkeit der Struktur und des stammesgeschichtlichen Veränderungsprozesses; zugleich ist es uns unmöglich, durch unsere bekannten physikalischen und chemischen Gesetze gerade diese außerhalb des Lebens nicht vorkommenden Strukturen zu erklären.

391. Zwischem Seelenlosem und Seelischem macht nicht so sehr die Kompliziertheit des Psychischen und das Fehlen der sichtbaren Übergänge das Verständnis der Entwicklung schwer. Das Tierreich bietet ja die Übergangsstufen. Er schwert wird die Entzifferung aber schon dadurch, daß es sich um den Regulationsapparat des Verhaltens handelt, der nicht unserer optischen Anschauung unterworfen ist, sondern erst mühsam als ein System nicht wahrnehmbarer Interpolationen zwischen Reiz und Reaktionen hypothetisch konstruiert werden muß. Sicher sind diese Zwischenfunktionen darum doch ebensowohl Realitäten, und nicht nur Fiktionen, wie die Elektronen und die periodischen Schwankungen des elektromagnetischen Feldzustandes Realitäten sind. Der entscheidende Grund des Hiatuscharakters ist in diesem Falle aber, daß nun in einer dem biologischen Zweck der Erkenntnis sehr gut angepaßten Weise (Teil 2.43), aber dem Verständnis des Übergangs sehr wenig dienlich in der „inneren Wahrnehmung" die psychischen Vorgänge wieder anschaulich werden; nun sehen wir aber das Ganze unter einem gänzlich

anderen praktischen Gesichtspunkte, unter einem ganz anderen Kategoriensystem, in ganz anderer denkpraktischer Bedeutung für das herrschende Ich (Teil 2.44). Jede Brücke zum simplen physiologischen Nervenprozeß scheint zu fehlen, jede Rückführbarkeit unmöglich, die Annahme absoluter Heterogeneität zwischen Seele und Leib notwendig zu sein.

392. Zwischen Seele und Geist setzt wieder die Freiheit der Hypothesis durch das Ich, die Anknüpfung an das bewußte Richtige, die anscheinend unabhängig vom kausalen Zwang, von psychischer Gesetzlichkeit durch den „Geist" erfolgte Bildung von „Reichen geistigen Seins" den Hiatus. Die Entwicklung geistiger Ganzheiten geht einen von vitalen und selbst psychischen Bedürfnissen anscheinend ganz unabhängigen Gang. Das Natürlich-Seelische muß sich rechtfertigen, ist nur Gegenstand des Geistes. Der Geist ist uns Regent der Seele, scheint unabhängig von ihr zu sein. Unser Wille zu einer sauber objektiven Bindung unserer geistigen Setzungen, der psychologisch sehr wohl zu erklären ist (Teil 3.42), wird zu etwas Unabhängigem von psychischer Kausalität und psychologischem Gesetz gemacht. Jede Einsicht in die tatsächliche Bestimmtheit durch psychisches Gesetz wird aus Furcht vor einer Negation der Richtigkeitsgebundenheit und aus falscher Auffassung der Freiheit des Ich (Teil 3.2) als „Psychologismus" gebrandmarkt.

393. Die Erkenntnistheorie wird uns zeigen (§ 835/39), daß wir an sich das Recht haben, auf jeder Seinsstufe neu anzufangen, geltende Gesetze aufzustellen, ohne erst die Begründetheit der ganzen Seinsstufe in niederen Stufen abzuwarten oder auch nur berücksichtigen zu müssen. Der Sinn einer Erkenntnis des Geistigen erfordert nicht viel Psychologie und nicht viel Biologie. Gerade praktische, „lebensnahe" Wissenschaft betrachtet die autonome Struktur eines Gebiets viel mehr mit unmittelbarer Rücksicht auf die Ziele des Ich und der Gesellschaft, also mehr in den Beziehungen nach oben hin in der Stufenordnung als mit Rücksicht auf die objektive Fundiertheit in der unteren Stufe. Volle, lückenlose, abgerundete Erkenntnis gibt uns aber erst das Verständnis des ganzen Kosmos in seiner richtigen objektiven Ordnung der Stufen. Da ist alles Kleben an Gewohntem, da ist vor allem auch jede Verabsolutierung der Denkweise *einer* Stufe für

alle Stufen zu vermeiden. Man kann nun zwar in kurzsichtig pragmatistischer Einstellung sagen, diese objektive Angemessenheit und diese Ordnung sei uns ganz gleichgültig. Aber die Kulturmenschheit kann die denkpraktische Macht weitesten Ausmaßes, die sie sich erworben hat, nur meistern, wenn sie den Kosmos in allen Stufen in seinen allseitigen Abhängigkeiten sauber objektiv erfaßt hat. Das ist jedoch ein gewichtiger Gedanke, der erst vom Ethos und Telos her richtig zu erfassen ist und erst im letzten Teil (8) begründet werden soll.

Die Versuche, von Geist und Vernunft aus das Kosmische, die Wirklichkeit objektiv gestaltet aufzufassen, sollen erst in Teil 3.9 untersucht werden.

Literatur

soweit sie im Teil 2, Kosmos, zitiert ist. Die im Teil 1, Problem, zitierte Literatur ist im Literaturverzeichnis am Schluß von Band 2 mit aufgeführt. In [ ] Klammer steht die beim Zitieren gebrauchte Abkürzung, in ( ) Klammer der Paragraph, in dem das Betreffende zitiert ist.

Abel, Othenio: Palaeobiologie und Stammesgeschichte. Jena 1929. [Palaeob.]. (136).
Ach, Narziß: Über den Willensakt und das Temperament. Leipzig 1910. [Willensakt]. (211).
— usw.: Finale Qualität (Gefügigkeit) und Objektion. Erg.-Bd. 2 des Arch. f. d. ges. Psychol., 1930 [Final]. (218).
Arndt, E. und Ad. Meyer: Der Arndt-Effekt und seine Probleme. Ztschr. f. d. ges. Naturwiss. 1. Jahrg. 1935/36 S. 457 [Arndteffekt]. (164).
Atkins, W. und Dashiell, I. F.: Reactions of the white rat to multiple stimuli in temporal orders. Journ. of. Comp. Psych., Bd. 1, 1929, S. 433. [Reactions]. (240).
Baur-Fischer-Lenz: Menschliche Erblehre und Rassenhygiene. 4. Aufl. München 1936. (353).
Becher, Erich: Die fremddienliche Zweckmäßigkeit der Pflanzengallen und die Hypothese eines überindividuellen Seelischen. Leipzig 1917. [Zweckm.]. (153).
Bergson, Henri: L'évolution créatrice. Paris 1907. Zit. nach d. 31. Aufl. 1927. [Ev. Cr.]. (386, 516).
Bertalanffy, Ludwig v.: Theoretische Biologie. Berlin 1932. [Biologie]. (145f.).
— Das Gefüge des Lebens. Leipzig und Berlin 1937. (145).
Bethe, Albrecht: Die Anpassungfähigkeit (Plastizität) des Nervensystems. Bethes Handb. d. norm. u. pathol. Physiol., Bd. 15, 1931, S. 1045. [Anpassung]. (189).
— Plastizität und Zentrenlehre. Bethes Handb. d. norm. u. pathol. Physiol. Bd. 15, 1931. S. 1175. [Plastizität]. (189, 190, 191).
Betz, W.: Vorstellung und Einstellung. Arch. f. d. ges. Psych., Bd. 17, 1910, Bd. 20, 1911. [Einstellung]. (213).
— Psychologie des Denkens. Leipzig 1918. [Psychol.]. (213).
Blodgett, H. C.: The Effect of the Introduction of Reward upon the Maze Performance of Rats. Univ. Calif. Publ. Psych., 1929, Bd. 4. [Reward]. (226).
Bramstedt, F.: Dressurversuche mit Paramaecium caudatum und Stylonychia mytilus. Zeitschr. f. vgl. Physiol., Bd. 22, 1935. [Dressurversuche]. (199).

Brentano, Franz: Psychologie vom empirischen Standpunkt. I. Bd. Wien 1874. Zit. nach d. Neuherausgabe v. Oskar Kraus, Leipzig 1924. (252, 290, 311).
Brunswik, Egon: Wahrnehmung und Gegenstandswelt, Grundlegung einer Psychologie vom Gegenstand her. Leipzig u. Wien 1934. [Wahrnehmung]. (290).
Bühler, Karl: Die geistige Entwicklung des Kindes. Jena 1918. 6. Aufl. 1930. [Kind]. (243, 317).
Burkamp, Wilhelm: Die Kausalität des psychischen Prozesses und der unbewußten Aktionsregulationen. Berlin 1922. [Kausalität]. (196, 197, 199).
— Versuche über das Farbenwiedererkennen der Fische. Ztschr. f. Sinnesphysiologie, Bd. 55. 1923, S. 133. [Fische]. (295).
— Die Struktur der Ganzheiten. Berlin 1929. [Ganzheiten]. (53, 144, 267).
Copeland, M:. An apparent conditioned response in Nereis virens. Journ. of compar. Psych., Bd. 10, 1930, S. 339. [response]. (198).
Darwin, Charles: On the Origin of Species by means of Natural Selection. London 1859. [Origin]. (107).
Day, L. M. und Bentley, Madison: A Note on Learning in Paramaecium. Journ. of Animal Beh., Bd. 1, 1911, S. 67. [Paramaecium]. (196).
Dilthey, Wilhelm: Ideen über eine beschreibende und zergliedernde Psychologie. Berlin 1895. Zit. nach W. D.'s ges. Schriften, Bd. 5. [Ideen]. (178, 283).
Driesch, Hans: Philosophie des Organischen. Leipzig 1908. Zit. nach d. 2. Aufl. 1921. [Organ.]. (110, 122, 536).
— Logische Studien über Entwicklung. Sitzungsberichte der Heidelberger Akademie der Wissensch. 1918 u. 1919 [Studien]. (138, 401).
— Der Begriff der organischen Form. Berlin 1919. [Form]. (138).
— Selbstbiographie in „Die deutsche Philosophie der Gegenwart in Selbstdarstellungen". Leipzig 1921. [Selbstdarstellung]. (138).
— Physische Gestalten und Organismen. Annalen d. Philos. Bd. 5, 1925, S. 1ff. [Gestalten]. (144).
— Zur Kritik des „Holismus". Acta Biotheoretica. Vol. I. 1935. S. 185. [Holismus]. (146).
Dubois-Reymond, Emil: Über die Grenzen des Naturerkennens. Die sieben Welträtsel. Zwei Vorträge (1872 u. 1880). 1882. [Vorträge]. (67, 317).
Duncker, Karl: Zur Psychologie des produktiven Denkens. Berlin 1935. [Denken]. (227).
Durkheim, Emile: Les règles de la méthode sociologique. Paris 1895. Zit. nach der deutschen Übers. 1908. [Methode]. (344).
Ebbinghaus, Hermann: Grundzüge der Psychologie. 2 Bde. Leipzig 1902. Zit. nach der 3. Aufl. 1911/13. [Grundzüge]. (254, 255).
Ehrenfels, Christian v.: Über Gestaltsqualitäten. Vierteljahrsschr. f. wissensch. Philos., Bd. 14, 1890. (180).
— Das Primzahlengesetz. Leipzig 1922. (191).

Ewert, P. H.: A Study of the Effect of Inverted Retinal Stimulation upon Spatially Coordinated Behavior. Genet. Psychol. Monogr. 1930, 7. [Study]. (296).
Fischel, Werner: Dressurversuche an Schnecken. Ztschr. f. vergl. Physiol., Bd. 15, 1931. [Schnecken]. (199).
Fisher, R. A.: The Genetical Theory of Natural Selection. Oxford 1930. [Selection]. (100).
Frankenberg, Gerhard v.: Das Wesen des Lebens. Braunschweig 1933. [Leben]. (63).
Geiger, Moritz: Fragment über den Begriff des Unbewußten und die psychische Realität. Jahrb. f. Philos. u. phänomenol. Forschung. Bd. 4, 1921. [Unbewußtes]. (307, 312, 314, 315).
Goldschmidt, Richard: Physiologische Theorie der Vererbung. Berlin 1927. [Vererbung]. (95).
— Geographische Variation und Artbildung. Die Naturwissenschaften 1935, Heft 11. [Geogr.] (99).
Goldstein, Kurt: Über die Plastizität des Organismus auf Grund der Erfahrungen am nervenkranken Menschen. Bethes Handb. d. norm. u. pathol. Physiol., Bd. 15, 1931, S. 1131. [Plastizität]. (189, 233).
— Der Aufbau des Organismus. Haag 1934. [Organismus]. (192).
Günther, Hans R. G.: Das Problem des Sichselbstverstehens. Berlin 1934. [Sichselbstverstehen]. (269).
Haeberlin, Paul: Der Geist und die Triebe. Basel 1924. [Geist]. (255).
Hacker, Friedrich: Systematische Traumbeobachtungen. Arch. f. d. ges. Psychol., Bd. 21, 1910, S. 1. [Traum]. (263).
Haldane, I. S.: Die philosophischen Grundlagen der Biologie. Übersetzt v. Ad. Meyer. Berlin 1932. [Biologie]. (147f.).
Hamilton, G. V.: A Study of trial-and-error-reactions in mammals. Journ. of. animal Beh., 1911, S. 33. [Study]. (239).
— A study of perseverance reactions in primates and rodents. Behav. Monogr., 1916, 3. Bd., Nr. 2 [Perseverance]. (239).
Hartmann, Nicolai: Das Problem des geistigen Seins. Berlin und Leipzig 1933. [Geist. Sein]. (38, 63, 67, 82, 349, 438).
— Kategoriale Gesetze. Philos. Anzeiger, Bd. 1, 1925/26, S. 201ff. [Kateg.]. (65).
Heck, Lutz: Über die Bildung einer Assoziation beim Regenwurm auf Grund von Dressurversuchen. Berliner Diss. von 1921. [Regenwurm]. (199).
Heikertinger, Franz: Kritik der Schmetterlingsmimikry. Im Biol. Zentralbl. seit 1933 viele Aufsätze mit diesem Untertitel. [Mimikry]. (133).
Hempelmann, Friedrich: Tierpsychologie. 1926. (389).
Hering, Ewald: Grundzüge der Lehre vom Lichtsinn. Berlin 1920. [Lichtsinn]. (190).
Hertwig, Oskar: Das Werden der Organismen, eine Widerlegung von Darwins Zufallstheorie. Jena 1916. [Werden]. (110, 123).

Hesse, Richard: Die Stufenleiter der Organisationshöhe der Tiere. Sitzungsber. d. preuß. Akad. d. Wiss., phys.-math. Klasse, 1929, III. [Stufenleiter]. (90).
Honzik, C. H.: Maze Learning in Rats in the Absence of Specific Intra- and Extra-Maze Stimuli. Univ. Calif. Publ. Psych., 1933, Bd. 6. [Maze]. (223).
Horwicz, Adolf: Psychologische Analysen auf physiologischer Grundlage. 1872. [Analysen]. (319).
Hull, C. L.: The Goal Gradient Hypothesis and Maze Learning. Psychol. Rev., 1932, Bd. 39, S. 25. [Goal]. (203).
Humboldt, Wilhelm v.: Über die Aufgabe des Geschichtsschreibers. Ges. Schriften, Berliner Akademieausgabe, 4 Bd., Berlin 1913. [Geschichtsschreiber]. (267).
Husserl, Edmund: Logische Untersuchungen, 2 Bde. Halle 1900/01. Zit. n. d. 2. Aufl. 1913/21. [Log. Unt.]. (23, 28, 274, 293).
— Ideen zu einer reinen Phänomenologie und phänomenologischen Philosophie. Jahrb. f. Phil. n. phänom. Forschung, Bd. 1, 1913. Auch Sonderdruck [Ideen]. (26, 31, 93, 316, 555, 820, 966, 969, 975).
Jacoby, Günther: Allgemeine Ontologie der Wirklichkeit. Halle 1925ff. [Wirklichkeit]. (256, 971).
Janssen, Otto: Das erlebende Ich und sein Dasein. Berlin u. Leipzig 1932. [Ich]. (265).
Jennings, H. S.: Behavior of the lower organisms. New-York 1906. Dtsch. Übers. v. Ernst Mangold: Die niederen Organismen. Leipzig und Berlin 1914. [Behavior]. (94).
Johannsen, Wilhelm Ludwig: Elemente der exakten Erblichkeitslehre, 1905. Deutsche Übersetz. 1909. [Elemente]. (111, 120, 123).
Jollos, Viktor: Die experimentelle Auslösung von Mutationen und ihre Bedeutung für das Evolutionsproblem. Die Naturwissenschaften, 1931, S. 171. [Mutationen]. (99, 114).
— Genetik und Evolutionsproblem. Verh. d. dtsch. zool. Gesellsch. Zoolog. Anzeiger, 5. Suppl.-Bd., 1931, S. 252. [Genetik]. (125?).
Jordan, Pascual: Kernkräfte. Die Naturwissenschaften, 25. Jahrg., 1937, S. 273. (55).
Kaila, Eino: Beiträge zu einer synthetischen Philosophie. Turku 1928. [Beiträge]. (76, 119, 233, 317).
Kant, Immanuel: Kritik der reinen Vernunft. 1781. 2. Ausg. 1787. [Vernunftkritik]. (313).
Katz, David: Die Erscheinungsweisen der Farben. Leipzig 1911. 2. Aufl.: Der Aufbau der Farbenwelt, 1930. [Farben]. (182, 295).
Katz, D. u. Revesz: Experimentell-psychologische Untersuchungen mit Hühnern. Ztschr. f. Psychol., Bd. 50, S. 93. [Hühner]. (241).
Kidd, Benjamin: Social evolution. London 1894. [Evolution]. (150, 1098).
Klages, Ludwig: Der Geist als Widersacher der Seele. 3 Bde. Leipzig 1929/32. [Geist]. (310).
Köhler, O., Müller, O., Wachholtz, R.: Kann die Taube Anzahlen erfassen? Zool. Anzeiger, 8. Suppl.-Bd., 1935, S. 38 [Taube]. (241).

Köhler, Wolfgang: Intelligenzprüfungen an Anthropoiden. Abh. d. preuß. Akad. d. Wiss. Berlin 1917. [Anthropoiden]. (184, 215, 218, 220, 225, 232).
— Die physischen Gestalten in Ruhe und im stationärem Zustand. Berlin 1919. [Gestalten]. (57, 143, 182, 185).
— Gestaltprobleme und Anfänge einer Gestalttheorie. Jahresber. üb. d. ges. Physiologie. Berlin 1922. [Gestaltprobleme]. (143).
— Zum Problem der Regulation. Wilh. Roux' Arch. f. Entwicklungsmechanik, 112. Bd., 1927, S. 315. [Regulation]. (144).
— Psychologische Probleme. Berlin 1933. [Probleme]. (179, 183, 185).
Krechevsky, I.: Hypotheses in Rats. Psychol. Review., Bd. 39, 1932, S. 39. [Hypotheses]. (234).
— Brain mechanism and „Hypothesis". Journ. of Comp. Psych., Bd. 19, 1935, S. 425. [Brain mech.]. (234).
Kries, Johannes v.: Über die materiellen Grundlagen der Bewußtseinserscheinungen, Tübingen u. Leipzig 1901. [Grundlagen]. (176).
Krueger, Felix: Das Wesen der Gefühle. Leipzig 1928. [Gefühle]. (319).
Lashley, K. S.: Brain Mechanism and Intelligence. Chicago 1929. [Brain]. (233).
Lipps, Theodor: Das Selbstbewußtsein; Empfindung und Gefühl. Wiesbaden 1901. [Selbstbewußtsein]. (255, 256, 308).
— Vom Fühlen, Wollen und Denken. Leipzig 1902. Zit. n. d. 2. Aufl. 1907. [Fühlen]. (271, 273).
— Psychologische Untersuchungen I, 1: Bewußtsein und Gegenstände. Leipzig 1905. [Gegenstände]. (290).
Ludwig, Wilhelm: Der Effekt der Selektion bei Mutationen geringen Selektionswerts. Biolog. Zentralbl. 1933, S. 364. [Selektion]. (100).
Lukas, Franz: Psychologie der niedersten Tiere. Wien u. Leipzig 1905. [Psychologie]. (389).
Maier, Norman R. F.: Reasoning in rats and human beings. Psych. Review, Bd. 44, 1937, S. 365. [Reasoning]. (229).
Mc Dougall, William: The energies of men. Dtsch. Übers.: Aufbaukräfte der Seele. Leipzig 1937. [Energies]. (176).
Marbe, Karl: Psychische Einstellung und Umstellung. Bericht d. Kongr. f. exp. Psych. in München 1925. [Einstellung]. (213).
Meyer, Adolf: Ideen und Ideale einer biologischen Erkenntnis. Leipzig 1934. [Ideen]. (120, 149, 525).
Mittasch, Alwin: Über katalytische Verursachung im biologischen Geschehen. Berlin 1935. [Katalytische Verursachung]. (106).
Mohnkopf, Wilh.: Zur Automatisierung willkürlicher Bewegungen. Ztschr. f. Psychol. Bd. 130, 1933, S. 235. (235).
Morgan, C. Lloyd: Emergent Evolution. London 1923. [Em. evol.]. (66).
Müller-Freienfels, Richard: Vorstellen und Denken. Ztschr. f. Psych. Bd. 60, 1912. [Vorstellen]. (213).
— Beiträge zum Problem des wortlosen Denkens. Arch. f. d. ges. Psych. Bd. 23, 1912. [Beiträge]. (213).
Munn, Norman L.: An Introduction to Animal Psychology. Neuyork 1933 [Introduction]. (223).

Literatur 325

Natorp, Paul: Allgem. Psychologie nach kritischer Methode. I. Tübingen 1912. [Psychol.]. (31, 274, 312).
Nietzsche, Friedr.: Also sprach Zarathustra. 1883/85. [Zarathustra]. (168, 418, 1052, 1059).
Osborn, H. F.: Organic Selection. Science 1897. [Selection]. (119).
— Ursprung und Entwicklung des Lebens. Dtsch. Übers. v. Ad. Meyer. Stuttgart 1930. [Leben]. (136).
Palagyi, Melchior: Naturphilosophische Vorlesungen über die Grundprobleme des Bewußtseins und des Lebens. Leipzig 1908. 2. Aufl. 1924. [Naturphil.]. (206).
Pauli, Richard: Über den Nachweis der Enge des Bewußtseins. Bericht üb. d. 12. Kongr. d. d. Ges. f. Psychol. in Hamburg 1931. Jena 1932. [Enge].
Peterson, Joseph: Learning when frequency and recency factors are negative and right responses are painful. Psychol. Bull., Bd. 28, 1931, S. 207. [Learning]. (231).
Pfänder, Alexander: Grundprobleme der Charakterologie. Jahrb. d. Charakterologie, Bd. 1, 1925. [Grundprobleme]. (267).
— Die Seele des Menschen. Halle 1933. [Seele]. (267).
Pfordten, Otto v. der: Psychologie des Geistes. 1912. [Geist]. (293).
Pfungst, O.: Das Pferd des Herrn v. Osten. Leipzig 1907. [Pferd]. (214).
Reininger, Robert: Das psycho-physische Problem. Wien 1916. [Psychophysik]. (310).
Rensch, Bernhard: Das Prinzip geographischer Rassenkreise und das Problem der Artbildung. Berlin 1929. [Rassenkreise]. (99, 114).
— Zoologische Systematik und Artbildungsproblem. Verh. d. dtsch. zool. Gesellsch.; Zool. Anzeiger, 6. Suppl.-Bd. 1932, S. 19. [Systematik]. (123).
Rickert, Heinr.: Der Gegenstand der Erkenntnis. 3. Aufl. Tübingen 1915. [Gegenstand]. (236).
Schlösser, L. A.: Ein neuer Weg zur Auslösung von Mutationen. Zeitschr. f. ind. Abstamm.- u. Vererbungslehre, Bd. 77, 1937. [Neuer Weg]. (114).
Schultz, Julius: Die Maschinentheorie des Lebens. 3. Aufl. 1929. [Maschinentheorie]. (120, 139).
Schultze, F. E. Otto: Die Forderung einer „theoretischen Psychologie", am Begriffe der Einstellung erläutert. Ztschr. f. Psychol. Bd. 112, 1929, S. 260. [Einstellung]. (213).
Seeck, Otto: Geschichte des Untergangs der antiken Welt. 6. Bd., 1895—1920. [Untergang]. (370).
Selz, Otto: Über die Gesetze des geordneten Denkverlaufs. I. Stuttgart 1913. [Denkverlauf]. (216).
— Die Gesetze der produktiven und reproduktiven Geistestätigkeit. Bonn 1924. [Geistestätigkeit]. (228, 229).
— Die psychologische Strukturanalyse des Ortskontinuums und die Grundlagen der Geometrie. Ztschr. f. Psychol., Bd. 114, 1930, S. 331. [Ortskontinuum]. (222).
Semon, Richard: Die Mneme als erhaltendes Prinzip im Wechsel des organischen Geschehens. Leipzig 1904. (198).

Simmel, Georg: Die Probleme der Geschichtsphilosophie. 4. Aufl., München und Leipzig, 1922. (346).
— Lebensanschauung. Vier metaphysische Kapitel. München 1918. (345, 496, 522, 946).
Spence, Kenneth W.: The nature of discrimination learning in animals. Psych. Review, Bd. 43, 1936, S. 427. [Learning]. (233).
Spengler, Oswald: Der Untergang des Abendlandes. Umrisse einer Morphologie der Weltgeschichte. Bd. 1, München 1918, Bd. 2, 1922. [Untergang]. (371).
Steiniger, Fritz: Beobachtungen und Bemerkungen zur Mimikryfrage. Biol. Zentralbl. Bd. 57, 1937, S. 47. [Mimikryfrage]. (133).
Stenzel, Julius: Studien zur Entwicklung der platonischen Dialektik von Sokrates zu Aristoteles. 2. Aufl., Leipzig u. Berlin 1931. [Dialektik]. (23).
Stern, William: Psychologie der frühen Kindheit. Leipzig 1914. [Kindheit]. (308).
Störring, Gustav: Psychologie des menschlichen Gefühlslebens. Bonn 1916. [Gefühl]. (310).
Strassen, Otto zur: Die Zweckmäßigkeit. In „Die Kultur der Gegenwart", III, IV, 1. (94, 100).
Stratton: Vision without Inversion oft the Retinal Image. Psychol. Rev. Bd. 4, 1897, S. 341. [Vision]. (296).
Stumpf, Carl: Über Gefühlsempfindungen. Ztschr. f. Psychol., Bd. 44. 1907, S. 1 (305).
Süffert, Fritz: Neue Arbeit an den Fragen der visuellen Anpassung. Zoolog. Anzeiger, Suppl.-Bd. 8, 1935, S. 248. [Vis. Anpassung]. (133).
Szymanski; Psychologie vom Standpunkt der Abhängigkeit des Erkennens von den Lebensbedürfnissen. Leipzig 1930. [Bedürfnisse]. (230).
Thorndike, Edward L.: Animal Intelligence. New-York 1911. [Intelligence]. (202, 215).
Thorndike, E. L. and Herrik, C. I.: Watson's Behavior. Journ. of Anim. Beh., 1915, Bd. 5, S. 462. [Behavior]. (204).
Timoféeff-Ressovsky, N. W., Zimmer, K. G. und Delbrück, M.: Über die Natur der Genmutation und der Genstruktur. Nachrichten v. d. Ges. d. Wiss. zu Göttingen, Fachgruppe VI, Nachrichten aus d. Biologie, 1. Bd., 1934/35. [Genmutation]. (97).
Titchener, E. B.: Textbook of Psychology. 1910. [Textbook]. (310).
Tolman, Edward C.: Purposive Behavior in Animals and Men. New-York u. London 1932. [Behavior]. (176, 223, 230, 308, 440).
Tolman, E. C. und Honzik, C. H.: „Insight" in Rats. Univ. Calif. Publ. Psychol., Bd. 4, 1930. [Insight]. (223).
Trendelenburg, Adolf: Logische Untersuchungen. Berlin 1840. (222, 862).
Uexküll, Jakob v.: Die Einpassung. Handb. d. normalen u. path. Physiologie, Bd. 1, 1927, S. 693. (151, 164).
Verworn, Max: Allgemeine Physiologie. 6. Aufl., Jena 1915. (109).
Washburn, M. F.: The Animal Mind. 3. Aufl., New-York 1926. (203).

www.ingramcontent.com/pod-product-compliance
Lightning Source LLC
Chambersburg PA
CBHW072122290426

44111CB00012B/1744